Direito
Eleitoral
Essencial

O GEN | Grupo Editorial Nacional – maior plataforma editorial brasileira no segmento científico, técnico e profissional – publica conteúdos nas áreas de concursos, ciências jurídicas, humanas, exatas, da saúde e sociais aplicadas, além de prover serviços direcionados à educação continuada.

As editoras que integram o GEN, das mais respeitadas no mercado editorial, construíram catálogos inigualáveis, com obras decisivas para a formação acadêmica e o aperfeiçoamento de várias gerações de profissionais e estudantes, tendo se tornado sinônimo de qualidade e seriedade.

A missão do GEN e dos núcleos de conteúdo que o compõem é prover a melhor informação científica e distribuí-la de maneira flexível e conveniente, a preços justos, gerando benefícios e servindo a autores, docentes, livreiros, funcionários, colaboradores e acionistas.

Nosso comportamento ético incondicional e nossa responsabilidade social e ambiental são reforçados pela natureza educacional de nossa atividade e dão sustentabilidade ao crescimento contínuo e à rentabilidade do grupo.

José Jairo Gomes

Direito
Eleitoral
Essencial

gen | EDITORA MÉTODO

Impresso no Brasil – *Printed in Brazil*

- Direitos exclusivos para o Brasil na língua portuguesa
  Copyright © 2018 by
  EDITORA FORENSE LTDA.
  Uma editora integrante do GEN | Grupo Editorial Nacional
  Rua Conselheiro Nébias, 1384 – Campos Elíseos – 01203-904 – São Paulo – SP
  Tel.: (21) 3543-0770 / (21) 3543-0896
  faleconosco@grupogen.com.br / www.grupogen.com.br

- Capa: Fabricio Vale

- Fechamento desta edição: 13.04.2018

- CIP – Brasil. Catalogação na fonte.
  Sindicato Nacional dos Editores de Livros, RJ.

  G614d

  Gomes, José Jairo

  Direito eleitoral essencial / José Jairo Gomes. – Rio de Janeiro: Forense; São Paulo: MÉTODO, 2018.

  Inclui bibliografia
  ISBN 978-85-309-8055-9

  1. Direito eleitoral - Brasil. 2. Direito eleitoral - Brasil - Problemas, questões, exercícios. 3. Serviço público - Brasil - Concursos. I. Título.

  18-48837   CDU: 342.8(81)

  Meri Gleice Rodrigues de Souza - Bibliotecária CRB-7/6439

Ao Miguel Afonso, com carinho.

"Porque eu sou do tamanho do que vejo
E não do tamanho da minha altura"
(Alberto Caeiro)

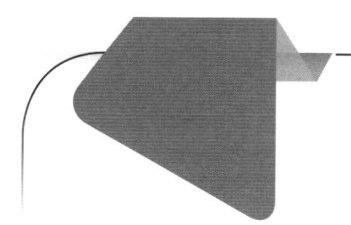

Sumário

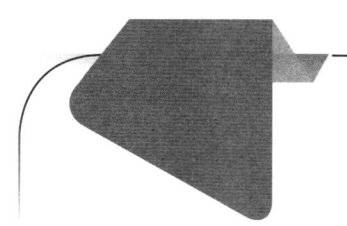

Abreviaturas

ADC	–	Ação Declaratória de Constitucionalidade
ADI	–	Ação Direta de Inconstitucionalidade
AIJE	–	Ação de Investigação Judicial Eleitoral
AIME	–	Ação de Impugnação de Mandato Eletivo
AIRC	–	Ação de Impugnação de Registro de Candidatura
CC	–	Código Civil brasileiro
CE	–	Código Eleitoral
CF	–	Constituição Federal do Brasil
Constituição	–	Constituição do Brasil
CP	–	Código Penal
CPC	–	Código de Processo Civil
CPP	–	Código de Processo Penal
CR	–	Constituição da República
D	–	Decreto
DJ	–	Diário de Justiça
DJe	–	Diário de Justiça eletrônico
D-L	–	Decreto-Lei
JTSE	–	Jurisprudência do Tribunal Superior Eleitoral
Jurisp	–	Jurisprudência
LC	–	Lei Complementar
LE	–	Lei das Eleições (Lei nº 9.504/97)
LI	–	Lei das Inelegibilidades (LC nº 64/90)
LINDB	–	Lei de Introdução às Normas do Direito Brasileiro
LOMAN	–	Lei Orgânica da Magistratura Nacional (LC nº 35/79)
LPP	–	Lei dos Partidos Políticos (Lei nº 9.096/95)
MP	–	Ministério Público
MPE	–	Ministério Público Eleitoral
MPF	–	Ministério Público Federal
MProv	–	Medida Provisória
MPU	–	Ministério Público da União
MS	–	Mandado de Segurança
OAB	–	Ordem dos Advogados do Brasil
PA	–	Processo Administrativo
Pet	–	Petição

PGE	–	Procuradoria-Geral Eleitoral
PGR	–	Procurador-Geral da República
PJ	–	Procuradoria de Justiça
PRE	–	Procuradoria Regional Eleitoral
PSS	–	Publicado na Sessão de
RCED	–	Recurso Contra Expedição de Diploma
RDJ	–	Revista de Doutrina e Jurisprudência
RE	–	Recurso Extraordinário
Res	–	Resolução
REsp	–	Recurso Especial
REspe	–	Recurso Especial Eleitoral
RO	–	Recurso Ordinário
Rp	–	Representação Eleitoral
STF	–	Supremo Tribunal Federal
STJ	–	Superior Tribunal de Justiça
TJ	–	Tribunal de Justiça
TRE	–	Tribunal Regional Eleitoral
TRF	–	Tribunal Regional Federal

Parte I
Institutos eleitorais

Introdução ao Direito Eleitoral

1.1 POLÍTICA E DIREITOS POLÍTICOS

1.1.1 Noção de política

A *política* constitui dimensão essencial da vida humana em sociedade. Em um sentido, trata-se de esfera de poder, formada socialmente, na qual se agregam múltiplos e, por vezes, contraditórios valores e interesses.

Em geral, a política é associada ao que concerne à *polis*, ao Estado, à arte ou ciência de governar e administrar a *res* pública, de influenciar no governo estatal e no processo de tomada de decisões públicas, sobretudo na definição de ações e políticas públicas.

1.1.2 Direitos políticos e cidadania

Para atuar na direção do Estado e, pois, do governo, é imprescindível que a pessoa seja titular de direitos políticos.

Direitos políticos são prerrogativas fundamentais de comparticipação do cidadão no exercício do poder político. Englobam o direito fundamental de participar direta ou indiretamente do poder estatal, do governo, da organização e do funcionamento do Estado, da tomada de decisões e definição de políticas públicas.

Tais direitos são previstos na Constituição Federal, que estabelece um conjunto sistemático de normas respeitantes à atuação da soberania do povo.

Como se vê do art. 14 da Constituição, a soberania popular se concretiza pelo sufrágio universal, pelo voto direto e secreto (com valor igual para todos os votantes), pelo plebiscito, referendo e iniciativa popular.

Os direitos políticos não são conferidos indistintamente a todos os habitantes do território estatal – isto é, a toda a população –, mas somente aos brasileiros que preencham determinados requisitos expressos na Constituição.

Povo, na linguagem jurídico-constitucional, designa o conjunto dos indivíduos a que se reconhece o direito de participar na formação da vontade estatal, elegendo ou sendo eleitos, ou melhor, votando ou sendo votados com vistas a ocupar cargos político-eletivos. Povo, nesse sentido, constitui conceito operativo, identificando o ente mítica à qual as decisões coletivas são imputadas. Note-se, porém, que as decisões coletivas não são tomadas por todo o povo, senão pelos representantes da maioria cuja vontade prevalece nas eleições.

No sistema constitucional-eleitoral os termos *cidadão* e *cidadania* são empregados em sentido restrito. *Cidadão* é a pessoa detentora de direitos políticos, podendo, pois, participar do processo governamental, elegendo ou sendo eleita para cargos público-eletivos. A cidadania é obtida quando o brasileiro se inscreve na Justiça Eleitoral como eleitor. Portanto, o conceito de cidadania abarca os direitos de votar (*jus suffragii*) e de ser votado (*jus honorum*).

Cidadania e nacionalidade são conceitos que não devem ser confundidos. Enquanto aquela é *status* ligado ao regime político, esta é já um *status* do indivíduo perante o Estado. Assim, tecnicamente, o indivíduo pode ser brasileiro (nacionalidade) e nem por isso será cidadão (cidadania), haja vista não poder votar nem ser votado (ex.: criança).

1.1.3 Fundamento dos direitos políticos

Os direitos políticos são próprios da democracia, regime em que sobressaem a soberania popular e a prerrogativa de participação nas atividades estatais. Trata-se de direitos humanos e fundamentais consagrados nas principais declarações de direitos humanos. A respeito, dispõe o art. XXI da Declaração Universal dos Direitos do Homem, de 1948:

> 1. Todo homem tem o direito de tomar posse no governo de seu país, diretamente ou por intermédio de representantes livremente escolhidos.
> 2. Todo homem tem igual direito de acesso ao serviço público de seu país.
> 3. A vontade do povo será a base da autoridade do governo; esta vontade será expressa em eleições periódicas e legítimas, por sufrágio universal, por voto secreto ou processo equivalente que assegure a liberdade do voto.

Ademais, o art. 25 do Pacto Internacional sobre Direitos Civis e Políticos, de 1966 – ratificado pelo Brasil pelo Decreto-Legislativo n° 226/91 e promulgado pelo Decreto n° 592/92 –, estabelece:

> Todo cidadão terá o direito e a possibilidade, sem qualquer das formas de discriminação mencionadas no artigo 2° e sem restrições infundadas: (a) de participar da condução dos assuntos públicos, diretamente ou por meio de representantes livremente escolhidos; (b) de votar e de ser eleito em eleições periódicas, autênticas, realizadas por sufrágio universal e igualitário e por voto secreto, que garantam a manifestação da vontade dos eleitores; (c) de ter acesso, em condições gerais de igualdade, às funções públicas de seu país.

A Constituição Federal de 1988 estabelece quatro esferas de direitos fundamentais, a saber: *1)* direitos e deveres individuais e coletivos (art. 5°); *2)* direitos sociais (arts. 6° a 11); *3)* nacionalidade (arts. 12 e 13); *4)* direitos políticos (arts. 14 a 17).

1.1.4 Privação de direitos políticos

Há duas formas previstas na Constituição de privação de direitos políticos, a saber: perda e suspensão. Proíbe-se, ademais, a cassação desses mesmos direitos.

O vocábulo *perder* significa deixar de ter ou possuir algo. Como é óbvio, só se perde o que já se tem, o que já se possui. A ideia de perda liga-se à de definitividade. Embora a perda seja sempre permanente, pode-se recuperar o que se perdeu.

A seu turno, a suspensão refere-se à interrupção temporária de uma relação jurídica em curso. A suspensão cessa com a extinção de sua causa. Trata-se, portanto, de privação temporária de direitos políticos. Só pode ser suspensa uma relação que já existia e estava em andamento. Assim, se a pessoa ainda não detinha direitos políticos, não pode haver suspensão.

A Constituição não fala em impedimento, embora se possa cogitar dele. Consiste o impedimento em obstáculo à aquisição dos direitos políticos, de maneira que a pessoa não chega a alcançá-los enquanto não removido o óbice. Exemplo: se o jovem de 18 anos (que ainda não se inscreveu eleitor) invocar escusa de consciência para não cumprir serviço militar nem realizar prestação alternativa, ficará *impedido* de adquirir direitos políticos enquanto não cumprir a referida prestação.

A perda ou a suspensão de direitos políticos pode acarretar várias consequências jurídicas, tais como:

i)   cancelamento do alistamento e a exclusão do corpo de eleitores (CE, art. 71, II);

ii) cancelamento ou a suspensão da filiação partidária (LPP, art. 22, II);

iii) perda de mandato eletivo (CF, art. 55, IV, § 3°);

iv) perda de cargo ou função pública (CF, art. 37, I, c.c. Lei n° 8.112/90, art. 5°, II e III);

v)   impossibilidade de ajuizar ação popular (CF, art. 5°, LXXIII);

vi) impedimento para votar ou ser votado (CF, art. 14, § 3°, II);

vii) impedimento para exercer a iniciativa popular (CF, art. 61, § 2°).

Veja-se o que diz o texto constitucional:

> Art. 15. É vedada a cassação de direitos políticos, cuja perda ou suspensão só se dará nos casos de:
>
> I – cancelamento da naturalização por sentença transitada em julgado;
>
> II – incapacidade civil absoluta;
>
> III – condenação criminal transitada em julgado, enquanto durarem seus efeitos;

IV – recusa de cumprir obrigação a todos imposta ou prestação alternativa, nos termos do art. 5°, VIII;

V – improbidade administrativa, nos termos do art. 37, § 4°.

Os incisos I e IV têm sido considerados como hipóteses de perda de direitos políticos, e os demais como de suspensão.

Cancelamento da naturalização – a aquisição da nacionalidade brasileira por estrangeiro rege-se pelo art. 12, II, da Constituição, pelo qual são brasileiros naturalizados: "*a*) os que, na forma da lei, adquiram a nacionalidade brasileira, exigidas aos originários de países de língua portuguesa apenas residência por um ano ininterrupto e idoneidade moral; *b*) os estrangeiros de qualquer nacionalidade residentes na República Federativa do Brasil há mais de quinze anos ininterruptos e sem condenação penal, desde que requeiram a nacionalidade brasileira".

Note-se que esse dispositivo foi regulamentado pela Lei n° 13.445/2017, cujo art. 64 estabelece as seguintes formas de naturalização: "I – ordinária; II – extraordinária; III – especial; ou IV – provisória". Para cada qual dessas modalidades são estabelecidos requisitos próprios. O ato administrativo que confere ao estrangeiro o *status* de nacional é de competência do Poder Executivo, nomeadamente do Ministério da Justiça, a este, portanto, devendo ser requerido. A produção de efeitos do ato só ocorre após sua publicação no *Diário Oficial*.

O cancelamento da naturalização implica o rompimento do vínculo jurídico existente entre o indivíduo e o Estado brasileiro. O art. 12, § 4°, I, da Constituição determina a perda da nacionalidade do brasileiro naturalizado que, por sentença judicial, tiver cancelada sua naturalização em virtude de atividade nociva ao interesse nacional. Como consequência, ele reassume o *status* de estrangeiro. Note-se que somente por decisão judicial se pode cancelar naturalização. É nesse sentido a jurisprudência do STF conforme se vê no RMS n° 27.840/DF – Pleno – *DJe* 27-8-2013.

A extinção da nacionalidade brasileira acarreta a automática perda dos direitos políticos.

Incapacidade civil absoluta – pelo art. 3° do Código Civil de 2002 (com a redação dada pela Lei n° 13.146/2015), absolutamente incapaz é o menor de 16 anos.

No entanto, nessa hipótese é impróprio falar-se em perda de direitos políticos, pois o adolescente com menos de 16 anos ainda não os adquiriu. Se não os adquiriu, não os pode perder. Igualmente impróprio é falar-se de suspensão dos direitos políticos, porquanto a suspensão pressupõe o gozo anterior do direito. Na verdade, o que ocorre é a ausência de condição de ordem cronológica para a aquisição dos direitos políticos.

Portador de deficiência física ou mental – diferente da anterior é a situação da pessoa com deficiência física ou mental, que é considerada capaz pela Lei n° 13.146/2015 (Lei Brasileira de Inclusão da Pessoa com Deficiência – LBIPD ou Estatuto da Pessoa com Deficiência – EPD). Essa lei define a pessoa com deficiência como sendo a "que tem impedimento de longo prazo de natureza física, mental, intelectual ou sensorial, o qual, em interação com uma ou mais barreiras, pode obstruir sua participação plena e efetiva na sociedade em igualdade de condições com as demais pessoas" (art. 2°, *caput*).

Se, em razão da deficiência, a pessoa não puder "exprimir sua vontade", poderá, então, ser considerada *relativamente incapaz*. A teor do art. 4°, III, do CC, são *relativamente* incapazes quanto à prática de certos atos ou à maneira de exercê-los "aqueles que, por causa transitória ou permanente, não puderem exprimir sua vontade".

Assim, em princípio, é *plenamente capaz* para o exercício de atos da vida civil a pessoa portadora de deficiência, independentemente de esta ser grave ou não, temporária ou permanente.

Em vez de excluir, cumpre ao Poder Público garantir à pessoa com deficiência "todos os direitos políticos e a oportunidade de exercê-los em igualdade de condições com as demais pessoas", assegurando-lhe, inclusive, "o direito de votar e de ser votada", ou seja, de candidatar-se nas eleições e "efetivamente ocupar cargos eletivos e desempenhar quaisquer funções públicas em todos os níveis de governo" (Lei n° 13.146/2015, art. 76, *caput* e § 1°).

Condenação criminal transitada em julgado – o trânsito em julgado de condenação criminal implica não só a suspensão de direitos políticos, como também a perda de mandato público-eletivo. Sobre esse último efeito, é preciso distinguir entre mandatos do Poder Executivo (prefeito, governador e presidente da República), e mandatos do Poder Legislativo (vereador, deputado e senador).

Para detentores de mandato executivo e vereador, o trânsito em julgado da condenação criminal por si só implica a perda automática de mandato. Trata-se de efeito secundário da sentença penal condenatória.

Já para detentores de mandato legislativo (deputado e senador), há regras excepcionais, não sendo automática a perda do mandato. No caso, incidem os arts. 15, III, e 55, VI, § 2°, ambos da CF. De maneira que a perda de mandato "será *decidida* pela Câmara dos Deputados ou pelo Senado Federal, por maioria absoluta, mediante provocação da respectiva Mesa ou de partido político representado no Congresso Nacional, assegurada ampla defesa". Essa regra é estendida a deputados estadual e distrital, por força do disposto nos arts. 27, § 1°, e 32, § 3°, da CF. Assim, efeito atinente à *perda de mandato* não decorre direta e automaticamente do ato jurisdicional, mas, antes, do ato praticado pela respectiva Casa Legislativa.

Não se pode esquecer que o art. 92, I, do Código Penal estabelece como efeito secundário da condenação "a perda de cargo, função pública ou mandato eletivo": *(a)* quando aplicada pena privativa de liberdade por tempo igual ou superior a um ano, nos crimes praticados com abuso de poder ou violação de dever para com a Administração Pública; *(b)* quando for aplicada pena privativa de liberdade por tempo superior a 4 (quatro) anos nos demais casos. Entretanto, após a Constituição de 1988 esse dispositivo penal não é aplicável ao mandato eletivo, pois o regime de suspensão e perda de mandato político-eletivo passou a ser determinado diretamente na Constituição, notadamente em seus arts. 15, III, 55, IV, VI, §§ 2° e 3°, de sorte que a só suspensão dos direitos políticos em razão de condenação criminal transitada em julgado pode afetar o mandato.

Recusa de cumprir obrigação a todos imposta ou prestação alternativa – pelo art. 5°, VIII, da CF "ninguém será privado de direitos por motivo de crença religiosa ou de convicção filosófica ou política, salvo se as invocar para eximir-se de obrigação legal a todos imposta e recusar-se a cumprir prestação alternativa, fixada em lei".

Por sua vez, o art. 15, inciso IV, da CF prevê a suspensão de direitos políticos na hipótese de alguém se recusar a "cumprir obrigação a todos imposta ou prestação alternativa, nos termos do art. 5°, VIII".

Cuidam tais dispositivos da denominada escusa ou objeção de consciência, normalmente fundada em crença ou convicção religiosa, ética, filosófica ou política.

Entre as obrigações legais a todos impostas destacam-se o exercício da função de jurado e a prestação de serviço militar.

Improbidade administrativa – a improbidade consiste na ação desvestida de honestidade, de boa-fé e lealdade para com o ente estatal, compreendendo os atos que, praticados por agente público, ferem a moralidade administrativa.

Prevê o art. 37, § 4°, da CF: "Os atos de improbidade administrativa importarão a suspensão dos direitos políticos, a perda da função pública, a indisponibilidade dos bens e o ressarcimento ao erário, na forma e gradação previstas em lei, sem prejuízo da ação penal cabível". Esse dispositivo foi regulamentado pela Lei n° 8.429/92, que estabelece três espécies de atos de improbidade: os que importam enriquecimento ilícito (art. 9°), os que causam lesão ao patrimônio público (art. 10) e os que atentam contra os princípios da Administração Pública (art. 11).

1.2 DIREITO ELEITORAL

1.2.1 Conceito

Direito Eleitoral é o ramo do Direito Público cujo objeto são os institutos, as normas e os procedimentos que regulam o exercício do direito fundamental de sufrágio com vistas à concretização da soberania popular, à validação da ocupação de cargos políticos e à legitimação do exercício do poder estatal.

Configura-se essa disciplina como microssistema jurídico. Isso porque os diversos elementos que a integram são unidos em torno de princípios e diretrizes próprios. Sua ordenação racional e unitária assegura-lhe coerência interna e identidade própria. Deveras, no microssistema eleitoral encontra-se encerrada toda a matéria ligada ao exercício de direitos políticos e organização das eleições; nele estão enfeixados princípios e regras atinentes a vários ramos do Direito, como constitucional, administrativo, penal, processual penal, processual civil.

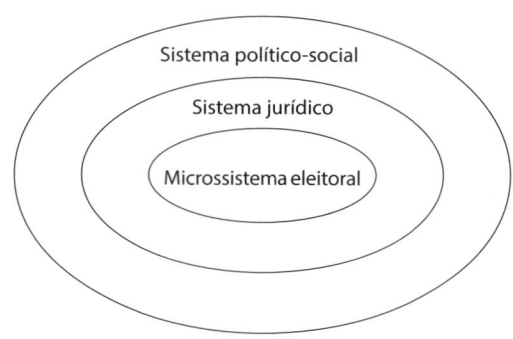

Fonte: Elaborado pelo autor.

Entre os bens jurídico-políticos resguardados pelo Direito Eleitoral, destacam-se a democracia, a legitimidade do acesso e do exercício do poder estatal, a representatividade do eleito, a sinceridade das eleições, a normalidade do pleito e a igualdade de oportunidades entre os concorrentes.

1.2.2 Fontes do Direito Eleitoral

É importante remarcar as fontes formais do Direito Eleitoral. São as seguintes:

1) Constituição Federal – na Constituição é que se encontram os princípios fundamentais do Direito Eleitoral, as prescrições atinentes a sistema de governo (art. 1º), nacionalidade (art. 12), direitos políticos (art. 14), partidos políticos (art. 17), competência legislativa em matéria eleitoral (art. 23, I), organização da Justiça Eleitoral (art. 118 e ss.). Tantas e tão relevantes são as normas eleitorais emanadas da Constituição que para designá-las já se tem empregado a expressão *Constituição Eleitoral*.

2) Tratados e convenções internacionais – o Direito Eleitoral tem nos direitos políticos, notadamente no sufrágio, sua referência fundamental. Veja-se a esse respeito o art. XXI da Declaração Universal dos Direitos do Homem de 1948, o art. 25 do Pacto Internacional sobre Direitos Civis e Políticos de 1966 (promulgado pelo Decreto nº 592/92), o art. 29 da Convenção Internacional sobre os Direitos das Pessoas com Deficiência de 2007 (promulgada pelo Decreto nº 6.949/2009).

3) Código Eleitoral (Lei nº 4.737/65) – as normas desse diploma organizam o exercício de direitos políticos, definindo também a competência dos órgãos da Justiça Eleitoral. Apesar de ser, originariamente, lei ordinária, foi, quanto à "organização e competência" dos órgãos eleitorais, recepcionado pela Constituição como lei complementar, nos termos do art. 121, *caput*. Assim, em parte, o CE goza do *status* de lei complementar.

4) Lei das Inelegibilidades (LC nº 64/90) – institui as inelegibilidades infra-constitucionais, nos termos do art. 14, § 9º, da Constituição Federal.

5) Lei dos Partidos Políticos – LPP (Lei nº 9.096/95) – dispõe sobre partidos políticos.

6) Lei das Eleições – LE (Lei nº 9.504/97) – estabelece regras para eleições.

7) Resolução do Tribunal Superior Eleitoral (TSE) – trata-se de ato normativo emanado do Órgão Pleno do TSE. Dado seu caráter regulamentar, não pode restringir direitos nem estabelecer sanções distintas das previstas em lei. As Resoluções pertinentes às eleições devem ser publicadas até o dia 5 de março do ano do pleito.

8) Consulta – quando respondida, a consulta dirigida a tribunal eleitoral apresenta natureza peculiar. Malgrado não detenha natureza puramente jurisdicional, trata-se de "ato normativo em tese, sem efeitos concretos, por se tratar de orientação sem força executiva com referência a situação jurídica de qualquer pessoa em particular" (STF – RMS nº 21.185/DF, de 14-12-1990 – Rel. Min. Moreira Alves).

9) Precedentes da Justiça Eleitoral, especialmente do Supremo Tribunal Federal e do Tribunal Superior Eleitoral.

Sendo o Direito Eleitoral ligado ao Direito Público, suas normas são de natureza cogente (*ius cogens*) ou imperativas. Não podem, pois, ser alteradas pela vontade dos particulares ou das pessoas e entidades envolvidos no processo eleitoral.

Por estarem em jogo bens e interesses indisponíveis, não tem valor jurídico acordo em que candidato ou partido abra mão de direitos ou prerrogativas que lhes sejam legalmente assegurados. Tanto é assim que o art. 105-A da LE estabelece serem inaplicáveis nessa seara os procedimentos previstos na Lei n° 7.347/85, a qual disciplina a Ação Civil Pública – ACP.

1.2.3 Princípios de Direito Eleitoral

De modo geral, compreende-se por princípio a razão, o fundamento ou o motivo substancial de um fenômeno. Significa, ainda, os preceitos inspiradores ou reitores que presidem e alicerçam um dado conhecimento ou determinada decisão.

Em outra perspectiva, os princípios são uma espécie de norma. Nesse caso, convivem com as regras. Assim, a norma é gênero que comporta duas espécies: princípios e regras.

Os princípios não são criados nem inventados de modo intencional ou delibe-rado. Antes, são frutos da história e da tradição da comunidade; são o produto de uma obra coletiva, intersubjetiva. O reconhecimento – e a normatividade – de um princípio se dá a partir de sua integração na prática social. Assim, ainda que se tenha um ótimo argumento do ponto de vista lógico-jurídico ou moral, isso só por si não o torna um princípio.

Tecnicamente, pode o princípio ser classificado consoante sua abrangência ou extensão. Será, então: universal – aplica-se a todas as ciências (ex.: princípio da identidade, princípio da não contradição); setorial – aplica-se a alguns setores da ciência e não a outros (ex.: princípios inerentes às ciências exatas ou às biológicas); particular – aplica-se apenas a uma ciência em particular (ex.: princípios do Direito).

No Direito, há princípios que são gerais, abrangendo toda essa ciência (ex.: dignidade da pessoa humana) e outros que dizem respeito a apenas uma disciplina jurídica (ex.: princípio da não culpabilidade no Direito Penal).

Sob essa ótica, vários são os princípios que podem ser divisados no Direito Eleitoral. Não há, porém, consenso doutrinário acerca de um catálogo mínimo.

No entanto, partindo-se da Constituição Federal pode-se indicar os seguintes princípios: soberania popular (CF, arts. 1°, I, e 14, *caput*), republicano (CF, art. 1°, *caput*), sufrágio universal (CF, arts. 1°, parágrafo único, e 14, *caput*), legitimidade das eleições (CF, art. 14, § 9°), moralidade para o exercício de mandato (CF, art. 14, § 9°), probidade administrativa (CF, art. 14, § 9°), igualdade ou isonomia (CF, arts. 5°, I, e 14, *caput*), pluralismo político (CF, art. 1°, V), liberdades de expressão e informação (CF, art. 5°, IV).

Soberania popular – diz-se soberano o poder que não está sujeito a nenhum outro. É o que dita e comanda sem que possa ser refreado. Soberano é o poder supremo. Sem ele, não se concebe o Estado, que o enfeixa em nome de seu titular, o povo.

Realmente, o poder soberano emana do povo: todo o poder emana do povo, que o exerce por meio de representantes eleitos ou diretamente (CF, art. 1º, parágrafo único). A soberania popular é concretizada pelo sufrágio universal, pelo voto direto e secreto, plebiscito, referendo e iniciativa popular (CF, art. 14, *caput*).

Assim, a soberania popular se revela no poder incontrastável de decidir. É ela que confere legitimidade ao exercício do poder estatal. Tal legitimidade só é alcançada pelo consenso expresso na escolha feita nas urnas.

Princípio republicano – há dois sentidos normalmente atribuídos ao princípio republicano. Pelo primeiro ele é ligado às formas de governo, ou seja, à estruturação do Estado com vistas ao exercício do poder político. Na forma republicana de governo, tanto o chefe do Poder Executivo quanto os membros do Legislativo cumprem mandato popular, sendo diretamente escolhidos pelos cidadãos em eleições diretas, gerais e periódicas. Trata-se, pois, de governo representativo.

Assim, por força do princípio republicano, de tempos em tempos devem os mandatos ser renovados com a realização de novas eleições. A respeito, dispõe o art. 82 da CF que o mandato de Presidente da República é de quatro anos e terá início em primeiro de janeiro do ano seguinte ao de sua eleição. No mesmo sentido, o mandato de Governador (CF, art. 28), de Prefeito (CF, art. 29, I), de Deputado Estadual (CF, art. 27, § 1º), de Vereador (CF, art. 29, I), de Deputado Federal (CF, art. 44, parágrafo único) e de Senador, cujo mandato é de oito anos (CF, art. 46, § 1º).

Já no segundo sentido, a ideia de república comporta outras dimensões, não se encerrando na renovação de mandatos e rotatividade no exercício do poder. Aqui, o princípio republicano implica a tomada de decisões com base na racionalidade, objetividade e impessoalidade, sendo repudiados quaisquer privilégios ou distinções de pessoas, classes, grupos ou instituições sociais. Impõe, ainda, haja transparência e publicidade nos atos estatais. Veda, ademais, que o Estado seja gerido tal qual o patrimônio privado da autoridade pública (= patrimonialismo) – que o usa de forma discricionária e em proveito próprio para atingir fins meramente pessoais e não coletivos. Aqui, portanto, o princípio enfocado não tolera o abuso de poder político, em que recursos públicos são empregados em prol de determinada candidatura, partido ou grupo político, de modo a carrear ao beneficiário vantagens indevidas na disputa eleitoral frente aos demais concorrentes.

Sufrágio universal – a soberania popular é exercida pelo sufrágio universal. Literalmente, o vocábulo *sufrágio* significa aprovação, opinião favorável, apoio, concordância, aclamação. Denota, pois, a manifestação de vontade de um conjunto de pessoas para escolha de representantes políticos.

Na seara jurídica, designa o direito público subjetivo democrático, pelo qual um conjunto de pessoas – o povo – é admitido a participar da vida política da sociedade, escolhendo os governantes ou sendo escolhido para governar e, assim, conduzir o Estado. Em suma: o sufrágio traduz o direito de votar e de ser votado, encontrando-se entrelaçado ao exercício da soberania popular. Trata-se do poder de decidir sobre o destino da comunidade, os rumos do governo, a condução da Administração Pública.

O sufrágio é a essência dos direitos políticos, porquanto enseja a participação popular no governo, sendo este o responsável pela condução do Estado. Apresenta duas dimensões: uma ativa, outra passiva. A primeira é a capacidade eleitoral ativa – ou cidadania ativa – e significa o direito de votar, de eleger representantes. A segunda é a capacidade eleitoral passiva – *jus honorum* ou cidadania passiva – e significa o direito de ser votado, de ser eleito, de ser escolhido em processo eleitoral.

Tal direito não é a todos indistintamente atribuído, mas somente às pessoas que preencherem determinados requisitos. Nos termos do art. 14, §§ 1º e 2º, da Constituição, ele só é reconhecido: (a) a brasileiros natos ou naturalizados; (b) maiores de 16 anos; (c) que não estejam no período de regime militar obrigatório (conscritos). Quanto aos naturalizados, a cidadania passiva sofre restrição, já que são privativos de brasileiro nato os cargos de Presidente e Vice-Presidente da República. Não há impedimento a concorrerem e serem investidos nos cargos de Deputado Federal e Senador. O que a Constituição lhes veda é ocuparem a presidência da Câmara Federal e do Senado (CF, art. 12, § 3º).

Não se deve confundir sufrágio e voto. Enquanto o sufrágio é um direito, o voto representa seu exercício. Em outras palavras, o voto é a concretização do sufrágio.

O sufrágio pode ser universal ou restrito, igual ou desigual: *1) sufrágio universal* é aquele em que o direito de votar é atribuído ao maior número possível de nacionais; *2) restrito*, diferentemente, é o sufrágio concedido tão só a alguns nacionais, a uma minoria. Há três espécies de sufrágio restrito: *2.1) censitário* – é o sufrágio fundado na capacidade econômica do indivíduo; nele, somente se atribui cidadania aos que auferirem determinada renda, forem proprietários de imóveis ou recolherem aos cofres públicos certa quantia pecuniária a título de tributo; *2.2) cultural* ou *capacitário* é o sufrágio fundado na aptidão intelectual dos indivíduos; os direitos políticos somente são concedidos àqueles que detiverem determinadas condições intelectuais, demonstradas mediante certificado de escolaridade; *2.3) masculino* é o sufrágio que veda a participação de mulheres no processo político; na base desse entendimento encontra-se odioso e injustificável preconceito contra a mulher, durante muito tempo considerada inapta, desinteressada e naturalmente insensível para a vida política; *3) sufrágio igual* – é o que observa o princípio da isonomia ou igualdade, sendo os cidadãos equiparados, igualados, colocados no mesmo plano; o voto de todos apresenta idêntico peso político, independentemente de riquezas, idade, grau de instrução, naturalidade ou sexo – isso significa que todas as pessoas têm o mesmo valor no processo político-eleitoral (*one man, one vote*); *4) sufrágio desigual* – é o que admite a superioridade de determinados eleitores. Exemplos de sufrágio desigual: o *voto familiar*, em que o pai de família detém número de votos correspondente ao de filhos; o *voto plural* ou *plúrimo*, em que o eleitor pode votar mais de uma vez na mesma eleição, desde que o faça na mesma circunscrição eleitoral; o *voto múltiplo*, em que o eleitor pode votar mais de uma vez na mesma eleição em várias circunscrições eleitorais. Desnecessário dizer que os tipos de sufrágio desigual apontados não têm sentido nas democracias contemporâneas, se é que já o tiveram algum dia. São expressões lídimas da desfaçatez da elite político-econômica.

Legitimidade e normalidade das eleições – a legitimidade das eleições é princípio inscrito no art. 14, § 9º, da Constituição Federal. Por igual, legítimos devem ser os mandatos delas resultantes.

Legítimo é o que está de acordo com a verdade, com a ideia de justiça e com os valores predominantes, é o que observou o procedimento legal adrede traçado, enfim, é o que resulta da soberania popular. Há legitimidade quando a comunidade reconhece e aceita algo como correto, justo e adequado; baseia-se nos valores em voga, no consenso e no reconhecimento geral. Poder legítimo é, portanto, aquele consentido ou aceito como justo. A legitimidade do exercício do poder estatal por parte de autoridades públicas decorre da escolha levada a cabo pelo povo.

A observância do procedimento legal que regula as eleições é essencial para a legitimidade dos governantes. Tal procedimento deve desenvolver-se de forma normal, *i.e.*, em harmonia com o regime jurídico do processo eleitoral. Ademais, deve ensejar que todos os participantes tenham ampla liberdade de expressão e gozem das mesmas oportunidades de se apresentar ao eleitorado e divulgar suas ideias e projetos. Legítimas e normais, portanto, são as eleições em que houve a observância do arcabouço jurídico-normativo inerente ao processo eleitoral.

Moralidade – o princípio da moralidade é previsto no art. 14, § 9º, da Constituição Federal, que autoriza o legislador infraconstitucional a instituir inelegibilidade a fim de proteger "a moralidade para exercício de mandato considerada vida pregressa do candidato".

Esse princípio conduz a ética para dentro do Direito. Com a positivação da moralidade, transfere-se para a esfera jurídica juízos e normas que antes pertenciam exclusivamente ao domínio ético-moral. Com isso, juízos e normas ético-morais passam a gozar de legitimidade e validade no sistema jurídico-eleitoral.

Assim, o candidato a cargo público-eletivo deve se adequar ao padrão ético--moral vigente na comunidade. Esse constitui um modelo social, um paradigma objetivo, que a todos se impõe, cuja observância é obrigatória na vida de relação. A transgressão a esse modelo ceifa a dignidade do mandato público.

Ressalte-se, porém, não ser qualquer desvio moral que autoriza a criação de hipótese de inelegibilidade. Por se tratar de direito fundamental, a cidadania passiva não pode ser limitada com base em fatos de pouca importância, tampouco por apreciações demasiado moralistas e subjetivas. Ao contrário, há mister que a transgressão seja relevante, que afete um padrão ético-moral objetivo e importante para a vida da comunidade.

Probidade – a ideia de probidade (*probitate*) encontra-se arraigada à de ética e moral. O agir ético identifica-se com o agir virtuoso e tem por finalidade a realização do bem. Probidade significa integridade, qualificando o que é honesto, digno e virtuoso. Improbidade é o contrário. Trata-se de ação ilícita, transgressora das normas de conduta estabelecidas, sendo, portanto, desvestida de honestidade e justiça.

O art. 14, § 9º, da Constituição permite a instituição de hipóteses de inelegibilidade com vistas à proteção da *probidade administrativa*.

O princípio em exame requer que o candidato a cargo público-eletivo seja virtuoso, que tenha agido com correção e integridade nas relações que participou, nas atividades que realizou e nas posições que ocupou, sejam elas privadas ou públicas. O fato de não passar no teste de probidade evidencia que o candidato não agiu com correção e integridade, e, portanto, que não respeita normas jurídicas e sociais. Pode--se, então, concluir que provavelmente não as respeitará quando tiver de gerir a *res publica* no exercício de mandato outorgado pela soberania popular. Assim, caso seja eleito, é possível que se deixe arrastar pelos caminhos tortuosos da desonestidade, da corrupção e da improbidade – que tantos malefícios trazem à sociedade.

Igualdade ou isonomia – previsto no art. 5º da Constituição, esse princípio impõe que a todos os residentes no território brasileiro deve ser deferido o mesmo tratamento jurídico ou tratamento igual, não se admitindo discriminação de espécie alguma – a menos que o tratamento diferenciado reste plena e racionalmente justificado, quando, então, será objetivamente razoável conceder a uns o que a outros se nega.

Esse princípio apresenta especial relevo nos domínios do Direito Eleitoral. Avulta sua importância para o desenvolvimento equilibrado do processo eleitoral, bem como para a afirmação da liberdade e do respeito a todas as expressões políticas. Assim, sob a ótica de candidatos e partidos políticos, o Estado deve agir com neutralidade, de maneira a não beneficiar deliberadamente algum deles. É preciso que a concorrência entre os candidatos seja livre e equilibrada.

Já sob a ótica do cidadão, o princípio da igualdade requer que a todos seja reconhecido o mesmo e igual valor, não havendo superioridade de uma pessoa em relação a (ou em detrimento de) outra. No Estado Democrático de Direito, todas as pessoas são dignas e autônomas, todas são credoras de igual respeito e consideração, devendo-se atribuir igual peso às suas decisões políticas.

Pluralismo político – a Constituição Federal consagra o pluralismo em várias dimensões, destacando-se as seguintes: *i)* no Preâmbulo, impera que o Estado Democrático por ela instituído destina-se também a assegurar uma sociedade pluralista; *ii)* no art. 1º, V, estabelece o pluralismo político como fundamento do Estado brasileiro; *iii)* no art. 17, *caput*, contempla o pluralismo partidário ou o "pluripartidarismo"; *iv)* no art. 170, *caput,* IV, e parágrafo único, estabelece o pluralismo econômico, pois a ordem econômica é fundada na livre iniciativa e na livre concorrência, sendo "assegurado a todos o livre exercício de qualquer atividade econômica"; *v)* no art. 206, III, prevê o pluralismo "de ideias e de concepções pedagógicas"; *vi)* nos arts. 215 e 216 contempla o pluralismo cultural, devendo o Estado apoiar e incentivar "a difusão das manifestações culturais", valorizar a "diversidade étnica e regional", incentivar "a produção e o conhecimento de bens e valores culturais"; *vii)* no art. 220, prevê o pluralismo de comunicação e expressão, pois "A manifestação do pensamento, a criação, a expressão e a informação, sob qualquer forma, processo ou veículo não sofrerão qualquer restrição, observado o disposto nesta Constituição", sendo, ainda, "vedada toda e qualquer censura de natureza política, ideológica e artística".

A democracia brasileira qualifica-se como pluralista, impondo-se, pois, o reconhecimento e o respeito à diversidade de pensamentos, opiniões e convicções, de crenças e de projetos de vida (inclusive coletivos) que proliferam na sociedade. Isso implica também reconhecer e efetivamente acolher a *participação* dos diversos atores sociais, agentes e entidades na vida e práticas políticas; afinal, todos eles gozam de liberdade e têm o direito fundamental de participar.

Liberdade de expressão – a liberdade de expressão integra a primeira geração de direitos, que têm por titular a pessoa humana e são oponíveis ao Estado. Trata-se de direitos de resistência ou oposição ao Estado em defesa da pessoa.

Na Constituição de 1988, a liberdade de expressão – em sentido amplo – é consagrada em alguns dispositivos. Consoante dispõe o art. 5º, IV: "é livre a manifestação do pensamento, sendo vedado o anonimato". O inciso V desse artigo assegura "o direito de resposta, proporcional ao agravo, além da indenização por dano material, moral ou à imagem". Já pelo inciso IX: "é livre a expressão da atividade intelectual, artística, científica e de comunicação, independentemente de censura ou licença". O inciso XIV garante "a todos o acesso à informação e resguardado o sigilo da fonte, quando necessário ao exercício profissional". No campo da comunicação social, o art. 220 da Lei Maior estabelece que "A manifestação do pensamento, a criação, a expressão e a informação, sob qualquer forma, processo ou veículo não sofrerão qualquer restrição, observado o disposto nesta Constituição"; veda, ainda, ao legislador aprovar lei que contenha "dispositivo que possa constituir embaraço à plena liberdade de informação jornalística em qualquer veículo de comunicação social" (§ 1º), e "toda e qualquer censura de natureza política, ideológica e artística" (§ 2º).

O conteúdo dessa liberdade não é unívoco, não comporta um único sentido. Compreende não só a ação de pensar, de sentir, de formar pensamentos, ideias e opiniões, como também a sua divulgação pelas mais diferentes formas e pelos mais diversos meios ou ambientes. Também abarca a abstenção, ou melhor, a faculdade de não se manifestar ou não se expressar.

Por força da liberdade em exame, não há que se determinar previamente quais pensamentos e ideias podem circular no espaço público. Com a condição de não serem violentos, quaisquer conteúdos e meios de divulgação são objetos de proteção da liberdade em exame.

De outro lado, várias são as formas sob as quais a exteriorização do pensamento pode ocorrer, a exemplo da oral (fala, entrevista, discussão, debate), escrita (publicação, carta), ação (passeata), omissão (greve de fome), gesto (exibir o polegar para o alto), mímica (fazer careta), comportamento (atirar dinheiro em político acusado de corrupção, queimar bandeira nacional), artística (pintura em tela, filme), humor (*cartoon* ou desenho humorístico, *charge*).

No que concerne ao meio e ao ambiente, a proteção constitucional se dá em qualquer deles. Não importa que a liberdade de expressão seja exercida oral e imediatamente perante uma ou mais pessoas, em local ou evento privado ou público, pela mídia escrita (jornal ou revista), televisão, rádio, Internet e redes sociais (Facebook, Twitter, Instagram), WhatsApp, Telegram etc. Em qualquer ambiente incide a proteção.

Em que pese sua fundamentalidade e a posição preferencial que lhe é reconhecida no sistema constitucional, não é absoluta a liberdade de expressão. Aliás, dada sua origem cultural, todo direito é relativo, comportando, portanto, limitações por ocasião da aplicação. Mas as restrições que lhe forem impostas devem sempre ocorrer em atenção à tutela de outros bens jurídicos mais relevantes, a exemplo da vida e integridade corporal.

A liberdade de expressão e comunicação apresenta relevante interface com o Direito Eleitoral. A livre circulação de ideias, pensamentos, valorações, opiniões e críticas promovida por ela é essencial para a configuração de um espaço público de debate, e, portanto, para a democracia e o Estado Democrático. Sem isso, a verdade sobre os candidatos e partidos políticos pode não vir à luz, prejudicam-se o diálogo e a discussão públicos, refreiam-se as críticas e os pensamentos divergentes, tolhem-se as manifestações de inconformismo e insatisfação, apagam-se, enfim, as vozes dos grupos minoritários e dissonantes do pensamento majoritário.

No âmbito do direito de informação, os cidadãos têm direito a receber toda e qualquer informação, positiva ou negativa, acerca de fatos e circunstâncias envolvendo os candidatos e partidos políticos que disputam o pleito; sobretudo acerca de suas histórias, ideias, programas e projetos que defendem. Só assim estarão em condições de formar juízo seguro a respeito deles e definir seus votos de forma consciente e responsável. É, pois, fundamental que todo cidadão esteja bem informado acerca da vida política do país, dos governantes e dos negócios públicos.

1.2.4 Interpretação: proporcionalidade e razoabilidade

A interpretação busca tornar o objeto em que incide – evento, documento etc. – claro e inteligível, permitindo a compreensão de seu sentido, ou de seus sentidos possíveis. Uma adequada compreensão só pode ser alcançada criticamente, o que implica a percepção das múltiplas relações do objeto interpretado com o mundo circundante, com as tradições e com o ambiente linguístico em que ele está imerso. Em jogo também se encontra a pré-compreensão do mundo que o intérprete traz consigo, não havendo neutralidade absoluta nesses domínios.

A interpretação jurídica considera sempre elementos bem distintos, a saber: texto legal (dever ser), fatos da vida submetidos a exame (ser), ambiente comunicativo, doutrina, precedentes judiciais, adequação à Constituição. Ademais, ela é igualmente guiada por elementos como integridade, coerência, plausibilidade, juridicidade, eticidade, racionalidade, hierarquia legal, regras e princípios constitucionais, regras e princípios e conceitos atinentes ao setor jurídico a que o caso examinado se encontra referido.

A par desses elementos regulatórios, o próprio texto normativo e o contexto em que ele se insere contribuem para delimitar os sentidos hauríveis pela interpretação jurídica.

Importante ressaltar que o direito a ser observado na prática não é dado previamente e apenas revelado (ou descoberto) *a posteriori* pelo intérprete, mas, ao contrário, é por este *construído* na realidade da experiência jurídica. A norma jurídica concreta constitui resultado do processo interpretativo. O intérprete tem papel ativo e criativo e também *participa* dessa construção, complementando o trabalho do legislador ao atribuir sentido ao discurso legislativo.

A boa qualidade da interpretação apoia-se em sua melhor justificação racional, bem como em sua adequação à Constituição Federal.

No Direito Eleitoral as ideias de *proporcionalidade* e *razoabilidade* possuem grande relevância.

A proporcionalidade é um método que tem por objeto resolver conflitos entre princípios constitucionais (de direitos fundamentais) colidentes, ou melhor, solucionar racionalmente a colidência. Derivando da racionalidade jurídica e da estrutura do Estado Democrático de Direito, a proporcionalidade situa-se no âmbito da interpretação e aplicação jurídica.

A realização desse método impõe a observância de três etapas ou sub-regras, a saber: (*i*) adequação; (*ii*) necessidade; (*iii*) proporcionalidade em sentido estrito. *Adequado* significa o que é idôneo ou viável para que o resultado almejado possa ser alcançado, promovendo ou contribuindo para o fomento ou a realização desse resultado; trata-se, pois, de uma relação de conformação ou correlação de meios e fins. *Necessário* é o que – sendo também adequado – se apresenta menos gravoso (ou menos danoso) para o atingimento do objetivo visado; por essa sub-regra, um ato que restrinja um princípio fundamental (P^1) é necessário se o objetivo que se pretende fomentar ou realizar por esse ato não puder ser fomentado ou realizado por outro que fira em menor medida o princípio fundamental colidente (P^2). Por fim, *proporcional em sentido estrito* constitui uma exigência de ponderação ou sopesamento dos princípios colidentes; é o que, sendo também adequado e necessário, impõe o menor ônus ou a menor restrição ao princípio ou direito cuja incidência é afastada na espécie.

A razoabilidade, por sua vez, é por alguns doutrinadores identificada com a proporcionalidade. Para essa corrente, esses dois termos podem ser empregados de modo fungível porque apresentam conceitos próximos e intercambiáveis, já que abrigam os mesmos valores, a saber: racionalidade, equidade, coerência, rejeição de atos arbitrários.

Entretanto, outra corrente doutrinária aponta o equívoco dessa identificação, assinalando que a proporcionalidade é um método de resolução de conflitos de direitos fundamentais, possui estrutura tripartite e forma de aplicação diferentes da razoabilidade. Na verdade, a razoabilidade corresponderia à sub-regra da adequação na estrutura da proporcionalidade.

De qualquer modo, no Brasil o termo *razoabilidade* é comumente empregado em textos doutrinários e jurisprudenciais (inclusive emanados dos tribunais superiores) significando o que é conforme à razão, o que é coerente (não contraditório), o que é prudente, o que é justo e equitativo à luz das circunstâncias concretas do caso, o que está em harmonia com os valores em voga.

1.3 QUESTÕES

1. **(2017 – FCC – TRE/SP – TÉCNICO JUDICIÁRIO – ÁREA ADMINISTRATIVA)** Acerca das fontes de Direito Eleitoral,

    a) a função normativa da Justiça Eleitoral autoriza que sejam editadas Resoluções Normativas pelo Tribunal Superior Eleitoral com a finalidade de criar direitos e estabelecer sanções, possibilitando a revogação de leis anteriores que disponham sobre o mesmo objeto da Resolução Normativa.

    b) as normas eleitorais devem ser interpretadas em conjunto com o restante do sistema normativo brasileiro, admitindo-se a celebração de termos de ajustamento de conduta, previstos na Lei nº 7.346/85, que disciplina a Ação Civil Pública, desde que os partidos políticos transijam, exclusivamente, sobre as prerrogativas que lhes sejam asseguradas.

c) o Código Eleitoral define a organização e a competência da Justiça Eleitoral, podendo ser aplicado apesar de a Constituição Federal prever a necessidade de lei complementar para tanto.

d) as Resoluções Normativas do TSE, as respostas às Consultas e as decisões do Tribunal Superior Eleitoral são fontes de Direito Eleitoral de natureza exclusivamente jurisdicional e aplicáveis apenas aos casos concretos dos quais emanam.

e) o Código Eleitoral, a Lei de Inelegibilidades, a Lei dos Partidos Políticos, a Lei das Eleições, as Resoluções Normativas do TSE e as respostas a Consultas são fontes de Direito Eleitoral de mesma estatura, hierarquia e abrangência, podendo ser revogadas umas pelas outras.

2. **(2015 – CESPE – TRE/RS – TÉCNICO JUDICIÁRIO – ÁREA ADMINISTRATIVA)**
A respeito do sistema eleitoral brasileiro, assinale a opção correta.

a) O princípio da moralidade eleitoral exige dos candidatos a prestação de contas uniforme, sem previsão de prestação simplificada, independentemente do valor movimentado em seu processo eleitoral.

b) O voto e o alistamento eleitoral são obrigatórios a todo cidadão brasileiro alfabetizado, em pleno gozo de saúde física e mental, que se encontre em seu domicílio eleitoral.

c) As eleições presidenciais fundamentam-se no princípio da isonomia da concorrência, não diferenciando o peso dos votos dos eleitores brasileiros.

d) Adotam-se no Brasil o caráter sigiloso (secreto) do voto, o pluripartidarismo e o sufrágio restrito e diferenciado.

e) O partido político detém autonomia para definir em que município será instalada sua sede, sua estrutura interna, sua organização, seu funcionamento e demais cláusulas.

3. **(2015 – FCC – TRE/RR – TÉCNICO JUDICIÁRIO – ÁREA ADMINISTRATIVA)**
Incluem-se dentre as fontes diretas do Direito Eleitoral:

a) os entendimentos doutrinários relativos ao Direito Eleitoral.

b) as resoluções do Tribunal Superior Eleitoral.

c) as leis estaduais.

d) as leis municipais.

e) os julgados que compõem a jurisprudência dos Tribunais Eleitorais.

Instituições Eleitorais

As instituições eleitorais são os órgãos e entidades diretamente envolvidos no processo eleitoral e, pois, na realização do pleito. As principais instituições eleitorais são a Justiça Eleitoral, o Ministério Público Eleitoral e os Partidos Políticos.

2.1 JUSTIÇA ELEITORAL

2.1.1 Introdução

A Justiça Eleitoral foi – pela primeira vez – contemplada na Constituição Federal de 1934 como órgão do Poder Judiciário. No entanto, já em 1937 foi extinta (juntamente com os partidos políticos) pela Constituição do Estado Novo, ditada por Getúlio Vargas e apelidada de "polaca" em virtude de seu caráter autoritário. Com os ventos da redemocratização, ela foi restabelecida. Primeiramente, foi prevista no Decreto-Lei nº 7.586/45 – chamado Lei Agamenon em homenagem ao seu idealizador, o Ministro da Justiça Agamenon Magalhães. Em seguida, foi inserida na Constituição de 1946, que lhe devolveu o *status* constitucional. Foi preservada, ainda, na Constituição de 1967.

A Constituição de 1988 manteve a Justiça Eleitoral integrada à estrutura do Poder Judiciário. Nesse sentido, impera o art. 92: "São órgãos do Poder Judiciário: [...] V – os Tribunais e Juízes Eleitorais". Esse preceito é complementado pelo art. 118, que reza: "São órgãos da Justiça Eleitoral: I – o Tribunal Superior Eleitoral; II – os Tribunais Regionais Eleitorais; III – os Juízes Eleitorais; IV – as Juntas Eleitorais".

Evidencia-se, pois, que no sistema brasileiro o controle da investidura de mandatos político-representativos segue com o Poder Judiciário.

A Justiça Eleitoral apresenta natureza federal, sendo mantida pela União, de sorte que seu orçamento deve ser aprovado pelo Congresso Nacional, suas contas devem ser prestadas ao Tribunal de Contas da União (TCU), seus servidores submetem-se ao regime jurídico único dos servidores da União.

Ao contrário das demais "Justiças" integrantes do Poder Judiciário, a Justiça Eleitoral não apresenta corpo próprio e independente de juízes. Nela atuam magistrados oriundos de diversos órgãos, a saber: Supremo Tribunal Federal, Superior Tribunal de Justiça, Justiça Comum Estadual, Justiça Comum Federal e Ordem dos Advogados do Brasil. A investidura de seus membros é sempre temporária, vigendo pelo prazo mínimo de dois anos, que pode ser renovado no período subsequente (CF, art. 121, § 2º).

Determina a Constituição que lei complementar disponha sobre a organização e competência dos Tribunais, dos juízes e das Juntas Eleitorais (CF, art. 121). Tal é feito pelo Código Eleitoral, veiculado pela Lei nº 4.737, de 15 de julho de 1965. Embora essa lei seja ordinária, no tocante àqueles temas, foi recepcionada pela Constituição como complementar, e, portanto, nesse particular, somente pode ser alterada por lei de caráter complementar.

2.1.2 Funções da Justiça Eleitoral

A Justiça Eleitoral desempenha várias e relevantes funções, notadamente as seguintes: administrativa, jurisdicional, normativa e consultiva.

No âmbito administrativo o juiz eleitoral age independentemente de provocação do interessado, podendo, inclusive, exercitar o poder de polícia que detém. O poder de polícia denota a faculdade que tem o Estado-Administração de intervir na ordem pública, limitando a liberdade, isto é, a ação das pessoas, em benefício da sociedade, o que é feito com a imposição de abstenções ou com a determinação de que certos comportamentos sejam realizados. Há o exercício de função administrativa, por exemplo, na preparação, organização e administração das eleições, na expedição de título eleitoral, na inscrição de eleitores, na transferência de domicílio eleitoral, na fixação de locais de funcionamento de zonas eleitorais, na designação de locais de votação, na nomeação de pessoas para compor a Junta Eleitoral e a Mesa Recep-tora de votos, na adoção de medidas para fazer impedir ou cessar imediatamente propaganda eleitoral realizada irregularmente.

A função jurisdicional caracteriza-se pela solução imperativa, em caráter defini-tivo, dos conflitos ou das situações jurídicas submetidos ao Estado-juiz, afirmando-se a vontade estatal em substituição à das partes. A finalidade da jurisdição é fazer atuar o Direito em casos concretos, no que contribui para a pacificação do meio social. Assim, sempre que à Justiça Eleitoral for submetida uma demanda, exercitará sua função jurisdicional, aplicando o Direito à espécie tratada. É isso que ocorre, *e. g.*, nas decisões que imponham multa pela realização de propaganda eleitoral ilícita (LE, arts. 36, § 3º, e 37, § 1º), que decretem inelegibilidade na Ação de Investigação Judicial Eleitoral (AIJE), que cassem o registro ou o diploma nas ações fundadas nos arts. 30-A, 41-A e 73 da Lei nº 9.504/97.

A função normativa é própria da Justiça Eleitoral, distinguindo-a de suas congêneres. Apesar de a Constituição não prever essa função, ela consta do art. 1º, parágrafo único, e do art. 23, IX, ambos do Código Eleitoral.

> Art. 1º Este Código contém normas destinadas a assegurar a organização e o exercício de direitos políticos, precipuamente os de votar e ser votado.
>
> Parágrafo único. O Tribunal Superior Eleitoral expedirá Instruções para sua fiel execução.
>
> [...]
>
> Art. 23. Compete, ainda, privativamente, ao Tribunal Superior:
>
> [...]
>
> IX – expedir as instruções que julgar convenientes à execução deste Código;

Por igual, dispõe o art. 105, *caput*, da Lei n° 9.504/97:

> Art. 105. Até o dia 5 de março do ano da eleição, o Tribunal Superior Eleitoral, atendendo ao caráter regulamentar e sem restringir direitos ou estabelecer sanções distintas das previstas nesta Lei, poderá expedir todas as instruções necessárias para sua fiel execução, ouvidos, previamente, em audiência pública, os delegados ou representantes dos partidos políticos.

As instruções e demais deliberações de caráter normativo do Tribunal Superior Eleitoral são veiculadas em Resolução.

A função consultiva também é peculiar à Justiça Eleitoral. O Poder Judiciário, por definição, não é órgão de consulta, somente se pronunciando sobre situações concretas arguidas pela parte interessada. Tanto é assim que, para propor ou contestar ação, é necessário ter interesse e legitimidade (CPC, art. 17), devendo a petição inicial conter as causas de pedir próxima e remota, isto é, o fato e os fundamentos jurídicos do pedido (CPC, art. 319, III). Todavia, os altos interesses concernentes às eleições recomendam essa função à Justiça Eleitoral. Previnem-se, com efeito, litígios que poderiam afetar a regularidade e a legitimidade do pleito.

Tanto o TSE quanto os TREs detêm atribuição para responder a consultas. Conforme dispõe o Código Eleitoral:

> Art. 23. Compete, ainda, privativamente, ao Tribunal Superior:
>
> [...]
>
> XII – responder, sobre matéria eleitoral, às consultas que lhe forem feitas em tese por autoridade com jurisdição federal ou órgão nacional de partido político;
>
> [...]
>
> Art. 30. Compete, ainda, privativamente, aos Tribunais Regionais:
>
> [...]
>
> VIII – responder, sobre matéria eleitoral, às consultas que lhe forem feitas, em tese, por autoridade pública ou partido político;

Dois, portanto, são os requisitos legais para a formulação de consulta: legitimidade do consulente e ausência de conexão com situações concretas.

A resposta à consulta deve ser fundamentada.

Apesar de a resposta não ter caráter vinculante, ela é relevante para orientar a ação dos órgãos da Justiça Eleitoral, podendo servir de fundamento jurídico para decisões nos planos administrativo e judicial.

2.1.3 Órgãos da Justiça Eleitoral

A Justiça Eleitoral é integrada por quatro órgãos principais: o Tribunal Superior Eleitoral, os Tribunais Regionais Eleitorais, os Juízes Eleitorais e as Juntas Eleitorais.

Tribunal Superior Eleitoral (TSE) – é este o órgão de cúpula da Justiça Eleitoral. Sua jurisdição estende-se a todo o território nacional. Dispõe o art. 119 da CF que ele se compõe, no mínimo, de sete membros, assim escolhidos:

I – mediante eleição, pelo voto secreto:

a) três juízes dentre os Ministros do Supremo Tribunal Federal;

b) dois juízes dentre os Ministros do Superior Tribunal de Justiça;

II – por nomeação do Presidente da República, dois juízes dentre seis advogados de notável saber jurídico e idoneidade moral, indicados pelo Supremo Tribunal Federal.

O Presidente e o Vice-Presidente do TSE são escolhidos entre os Ministros do Supremo Tribunal Federal.

O Corregedor-Geral Eleitoral é escolhido entre os Ministros do Superior Tribunal de Justiça.

A nomeação de advogado não poderá recair em cidadão que ocupe cargo público de que seja demissível *ad nutum*; que seja diretor, proprietário ou sócio de empresa beneficiada com subvenção, privilégio, isenção ou favor em virtude de contrato com a Administração Pública; ou que exerça mandato de caráter político, federal, estadual ou municipal (CE, art. 16, § 2º).

Não podem fazer parte do TSE cidadãos que tenham entre si parentesco, ainda que por afinidade, até o quarto grau, excluindo-se nesse caso o que tiver sido escolhido por último (CE, art. 16, § 1º).

Tribunais Regionais Eleitorais (TREs) – representam a segunda instância da Justiça Eleitoral, detendo, ainda, competência originária para diversas matérias. Há um TRE instalado na capital de cada Estado da Federação e no Distrito Federal. Sua jurisdição estende-se a todo o território do Estado e do Distrito Federal.

Nos termos do art. 120, § 1º, da Constituição, o TRE é composto de sete membros assim escolhidos:

I – mediante eleição, pelo voto secreto:

a) de dois juízes dentre os desembargadores do Tribunal de Justiça;

b) de dois juízes, dentre juízes de direito, escolhidos pelo Tribunal de Justiça;

II – de um juiz do Tribunal Regional Federal com sede na Capital do Estado ou no Distrito Federal, ou, não havendo, de juiz federal, escolhido, em qualquer caso, pelo Tribunal Regional Federal respectivo;

III – por nomeação, pelo Presidente da República, de dois juízes dentre seis advogados de notável saber jurídico e idoneidade moral, indicados pelo Tribunal de Justiça.

Os desembargadores e juízes estaduais são escolhidos pelo Tribunal de Justiça, enquanto os desembargadores e juízes federais são escolhidos pelo Tribunal Regional Federal a que se encontrarem vinculados. A escolha é feita mediante eleição por voto secreto.

No que toca aos juízes oriundos da classe dos advogados, são selecionados mediante lista tríplice organizada pelos Tribunais de Justiça de cada Estado e encaminhada ao TSE pela presidência dos respectivos TREs. Após a aprovação da lista pelo TSE, a presidência deste a encaminha mediante ofício ao Poder Executivo, quando o presidente da República fará a escolha do nome que comporá o órgão colegiado do Tribunal Regional. Segundo a Constituição, os requisitos para a indicação e escolha são os seguintes: *i)* ser advogado, e, pois, encontrar-se no exercício da advocacia; *ii)* deter notável saber jurídico; *iii)* ostentar idoneidade moral. O art. 5º da Res. TSE nº 23.517/2017 acrescenta que o advogado deverá "possuir 10 anos consecutivos ou não de prática profissional".

O Presidente e o Vice-Presidente do TRE são escolhidos entre os desembargadores estaduais. Em geral, os regimentos internos atribuem a Corregedoria Eleitoral ao Vice-Presidente, que termina por acumular ambas as funções.

Juízes eleitorais – atuam na primeira instância da Justiça Eleitoral. Em seu art. 121, § 1º, a Constituição é expressa ao dizer que devem ser *juízes de direito*. É também isso o que consta do art. 11 da Lei Orgânica da Magistratura Nacional – Loman (LC nº 35/79). Cuida-se, pois, de juízes togados, de carreira, que gozam das prerrogativas constitucionais de vitaliciedade, inamovibilidade e irredutibilidade de subsídios. É comum, porém, que juízes de direito substitutos, ainda não vitaliciados, sejam designados para exercer função eleitoral.

Os juízes de direito que exercem funções eleitorais são designados pelo TRE. Se na comarca houver mais de um juiz, o Tribunal deverá designar aquele que exercerá a jurisdição naquela zona eleitoral. Nesse caso, seguindo-se a lógica implantada nos Tribunais, o juiz eleitoral designado deverá servir por dois anos em sistema de rodízio. Note-se que o juiz eleitoral não é vitalício no exercício dessas funções.

Juntas eleitorais – o art. 121 da CF prevê ainda a existência de Juntas Eleitorais. Além de um juiz eleitoral (que a preside), elas são compostas de dois ou quatro cidadãos de notória idoneidade, nomeados pelo presidente do TRE, após aprovação pela Corte Regional. Portanto, poderão as Juntas ser formadas por três ou quatro membros.

A existência da Junta é provisória, já que é constituída apenas nas eleições, sendo extinta após o término dos trabalhos de apuração de votos, exceto nas eleições municipais, em que permanece até a diplomação dos eleitos. Sua competência liga-se à apuração das eleições realizadas nas zonas eleitorais sob sua jurisdição. Todavia, com a implantação das urnas eletrônicas pela Lei nº 9.504/97 (art. 59 e ss.), as funções das Juntas Eleitorais ficaram esvaziadas. No novo sistema, a contagem, a apuração e a totalização de votos são feitas automaticamente pela própria máquina. Por isso, pode-se saber dos resultados das eleições pouco tempo após o encerramento da votação.

2.1.4 Divisão geográfica da Justiça Eleitoral

A Justiça Eleitoral segue peculiar divisão geográfica, distinguindo a zona, a seção e a circunscrição eleitoral.

A zona eleitoral (ZE) é o espaço territorial sob jurisdição do juízo eleitoral. A área da zona eleitoral pode coincidir com a de uma comarca, e geralmente é isso o que ocorre. No entanto, uma comarca pode abrigar mais de uma zona. Ademais, a área da zona não coincide necessariamente com a do município. Logo, uma zona pode abranger mais de um município, assim como um município pode conter mais de uma zona eleitoral.

A seção eleitoral é já uma subdivisão da zona. Trata-se do local onde os eleitores são inscritos e comparecem para votar no dia das eleições. É a menor unidade na divisão judiciária eleitoral.

Por fim, a circunscrição é também uma divisão territorial, mas tem em vista a realização do pleito. Nas eleições municipais, cada município constitui uma circunscrição. Nas eleições gerais (governador, senador e deputado), a circunscrição é o Estado da Federação e o Distrito Federal. Já para as eleições presidenciais, a circunscrição é o território nacional.

2.2 MINISTÉRIO PÚBLICO ELEITORAL

O Ministério Público é concebido pela Constituição Federal como instituição permanente, essencial à função jurisdicional do Estado, cumprindo-lhe a defesa da ordem jurídica, do regime democrático e dos interesses sociais e individuais indisponíveis. Vale ressaltar sua missão de defensor do regime democrático, pois o *Parquet* é instituição própria da democracia, sendo natural que se lhe tocasse a defesa desse regime.

Os órgãos integrantes dessa instituição são previstos no art. 128 da CF, que dispõe:

> Art. 128. O Ministério Público abrange:
>
> I – o Ministério Público da União, que compreende:
>
> *a)* o Ministério Público Federal;
>
> *b)* o Ministério Público do Trabalho;
>
> *c)* o Ministério Público Militar;
>
> *d)* o Ministério Público do Distrito Federal e Territórios;
>
> II – os Ministérios Públicos dos Estados.

O Ministério Público da União (MPU) tem por chefe o Procurador-Geral da República, nomeado pelo presidente da República entre integrantes da carreira, maiores de 35 anos, após a aprovação de seu nome pela maioria absoluta dos membros do Senado Federal, para mandato de dois anos, permitida a recondução (CF, art. 128, § 1º).

Os Ministérios Públicos dos Estados (MPEs) e o do Distrito Federal e Territórios (MPDFT) devem formar lista tríplice entre os integrantes da carreira, na forma da lei respectiva, para escolha de seu Procurador-Geral de Justiça, que será nomeado pelo chefe do Poder Executivo estadual (governador), para mandato de dois anos, permitida uma recondução (CF, art. 128, § 3º).

Os membros do *Parquet* gozam de prerrogativas idênticas às da magistratura, a saber: vitaliciedade, inamovibilidade e irredutibilidade de subsídios. E também se sujeitam às vedações do art. 128, § 5º, II, alíneas *a* até *f*, da Constituição.

São princípios reitores do Ministério Público a unidade, a indivisibilidade e a independência funcional (CF, art. 127, § 1º). A *unidade* significa que seus membros formam um só corpo, sendo que a manifestação de um traduz, no momento em que externada, a vontade da instituição. Pela *indivisibilidade*, os membros exercem um ministério comum, podendo se substituir reciprocamente de acordo com critérios legalmente traçados. Já a *independência funcional* significa que o membro do Ministério Público tem liberdade e autonomia para exercer suas funções, de sorte que, ao realizar suas atividades típicas, só está sujeito ao Direito e à sua própria consciência; assim, a manifestação realizada "em um dado momento do processo, não vincula o agir de um outro membro, no mesmo processo" (TSE – AREspe nº 28.511/RJ – *DJ* 5-6-2008, p. 29-30).

As funções do Ministério Público encontram-se elencadas no art. 129 da Constituição. No tocante às funções eleitorais, foram elas atribuídas ao Ministério Público Federal (MPF). Reza, com efeito, a Lei Complementar nº 75/93:

> Art. 72. Compete ao Ministério Público Federal exercer, no que couber, junto à Justiça Eleitoral, as funções do Ministério Público, atuando em todas as fases e instâncias do processo eleitoral.
>
> Parágrafo único. O Ministério Público Federal tem legitimação para propor, perante o juízo competente, as ações para declarar ou decretar a nulidade de negócios jurídicos ou atos da administração pública, infringentes de vedações legais destinadas a proteger a normalidade e a legitimidade das eleições, contra a influência do poder econômico ou o abuso do poder político ou administrativo.

O Procurador-Geral Eleitoral (PGE) é o Procurador-Geral da República (PGR), competindo-lhe exercer as funções do Ministério Público perante o Tribunal Superior Eleitoral. Para tanto, deverá designar (entre os subprocuradores gerais da República) o Vice-Procurador Geral Eleitoral, que o substituirá em seus impedimentos e exercerá o cargo em caso de vacância, até o provimento definitivo (LC nº 75/93, art. 73, parágrafo único).

Perante cada Tribunal Regional Eleitoral funciona um Procurador Regional Eleitoral (PRE). Ele é, juntamente com seu substituto, designado pelo Procurador-Geral Eleitoral entre os Procuradores Regionais da República lotados e em exercício no Estado e no Distrito Federal, ou, onde não houver, entre os Procuradores da República vitalícios (LC nº 75/93, art. 76). O PRE tem mandato de dois anos, podendo ser reconduzido uma vez.

Finalmente, o Promotor Eleitoral desempenha suas funções na primeira instância, isto é, perante o juízo incumbido do serviço de cada zona eleitoral e também perante a Junta Eleitoral nas eleições municipais. A designação de Promotor Eleitoral é feita pelo Procurador Regional Eleitoral, em regra, após indicação do Procurador-Geral de Justiça.

2.3 PARTIDOS POLÍTICOS

2.3.1 Noção de partido político

Compreende-se por partido político a entidade formada pela livre associação de pessoas, com organização estável, cujas finalidades são alcançar e/ou manter de maneira legítima o poder político-estatal e assegurar, no interesse do regime democrático de direito, a autenticidade do sistema representativo, o regular funcionamento do governo e das instituições políticas, bem como a implementação dos direitos humanos fundamentais.

Quanto à sua natureza, o partido político é pessoa jurídica de Direito Privado, não se equiparando a "entidades paraestatais" (LPP, art. 1º, parágrafo único – introduzido pela Lei nº 13.488/2017), como, por exemplo, as autarquias. Por isso, seu estatuto deve ser registrado no Serviço de Registro Civil de Pessoas Jurídicas da Capital Federal (LPP, art. 8º). É esse registro que lhe confere personalidade jurídica, que lhe habilita a agir no mundo jurídico contraindo direitos e obrigações.

Feito o registro no Serviço de Registro, o estatuto do partido deve igualmente ser registrado no TSE. Para tanto, há mister sejam observados os requisitos constitucionais e legais (*vide* Lei dos Partidos Políticos e Res. TSE nº 23.465/2015), sob pena de indeferimento do pedido de registro do partido.

Só é admitido o registro de partido que tenha caráter nacional, considerando-se como tal aquele que comprove, no período de dois anos, o apoiamento de eleitores não filiados a partido político, correspondente a, pelo menos, 0,5% dos votos dados na última eleição geral para a Câmara dos Deputados, não computados os votos em branco e os nulos, distribuídos por um terço, ou mais, dos Estados, com um mínimo de 0,1% do eleitorado que haja votado em cada um deles (CF, art. 17, I, e LPP, art. 7º, § 1º – com a redação da Lei nº 13.165/2015).

Nos termos do art. 4º da Lei nº 9.504/97 (com a redação da Lei nº 13.488/2017), para que um partido possa participar das eleições, é necessário que "até seis meses antes do pleito, tenha registrado seu estatuto no Tribunal Superior Eleitoral, conforme o disposto em lei, e tenha, até a data da convenção, órgão de direção constituído na circunscrição, de acordo com o respectivo estatuto".

2.3.2 Funções

Os partidos políticos tornaram-se peças essenciais para o funcionamento do complexo mecanismo democrático contemporâneo. Constituem canais legítimos de atuação política e social; captam e assimilam rapidamente a opinião pública; catalisam, organizam e transformam em bandeiras de luta as díspares aspirações surgidas no meio social, sem que isso implique ruptura no funcionamento do governo legitimamente constituído. A ausência deles pode induzir uma resposta violenta de setores da sociedade que se sentirem prejudicados e excluídos.

Entre as funções desempenhadas pelos partidos, destacam-se as seguintes: *i)* organizar a ação governamental no sentido de se alcançar os objetivos pretendidos; *ii)* organizar os esforços dos cidadãos, candidatos e políticos, com vistas a lograrem êxito nas eleições; nesse sentido, os partidos selecionam e indicam os candidatos, os promovem e auxiliam a levantar dinheiro para financiar suas campanhas; *iii)* orientar e auxiliar os eleitores a definirem o voto, já que esses podem ligar suas crenças e seus interesses aos valores, ideias e objetivos abraçados pela agremiação.

Ademais, no sistema político brasileiro não há representação popular e exercício do poder estatal sem a intermediação partidária, pois é vedada a candidatura político--eletiva avulsa (CF, art. 14, § 3º, V; LE, art. 11, § 14), ou seja, independente do partido.

2.3.3 Liberdade de organização

2.3.3.1   O art. 17, § 1º, da Constituição

A Constituição Federal adotou o princípio da liberdade de organização ao assegurar ao partido político (CF, art. 17, § 1º): *i)* autonomia para definir sua estrutura interna; *ii)* autonomia para estabelecer regras sobre escolha, formação e duração de seus órgãos permanentes e provisórios; *iii)* autonomia para estabelecer regras sobre sua organização e funcionamento; *iv)* autonomia para adotar os critérios de escolha e o regime de suas coligações nas eleições majoritárias. Mas essa liberdade não é absoluta, devendo o partido observar as restrições legalmente postas para sua criação e funcionamento.

É vedado à agremiação empregar organização paramilitar, ministrar instrução militar ou paramilitar e adotar uniforme para seus membros (CF, art. 17, § 4º; LPP, art. 6º). Um partido com tal desenho representaria evidente ameaça ao regime democrático e à estabilidade político-social, pois levantaria perigosamente a bandeira de regimes de exceção, totalitários, além de lhes evocar a memória.

2.3.3.2   Incorporação e fusão

Incorporação e fusão constituem formas de transformação de pessoas jurídicas. São previstas no art. 29 da LPP. Ocorre *incorporação* quando um ou vários partidos são absorvidos por outro, que lhes sucede em todos os direitos e obrigações. As agremiações incorporadas deixam de existir, subsistindo apenas a incorporadora; por isso, prevê o § 6º do aludido art. 29 que o instrumento de incorporação seja apresentado ao Ofício Civil competente, para que seja cancelado o registro do partido incorporado. De outro lado, determina o § 8º daquele mesmo dispositivo que o novo estatuto ou instrumento de incorporação seja "levado a registro e averbado, respectivamente, no Ofício Civil e no Tribunal Superior Eleitoral".

A seu turno, a *fusão* é o processo pelo qual um ou mais partidos se unem, de maneira a formar outro, o qual sucederá os demais nos seus direitos e obrigações. Com a fusão se dá a extinção das agremiações que se uniram para formar a nova entidade jurídica.

Somente é permitida a fusão ou incorporação de partidos políticos "que hajam obtido o registro definitivo do Tribunal Superior Eleitoral há, pelo menos, 5 (cinco) anos". Essa restrição temporal não constava da redação original da Lei nº 9.096/95, tendo sido acrescida ao seu art. 29, § 9º, pela Lei nº 13.107/2015. Ao apreciar pedido de liminar formulado na ADI n° 5.311/DF – 30-9-2015, o Pleno do Supremo Tribunal Federal afirmou a constitucionalidade dessa nova regra. Para o Pretório Excelso, é constitucional o impedimento legal de fusão ou incorporação de partidos criados há menos de cinco anos, não havendo que se falar em ferimento ao *caput* do art. 17 da Constituição, o qual, literalmente, assegura a liberdade de "criação, fusão, incorporação e extinção de partidos políticos". Isso porque, afirma o STF, "não há liberdade absoluta nem autonomia sem qualquer limitação". Ademais, a aludida exigência temporal asseguraria o atendimento ao compromisso com o cidadão, pois dificulta a fraudulenta formação de agremiações sem qualquer substrato social, cujo principal propósito é beneficiar seus dirigentes e receber benefícios como acesso ao fundo partidário e tempo de TV.

2.3.3.3 Coligação partidária

Coligação é o consórcio de partidos políticos formado com o propósito de atuação conjunta e cooperativa na disputa eleitoral. Esse ente "suprapartidário" possui denominação própria, que poderá ser a junção de todas as siglas dos partidos que a integram, sendo com ela que se apresentará e agirá no meio político-jurídico-eleitoral.

A possibilidade de os partidos se coligarem conta com expressa previsão na Constituição Federal, notadamente no § 1° do art. 17, que lhes confere autonomia para "[...] adotar os critérios de escolha e o regime de suas coligações nas eleições majoritárias, vedada a sua celebração nas eleições proporcionais, sem obrigatoriedade de vinculação entre as candidaturas em âmbito nacional, estadual, distrital ou municipal [...]".

> Só é permitida a realização de coligação para as eleições majoritárias (presidente da República, governador de Estado ou do DF, prefeito municipal e senador). É vedada a coligação para as eleições proporcionais (deputado federal/distrital e vereador). Entretanto, nos termos do art. 2° da EC n° 97/2017, essa vedação só se aplica "a partir das eleições de 2020".

Embora não se confunda com os partidos que a integram, a coligação não possui personalidade jurídica própria, mas meramente *personalidade judiciária* (de modo que pode ser parte em processo judicial). Já se disse ser detentora de "personalidade jurídica *pro tempore*" (TSE – Ag-REspe n° 24.531/BA – *DJ*, v. 1, 30-9-2005, p. 122). Nos termos do art. 6°, § 1°, da LE, são-lhe atribuídas as prerrogativas e obrigações de partido político no que se refere ao processo eleitoral, devendo funcionar como um só partido no relacionamento com a Justiça Eleitoral e no trato dos interesses interpartidários. Daí a necessidade de se designar um representante, o qual "[...] terá atribuições equivalentes às de presidente de partido político, no trato dos interesses e na representação da coligação, no que se refere ao processo eleitoral" (§ 3°, III). A coligação age e fala por seu representante, podendo, ainda, designar delegados perante a Justiça Eleitoral. Assim, nas eleições em que participa, ostenta legitimidade ativa e passiva, facultando-se-lhe ajuizar ações, impugnações, representações, interpor recursos, contestar, ingressar no feito como assistente, integrar litisconsórcio.

A deliberação sobre coligação deve ocorrer na convenção para escolha de candidatos.

Nas eleições municipais, os partidos políticos podem realizar coligações partidárias diferentes em Municípios diversos, ainda que situados no mesmo Estado federativo, uma vez que a circunscrição a ser considerada é o Município.

Diante de seu caráter unitário, não se admite que os partidos integrantes de uma coligação, isoladamente, venham a praticar atos no processo eleitoral, como requerer registro de candidatura, impugnar pedido de registro, ingressar com representações eleitorais. Considerando-se que os interesses em jogo já não são "parciais" ou "particulares", mas coletivos, isto é, de todos os membros do grupo, o interesse de um dos grêmios consorciados poderá não coincidir com o dos demais.

Mas essa regra comporta exceção, pois ao partido é facultado questionar "a validade da própria coligação, durante o período compreendido entre a data da convenção e o termo final do prazo para a impugnação do registro de candidatos" (LE, art. 6°, § 4°).

Extingue-se a coligação, entre outros motivos: *a)* pelo distrato, ou seja, pelo desfazimento do pacto firmado por seus integrantes; *b)* pela extinção de um dos partidos que a compõem, no caso de ser formada por dois; *c)* pela desistência dos candidatos de disputar o pleito, sem que haja indicação de substitutos, pois nesse caso terá perdido seu objeto (TSE – Ag-REspe n° 24.035/BA – *DJ* 1-4-2005, p. 160); *d)* com o fim das eleições para as quais foi formada, isto é, com a diplomação dos eleitos.

2.3.4 Financiamento partidário

Vigora no Brasil um sistema misto de financiamento partidário. Os partidos recebem recursos tanto do Estado quanto de particulares. Em geral, as fontes de recursos partidários podem ser assim resumidas: *i)* fundo partidário; *ii)* doações privadas, de pessoas *físicas*; *iii)* comercialização de bens; *iv)* comercialização de eventos.

Além dessas fontes, há também: *1)* o Fundo Especial de Financiamento de Campanha – FEFC, previsto no art. 16-C da LE (introduzido pela Lei n° 13.487/2017), e "constituído por dotações orçamentárias da União em ano eleitoral"; *2)* o financiamento da propaganda eleitoral no rádio e na televisão, a qual é custeada mediante compensação fiscal.

Atualmente, é vedado o financiamento partidário por pessoa jurídica (LPP, art. 31, II – com a redação da Lei n° 13.488/2017).

O fundo partidário (Fundo Especial de Assistência Financeira aos Partidos Políticos) é regulado no art. 38 da LPP, sendo constituído por: "I – multas e penalidades pecuniárias aplicadas nos termos do Código Eleitoral e leis conexas; II – recursos financeiros que lhe forem destinados por lei, em caráter permanente ou eventual; III – doações de pessoa física, efetuadas por intermédio de depósitos bancários diretamente na conta do Fundo Partidário; IV – dotações orçamentárias da União em valor nunca inferior, cada ano, ao número de eleitores inscritos em 31 de dezembro do ano anterior ao da proposta orçamentária, multiplicados por trinta e cinco centavos de real, em valores de agosto de 1995".

Há duas situações a serem consideradas. A primeira refere-se ao direito de acesso aos recursos do fundo partidário. A segunda diz respeito à distribuição de tais recursos entre os partidos. Sobre a primeira, tem-se que nem todos os partidos registrados no

TSE possuem direito de receber recursos do fundo partidário. A aquisição desse direito requer o cumprimento de determinados requisitos – denominados cláusulas de desempenho –, os quais são previstos no art. 17, § 3º, da CF (com a redação da EC nº 97/2017) c.c. art. 3º da EC nº 97/2017. Se um partido tiver candidatos eleitos, mas seu desempenho for muito fraco e não preencher os referidos requisitos, não terá direito aos recursos do fundo. Mas nesse caso, o § 5º, art. 17, da CF (incluído pela EC nº 97/2017) garante ao candidato eleito o mandato conquistado, facultando-lhe, ainda, "a filiação, sem perda do mandato, a outro partido" que tenha atingido os referidos requisitos.

Quanto à segunda situação, o inciso I, art. 41-A, da LPP (com a redação da Lei nº 13.165/2015) estabelece que 5% do total dos recursos devem ser "destacados para entrega, em partes iguais, a todos os partidos que atendam aos requisitos constitucionais de acesso aos recursos do Fundo Partidário". O restante é distribuído aos partidos proporcionalmente às suas respectivas representações na Câmara de Deputados.

As doações privadas efetuadas diretamente ao partido (e não ao fundo partidário, como previsto no citado art. 38, III, da LPP) são contempladas no art. 39 da LPP. Este dispositivo autoriza o partido a receber doações de pessoas físicas "para constituição de seus fundos". Podem ser efetuadas diretamente aos órgãos de direção nacional, estadual e municipal (§ 1º). As ofertas de bens e serviços devem ter seus valores estimados em dinheiro, moeda corrente (§ 2º). Já as ofertas de recursos financeiros (dinheiro) – reza o § 3º (com a redação da Lei nº 13.165/2015) – somente poderão ser efetuadas na conta do partido político por meio de:

> I – cheques cruzados e nominais ou transferência eletrônica de depósitos;
>
> II – depósitos em espécie devidamente identificados;
>
> III – mecanismo disponível em sítio do partido na internet que permita inclusive o uso de cartão de crédito ou de débito e que atenda aos seguintes requisitos:
>
> a) identificação do doador;
>
> b) emissão obrigatória de recibo eleitoral para cada doação realizada.

Em qualquer caso, os valores doados ao partido devem ser lançados em sua contabilidade. Isso permite que eles sejam auditados, o que é feito na prestação de contas que os partidos devem submeter à Justiça Eleitoral.

Há casos em que o partido é legalmente proibido de receber doações. A esse respeito, estabelece o art. 31 da LPP (nos termos da Lei nº 13.488/2017):

> Art. 31. É vedado ao partido receber, direta ou indiretamente, sob qualquer forma ou pretexto, contribuição ou auxílio pecuniário ou estimável em dinheiro, inclusive através de publicidade de qualquer espécie, procedente de:
>
> I – entidade ou governo estrangeiros;
>
> II – entes públicos e pessoas jurídicas de qualquer natureza, ressalvadas as dotações referidas no art. 38 desta Lei e as provenientes do Fundo Especial de Financiamento de Campanha;
>
> III – [revogado]

IV – entidade de classe ou sindical.

V – pessoas físicas que exerçam função ou cargo público de livre nomeação e exoneração, ou cargo ou emprego público temporário, ressalvados os filiados a partido político.

A comercialização de bens refere-se à venda de produtos do partido, como chaveiros e brindes, enquanto a de eventos diz respeito à cobrança por jantares, festas e eventos assemelhados.

A despeito da autonomia que lhe é reconhecida, cumpre ao partido prestar contas à Justiça Eleitoral (CF, art. 17, III) dos recursos que gere. Por isso, deve "enviar, anualmente, à Justiça Eleitoral, o balanço contábil do exercício findo" (LPP, art. 32; TSE – Res. nº 21.841/2004).

Incentivo à participação política feminina – o art. 44, V, da LPP determina a aplicação mínima de 5% do fundo partidário em programas de promoção e difusão da participação política das mulheres.

2.3.5 Filiação, desfiliação, suspensão e cancelamento de filiação partidária

A filiação estabelece um vínculo jurídico entre o cidadão e a entidade partidária. É regulada nos arts. 16 a 22-A da Lei nº 9.096/95, bem como no estatuto da agremiação.

Aos filiados é assegurada igualdade de direitos e deveres (LPP, art. 4º).

Só pode filiar-se a um partido quem estiver no pleno gozo de seus direitos políticos. Portanto, se tais direitos estiverem suspensos quando da filiação, esse ato não terá validade. Além disso, é também preciso que se atendam aos requisitos postos na lei e em seu estatuto. O princípio da autonomia partidária assegura à agremiação o poder de definir as regras e os critérios que entender pertinentes para a admissão de filiados, o que deve ser fixado no estatuto. É vedado, porém, o estabelecimento de critérios discriminatórios ou abusivos, que impliquem ferimento a direitos fundamentais.

O ato de filiação pode ser levado a efeito perante os órgãos de direção municipal, estadual ou nacional, a menos que o estatuto disponha diferentemente. Tanto isso é certo que o art. 19 da Lei nº 9.096/95 prevê a possibilidade de qualquer um desses órgãos remeter aos juízes eleitorais a relação dos nomes de todos os seus filiados.

Deferida a filiação, o fato deve ser comunicado à Justiça Eleitoral. Esta mantém banco de dados, no qual são alistados todos os filiados. O banco é alimentado periodicamente pelos próprios partidos. Nesse sentido, dispõe o art. 19 da LPP:

> Na segunda semana dos meses de abril e outubro de cada ano, o partido, por seus órgãos de direção municipais, regionais ou nacional, deverá remeter, aos juízes eleitorais, para arquivamento, publicação e cumprimento dos prazos de filiação partidária para efeito de candidatura a cargos eletivos, a relação dos nomes de todos os seus filiados, da qual constará a data de filiação, o número dos títulos eleitorais e das seções em que estão inscritos.

Não sendo a relação remetida nos prazos aludidos, presume-se que o rol de filiados anteriormente informado permanece inalterado. No entanto, havendo omissão dos órgãos de direção da agremiação, é facultado ao prejudicado requerer, diretamente à Justiça Eleitoral, a inclusão de seu nome na lista.

Havendo omissão no banco de dados ou na lista, a Súmula nº 20 do TSE permite que a filiação seja demonstrada por outros meios. Assim, sua prova pode ser feita por certidão emanada de Cartório Eleitoral, a qual é revestida de fé pública.

Desfiliação – para desligar-se do partido político, o filiado deve fazer comunicação escrita ao órgão de direção municipal e ao juiz eleitoral da zona em que se encontrar inscrito. Decorridos dois dias da data da entrega da comunicação, o vínculo é extinto (LPP, art. 21).

Entretanto, em certos casos, o cancelamento da filiação é automático, tal como se dá se houver: "I – morte; II – perda dos direitos políticos; III – expulsão; IV – outras formas previstas no estatuto, com comunicação obrigatória ao atingido no prazo de quarenta e oito horas da decisão; V – filiação a outro partido, desde que a pessoa comunique o fato ao juiz da respectiva Zona Eleitoral" (LPP, arts. 21 e 22, este com a redação da Lei nº 12.891/2013).

Suspensão – note-se que a hipótese do citado inciso II, art. 22, da LPP cuida de *perda* de direitos políticos, não devendo essa hipótese ser confundida com a *suspensão desses mesmos direitos*. Assim, se os direitos políticos forem suspensos, não haverá extinção, mas suspensão da filiação partidária.

Durante o período em que vigorar a suspensão, o filiado suspenso não pode praticar ato privativo de filiado regular, tampouco exercer cargo político-eletivo ou de direção dentro do organismo partidário; consequentemente, não poderá se candidatar a cargo político-eletivo (TSE – Ag-REspe 11166/GO – j. 30-3-2017).

Dupla (ou pluralidade de) filiação partidária – à vista do inciso V (acrescido ao citado art. 22 pela Lei nº 12.891/2013), aquele que, estando filiado a uma agremiação se engajar em outra, tem o dever legal de comunicar esse fato ao partido que deixa *e* também ao juiz de sua respectiva zona eleitoral, para que a filiação primitiva seja cancelada. Se não o fizer logo após a nova filiação, ficará configurada *duplicidade de filiação partidária*, pois a mesma pessoa constará nas listas enviadas à Justiça Eleitoral por ambos os partidos.

Também pode ocorrer de constar a filiação de uma mesma pessoa em mais de dois partidos, havendo, portanto, *pluralidade* de filiação.

Em qualquer caso, dispõe o parágrafo único do art. 22 da LPP (com redação da Lei nº 12.891/2013): "Havendo coexistência de filiações partidárias, prevalecerá a mais recente, devendo a Justiça Eleitoral determinar o cancelamento das demais". É razoável essa solução, pois a inscrição derradeira revela a intenção atual do filiado, a entidade a que ele realmente quer se manter vinculado.

Diante disso, deve-se manter a última filiação.

Essa solução pressupõe que as diversas filiações tenham ocorrido em datas diferentes. Entretanto, e se não houver sucessividade entre as diversas filiações? Ou seja: se ocorrerem na mesma data? Se forem contemporâneas, não há que se falar em filiação "mais recente", de modo que todas devem ser canceladas, já que inexiste previsão legal para que uma delas prepondere.

2.3.6 Dever de fidelidade partidária

Prevê o art. 17, § 1º, da Constituição que o estatuto do partido deve "estabelecer normas de disciplina e fidelidade partidária". A infringência ao dever de fidelidade pode ensejar a imposição de sanções ao filiado.

Infringe o dever de fidelidade partidária o mandatário que, sem justa causa, muda de partido depois de por ele ter sido eleito e investido no cargo. Nesse caso, poderá o mandatário perder o mandato. A esse respeito, dispõe o art. 22-A da Lei nº 9.096/95 (incluído pela Lei nº 13.165, de 29-9-2015):

> Art. 22-A. Perderá o mandato o detentor de cargo eletivo que se desfiliar, sem justa causa, do partido pelo qual foi eleito.
>
> Parágrafo único. Consideram-se justa causa para a desfiliação partidária somente as seguintes hipóteses:
>
> I – mudança substancial ou desvio reiterado do programa partidário;
>
> II – grave discriminação política pessoal; e
>
> III – mudança de partido efetuada durante o período de trinta dias que antecede o prazo de filiação exigido em lei para concorrer à eleição, majoritária ou proporcional, ao término do mandato vigente.

A perda do mandato só pode ser decretada pela Justiça Eleitoral em processo jurisdicional instaurado para esse específico propósito.

2.3.7 Competência jurisdicional para questões partidárias

Tendo em vista a natureza privada conferida ao partido político e o fato de tais entes serem detentores de autonomia, firmou-se o entendimento de que questões partidárias, *interna corporis* ou envolvendo partidos são da competência da Justiça Comum estadual. Confira-se:

> 1. Não é da competência da Justiça Eleitoral, e sim da Justiça Comum, dirimir dúvidas ou impor sugestões ante as diretrizes e exigências fixadas por Cartórios de Registro Civil a partidos em formação. [...] (TSE – R-Pet nº 82632/DF – *DJe*, t. 123, 1-7-2015, p. 3).
>
> Competência. Ação ajuizada por filiado em face de partido político, objetivando discussão acerca da validade de convocação e realização de convenção partidária. Competência da Justiça Estadual comum. Hipótese de conflito interno. Justiça eleitoral que somente seria competente caso já iniciado o processo eleitoral. Precedentes do STJ. Decisão reformada. Agravo (TJ/SP – AI nº 0137176 – 6ª Câmara de Direito Privado – j. 21-2-2013).

Competência. Mandado de Segurança. Cancelamento de filiação partidária. Cabe à Justiça comum julgar conflito de interesses envolvendo cidadão e partido político, considerada exclusão de filiado (TSE – MS n° 43803/RJ – *DJe*, t. 182, 23-9-2013, p. 32).

1. De acordo com a jurisprudência do TSE, não compete à Justiça Eleitoral apreciar matéria relativa à dissidência interna dos partidos políticos na eleição de seus dirigentes. Precedentes. [...] (TSE – AgR-Pet n° 4459/MA – *DJe* 20-8-2013, p. 65).

Conflito negativo de competência. Juízos de direito e eleitoral. Eleição de Diretório Municipal de partido político. Competência da Justiça Comum. Compete à Justiça comum estadual processar e julgar a ação em que filiado pretende discutir ato deliberativo, de natureza *interna corporis*, de partido político. Conflito conhecido para declarar competente o Juízo da 2ª Vara Cível de São José-SC (STJ – CC n° 40929/SC – 2ª Seção – Rel. Min. Cesar Asfor Rocha – *DJ* 7-6-2004, p. 157).

Assim, eventuais querelas existentes entre partido e pessoa natural ou jurídica, entre dois partidos, entre órgãos do mesmo partido ou entre partido e seus filiados devem ser dirimidas na Justiça Comum estadual.

A competência da Justiça Eleitoral somente despontará se a situação implicar influência direta em eleição ou processo eleitoral, pois, nesse caso, os interesses maiores da democracia e da regularidade do processo eleitoral justificam a atração da competência da Justiça Especial.

No entanto, atualmente há uma tendência de se alterar esse entendimento, de maneira a alargar-se a esfera de competência da Justiça Eleitoral para que ela possa conhecer e julgar determinadas questões partidárias. Tal tendência é bem sintetizada no seguinte julgado do TSE:

[...] é preciso que este Tribunal Superior Eleitoral evolua em sua jurisprudência, até então iterativa, no sentido de que a competência da Justiça Eleitoral, nos impasses concernentes às divergências internas partidárias (no caso, o debate acerca da legalidade da dissolução de diretório municipal), deve ser equacionada pela Justiça Comum Estadual, escapando, em consequência, da apreciação desta Justiça Especializada. [...]

E, em se tratando de entidade associativa umbilicalmente ligada ao adequado funcionamento do processo democrático, incumbe à Justiça Especializada Eleitoral o papel precípuo de apreciar as controvérsias advindas no corpo dos partidos políticos.

À luz dessas considerações, assento a competência da Justiça Eleitoral para processar e julgar o presente mandado de segurança (TSE – MS n° 060145316/PB – proc. eletrônico – *DJe* 29-9-2016 – trecho do voto do relator, Min. Luiz Fux).

Considerando-se, porém, não ser essa a posição do Superior Tribunal de Justiça, tem-se que o referido alargamento depende de ratificação do Supremo Tribunal, a quem compete dirimir "os conflitos de competência entre Tribunais Superiores" (CF, art. 102, I, *o*). No caso, é do Pretório Excelso a competência para dirimir o conflito de competência entre o TSE e o STJ.

2.3.8 Extinção de partido político

Extingue-se o partido político que tenha o registro "cancelado, junto ao Ofício Civil e ao Tribunal Superior Eleitoral" (LPP, art. 27). O cancelamento desses registros pode decorrer: *i)* de dissolução do partido na forma prevista em seu estatuto; *ii)* de incorporação de um partido a outro; *iii)* de fusão de partidos; e, *iv)* nos termos do art. 28 da LPP, de decisão transitada em julgado do TSE, que determine "o cancelamento do registro civil e do estatuto do partido contra o qual fique provado: I – ter recebido ou estar recebendo recursos financeiros de procedência estrangeira; II – estar subordinado a entidade ou governo estrangeiros; III – não ter ['os órgãos nacionais' – vide § 6°] prestado, nos termos desta Lei, as devidas contas à Justiça Eleitoral; IV – que mantém organização paramilitar".

Diante dessa última situação, estabelece o § 2° do citado art. 28 que o processo de cancelamento é iniciado pelo TSE "à vista de denúncia de qualquer eleitor, de representante de partido, ou de representação do Procurador-Geral Eleitoral". Sob pena de nulidade do processo, deve-se assegurar ao partido ampla defesa (§ 1°).

2.4 QUESTÕES

1. **(2017 – FCC – TRE/PR – ANALISTA JUDICIÁRIO)** Considere:

    I. Gael é Ministro do Supremo Tribunal Federal.

    II. Felícia, cidadã brasileira, quite com a justiça eleitoral, é a única advogada da família, não possuindo nenhum parente até o quarto grau, ainda que por afinidade, trabalha em seu próprio escritório há mais de dez anos, não tem qualquer contrato com a Administração pública, possui notável saber jurídico e idoneidade moral.

    III. Rocco, cidadão brasileiro, quite com a justiça eleitoral, é advogado, possui notável saber jurídico e idoneidade moral e ocupa cargo público de que é demissível *ad nutum*.

    IV. Cleiton, cidadão brasileiro, quite com a justiça eleitoral, é advogado, possui notável saber jurídico e idoneidade moral e é diretor de empresa beneficiada com isenção em virtude de contrato com a Administração pública.

    Levando-se em consideração apenas as informações fornecidas, podem vir a integrar o Tribunal Superior Eleitoral

    a) Gael, Felícia e Cleiton, apenas.

    b) Rocco e Cleiton, apenas.

    c) Gael e Rocco, apenas.

    d) Gael e Felícia, apenas.

    e) Gael, Felícia, Rocco e Cleiton.

2. **(2017 – CESPE – TRE/BA – ANALISTA JUDICIÁRIO – ÁREA ADMINISTRATIVA)** A Constituição Federal de 1988 elenca como órgãos da justiça eleitoral:
   a) o CNJ, os TREs, os juízes eleitorais e as juntas eleitorais.
   b) o TSE, os TREs, os juízes eleitorais e as juntas eleitorais.
   c) o TSE, os TREs, os juízes eleitorais e os colégios eleitorais.
   d) o TSE, o CNJ, os TREs e os colégios eleitorais.
   e) o TSE, o CNJ, os juízes eleitorais e os colégios eleitorais.

3. **(2017 – CESPE – MPE/RR – PROMOTOR DE JUSTIÇA SUBSTITUTO)** A respeito de partidos políticos, assinale a opção correta.
   a) Os partidos políticos podem utilizar os recursos do fundo partidário para pagar multas eleitorais decorrentes de infração à Lei das Eleições.
   b) Os partidos políticos não são obrigados a cumprir exigências licitatórias para contratar e realizar despesas com recursos do fundo partidário.
   c) O partido político adquire personalidade jurídica com o registro de seu estatuto no TSE.
   d) As contas partidárias que forem desaprovadas não poderão receber novas cotas do fundo partidário até que sejam regularizadas.

4. **(2017 – FCC – TRE/SP – ANALISTA JUDICIÁRIO – ÁREA ADMINISTRATIVA)** Deodoro, engenheiro civil em determinada empresa, é filiado ao partido político "X", mas identificou-se com as ideologias do partido "Y", desejando, então, a este filiar-se. De acordo com a Lei n° 9.096/95, Deodoro poderá filiar-se ao partido "Y",
   a) se cancelada, de imediato, a filiação partidária no partido "X", desde que comunique o fato ao juiz da respectiva Zona Eleitoral.
   b) apenas se prevista essa hipótese no estatuto de ambos os partidos, com comunicação obrigatória ao partido "X" no prazo previsto nos estatutos.
   c) mantendo a filiação ao partido "X", desde que comunique o fato ao juiz da respectiva Zona Eleitoral.
   d) apenas se houver justa causa assim considerada como tal no estatuto do partido "X", com comunicação obrigatória ao partido "Y".
   e) apenas se cumprido o período de filiação de doze meses no partido "X", não sendo necessária, neste caso, a comunicação do fato ao juiz da respectiva Zona Eleitoral, mantendo dupla filiação.

5. **(2015 – CESPE – TRE/RS – TÉCNICO JUDICIÁRIO – ÁREA ADMINISTRATIVA)** Quando se trata de direito, os primeiros desafios que enfrentam os seus operadores e estudiosos são as questões relacionadas às fontes e aos princípios utilizados para que o juiz tenha condições de decidir sobre quaisquer matérias que lhe forem propostas. Em se tratando de matéria relacionada mais especificamente a direito eleitoral, também não é pequeno o esforço que se faz para deixar claro à sociedade as funções precípuas que exerce a justiça eleitoral.

Com relação a esse assunto, assinale a opção correta.

a) As resoluções do TSE, por tratarem de legislação mais específica, devem prevalecer sobre quaisquer das demais fontes do direito eleitoral, em se tratando de matérias relacionadas às eleições.

b) O princípio da anterioridade tem como escopo proteger o processo eleitoral, garantindo que qualquer lei que altere esse processo somente entrará em vigor na data de sua publicação, não se aplicando à eleição seguinte à data de sua vigência.

c) Os juízes eleitorais são órgãos da justiça eleitoral, juntamente com as juntas eleitorais, os tribunais regionais eleitorais e o TSE.

d) A transferência de domicílio do eleitor, a adoção de medidas para coibir a prática de propaganda eleitoral irregular e a emissão de segunda via do título eleitoral são exemplos de funções judiciárias da justiça eleitoral que devem ser apreciadas por juiz eleitoral e, na ausência deste, por um juiz da respectiva seccional.

e) As fontes do direito eleitoral têm como objetivo principal assegurar que não haja mudanças no ordenamento jurídico, mantendo-o estático, como deveria ser desde o princípio, pois se exige, cada vez mais, um ambiente legislativo seguro e simplificado.

Sistema eleitoral brasileiro

3.1 INTRODUÇÃO

Sistemas eleitorais são métodos que permitem organizar e aferir a manifestação de vontade coletiva dos cidadãos nas eleições, de modo a propiciar a legítima representação do povo na gestão do Estado, ou seja, governo. Eles propõem procedimentos para o exercício dos direitos políticos de votar (cidadania ativa) e ser votado (cidadania passiva), e técnicas para a determinação dos candidatos eleitos. Pode-se, pois, dizer que os sistemas eleitorais ensejam a conversão de votos em mandatos políticos.

O objetivo dos sistemas eleitorais é proporcionar a captação eficiente, segura e imparcial da vontade popular democraticamente manifestada, de sorte que os mandatos eletivos conferidos aos candidatos eleitos contem com o consentimento de todos (ou da maioria) e, consequentemente, sejam exercidos com legitimidade. Portanto, é pela atuação do sistema político que se legitimam o exercício do poder estatal e o governo.

Entre as funções dos sistemas políticos, está a de propor meios para que os diversos segmentos ou grupos sociais sejam devidamente representados nos poderes estatais, bem como para que as relações entre representantes e representados se fortaleçam. A propósito, vale lembrar que a cidadania e o pluralismo político constituem fundamentos do Estado Democrático de Direito em vigor no Brasil (CF, art. 1º, II e V).

A ciência política nos informa acerca da existência de três sistemas principais, a saber: o majoritário, o proporcional e o misto (este é formado pela combinação de elementos daqueles).

A adoção de um determinado sistema depende das vicissitudes históricas de cada sociedade, da interação e dos conflitos travados entre as diversas forças político-sociais. Igualmente relevante para o seu delineamento são os valores que se queira consagrar na experiência social, bem como as finalidades políticas almejadas.

Na Constituição do Brasil, foram consagrados os sistemas majoritário e proporcional, os quais serão expostos na sequência.

3.2 SISTEMA MAJORITÁRIO

O sistema majoritário funda-se no princípio da representação "da maioria" dos cidadãos presentes na sociedade. Segundo a lógica majoritária, o candidato que receber a maioria dos votos válidos no distrito ou na circunscrição eleitoral é proclamado vencedor do certame. Esse método é também conhecido como first past the post (FPTP).

A maioria pode ser absoluta ou relativa. Por maioria absoluta compreende-se a metade dos votos dos integrantes do corpo eleitoral mais um voto. Todavia, se o total de votantes encerrar um número ímpar, a metade será uma fração. Nesse caso, deve-se compreender por maioria absoluta o primeiro número inteiro acima da fração. A exigência de maioria absoluta prende-se à ideia de ampliar a representatividade do eleito, robustecendo sua base popular de apoio e, consequentemente, sua legitimidade.

Já a maioria relativa ou simples não leva em conta a totalidade dos votantes, considerando-se eleito o candidato que alcançar o maior número de votos válidos em relação a seus concorrentes. Portanto, o candidato poderá ser eleito com menos da metade dos votos.

No Brasil, o sistema majoritário foi adotado nas eleições para a chefia do Poder Executivo (Presidente da República, Governador, Prefeito e respectivos vices) e Senador (e respectivos suplentes), conforme se vê nos arts. 28, caput, 29, II, 32, § 2o, 46 e 77, § 2o, todos da Constituição Federal.

Esse sistema compreende duas espécies. Pela primeira – denominada simples ou de turno único –, considera-se eleito o candidato que conquistar o maior número de votos entre os participantes do certame. Não importa se a maioria alcançada é relativa ou absoluta. É isso que ocorre nas eleições para Senador, bem como nas eleições para Prefeito em municípios com *menos de* duzentos mil eleitores, nos termos do art. 29, II, da Lei Maior.

Já no chamado sistema majoritário de dois turnos, o candidato só é considerado eleito no primeiro turno se obtiver a maioria absoluta de votos, não computados os em branco e os nulos. Caso contrário, faz-se nova eleição. Esta deve ser realizada no último domingo de outubro, somente podendo concorrer os dois candidatos mais votados. Considera-se eleito o que obtiver a maioria dos votos válidos (CF, art. 77, § 3º). Tal se dá nas eleições para Presidente da República, Governador, Prefeito e seus respectivos vices em municípios com *mais de* duzentos mil eleitores.

3.3 SISTEMA PROPORCIONAL

3.3.1 Noção do sistema proporcional

O sistema proporcional nasceu na Europa. Atribui-se ao político londrino Thomas Hare o mérito de sua idealização, o que foi feito em seus trabalhos *The machinery of representation* (1857) e *The elections of representatives* (1859). Não obstante, a ideia da representação proporcional também fora proposta pelo político dinamarquês Carl

Andrae, tendo sido aplicada nas eleições da Dinamarca ocorridas no ano de 1855. As duas concepções teriam ocorrido de forma independente. Posteriormente, esse sistema foi consagrado na Bélgica com base no método desenvolvido pelo jurista--matemático Victor D'Hondt, pelo qual a distribuição de cadeiras na Casa Legislativa é feita a partir da votação obtida por cada partido.

No Brasil, o sistema enfocado foi primeiramente contemplado no Código Eleitoral de 1932 (Decreto nº 21.076, de 24-2-1932), em estrita consonância com a concepção do político Joaquim Francisco de Assis Brasil. Mas esse código não chegou a entrar em vigor em razão da superveniência do Estado Novo (1937-1945) e da suspensão das eleições. Com a subsequente redemocratização, o Decreto-Lei nº 7.586, de 18-5-1945 (Lei Agamenon Magalhães) o restabeleceu com algumas alterações – e desde então é ele reiterado na legislação pátria.

Conforme dispõem os arts. 27, § 1º, 29, IV, 32, § 3º, e 45, todos da vigente Constituição Federal, o sistema proporcional é adotado nas eleições para a Câmara de Deputados, Assembleias Legislativas e Câmaras de Vereadores.

3.3.2 Distribuição de cadeiras – quocientes eleitoral e partidário

Pela lógica do sistema proporcional, a distribuição de cadeiras entre os partidos políticos é feita em função da votação que obtiverem nas eleições. As cadeiras são conquistadas pela agremiação e ligam-se diretamente ao número de votos obtidos por ela nas urnas.

Por isso se diz que o *voto proporcional* tem caráter dúplice ou binário, pois votar em um candidato significa igualmente votar em seu partido. Também é possível votar tão somente na agremiação (= voto de legenda), caso em que apenas para ela o voto será computado, sendo nesse caso relevante para o atingimento do quociente eleitoral.

Para que um candidato seja eleito, primeiramente é preciso que o seu partido seja contemplado com número mínimo de votos. Esse número mínimo – também chamado de uniforme – é denominado *quociente eleitoral*. Havendo coligação partidária, os votos conferidos às agremiações que a integram devem ser somados, porque a coligação é considerada uma entidade única, ou seja, um só partido.

O quociente eleitoral (QE) é obtido pela divisão do "número de votos válidos apurados pelo de lugares a preencher em cada circunscrição eleitoral, desprezada a fração se igual ou inferior a meio, equivalente a um, se superior" (CE, art. 106). Eis a fórmula:

$$QE = \frac{n^{o}\,votos\,válidos}{n^{o}\,de\,vagas}$$

Consideram-se válidos os votos dados aos candidatos e às legendas partidárias. Os votos em *branco* e os *nulos* não são computados, pois não são considerados válidos.

Para exemplificar, suponha-se que em determinada circunscrição eleitoral – com nove lugares a serem preenchidos na Câmara de Vereadores – tenham sido apurados 50.000 votos válidos. Teremos, então:

$$QE = \frac{50.000}{9}\text{, resultando o QE de 5.556}$$

A cada partido ou coligação será atribuído número de lugares proporcional a esse QE, de maneira que cada um conquistará tantas cadeiras quantas forem as vezes que tal número for por ele atingido.

Se o quociente eleitoral não for alcançado por algum partido? Nesse caso, o partido ainda poderá concorrer à distribuição das *sobras* que eventualmente ocorrerem, nos termos do art. 109, § 2º, do CE (com a redação da Lei nº 13.488/2017).

E se nenhum partido ou coligação alcançar o quociente eleitoral? Nesse caso, considerar-se-ão eleitos, até serem preenchidos todos os lugares, os candidatos mais votados (CE, art. 111). Abandona-se, pois, o princípio da representação proporcional para se aplicar o princípio majoritário. Ademais, aqui também todas as agremiações participam da distribuição das vagas.

Apurado o quociente eleitoral, torna-se necessário calcular o quociente partidário (QP). Nos termos do art. 107 do CE: "Determina-se para cada Partido ou coligação o quociente partidário, dividindo-se pelo quociente eleitoral o número de votos válidos dados sob a mesma legenda ou coligação de legendas, desprezada a fração". Eis a fórmula:

$$QP = \frac{n^\circ \text{ votos válidos do partido}}{QE}$$

No exemplo anterior, tomem-se os partidos Y, W e Z. Em dada eleição, o primeiro obteve 15.000 votos; o segundo, 4.000 votos; o último, 19.000 votos. Desprezada a fração, teremos os seguintes resultados:

$$QPy = \frac{15.000}{5.556}\text{, que resulta 2;} \quad QPw = \frac{4.000}{5.556}\text{, que resulta 0;} \quad QPz = \frac{19.000}{5.556}\text{, que resulta 3}$$

Reza o art. 108, *caput*, do CE (com a redação da Lei nº 13.165/2015): "Estarão eleitos, entre os candidatos registrados por um partido ou coligação que tenham obtido votos em número igual ou superior a 10% (dez por cento) do quociente eleitoral, tantos quantos o respectivo quociente partidário indicar, na ordem da votação nominal que cada um tenha recebido". Essa cláusula de barreira tem o objetivo de assegurar que o eleito tenha representatividade mínima, de maneira a evitar-se que candidatos com votação muito baixa ocupem cadeiras no Parlamento.

Desse dispositivo podem-se extrair três regras. *Primeira*: cada partido terá direito a número de cadeiras equivalente ao quociente partidário ("tantos quantos o respectivo quociente partidário indicar"). *Segunda*: somente são eleitos os candidatos que, individual ou nominalmente, tenham atingido a votação mínima requerida, isto é, "que tenham obtido votos em número igual ou superior a 10% (dez por cento) do quociente eleitoral". *Terceira*: a lista de eleitos é formada conforme "a ordem da votação nominal que cada um tenha recebido" – portanto, o estabelecimento da ordem da lista incumbe aos eleitores, e não ao partido, de modo que não se trata de *lista fechada*, mas sim de *lista aberta*.

Logo, cada partido terá direito a número de cadeiras equivalente ao quociente partidário. Ao partido Y serão atribuídas duas cadeiras. O partido Z contará com três lugares. O partido W não receberá nenhuma cadeira nesta primeira fase, pois não atingiu o quociente eleitoral; mas se houver sobras de lugares poderá concorrer à distribuição deles (CE, art. 109, § 2º – com a redação da Lei nº 13.488/2017).

Entretanto, os lugares conquistados pelos partidos Y e Z só poderão ser preenchidos por candidatos que obtiverem votação nominal superior a 10% do quociente eleitoral (CE, art. 108, *caput*).

No exemplo apresentado, o quociente eleitoral é de 5.556. E 10% desse valor equivale a 555,6. Aqui, deve a fração ser desprezada, porque o cálculo situa-se na esfera da definição do número de vagas a serem ocupadas pelo partido, e, pois, no âmbito do quociente partidário (CE, art. 107, final). Assim, no exemplo, cada candidato dos partidos Y e Z deve ter obtido pelo menos 555 votos para ser eleito.

Caso os lugares conquistados pelo partido não sejam preenchidos em razão de seus candidatos não terem atingido a necessária votação nominal mínima, "serão distribuídos de acordo com as regras do art. 109" do CE (CE, art. 108, § único – incluído pela Lei nº 13.165/2015). Ou seja: a vaga será distribuída com base no sistema de médias previsto no art. 109 do CE.

O art. 109 do CE dispõe sobre a distribuição dos "lugares não preenchidos com a aplicação dos quocientes partidários e em razão da exigência de votação nominal mínima". Trata, portanto, do problema atinente à distribuição dos chamados *restos eleitorais*.

Saliente-se que para a distribuição dos *restos eleitorais*, o § 2º, art. 109, do CE (com a redação da Lei nº 13.488/2017) permite que concorram "todos os partidos e coligações que participaram do pleito". Houve, pois, importante alteração na regra anterior segundo a qual só podiam concorrer à distribuição das sobras eleitorais os partidos que "tiverem obtido quociente eleitoral". A nova regra é mais democrática, pois permite que todos os partidos que participaram do pleito (inclusive os que não tenham atingido o quociente eleitoral) concorram à distribuição das sobras.

3.3.3 Função do sistema proporcional

O sistema proporcional foi concebido para refletir os diversos pensamentos e tendências existentes no meio social. Por ele, são distribuídas entre os múltiplos partidos políticos as vagas existentes na Casa Legislativa, tornando equânime o exercício do poder e, principalmente, ensejando a representação política de todos os segmentos sociais, especialmente os minoritários.

Por isso, esse sistema não considera somente o número de votos atribuídos individualmente ao candidato (como ocorre no sistema majoritário), mas também os endereçados à agremiação. Pretende-se assegurar a presença no Parlamento do maior número de segmentos, grupos e correntes presentes na população. Daí dizer-se que a diversidade e a pluralidade constituem sua razão essencial.

No sistema proporcional, o ideal é que haja um ótimo grau de correspondência entre as preferências manifestadas nas urnas pelos eleitores e a distribuição de poder entre as diversas correntes de pensamento e agremiações políticas que lhes representam, de sorte que o Parlamento se torne um espelho tão fiel quanto possível da coloração partidária nacional. Nisso, aliás, consiste a ideia de representatividade democrática.

Deveras, o exercício do poder político-estatal só é verdadeiramente legítimo quando por todos (ou pelo maior número de cidadãos) consentido. Nisso se divisa o fundamento essencial do Estado Democrático de Direito.

O sistema proporcional é o que conta com o maior número de adesão em todo o mundo, embora esteja longe da perfeição.

3.3.4 Críticas ao sistema proporcional

Entre as principais críticas endereçadas a esse sistema, afirma-se que ele tende a gerar multiplicidade de partidos e, consequentemente, a fragmentação do quadro partidário. O excesso de partidos em atuação provoca instabilidade no exercício do poder, contribuindo para emperrar a ação governamental. Isso porque não se consegue formar maiorias sólidas e consistentes. Não contando com maioria no Parlamento, o governante é impelido a realizar inúmeros acordos – muitos deles inconfessáveis, concluídos na calada da madrugada – para manter a governabilidade e a estabilidade política, de maneira a implantar as medidas e as políticas públicas entendidas como necessárias ou adequadas ao país. Impende encontrar um ponto de equilíbrio, no qual a representação de todos os segmentos sociais (ou do maior número possível) seja assegurada, mas também seja garantida a solidez das maiorias e, pois, a governabilidade.

Outro problema frequentemente atribuído ao sistema proporcional consiste na transferência de votos dos chamados candidatos "puxadores de votos". Funciona assim: pessoa famosa ou bem conhecida no meio social se candidata por um partido à Câmara de Deputados (ou à Assembleia Legislativa ou à Câmara Municipal), obtendo votação muito expressiva. A alta votação alcançada permite que o partido atinja mais de uma vez o quociente eleitoral, desse modo elevando o seu quociente partidário; com isso, são também eleitos (ou contemplados) outros candidatos da lista do mesmo partido que, porém, obtiveram baixa ou inexpressiva votação. É clara nessa situação a "transferência" de votos do candidato muito bem votado ao outro candidato pouco votado e com insignificante representatividade na sociedade. Ou seja: o cidadão vota em um candidato e seu voto contribui para eleger outros candidatos do mesmo partido.

Apenas para ilustrar essa situação, imagine-se eleição no Estado de São Paulo para Deputado Federal em que o candidato C1 do partido P tenha sozinho obtido 550 mil votos; somada essa votação à de outros candidatos e à da própria legenda, o partido P consegue atingir duas vezes o quociente eleitoral, obtendo, portanto, duas vagas (quociente partidário = 2). Na lista de candidatos do partido, C1 figura em primeiro lugar em razão de sua alta votação. O segundo lugar da lista é ocupado pelo candidato C2, que apenas conseguiu 10 mil votos. Como o partido P conseguiu duas vagas, a primeira será ocupada por C1 e a segunda será destinada a C2, mal-grado sua parca votação.

Na prática, esse tipo de ocorrência tornou-se frequente no sistema proporcional brasileiro. Ele ocorreu, por exemplo, nas eleições do Estado de São Paulo para a Câmara de Deputados com os candidatos Enéas Carneiro (Prona) em 2002, Clodovil Hernandez (PTC) em 2006 e Tiririca (PR) em 2010 e 2014. Nas eleições de 2002, Enéas Carneiro obteve cerca de 1,55 milhão de votos, tendo sido o candidato a deputado federal mais votado no país. Com isso, conseguiu eleger mais cinco dos sete concorrentes de seu minúsculo partido Prona à Câmara dos Deputados. Entre os eleitos figuraram Irapuan Teixeira com 673 votos, Elimar Máximo Damasceno com 478 votos, Ildeu Araújo com 378 votos e Vanderlei Assis de Souza com apenas 274 votos.

Problema inverso ao exposto refere-se à não eleição de candidato que obteve alta votação em razão de o partido pelo qual concorreu não alcançar o quociente eleitoral e, portanto, ser excluído da distribuição de lugares a preencher na Casa Legislativa. Como exemplo, cite-se o caso da candidata Luciana Genro que, nas eleições de 2010, concorreu à Câmara de Deputados pelo Estado do Rio Grande do Sul; embora tenha obtido cerca de 130 mil votos, seu partido (PSOL) não alcançou o quociente eleitoral que foi de 193.126 votos.

Ocorre, porém, que algumas críticas formuladas não raro revelam certa incompreensão da ratio essendi do sistema proporcional. Em que pese um candidato realmente poder ser eleito com menos votos que outros, isso não seria um problema muito grave para o seu normal funcionamento, pois o eleito com baixa votação integra a representação conferida a seu partido. Há uma preponderância do partido. E a atuação deste inclui a representação de interesses de determinados segmentos sociais.

Apesar das críticas negativas, quando comparado com os outros sistemas, o proporcional tem a insuperável vantagem de ensejar a representação de todos (ou pelo menos da maioria) os segmentos sociais. Portanto, prestigia o pluralismo político – que é fundamento da República Federativa do Brasil nos termos do art. 1º, V, da Constituição. Isso faz que esse sistema seja bem mais democrático que os demais, sobretudo em sociedades como a brasileira, que tem na diversidade um de seus traços mais característicos.

3.4 QUESTÕES

1. **(2017 – CESPE – TRE/BA – ANALISTA JUDICIÁRIO – ÁREA JUDICIÁRIA)** A apuração do quociente eleitoral é necessária para determinar o resultado de eleição para
   a) prefeito.
   b) senador.
   c) vereador.
   d) presidente da República.
   e) governador.

2. **(2017 – CESPE – TRE/BA – TÉCNICO JUDICIÁRIO – ÁREA ADMINISTRATIVA)** O Poder Legislativo é exercido pelo Congresso Nacional, que se compõe da Câmara dos Deputados e do Senado Federal, os quais, por sua vez, são constituídos por representantes dos estados e do Distrito Federal (DF). Para o Senado Federal, tais representantes são eleitos segundo o

   a) sistema proporcional, e cada estado e o DF elegem dois candidatos, cada um deles com mandato de quatro anos.

   b) princípio majoritário, e cada candidato é eleito com um suplente.

   c) sistema proporcional, e cada estado e o DF elegem três candidatos, cada um deles com mandato de quatro anos.

   d) sistema proporcional, e cada candidato é eleito com dois suplentes.

   e) princípio majoritário, e cada estado e o DF elegem três candidatos, cada um deles com mandato de oito anos.

3. **(2017 – CESPE – TRE/PE – ANALISTA JUDICIÁRIO – ÁREA ADMINISTRATIVA)** Com relação às regras que presidem as eleições no Brasil, assinale a opção correta.

   a) Os lugares não preenchidos com a aplicação dos quocientes partidários, em razão das exigências de votação nominal mínima, serão distribuídos conforme a ordem de votação dos candidatos, independentemente dos partidos.

   b) Partidos têm autonomia para celebrar suas coligações em cada estado, mas as coligações municipais terão de ser congruentes com as coligações decididas no plano do estado.

   c) Os votos brancos e nulos são computados para fins de cálculo do quociente eleitoral.

   d) Partidos que não preencherem os percentuais mínimos de candidatos de cada sexo estarão sujeitos à redução em 50% dos repasses do Fundo Partidário a que tiverem direito nos doze meses seguintes à eleição.

   e) Uma vez determinados os quocientes eleitoral e partidário, estarão eleitos, entre os candidatos registrados por um partido ou coligação que tenham obtido votos em número igual ou superior a 10% do quociente eleitoral, tantos quantos o respectivo quociente indicar, na ordem da votação nominal que cada um tenha recebido.

4. **(2016 – VUNESP – TJ/RJ – JUIZ SUBSTITUTO)** Assinale a alternativa que corretamente discorre sobre o sistema eleitoral e/ou o registro dos candidatos.

   a) O quociente eleitoral é instrumento do sistema proporcional, sendo determinado dividindo-se o número de votos válidos apurados pelo de lugares a preencher em cada circunscrição eleitoral, desprezada a fração se igual ou inferior a meio, equivalente a um, se superior.

   b) No sistema majoritário, a distribuição de cadeiras entre as legendas é feita em função da votação que obtiverem, pois nesse sistema impõe-se que cada partido com representação na Casa Legislativa receba certo número mínimo de votos para que seus candidatos sejam eleitos.

c) Os membros da aliança somente podem coligar-se entre si, porquanto não lhes é facultado unirem-se a agremiações estranhas à coligação majoritária. Assim, é necessário que o consórcio formado para a eleição proporcional seja composto pelos mesmos partidos da majoritária.

d) Qualquer cidadão no gozo de seus direitos políticos é parte legítima para dar notícia de inelegibilidade ao Juiz Eleitoral, mediante petição fundamentada, no prazo de 5 dias contados da publicação do edital relativo ao pedido de registro, conferindo ao eleitor legitimidade para impugnar pedido de registro de candidatura.

e) Ao Juízo ou Tribunal Eleitoral não é dado conhecer *ex officio* de todas as questões nele envolvidas, nomeadamente as pertinentes à ausência de condição de elegibilidade, às causas de inelegibilidade e ao atendimento de determinados pressupostos formais atinentes ao pedido de registro.

5. **(2017 – FCC – TRE/SP – ANALISTA JUDICIÁRIO – ÁREA JUDICIÁRIA)** Laerte se interessa pelos estudos de Direito Eleitoral. Iniciante na matéria, aprendeu que as eleições acontecem em todo o País, no primeiro domingo de outubro do ano respectivo e que serão realizadas, simultaneamente, para presidente e vice-presidente da República, governador e vice-governador de Estado e do Distrito Federal,

a) prefeito e vice-prefeito, sendo considerado eleito, no primeiro turno, o candidato a presidente, a governador ou a prefeito que obtiver a maioria dos votos, não computados os em branco e os nulos.

b) senador, deputado federal, deputado estadual e deputado distrital, sendo considerado eleito, no primeiro turno, o candidato a presidente ou a governador que obtiver a maioria absoluta de todos os votos, computados os em branco e os nulos.

c) e vereador, sendo considerado eleito, no primeiro turno, o candidato a presidente ou a governador que obtiver a maioria simples dos votos, não computados os em branco e os nulos.

d) senador, deputado federal, deputado estadual e deputado distrital, sendo considerado eleito, no primeiro turno, o candidato a presidente ou a governador que obtiver a maioria absoluta de votos, não computados os em branco e os nulos.

e) prefeito e vice-prefeito, sendo considerado eleito, no primeiro turno, o candidato a presidente, a governador ou a prefeito que obtiver a maioria dos votos, computados os em branco e os nulos.

Alistamento eleitoral

4.1 CARACTERIZAÇÃO DO ALISTAMENTO ELEITORAL

Alistamento é o procedimento administrativo-eleitoral pelo qual se qualificam e se inscrevem os eleitores. Nele se verifica o preenchimento dos requisitos constitucionais e legais indispensáveis à inscrição do eleitor. Uma vez deferida a inscrição, a pessoa é integrada ao corpo de eleitores, podendo exercer direitos políticos, votar e ser votada, enfim, participar da vida política do país. Em outras palavras, adquire a pessoa cidadania. Note-se, porém, que, com o alistamento, adquire-se apenas a capacidade eleitoral ativa, o *jus suffragii*; a passiva ou a elegibilidade depende de outros fatores.

Não havendo alistamento, não é possível que a pessoa exerça direitos políticos, já que não terá título de eleitor, seu nome não figurará no rol de eleitores de nenhuma seção eleitoral, tampouco constará da urna eletrônica. Por isso, tem-se dito que o alistamento constitui pressuposto objetivo da cidadania, sem o qual não é possível a concretização da soberania popular.

Dispõe o art. 42 do CE que o alistamento se faz mediante a qualificação e inscrição do eleitor. Qualificação é o ato pelo qual o indivíduo fornece informações concernentes à sua pessoa, como nome, sexo, filiação, data de nascimento e endereço. Tais dados são inscritos – gravados ou escritos – no cadastro de eleitores.

Para inscrever-se, o alistando deve dirigir-se ao Cartório Eleitoral de seu domicílio eleitoral e preencher requerimento próprio (denominado Requerimento de Alistamento Eleitoral – RAE), cujo modelo é previamente aprovado e disponibilizado pela Justiça Eleitoral. Para que seus dados pessoais sejam lançados no sistema, deve também exibir um dos seguintes documentos, do qual se infira a nacionalidade brasileira: (a) carteira de identidade ou carteira emitida pelos órgãos criados por lei federal, controladores do exercício profissional; (b) certificado de quitação do serviço militar; (c) certidão de nascimento ou casamento, extraída do Registro Civil; (d) instrumento público do qual se infira, por direito, ter o requerente a idade mínima de 16 anos e do qual constem, também, os demais elementos necessários à sua qualificação (Lei n° 7.444/85, art. 5°, § 2°, e Res. TSE n° 21.538/2003, art. 13). É dispensada a apresentação de fotografia. Entre os documentos aceitos *não* estão incluídos (vide decisão da Corregedoria-Geral Eleitoral no Processo n° 10.697/2009): *(a)* Carteira Nacional de Habilitação (CNH), conforme modelo instituído pela Resolução Contran n° 71/98, porque não informa a nacionalidade do titular; *(b)* passaporte, conforme modelo criado pelo Decreto n° 5.978/2006, porque não contém dados relativos à filiação.

Deferido o alistamento – por decisão do órgão judicial eleitoral –, o requerente passa a integrar o corpo de eleitores da circunscrição.

Com a emissão eletrônica do título, o eleitor não mais precisará retornar ao cartório para receber o documento de inscrição. Comprovada sua identidade e a exatidão dos dados apresentados, o título lhe é entregue imediatamente. Se posteriormente for constatada alguma incorreção, a inscrição é invalidada no sistema.

De qualquer sorte, o título deve ser entregue, no cartório ou no posto de alistamento, *pessoalmente* ao eleitor, vedada a interferência de pessoas estranhas à Justiça Eleitoral. Antes de efetuar a entrega, comprovadas a identidade do eleitor e a exatidão dos dados inseridos no documento, o servidor destacará o título eleitoral e colherá a assinatura ou a impressão digital do polegar do eleitor, se não souber assinar, no espaço próprio constante do canhoto (Res. nº 21.538/2003, art. 24, §§ 1º e 2º, este com a redação da Res. nº 23.518/2017).

Vale consignar que a Lei nº 13.444/2017 criou a Identificação Civil Nacional (ICN), cujo objetivo é "identificar o brasileiro em suas relações com a sociedade e com os órgãos e entidades governamentais e privados". A base de dados da ICN será armazenada e gerida pelo TSE (art. 2º, § 1º). A referida norma também criou o Documento Nacional de Identidade (DNI), que goza de "fé pública e validade em todo o território nacional". Entre outros órgãos, a Justiça Eleitoral foi autorizada a emitir esse documento, o qual "poderá substituir o título de eleitor, observada a legislação do alistamento eleitoral, na forma regulamentada pelo Tribunal Superior Eleitoral" (art. 8º, § 3º, I, § 4º).

> Se o eleitor necessitar alterar seu local de votação, dentro do mesmo município em que se encontra inscrito, ainda que haja mudança de zona eleitoral (em um município pode haver mais de uma zona eleitoral), retificar dados pessoais ou regularizar sua inscrição, as mudanças poderão ser feitas por procedimento próprio, denominado *revisão* pelo art. 6º da Resolução TSE nº 21.538/2003.
>
> No entanto, se houver mudança de domicílio eleitoral, o procedimento a ser seguido será o de *transferência* (Res. TSE nº 21.538/2003, arts. 5º e 18), não o de revisão. Observe-se que, por causa da implantação de sistema eletrônico de processamento de dados, a mudança de seção – ainda que não haja mudança de município ou de zona eleitoral – implicará a expedição de novo título.

Sendo a pessoa empregada em uma empresa, mediante comunicação com 48 horas de antecedência, poderá deixar de comparecer ao trabalho, sem prejuízo do salário e por tempo não excedente a dois dias, para se alistar eleitor ou requerer transferência (CE, art. 48). A falta ao trabalho, nesse caso, não poderá ser havida como injustificada, devendo ser abonada.

A decisão que defere ou indefere requerimento de alistamento eleitoral sujeita-se a recurso perante o Tribunal Regional Eleitoral.

4.2 ALISTAMENTO ELEITORAL OBRIGATÓRIO

Nos termos do art. 14, § 1º, I e II, *b*, da Constituição Federal, o alistamento eleitoral e o voto são obrigatórios para os maiores de 18 e menores de 70 anos. Isso significa que todo cidadão que se encontrar nessa faixa etária tem o dever legal de inscrever--se como eleitor, comparecer ao local de votação, assinar a lista de comparecimento e votar. Deveras, o alistamento e o voto constituem deveres cívicos; são verdadeiras funções exercidas no interesse da soberania popular.

O brasileiro nato que não se alistar até os 19 anos ou o naturalizado que não se alistar até um ano depois de adquirida a nacionalidade brasileira (*vide* art. 72 da Lei nº 13.445/2017) incorrerá em multa imposta pelo juiz eleitoral e cobrada no ato da inscrição (TSE – Res. nº 21.538/2003, art. 15). Além da multa, haverá privação de exercer os direitos políticos, bem como todos os demais deles decorrentes.

Analfabeto – o alistamento da pessoa analfabeta é facultativo. Caso ela se alfabetize surgirá o dever de inscrever-se eleitor. Todavia, se não o fizer, não fica sujeita à multa referida por alistamento tardio (Res. TSE nº 21.538/2003, art. 16, parágrafo único).

Portadores de deficiência – as pessoas portadoras de deficiência física ou mental são capazes, devendo alistar-se e votar. À luz da Convenção Internacional sobre os Direitos das Pessoas com Deficiência – CIDPD de 2007 (promulgada pelo Decreto nº 6.949/2009) e da Lei nº 13.146/2015, tais pessoas são detentoras de plena capacidade moral e política. Incapacidade (e ainda assim relativa – CC, art. 4º, III) haverá apenas se, em razão da deficiência, de nenhum modo puderem formar ou manifestar suas vontades. Neste caso – excepcionalmente – deve ser dispensado o alistamento eleitoral.

Indígenas – apesar de a Constituição Federal conferir especial proteção aos po-vos indígenas (CF, art. 231), seu art. 14, § 2º, não os exclui do alistamento. O Código Civil dispõe que a capacidade dos indígenas será regulada por legislação especial (CC, art. 4º, parágrafo único), o que é feito pelo Estatuto do Índio (Lei nº 6.001/73). Por este, os indígenas sujeitam-se à tutela da União, até que se adaptem à civilização brasileira. A tutela é cumprida pela Fundação Nacional do Índio (Funai). Nos termos do art. 9º do citado Estatuto, o indígena poderá requerer ao Poder Judiciário sua libe-ração do regime tutelar, tornando-se plenamente capaz. Para tanto, deverá cumprir os seguintes requisitos: (a) idade mínima de 18 anos; (b) conhecimento da língua portuguesa; (c) razoável compreensão dos usos e costumes da comunhão nacional. Também poderá ocorrer a emancipação se a Funai assim o reconhecer, devendo esse ato ser homologado judicialmente ou por decreto do Presidente da República. Encontrando-se o indígena integrado na sociedade brasileira, tem o dever legal de alistar-se como eleitor e votar. Caso contrário, não surge esse dever.

Brasileiros residentes no exterior – pelo art. 225 do CE, nas eleições "para presidente e vice-presidente da República poderá votar o eleitor que se encontrar no exterior". A Constituição Federal em vigor alterou a disciplina dessa matéria, tornando *obriga-tórios* o alistamento e o voto dos brasileiros residentes no exterior, porquanto, a teor de seu art. 14, § 1º, I, o alistamento e o voto são facultativos apenas para analfabetos, maiores de 70 anos e maiores de 16 e menores de 18 anos. Para tanto, as seções eleitorais são organizadas nas sedes das embaixadas e consulados gerais, desde que na circunscrição haja um mínimo de trinta eleitores inscritos. Nesses locais devem os brasileiros residentes no exterior se alistar e comparecer para votar.

4.3 ALISTAMENTO ELEITORAL FACULTATIVO

Em seu art. 14, § 1°, a Lei Maior estabelece que o alistamento eleitoral e o voto são facultativos para: (a) analfabetos; (b) maiores de 70 anos; (c) maiores de 16 e menores de 18 anos.

Considera-se analfabeto quem não domina sistema escrito de linguagem, carecendo dos saberes necessários para ler e escrever. Assim, em geral, a noção de analfabetismo prende-se ao conhecimento mínimo da escrita e à compreensão de textos, ainda que singelos.

Quanto aos maiores de 16 e menores de 18 anos, a Resolução TSE n° 21.538/2003 faculta o alistamento, no ano em que se realizarem eleições, do menor que completar 16 anos até a data do pleito, inclusive (art. 14). Logo, poderá alistar-se o menor que conte com apenas 15 anos de idade, desde que até a data marcada para a eleição complete 16 anos. Não fosse assim, não seria possível o exercício do direito de voto daquele que, no dia da eleição, já contasse 16 anos.

Sendo facultativo o voto, não é necessária a apresentação de justificação por parte de quem se ausentar no dia do pleito, tampouco incidem quaisquer penalidades.

4.4 INALISTABILIDADE

Denomina-se *inalistável* a pessoa que não pode exercer direitos políticos por lhe faltar capacidade eleitoral ativa e passiva. Não pode votar nem ser votada.

Nos termos do art. 14, § 2°, da Constituição não podem alistar-se como eleitores os estrangeiros e, durante o período do serviço militar obrigatório, os conscritos. Embora a Constituição não diga, os apátridas também não podem alistar-se.

Estrangeiro é quem não detém nacionalidade brasileira. A cidadania só é deferida aos nacionais, isto é, aos brasileiros natos ou naturalizados.

Conscrito é o nome dado aos que prestam serviço militar obrigatório. Em tempo de paz, a obrigação para com o serviço militar começa no primeiro dia do mês de janeiro do ano em que a pessoa completar 18 anos de idade. Note-se que a inalistabilidade só afeta os conscritos, devendo os demais militares se inscrever eleitores.

Quanto aos apátridas, trata-se de pessoas não vinculadas a qualquer Estado. Por isso, não têm nacionalidade. Gozam da proteção do Direito Internacional.

4.5 DOMICÍLIO ELEITORAL

O domicílio determina o lugar em que o cidadão deve alistar-se como eleitor e também é nele que poderá candidatar-se a cargo eletivo. Para concorrer às eleições, o candidato deverá possuir domicílio eleitoral na respectiva circunscrição pelo prazo de, pelo menos, seis meses (LE, art. 9° – com a redação da Lei n° 13.488/2017).

No Direito Eleitoral, o conceito de domicílio é mais flexível que no Direito Privado. Com efeito, o art. 4°, parágrafo único, da Lei n° 6.996/82 dispõe que, "para efeito de inscrição, domicílio eleitoral é o lugar de residência ou moradia do requerente, e, verificado ter o alistando mais de uma, considerar-se-á domicílio qualquer delas". É essa igualmente a definição constante do art. 42, parágrafo único, do Código Eleitoral.

Logo, o Direito Eleitoral considera domicílio da pessoa o lugar de residência, habitação ou moradia, ou seja, não é necessário haver *animus* de permanência definitiva.

Tem sido admitido como domicílio eleitoral qualquer lugar em que o cidadão possua *vínculo específico*, o qual poderá ser familiar, econômico, social ou político. Nesse diapasão, considera-se domicílio eleitoral o lugar em que o eleitor mantiver vínculo: (a) familiar, *e. g.*, aquele em que é domiciliado seu parente (TSE – AAg. nº 4.788/MG – *DJ* 15-10-2004, p. 94); (b) econômico/patrimonial (TSE – REspe nº 13.459/SE – *DJ* 12-11-1993, p. 24103), como o em que seja "proprietário rural" (TSE – REspe nº 21.826/SE – *DJ* 1-10-2004, p. 150); (c) afetivo, social ou comunitário (TSE – AgR-AI nº 7286/PB – *DJe*, t. 50, 14-3-2013; TRE-MG – Ac. nº 1.240/2004 e Ac. nº 1.396/2004 – *RDJ* 14:148-155); (d) o lugar em que o candidato, nas eleições imediatamente anteriores, obteve a maior parte da votação (TSE – REspe nº 16.397/AL – *DJ* 9-3-2001, p. 203).

Frise-se, porém, que, se o indivíduo possuir mais de um domicílio, somente poderá alistar-se em um deles, sob pena de cancelamento em virtude de pluralidade de inscrições (CE, art. 71, III).

4.6 CANCELAMENTO E EXCLUSÃO

O alistamento e a organização do eleitorado consubstanciam-se em atividades eminentemente administrativas. Entretanto, uma vez acertado o corpo de eleitores, não se pode pretender que permaneça estático, imutável. O dinamismo é próprio dessa estrutura, sendo contínuas as mudanças que nela se operam. Ora é um eleitor que perde seus direitos políticos ou os tem suspensos, ora é outro que falece e, pois, perde a condição de pessoa e de cidadão.

Assim, diante das inevitáveis mudanças, impõe-se que a própria Administração Eleitoral reveja e atualize seus assentamentos, alterando informações constantes dos registros e mesmo cancelando inscrições e promovendo exclusões, tudo com o fito de preservar a idoneidade do corpo eleitoral. Impera nessa seara o princípio da legalidade, pelo que a Administração deve sempre seguir o estabelecido em lei.

As hipóteses legais são previstas no art. 71 do CE, que estabelece como causas de cancelamento do alistamento: (a) a infração às regras relativas ao domicílio eleitoral; (b) a suspensão ou perda dos direitos políticos; (c) a pluralidade de inscrição; (d) o falecimento do eleitor; (e) deixar o eleitor de injustificadamente votar/justificar em três eleições consecutivas.

A ocorrência de uma dessas situações acarreta a exclusão do eleitor. Mas cumpre ter presente que a sistemática legal foi pensada para uma realidade diferente da atual. Diante do vertiginoso avanço tecnológico experimentado nos últimos anos e com a ampla informatização da Justiça Eleitoral, outras soluções são requeridas. Se é certo que algumas hipóteses legais – como o falecimento do indivíduo ou a pluralidade de alistamentos – reclamam o cancelamento da inscrição, para outras, bastaria a suspensão de sua eficácia, como se dá, *e. g.*, na suspensão de direitos políticos por condenação criminal transitada em julgado.

Quanto à exclusão em razão de o eleitor deixar injustificadamente de votar/justificar em três eleições consecutivas, vale registrar que nessa contagem são incluídos o primeiro e o segundo turnos de eleições majoritárias, bem como plebiscitos e referendos. São consideradas não só as eleições regulares, como também as suplementares (realizadas quando são invalidadas as eleições regulares). Vale frisar que, se for anulada, a eleição não é computada para o fim de exclusão eleitoral (Res. TSE nº 22.986/2009, art. 2º, parágrafo único). A exclusão não ocorrerá se o eleitor justificar sua ausência às urnas ou recolher a multa que lhe for aplicada em decorrência de sua falta (Res. TSE nº 21.538/2003, art. 80, § 6º). A justificação poderá ser feita na zona eleitoral em que se encontrar o eleitor, devendo o pedido ser encaminhado ao juiz da zona de inscrição. O prazo para que seja formalizada a justificação é de sessenta dias contados da realização da eleição. Estão excluídos do cancelamento da inscrição, em virtude de ausência, os eleitores que não estejam obrigados ao exercício do voto. Para eleitor que se encontrar no exterior na data do pleito, o prazo de justificação será de trinta dias, contados de seu retorno ao País. A justificação da falta ou o pagamento da multa são sempre anotados no cadastro individual.

Vale ressaltar que não há previsão legal a respeito do número de vezes que o eleitor poderá justificar ou recolher multa em virtude de se ter ausentado às urnas. Logo, ainda que haja mais de três justificações seguidas, ou o recolhimento das respectivas multas aplicadas, não poderá ser excluído.

Cessada a causa do cancelamento, poderá o interessado requerer novamente a sua qualificação e inscrição (CE, art. 81), recuperando a plenitude de sua cidadania.

Não está sujeito à sanção (e, pois, ao cancelamento da inscrição) o portador de doença ou deficiência que torne impossível ou extremamente oneroso o comparecimento à seção eleitoral no dia do pleito (Res. TSE nº 22.986/2009, art. 1º, § 2º).

4.7 REVISÃO ELEITORAL

Revisão eleitoral é o procedimento administrativo pelo qual se verifica se os eleitores que figuram no cadastro eleitoral de determinada zona ou município encontram-se efetivamente neles domiciliados. Assim, todos são convocados a comparecer perante a Justiça Eleitoral para confirmar seus domicílios e a regularidade de suas inscrições, sob pena de terem suas inscrições canceladas, sem prejuízo das sanções cabíveis, se constatada irregularidade.

A revisão eleitoral encontra fundamento no art. 71, § 4º, do CE, no art. 92 da Lei nº 9.504/97 e nos arts. 58 a 76 da Resolução TSE nº 21.538/2003, que regulamentam todo o procedimento. Embora seja determinada pelo TRE ou pelo TSE, é sempre presidida pelo juiz eleitoral da zona em que será ultimada. Sua realização conta com a fiscalização do Ministério Público e dos partidos políticos. Quando determinada pelo TSE, caberá ao TRE, por intermédio da corregedoria regional, inspecionar a realização dos serviços.

É vedada a realização de revisão de eleitorado em ano eleitoral, salvo em situações excepcionais, quando autorizada pelo TSE (Res. TSE nº 21.538/2003, art. 58, § 2º).

Concluídos os trabalhos de revisão, ouvido o Ministério Público, o juiz deverá proferir decisão de cancelamento das inscrições irregulares e daquelas cujos eleitores não tenham comparecido. Todavia, o cancelamento das inscrições somente deverá ser efetivado no sistema após a homologação da revisão pelo respectivo TRE.

4.8 QUESTÕES

1. **(2016 – CESPE – PC/PE – DELEGADO DE POLÍCIA SUBSTITUTO)** Com relação ao alistamento eleitoral, assinale a opção correta à luz do Código Eleitoral.
   a) Em razão do princípio da competência privativa dos juízes eleitorais e do princípio da vinculação do processo eleitoral, no caso de perda ou extravio do título de eleitor, a sua segunda via deverá ser requerida junto ao juiz da zona eleitoral em que o eleitor estiver inscrito.
   b) Caso o eleitor mude de domicílio, ele poderá requerer a transferência de seu título, desde que observado o tempo mínimo de residência no novo domicílio e o cumprimento da exigência de ter votado em, pelo menos, uma eleição, no caso de inscrição primitiva.
   c) O código eleitoral elenca as causas de cancelamento da inscrição eleitoral; a ocorrência de uma dessas causas gerará a exclusão do eleitor, que poderá votar de forma válida até que se processe a sua exclusão.
   d) No alistamento eleitoral, será considerado o domicílio eleitoral do cidadão qualificado e inscrito o lugar onde sua residência tiver sido estabelecida com ânimo definitivo.
   e) O eleitor ficará vinculado permanentemente à seção eleitoral indicada no seu título.

2. **(2017 – FCC – TRE/RR – TÉCNICO JUDICIÁRIO – ÁREA ADMINISTRATIVA)** Caio efetuou o seu alistamento eleitoral há dez meses e, buscando melhor qualidade de vida, mudou-se para outro Município no interior do Estado em que reside. Diante dessa situação, Caio
   a) apenas poderá requerer a transferência do seu título de eleitor se residir, no mínimo, há 2 meses no novo Município.
   b) não poderá requerer a transferência do seu título de eleitor por ter transcorrido menos de 1 ano da data do seu alistamento.
   c) poderá requerer a transferência do seu título de eleitor por ter preenchido os requisitos legais.
   d) não poderá requerer a transferência do seu título de eleitor, sendo necessário, para possibilitar a referida transferência, o transcurso de 2 anos da data do seu alistamento.
   e) poderá requerer a transferência do seu título de eleitor se residir, pelo menos, há 1 ano no novo Município, independentemente da data do alistamento.

3. **(2017 – CESPE – TRE/BA – TÉCNICO JUDICIÁRIO – ÁREA ADMINISTRATIVA)** Os delegados indicados pelos partidos políticos e credenciados no TRE são responsáveis, entre as funções estabelecidas no Código Eleitoral, pelo(a)

   I) acompanhamento dos processos de inscrição.

   II) exclusão de eleitor inscrito ilegalmente, desde que o encaminhe para o cartório eleitoral para que este faça sua defesa pessoal em relação à referida sanção.

III) exame, sem perturbação do serviço e em presença dos servidores designados, dos documentos relativos ao alistamento eleitoral, podendo deles tirar cópias ou fotocópias.

IV) requerimento aos juízes eleitorais do registro de delegado auxiliar para acompanhar os processos de inscrição.

Assinale a opção correta.

a) Apenas os itens I e II estão certos.

b) Apenas os itens I e III estão certos.

c) Apenas os itens II e IV estão certos.

d) Apenas os itens III e IV estão certos.

e) Todos os itens estão certos.

4. **(2017 – CESPE – TRE/PE – TÉCNICO JUDICIÁRIO – ÁREA ADMINISTRATIVA)** Considerando as regras do TSE para o alistamento eleitoral e a transferência de domicílio eleitoral, assinale a opção correta.

a) Para comprovar o tempo de residência no novo local, o eleitor deve instruir o pedido de transferência de domicílio eleitoral com contas de luz ou outro documento equivalente.

b) Em ano de eleição, o menor que completar dezesseis anos de idade até a data do pleito poderá optar por alistar-se.

c) Estará sujeito a multa eleitoral o brasileiro naturalizado que não se alistar até um ano antes da data prevista para eleição.

d) O alistamento do analfabeto é facultativo, mas, uma vez que ele se aliste, seu voto será obrigatório.

e) Qualquer delegado de partido político pode recorrer do despacho que indeferir a transferência de determinado eleitor.

Condições de elegibilidade

5.1 CONCEITO DE ELEGIBILIDADE

Elegibilidade reflete as ideias de cidadania passiva. Trata-se da aptidão de ser eleito ou elegido. Elegível é o cidadão apto a receber votos em um certame, que pode ser escolhido para ocupar cargos político-eletivos. Exercer a capacidade eleitoral passiva significa candidatar-se a tais cargos.

A elegibilidade integra o estado ou *status* político-eleitoral do cidadão. Significa isso que ela resulta da adequação ou conformação da pessoa ao regime jurídico--eleitoral, ou seja, ao complexo normativo que regula o processo eleitoral.

A plena elegibilidade não é alcançada de uma só vez, de um jacto. Perfaz-se por etapas, tornando-se plena somente quando a pessoa completa 35 anos, idade em que poderá candidatar-se aos cargos de Presidente, Vice-Presidente da República ou Senador. Por outro lado, as pessoas naturalizadas jamais a alcançam plenamente, porquanto certos cargos – como o de Presidente da República – são reservados a brasileiros natos.

Para que o cidadão possa se candidatar e ser eleito a determinado cargo político--eletivo é preciso que atenda a algumas condições previstas na Constituição Federal, denominadas condições de elegibilidade.

Note-se que uma pessoa pode ter cidadania ativa (pode votar, escolher seu representante) sem que tenha a passiva, ou seja, sem que seja elegível. Neste caso, ou não atende às condições de elegibilidade – não preenchendo os requisitos para ser candidata –, ou é inelegível diante da ocorrência de fator negativo que obstaculiza a candidatura.

5.2 CONDIÇÕES DE ELEGIBILIDADE

Condições de elegibilidade são exigências ou requisitos positivos que devem, necessariamente, ser preenchidos por quem queira ser candidato a cargo político--eletivo e receber votos validamente. Em outras palavras, são requisitos essenciais para que um cidadão possa ser candidato e, pois, exercer sua cidadania passiva.

Esses requisitos são previstos no art. 14, § 3º, da Constituição, que dispõe:

> Art. 14 [...] § 3º São condições de elegibilidade, na forma da lei:
>
> I – a nacionalidade brasileira;
>
> II – o pleno exercício dos direitos políticos;
>
> III – o alistamento eleitoral;
>
> IV – o domicílio eleitoral na circunscrição;
>
> V – a filiação partidária;
>
> VI – a idade mínima de:
>
> *a)* trinta e cinco anos para Presidente e Vice-Presidente da República e Senador;
>
> *b)* trinta anos para Governador e Vice-Governador de Estado e do Distrito Federal;
>
> *c)* vinte e um anos para Deputado Federal, Deputado Estadual ou Distrital, Prefeito, Vice-Prefeito e juiz de paz;
>
> *d)* dezoito anos para Vereador.

Nacionalidade brasileira – a nacionalidade consiste no vínculo que liga o indivíduo a determinado Estado. Somente o nacional detém capacidade eleitoral passiva. A exceção fica por conta dos portugueses, pois, se tiverem residência permanente no país e se houver reciprocidade em favor de brasileiros, ser-lhes-ão atribuídos os direitos inerentes ao brasileiro (CF, art. 12, § 1º).

Pleno exercício dos direitos políticos – para que o cidadão esteja no *pleno* (*i.e.*, total, integral) gozo dos direitos políticos, é mister que cumpra todas as obrigações político-eleitorais exigidas pelo ordenamento jurídico. Essa situação é certificada pela Justiça Eleitoral, que expede uma certidão de quitação eleitoral. Se a certidão for *negativa*, significa que o cidadão não estará no *pleno* gozo dos direitos políticos – o que lhe impede de exercer sua cidadania passiva e, portanto, registrar sua candidatura.

Os limites de tal certidão são estabelecidos no art. 11, § 7º (introduzido pela Lei nº 12.034/2009), da LE, que dispõe:

> certidão de quitação eleitoral abrangerá exclusivamente a plenitude do gozo dos direitos políticos, o regular exercício do voto, o atendimento a convocações da Justiça Eleitoral para auxiliar os trabalhos relativos ao pleito, a inexistência de multas aplicadas, em caráter definitivo, pela Justiça Eleitoral e não remitidas, e a apresentação de contas de campanha eleitoral.

Alistamento eleitoral – o alistamento ou inscrição eleitoral é condição essencial para a aquisição da cidadania, pois é por ele que o corpo de eleitores é organizado. Não estando inscrito no cadastro eleitoral, é impossível que o cidadão exerça direitos políticos, já que nem sequer terá título de eleitor. Na verdade, o não alistado encontra-se fora do sistema. O título eleitoral faz prova do alistamento.

Domicílio eleitoral na circunscrição – o brasileiro somente pode concorrer às eleições na circunscrição eleitoral em que for domiciliado há pelo menos seis meses (LE, art. 9º – com a redação da Lei nº 13.488/2017). Assim, para disputar os cargos de Prefeito, Vice-Prefeito ou Vereador, deverá ter domicílio eleitoral no Município; para os de Governador, Vice-Governador, Senador, Deputado Federal e Estadual, deverá ter domicílio no Estado, em qualquer cidade; por fim, o candidato a Presidente ou Vice-Presidente da República poderá ter domicílio em qualquer ponto do território nacional. O título eleitoral faz prova do domicílio eleitoral.

Filiação partidária – trata-se do vínculo jurídico estabelecido entre cidadão e partido político. A filiação é regulada nos arts. 16 a 22-A da Lei nº 9.096/95, bem como no estatuto do partido. Vê-se, pois, não ser possível a representação política fora do partido, detendo essa entidade o monopólio das candidaturas. O sistema brasileiro não acolhe candidaturas avulsas. É isso, aliás, o que dispõe claramente o art. 11, § 14, da LE, *verbis*: "É vedado o registro de candidatura avulsa, ainda que o requerente tenha filiação partidária".

> Vale registrar que o Pleno do STF resolveu por unanimidade, em 5-10-2017, "atribuir repercussão geral à questão constitucional constante" do ARE nº 1054490, no qual se discute a constitucionalidade da candidatura avulsa. O RE fundamenta-se na Convenção Americana de Direitos Humanos (CADH), cujo artigo 23, *b*, estabelece como direito político de todos os cidadãos "votar e ser eleitos em eleições periódicas autênticas, realizadas por sufrágio universal e igual e por voto secreto que garanta a livre expressão da vontade dos eleitores". Ocorre que não está clara nesse dispositivo da CADH a garantia da candidatura sem filiação partidária. Ademais, o funcionamento do sistema político-eleitoral brasileiro pressupõe a intermediação partidária.

A Justiça Eleitoral mantém banco de dados, no qual são relacionados todos os filiados. O banco é alimentado pelos próprios partidos. Estes, "na segunda semana dos meses de abril e outubro de cada ano", devem remeter à Justiça Eleitoral "a relação dos nomes de todos os seus filiados, da qual constará a data de filiação, o número dos títulos eleitorais e das seções em que estão inscritos" (LPP, art. 19). Não sendo a relação remetida nos prazos aludidos, presume-se que o rol de filiados anteriormente informado permanece inalterado. Omitindo-se os órgãos de direção da agremiação, é facultado ao prejudicado requerer, diretamente à Justiça Eleitoral, a inclusão de seu nome no rol de filiados.

Havendo omissão no banco de dados ou na lista, a Súmula nº 20 do TSE permite que a filiação seja demonstrada por outros meios. Mas vale ressaltar que – se tal demonstração tiver de ser feita em processo de registro de candidatura – há rigor quanto à exigência de prova robusta de filiação partidária. Nesse sentido: (*i*) "[...] 1. De acordo com a jurisprudência do Tribunal Superior Eleitoral, nem a ficha de filiação partidária nem a declaração unilateral de dirigente de partido são aptas a comprovar a regular e tempestiva filiação. [...]" (TSE – AgR-REspe nº 195855/AM – PSS 3-11-2010); (*ii*) "[...] 4. Documentos produzidos unilateralmente por partido político ou candidato – na espécie, ficha de filiação, ata de reunião do partido e relação interna de filiados extraída do respectivo sistema – não são aptos a comprovar a filiação partidária, por não gozarem de fé pública. Não incidência da Súmula 20/TSE. [...]" (TSE – AgR-REspe nº 338745/SP – PSS 6-10-2010). Em igual sentido: TSE – AgR-REspe nº 31070/GO – PSS 27-11-2008; AgR-REspe nº 29111/GO – PSS 23-10-2008).

Se houver *duplicidade* ou *pluralidade* de filiações (casos em que o mesmo cidadão figura filiado a dois ou mais partidos), "prevalecerá a mais recente, devendo a Justiça Eleitoral determinar o cancelamento das demais" (LPP, art. 22, parágrafo único – com a redação da Lei nº 12.891/2013).

Para concorrer às eleições, o candidato deverá estar com a filiação deferida pelo partido há pelo menos seis meses antes do pleito. No entanto, o estatuto tem a faculdade de estabelecer prazo superior, o qual não poderá ser alterado em ano de eleição (LE, arts. 4º e 9º, *caput* – com a redação da Lei nº 13.488/2017; LPP, art. 20).

Vale salientar que, nos termos da Súmula TSE nº 2:

> Assinada e recebida a ficha de filiação partidária até o termo final do prazo fixado em lei, considera-se satisfeita a correspondente condição de elegibilidade, ainda que não tenha fluído, até a mesma data, o tríduo legal de impugnação.

Ademais, a filiação não pode estar suspensa, pois a suspensão impede o filiado de exercer cargo político-eletivo dentro do organismo partidário (TSE – Ag-REspe 11166/GO – j. 30-3-2017).

Exceções à regra que impõe a *prévia* filiação partidária ficam por conta de alguns agentes públicos que, por determinação constitucional, não podem dedicar-se a atividades político-partidárias. É o caso de magistrados (CF, art. 95, parágrafo único, III), membros do Ministério Público (CF, art. 128, II, *e*), ministros do Tribunal de Contas da União (CF, art. 73, § 3º) e militares (CF, art. 142, § 3º, V).

Apesar de dispensados de cumprir o prazo de filiação partidária fixado em lei, os referidos agentes públicos têm de satisfazer a condição de elegibilidade em apreço, filiando-se a um partido no mesmo prazo previsto para a desincompatibilização. Todavia, essa regra não alcança o militar, a quem é proibida a filiação partidária.

Assim, magistrados, representantes do Ministério Público e membros de Tribunais de Contas, para se candidatarem, poderão filiar-se a partido político até seis meses antes do pleito (LC nº 64/90, arts. 1º, II, *a*, 8, 14 e *j*). Nesses casos, o tempo exigido de filiação partidária coincide com o prazo previsto para desincompatibilização.

Idade mínima – já foi salientado que a plena elegibilidade não é alcançada de um jacto, mas por etapas. O art. 14, § 3º, da Constituição determina a idade mínima que o nacional deve ter para concorrer a cargos públicos eletivos. Assim, deverá contar com: (a) 35 anos para Presidente, Vice-Presidente da República e Senador; (b) 30 anos para Governador e Vice-Governador de Estado e do Distrito Federal; (c) 21 anos para Deputado Federal, Deputado Estadual ou Distrital, Prefeito, Vice-Prefeito e juiz de paz; (d) 18 anos para Vereador.

A Constituição adotou o critério cronológico, de modo que somente ao atingir a idade especificada estará preenchida a condição de elegibilidade em apreço. O menor emancipado, por exemplo, não a preenche.

Conforme dispõe a primeira parte do § 2º, art. 11, da LE, o requisito da idade mínima deve ser atendido na data da posse. Assim, poderá o candidato contar com idade inferior à exigida quando pleitear o registro de sua candidatura, desde que a complete até a data fixada para a posse do cargo que disputar. Assim, por exemplo, uma pessoa de vinte anos poderá ser candidata a Prefeito.

> Nos casos em que a idade mínima para o cargo é fixada em 18 anos, a idade do pré-candidato deve ser "aferida na data-limite para o pedido de registro" – não, portanto, na data da posse (LE, art. 11, §, 1º, *in fine* – com a redação da Lei nº 13.165/2015). De maneira que um adolescente com 17 anos na data marcada para o pedido de registro não poderá registrar sua candidatura para o cargo de vereador, ainda que complete 18 anos antes da data marcada para a posse.

5.3 ELEGIBILIDADE DE MILITAR

Excetuando-se o conscrito, o militar é alistável e elegível.

Dispõe o art. 142, § 3º, V, da Constituição que "o militar, enquanto em serviço ativo, não pode estar filiado a partidos políticos". Sendo a filiação partidária uma das condições de elegibilidade, como poderia o militar em atividade exercer sua cidadania passiva – reconhecida e afirmada na Lei Maior – se está proibido de filiar-se a partido político? Para superar a colisão, tem-se entendido que a filiação partidária não é exigível do militar da ativa que pretenda concorrer a cargo eletivo, bastando a apresentação pela respectiva agremiação de pedido de registro de candidatura após prévia escolha em convenção partidária (TSE – Res. nº 21.787/2004). Assim, não é necessário que o militar-candidato esteja filiado a partido, sendo suficiente que detenha cidadania ativa, ou seja, que esteja inscrito como eleitor, e tenha seu nome escolhido na convenção realizada pela agremiação pela qual pretende concorrer.

Quanto às demais condições de elegibilidade, não há exceção para o militar, o qual deve ostentá-las.

E se o militar já estiver na reserva remunerada? Nesse caso, a referida restrição é inaplicável, sendo exigida sua filiação partidária pelo prazo legal. Se a passagem para a inatividade se der a menos de seis meses do pleito, deverá o militar filiar-se a partido político imediatamente após a entrada na inatividade, cumprindo, assim, a condição de elegibilidade relativa à filiação partidária.

Dispõe o art. 14, § 8º, da Constituição Federal:

> Art. § 8º O militar alistável é elegível, atendidas as seguintes condições:
>
> I – se contar menos de dez anos de serviço, deverá afastar-se da atividade;
>
> II – se contar mais de dez anos de serviço, será agregado pela autoridade superior e, se eleito, passará automaticamente, no ato da diplomação, para a inatividade.

Logo, a partir do registro da candidatura, o candidato-militar em atividade será afastado definitivamente, se contar menos de dez anos de serviço, sendo, pois, desligado da organização a que pertence. Entretanto, se tiver mais de dez anos de serviço, será agregado. O afastamento e a agregação só ocorrerão com o deferimento do registro da candidatura (TSE – Ac. n° 20.169/2002 e n° 20.318/2002).

5.4 REELEGIBILIDADE DO TITULAR DO PODER EXECUTIVO

A EC n° 16/97 introduziu no sistema constitucional pátrio o instituto da reeleição nos seguintes termos: "O Presidente da República, os Governadores de Estado e do Distrito Federal, os Prefeitos e quem os houver sucedido ou substituído no curso dos mandatos poderão ser reeleitos para um único período subsequente" (CF, art. 14, § 5°).

Assim, os chefes do Poder Executivo, ou quem os houver sucedido ou substituído, poderão renovar seus mandatos para um único período subsequente. Vencido o segundo mandato, tornam-se inelegíveis para o mesmo cargo no período sucessivo. Frise-se que a inelegibilidade ocorre para o terceiro mandato *consecutivo*, de sorte que a mesma pessoa não está proibida de ser mandatária por três, quatro ou cinco vezes, desde que não haja sucessividade a partir do segundo mandato exercido.

O candidato à reeleição deve igualmente ostentar todas as condições de elegibilidade. Assim, por exemplo, não poderá disputar a reeleição quem não estiver filiado a partido político pelo tempo mínimo exigido ou que esteja com seus direitos políticos suspensos.

5.5 MOMENTO DE AFERIÇÃO DAS CONDIÇÕES DE ELEGIBILIDADE

Estabelece o § 10, art. 11, da Lei n° 9.504/97 (acrescentado pela Lei n° 12.034/2009): "As condições de elegibilidade e as causas de inelegibilidade devem ser aferidas no momento da formalização do pedido de registro da candidatura, ressalvadas as alterações, fáticas ou jurídicas, supervenientes ao registro que afastem a inelegibilidade."

A primeira parte dessa regra deixa claro que as condições de elegibilidade "devem ser aferidas no momento da formalização do pedido de registro da candidatura". Pacífico é esse entendimento na jurisprudência, conforme revelam os seguintes julgados da Corte Superior Eleitoral: REspe n° 25616/PR – PSS 4-9-2012; REspe n° 363171/SP – *DJe*, t. 184, 25-9-2012, p. 8; AgR-REspe n° 97112/PR – PSS 4-10-2012; REspe n° 524951/SP – *DJe*, t. 196, 9-10-2012, p. 18. Assim, se no momento em que o registro de candidatura é requerido não estiverem preenchidas todas as condições de elegibilidade, o requerimento deve ser indeferido.

No entanto, a parte final do citado § 10, art. 11, da LE ressalva "as alterações, fáticas ou jurídicas, supervenientes ao registro que afastem a inelegibilidade". Ademais, o § 2° do mesmo artigo (com a redação da Lei n° 13.165/2015) prescreve que a idade mínima exigida para certos cargos deve ser apurada no momento da posse, "salvo quando fixada em dezoito anos, hipótese em que será aferida na data-limite para o pedido de registro".

Diante disso, é preciso distinguir o momento de *aferição* do momento de *perfeição* das condições de elegibilidade. Se a aferição ou conferência deve tomar por base a data-limite para o registro, nem todas as condições de elegibilidade devem necessariamente estar completas, perfeitas, em tal oportunidade.

Nesse sentido, a condição de elegibilidade relativa: *i)* ao domicílio eleitoral na circunscrição por seis meses (CF, art. 14, § 3º, IV, c.c. LE, art. 9º), deve estar perfeita na data-limite para o pedido de registro de candidatura; *ii)* à filiação partidária por seis meses, deve ser atendida na data do pleito (CF, art. 14, § 3º, V, c.c. LE, arts. 4º e 9º); *iii)* à idade mínima para certos cargos, deve ser atendida na data da posse do candidato eleito (CF, art. 14, § 3º, VI, c.c. LE, art. 11, § 2º).

Voltando ao § 10, art. 11, da LE, sua parte final ressalva "as alterações, fáticas ou jurídicas, supervenientes ao registro que afastem a inelegibilidade". Assim, a "inelegibilidade" existente na ocasião em que o pedido de registro é formalizado e que levou ao seu indeferimento, deve ser desconsiderada se posteriormente deixar de existir, o que implicará, ao final, o deferimento do pedido de registro de candidatura.

Embora o texto desse § 10 apenas se refira à "inelegibilidade", firmou-se o entendimento de que as "condições de elegibilidade" – também elas – podem ser aferidas após a data da formalização do pedido de registro de candidatura, enquanto o feito se encontrar nas instâncias ordinárias. Esse entendimento foi assentado na Súmula TSE nº 43, *verbis*:

> As alterações fáticas ou jurídicas supervenientes ao registro que beneficiem o candidato, nos termos da parte final do art. 11, § 10, da Lei nº 9.504/97, também devem ser admitidas para as condições de elegibilidade.

Assim, a ausência de "condição de elegibilidade" existente quando do pedido de registro de candidatura deve ser desconsiderada se, após aquele momento, não subsistir, devendo, ao final, haver o deferimento do pedido de registro de candidatura.

5.6 QUESTÕES

1. **(2017 – CESPE – DPU – DEFENSOR PÚBLICO FEDERAL)** Acerca dos princípios do direito eleitoral e dos direitos políticos, julgue o item a seguir.

   Uma vez que o direito de ser votado integra o rol dos direitos e garantias individuais e que estes, por força constitucional, não podem ser abolidos, as condições de elegibilidade não podem ser objeto de proposta de emenda à CF.
   Certo.
   Errado.

2. **(2017 – VUNESP – TJ-SP – JUIZ SUBSTITUTO)** Sobre filiação partidária, é incorreto afirmar:

   a) o cancelamento imediato ocorre nos casos de morte, perda de direitos políticos, expulsão e filiação a outro partido.
   b) ela exige que o eleitor esteja no pleno gozo de seus direitos políticos.
   c) se for constatada a coexistência de filiações partidárias, serão todas elas canceladas.

d) consideram-se justa causa para a desfiliação a mudança substancial ou desvio reiterado de programa partidário; a grave discriminação política pessoal; e a mudança de partido efetuada durante o período de trinta dias que antecede o prazo de filiação exigido em lei para concorrer à eleição, majoritária ou proporcional, ao término do mandato vigente.

3. **(2017 – CESPE – TRE/PE – ANALISTA JUDICIÁRIO – ÁREA ADMINISTRATIVA)** Com relação às condições de elegibilidade e de inelegibilidade que vigoram no Brasil, assinale a opção correta à luz das normas vigentes.

a) São inelegíveis os condenados em primeira instância por crimes de tráfico de entorpecentes e drogas afins, racismo, tortura e terrorismo e por crimes hediondos.

b) Para concorrer às eleições o candidato deverá possuir domicílio eleitoral na respectiva circunscrição pelo prazo de, pelo menos, um ano e estar com a filiação partidária definida pelo partido no mesmo prazo.

c) A idade mínima exigida dos candidatos a vereador deverá ser verificada tendo como referência a data da posse.

d) Candidatos expulsos do partido antes da eleição estarão sujeitos ao cancelamento do registro.

e) Filhos adotivos, tios e sobrinhos dos prefeitos são inelegíveis nos respectivos municípios desses prefeitos, salvo se já forem titulares de mandatos eletivos e candidatos à reeleição.

4. **(2016 – FCC – AL-MS – CONSULTOR DE PROCESSO LEGISLATIVO)** Jair pretende candidatar-se ao cargo de vereador e completará 18 anos um dia após a data-limite para o pedido de registro da candidatura. Neste caso, Jair

a) poderá candidatar-se, pois completa dezoito anos antes do dia do pleito que ocorrerá no primeiro domingo de outubro do ano eleitoral.

b) poderá candidatar-se, pois a idade mínima constitucionalmente estabelecida como condição de elegibilidade é verificada tendo por referência a data da posse.

c) apenas poderá candidatar-se se for emancipado, pois os menores de dezoito anos são inelegíveis.

d) não poderá se candidatar, pois a idade mínima constitucionalmente estabelecida como condição de elegibilidade será aferida na data-limite para o pedido de registro.

e) não poderá se candidatar pois a idade mínima constitucionalmente prevista para uma pessoa eleger-se ao cargo de vereador é vinte e um anos de idade.

5. **(2016 – VUNESP – PREFEITURA DE ALUMÍNIO-SP – PROCURADOR JURÍDICO)** Sobre o sistema eleitoral brasileiro e a filiação partidária, assinale a alternativa correta.

a) Estão permitidas as candidaturas avulsas, desde que o candidato esteja no gozo de seus direitos políticos.

b) Para concorrer a cargo eletivo, a filiação partidária deverá ocorrer, pelo menos, um ano antes do pleito.

c) Para se desligar de partido, o filiado deve comunicar por escrito o órgão de direção municipal e o Juiz Eleitoral da Zona em que for inscrito.

d) Na existência de dupla filiação partidária, ambas são consideradas nulas para todos os efeitos.

e) Não perderá o mandato o detentor de cargo eletivo que se desfiliar do partido pelo qual foi eleito, exceto se concorrer a cargo no executivo.

Inelegibilidade

6.1 INTRODUÇÃO

6.1.1 Conceito de inelegibilidade

Inelegibilidade ou ilegibilidade é o impedimento ao exercício da cidadania passiva. Quando ela incide, o cidadão fica impossibilitado de exercer seu direito subjetivo público de disputar cargo eletivo, sendo coibido de ser escolhido para ocupar cargo político-eletivo. Trata-se, pois, de fator negativo cuja presença obstrui ou subtrai a capacidade eleitoral passiva do cidadão, tornando-o inapto para receber votos e, pois, exercer mandato representativo.

A inelegibilidade e a elegibilidade integram o estado ou *status* político-eleitoral da pessoa. Esse *status* decorre da conformação da pessoa ao regime jurídico-eleitoral. Assim, o cidadão poderá ostentar o *status* de elegível e inelegível, candidato, eleito, diplomado, agente público. O *status* de inelegível impõe restrições à esfera jurídica da pessoa, a qual não pode ser eleita; já o *status* de elegível confere-lhe o direito subjetivo público de disputar o certame e participar do governo.

As hipóteses de inelegibilidade objetivam não só impedir o abuso no exercício de cargos, empregos e funções públicos, como também salvaguardar a normalidade e a legitimidade das eleições contra influências nocivas ou deslegitimadoras do pleito, tais como as atinentes a abuso do poder econômico e político. Trata-se, pois, de instituto destinado a proteger o normal funcionamento da democracia.

Não se deve confundir inelegibilidade com inalistabilidade, nem com condições de elegibilidade. Conforme visto, a inalistabilidade expressa impedimentos relativos ao alistamento eleitoral, de sorte que a pessoa não pode inscrever-se eleitora, ficando tolhida sua capacidade eleitoral ativa. Já as condições de elegibilidade são requisitos *positivos* que o cidadão deve preencher para ser candidato a cargo eletivo.

6.1.2 Fontes de inelegibilidade

As causas de inelegibilidade são expressamente previstas na Constituição Federal e em Lei Complementar.

As constitucionais encontram-se albergadas no art. 14, §§ 4º a 7º, da Constituição.

Quanto às infraconstitucionais, dispõe o art. 14, § 9º, da Constituição: "Lei complementar estabelecerá outros casos de inelegibilidade [...]". Logo, somente lei complementar pode prevê-las. Tal é feito pela LC nº 64/90.

Diante disso, e também por se tratar de restrição a direito fundamental, não se afigura possível a veiculação de causa de inelegibilidade em lei ordinária, lei delegada, medida provisória, decreto e resolução legislativos, tampouco é possível deduzi-la de princípios, ainda que estes sejam expressos.

6.1.3 Fundamento da inelegibilidade

Toda inelegibilidade apresenta um fundamento ou uma causa específica. Enquanto algumas têm origem na prática de ilícito, situando-se, pois, no âmbito eficacial da respectiva decisão sancionatória, outras se fundam na mera situação jurídica em que o cidadão se encontra no momento de formalização do pedido de registro de candidatura, situação essa que pode decorrer de seu *status* profissional ou familiar, bem como de outras ocorrências consideradas relevantes pelo Estado-legislador.

No primeiro caso, tem-se a denominada inelegibilidade-sanção. A inelegibilidade tem origem na prática de ilícito, situando-se na linha de eficácia da decisão que o declara e sanciona. Duas situações podem ocorrer. *Primeira*: a inelegibilidade constitui efeito direto e imediato da decisão, sendo por ela constituída. É isso o que ocorre na hipótese prevista nos arts. 19 e 22, XIV, ambos da LC nº 64/90. Aqui, é imposta a sanção de inelegibilidade (entre outras) como consequência do ilícito eleitoral consubstanciado em abuso de poder. Está-se no campo da responsabilidade eleitoral, havendo responsabilização pela prática de atos ilícitos ou auferimento de benefícios destes decorrentes. A inelegibilidade é *constituída* pela decisão judicial que julga procedente a causa eleitoral – o *decisum* tem matiz constitutivo-positivo. *Segunda* situação: a inelegibilidade é efeito secundário ou indireto de uma decisão sancionatória da prática de ilícito. Como exemplo dessa segunda situação, cite--se a inelegibilidade prevista na alínea *e* do inciso I, art. 1º, da LC nº 64/90. Um dos efeitos secundários da decisão penal condenatória por "tráfico de entorpecentes" é a inelegibilidade do agente. Mas esse efeito só surge por força da alínea *e*, I, art. 1º da LC nº 64/90, porque pela Constituição as hipóteses de inelegibilidade devem ser estabelecidas por lei complementar (CF, art. 14, § 9º) – é necessária, então, a conjugação da decisão condenatória com a específica previsão da inelegibilidade em lei complementar, que tem caráter integrativo.

No segundo caso, tem-se a chamada inelegibilidade originária ou inata. Deveras, o entendimento consagrado na jurisprudência (vide STF – ADCs nº 29/DF e 30/DF, e ADI nº 4.578/AC) é o de que as situações previstas no art. 14, §§ 4º a 7º, da Constituição Federal e no art. 1º da LC nº 64/90 não se tratam propriamente de sanção jurídica, mas tão somente da conformação do cidadão ao regime jurídico-eleitoral. Como exemplo podem-se mencionar categorias profissionais que sofrem limitações em sua esfera jurídica, tal qual ocorre com membros da Magistratura e do Ministério Público, que não podem se dedicar a atividade político-partidária (CF, art. 95, parágrafo único, III, art. 128, § 5º, II, *e*); ademais, são inelegíveis o cônjuge e os parentes até segundo grau de titulares do Poder Executivo. Nesses casos, a inelegibilidade não compõe a resposta sancionatória do Estado ao ilícito praticado.

Nessa perspectiva, é lícito asseverar que a inelegibilidade apresenta duplo fundamento. De um lado, pode ser efeito direto ou indireto da decisão condenatória pela prática de ilícito, tendo, portanto, natureza de sanção. De outro, liga-se à adequação da situação do cidadão ao regime jurídico-eleitoral em vigor.

O referido art. 22, XIV, é normalmente relacionado ao art. 1º, I, *d*, todos da LC nº 64/90. Embora esses dispositivos estejam inter-relacionados, o primeiro é autônomo em relação ao segundo e vice-versa. Logo, por exemplo, se a referida alínea *d*, I, art. 1º, não existisse ou se viesse a ser revogada, ainda assim seria possível – em eventual processo de registro de candidatura – ser declarada a inelegibilidade constituída com fundamento no aludido art. 22, XIV, indeferindo-se com esse fundamento o respectivo pedido de registro de candidatura.

Por outro lado, ainda que na origem a inelegibilidade tenha natureza sancionatória, o Supremo Tribunal Federal afirmou a possibilidade de retroação da norma que a institui. Deveras, ao julgar o RE nº 929670/DF, em 4-10-2017, pela maioria de 6 votos a 5, o Pleno daquele sodalício "assentou a aplicabilidade da alínea *d* do inciso I do art. 1º da Lei Complementar 64/90, na redação dada pela Lei Complementar 135/2010, a fatos anteriores à publicação desta lei".

Em qualquer caso, para gerar efeito no processo de registro de candidatura, deve a inelegibilidade ser nele *declarada*. Isso porque, na dicção do § 10 do art. 11 da LE: "as causas de inelegibilidade devem ser aferidas no momento da formalização do pedido de registro da candidatura". Nessa oportunidade, os fatos estruturantes da inelegibilidade devem ser arguidos e demonstrados perante o órgão judicial eleitoral, a fim de que este, conhecendo-os, possa declará-la e, consequentemente, indeferir o pedido de registro de candidatura. Tal exigência se funda na segurança jurídica que deve haver no processo de registro de candidatura.

Note-se que a inelegibilidade sanção não perde essa natureza (= não deixa de ter caráter sancionatório) em razão da necessidade de ser declarada no processo de registro de candidatura para nele gerar efeito. Tampouco perde sua natureza sancionatória em razão da realização de teste de adequação do postulante a candidato ao regime jurídico-eleitoral. Isso porque em sua origem há um ilícito, o que não é alterado pela exigência legal de a inelegibilidade ser declarada no processo de registro de candidatura, mesmo porque só assim nele poderá gerar efeito.

6.1.4 Princípios reitores da inelegibilidade

As inelegibilidades devem ser instituídas em norma legal de ordem pública, por prazo determinado e em caráter personalíssimo; devem ser interpretadas restritivamente e se perfazerem no dia das eleições.

Instituição por norma legal ou legalidade – porque restringe o direito político fundamental atinente à cidadania passiva, a criação de inelegibilidade somente se dá por norma legal. A competência legiferante é exclusiva do Legislador Constituinte (originário ou derivado) e do Legislador Complementar. A Constituição Federal prevê hipóteses de inelegibilidades em seu art. 14, §§ 4º a 7º. Já as inelegibilidades infraconstitucionais ou legais fundam-se no art. 14, § 9º, da Constituição e na LC nº 64/90.

Norma de ordem pública – a norma que institui inelegibilidade é de ordem pública. Trata-se, portanto, de norma imperativa, cogente, cuja finalidade é o resguardo do interesse público. Por isso, não pode ser alterada pela vontade individual de seus destinatários, tampouco por acordo firmado entre eles.

Temporalidade – nenhuma inelegibilidade pode ter caráter perene ou imutável. A norma legal que instituir inelegibilidade deve fixar "os prazos de sua cessação" (CF, art. 14, § 9°). Isso porque em jogo se encontra o exercício do direito fundamental de ser votado (*jus honorum*), direito esse insuscetível de sofrer restrição eterna. Vale ressaltar que o sistema de direitos fundamentais estabelecido na Constituição repudia a existência de pena (= restrição de direito) "de caráter perpétuo" (CF, art. 5°, XLVII, *b*).

Personalíssima – por se tratar de restrição a direito político fundamental, a inelegibilidade não pode afetar outro cidadão que não aquele em relação ao qual se apresentam os fatos por ela previstos.

Interpretação estrita – justo por limitar a cidadania passiva ou o direito do cidadão de ser votado e, pois, eleito para participar da gestão político-estatal, a inelegibilidade deve ser interpretada restritivamente, e não de modo ampliativo.

Ocorrência na data da eleição – cuidando-se de condição negativa para ser eleito, deve a inelegibilidade apresentar-se no dia da eleição, porque é nesse momento que os eleitores exercem o direito de sufrágio e escolhem seus candidatos.

No entanto, no Direito Eleitoral brasileiro esse último princípio comporta ajustamentos. É que, por razões de ordem administrativa e de organização das eleições, a inelegibilidade é *aferida* no processo de registro de candidatura tendo por base o "momento da formalização do pedido de registro da candidatura" (LE, art. 11, § 10). São, pois, distintos os momentos de *aferição e de existência da inelegibilidade*. Mas uma inelegibilidade detectada quando do pedido de registro de candidatura pode vir a ser afastada se, até a data do pleito, houver "alterações, fáticas ou jurídicas, supervenientes ao registro" (LE, art. 11, § 10, *in fine*); por outro lado, uma inelegibilidade inexistente no momento do pedido de registro poderá surgir depois – inelegibilidade superveniente.

6.1.5 Classificação

Entre outros critérios, podem-se classificar as inelegibilidades:

Quanto à abrangência ou dimensão – por esse critério, pode a inelegibilidade ser absoluta ou relativa. *Absoluta* é a que causa impedimento para o exercício de quaisquer cargos político-eletivos, independentemente da circunscrição em que ocorra a eleição. Incidindo esse tipo de inelegibilidade, o cidadão não poderá disputar eleição em nenhuma circunscrição. Já a inelegibilidade *relativa* é a que obsta a elegibilidade apenas para alguns cargos ou ante a presença de determinadas circunstâncias. Nessa hipótese, poderá o interessado concorrer a outros cargos, para os quais não esteja impedido, ou, sendo isso possível, afastar as circunstâncias adversas.

Quanto à extensão – em *sentido amplo*, a inelegibilidade compreende as hipóteses de "condição de elegibilidade". É isso que ocorre no art. 2° da LC n° 64/90, ao prescrever a competência da Justiça Eleitoral para "conhecer e decidir as arguições de inelegibilidade". Nesse caso, o vocábulo *inelegibilidade* compreende as condições de elegibilidade. Já em *sentido restrito*, esse termo não apresenta tal extensão, referindo--se apenas às situações que lhe são próprias.

Critério temporal – quanto ao momento de sua ocorrência, pode a inelegibilidade ser atual e superveniente. A primeira é a que se apresenta no patrimônio jurídico do cidadão no momento em que se postula o registro de candidatura. Já a *superveniente* é a inelegibilidade surgida no período compreendido entre o pedido de registro de candidatura e o pleito. Por exemplo: suponha-se que, na ocasião em que o pedido de registro foi formulado, o postulante a candidato estivesse sendo processado por improbidade administrativa em razão da prática de ato doloso que importou lesão ao erário e enriquecimento ilícito (LC nº 64/90, art. 1º, I, *l*), vindo a decisão do órgão colegiado competente confirmar a sentença condenatória um mês depois, em momento em que o pedido de registro de candidatura já se encontra deferido. Outro exemplo: quando do requerimento do registro, o postulante, funcionário público, respondia a processo administrativo no órgão público em que exerce o seu cargo; um mês depois, já tendo sido deferido o pedido de registro de candidatura, o processo administrativo é concluído e o servidor-candidato demitido (LC nº 64/90, art. 1º, I, *o*). Nesses dois casos, se eleito, o cidadão poderá ter a diplomação questionada via Recurso Contra Expedição de Diploma (RCED).

Ressalte-se que não se qualifica como *superveniente* inelegibilidade cujos elementos constitutivos se perfaçam após o dia das eleições. Nessa hipótese, ela só gera efeitos em eleições futuras, sendo impróprio se cogitar de sua retroatividade com vistas a alcançar pleito já realizado. Isso porque, no dia em que o direito fundamental de sufrágio é exercido, o candidato era *elegível*.

Conquanto tal compreensão fosse controvertida no passado, hoje encontra-se agasalhada na Súmula TSE nº 47, da qual se extrai que a inelegibilidade superveniente ao registro de candidatura de índole infraconstitucional é a "que surge até a data do pleito".

Quanto à fonte – dessa ótica, a inelegibilidade pode ser *constitucional* e *infraconstitucional*. Aquela é prevista diretamente na Constituição Federal, enquanto a infraconstitucional é veiculada em lei complementar – atualmente, a LC nº 64/90. Lei ordinária que institua inelegibilidade é inconstitucional.

Quanto ao modo de incidir – chama-se inelegibilidade *direta* a que causa o impedimento do próprio envolvido no fato que a desencadeia. Já a inelegibilidade *reflexa* ou *indireta* provoca o impedimento de terceiros, como cônjuge e parentes.

Quanto ao local de ocorrência – denomina-se *endógena* a inelegibilidade que se constitui em determinado processo eleitoral ou em razão dele; normalmente, decorre de decisão da Justiça Eleitoral em virtude de abuso de poder ou fatos abusivos ocorridos na campanha eleitoral. Por outro lado, denomina-se *exógena* a inelegibilidade oriunda de fato ou situação ocorrida fora do processo eleitoral.

Quanto à origem – conforme já exposto, pode a inelegibilidade ser *originária* ou *inata*, ou *sanção*. Essa última pode ser constituída na própria decisão sancionatória ou ser efeito indireto ou secundário dela.

6.1.6 Duração da inelegibilidade

Conforme salientado, nenhuma inelegibilidade pode ter caráter perene ou imutável. A norma legal que instituir inelegibilidade deve fixar "os prazos de sua cessação" (CF, art. 14, § 9º), pois um direito fundamental (como é o caso da cidadania passiva) não poderia ser restringido eternamente.

A duração da inelegibilidade depende de sua natureza e de circunstâncias próprias da situação que a provoca.

A inelegibilidade originária ou inata perdura enquanto subsistir sua causa geradora. Por exemplo: *i)* a inelegibilidade do analfabeto perdurará enquanto a pessoa se mantiver nesse estado; *ii)* a inelegibilidade do filho existirá enquanto o pai estiver no exercício da chefia do Poder Executivo; *iii)* a inelegibilidade funcional persistirá se não houver a desincompatibilização do agente público no prazo legalmente fixado.

No caso da chamada inelegibilidade sanção ou cominada, convém distinguir os dois casos há pouco considerados. Sendo a inelegibilidade efeito indireto ou secundário de uma decisão, em geral, o prazo de sua duração é estabelecido em oito anos, variando seu termo inicial conforme a hipótese considerada.

Diferentemente, sendo a inelegibilidade constituída na própria decisão sancionatória, ou melhor, integrando o dispositivo da sentença (caso do art. 22, XIV, da LC nº 64/90), ela perdurará pelos "8 (oito) anos subsequentes à eleição" em que o evento ocorrer.

6.2 INELEGIBILIDADES CONSTITUCIONAIS

6.2.1 Inelegibilidade de inalistáveis

O art. 14, § 4º, da CF prevê a inelegibilidade dos inalistáveis.

Estes são os estrangeiros e, durante o período de serviço militar obrigatório, os conscritos (CF, art. 14, § 2º). É assente que o alistamento eleitoral condiciona a própria cidadania. Enquanto o inalistável não apresenta capacidade eleitoral ativa nem passiva, o inelegível encontra-se privado da segunda. Assim, a tautológica dicção constitucional afirma ser inelegível aquele que, por ser inalistável, já não o seria de qualquer forma.

6.2.2 Inelegibilidade de analfabetos

O art. 14, § 4º, da CF prevê a inelegibilidade dos analfabetos.

De modo geral, analfabeto é quem não domina um sistema escrito de linguagem, carecendo dos conhecimentos necessários para ler e escrever um texto simples em seu próprio idioma. Assim, a noção de analfabetismo prende-se ao domínio da escrita e da compreensão de textos, ainda que singelos. Por outro lado, o domínio de tal sistema em algum grau justifica o *status* de alfabetizado – ou, pelo menos, de semialfabetizado.

Nível	Habilidade
Analfabeto	Não consegue ler nem escrever
Alfabetizado de nível rudimentar	Consegue ler alguns títulos e frases isoladas
Alfabetizado de nível básico	Consegue localizar uma informação específica em textos curtos
Alfabetizado de nível pleno	Consegue ler e interpretar textos longos

Fonte: elaborado pelo autor.

O pedido de registro de candidatura deve vir acompanhando de documento comprovante de escolaridade, podendo-se exibir o diploma, histórico escolar ou certidão expedida pela unidade de ensino (TSE – REspe nº 8941/PI – PSS 27-9-2016). A só apresentação de um desses documentos é suficiente para demonstrar o *status* de alfabetizado, não importando o número de anos de frequência escolar.

A ausência de documento que comprove a escolaridade pode ser suprida. Para tanto, abrem-se as seguintes vias:

 i) o interessado é titular de documento que enseja presunção de escolaridade. É esse o caso da carteira nacional de habilitação – CNH, conforme se extrai da Súmula TSE nº 55: "A Carteira Nacional de Habilitação gera a presunção da escolaridade necessária ao deferimento do registro de candidatura";

 ii) o interessado produz declaração de próprio punho perante a autoridade eleitoral. Note-se que a declaração deve ser *produzida* perante a autoridade, e não apenas apresentada já confeccionada e tão só assinada diante dela. A jurisprudência já considerou que a mera assinatura em documentos é insuficiente para provar a condição de alfabetizado do candidato (TSE – REspe nº 21.958/SE – PSS 3-9-2004);

 iii) o interessado é submetido a prova ou teste. Nesse caso, é necessário que a alfabetização seja aferida de modo individual e reservado, sem que se fira a dignidade inerente à pessoa. Para que se considere alfabetizada, basta que a pessoa possa "ler e escrever, ainda que de forma precária" (TSE – AgR--REspe nº 90667/RN – PSS 8-11-2012) ou "minimamente" (TSE – AgR-REspe nº 424839/SE – *DJe*, t. 170, 4-9-2012, p. 50).

O TSE considerou analfabeto, e, pois, inelegível: (a) candidato que, submetido a teste de alfabetização, não demonstrou possuir habilidades mínimas para ser considerado alfabetizado (REspe nº 13.180, de 23-9-1996); (b) candidato que se mostra incapaz de esboçar um mínimo de sinais gráficos compreensíveis (REspe nº 12.804, de 25-9-1992); (c) candidato que não mostre aptidão para leitura (REspe nº 12.952, de 1º-10-1992); (d) candidato que não logre sucesso na prova a que se submeteu, mesmo que já tenha ocupado a vereança (REspe nº 13.069, de 16-9-1996).

Vale ressaltar que o só *exercício anterior de cargo eletivo* não é considerado bastante para demonstrar alfabetização. Nesse sentido, dispõe a Súmula TSE nº 15: "O exercício de mandato eletivo não é circunstância capaz, por si só, de comprovar a condição de alfabetizado do candidato".

6.2.3 Inelegibilidade por motivos funcionais – reeleição

Dispõe o art. 14, §§ 5º e 6º da Constituição:

> Art. 14 [...] § 5º O Presidente da República, os Governadores de Estado e do Distrito Federal, os Prefeitos e quem os houver sucedido ou substituído no curso dos mandatos poderão ser reeleitos para um único período subsequente.

§ 6º Para concorrerem a outros cargos, o Presidente da República, os Governadores de Estado e do Distrito Federal e os Prefeitos devem renunciar aos respectivos mandatos até seis meses antes do pleito.

A EC nº 16/97 alterou a redação original do art. 14, § 5º, da Constituição para permitir a reeleição dos chefes do Poder Executivo e de seus sucessores e substitutos. A reeleição só pode ocorrer "para um único período subsequente". De plano, patenteia-se a inelegibilidade dessas autoridades para um terceiro mandato *sucessivo*, relativamente ao mesmo cargo.

No referido dispositivo, não se confunda sucessão com substituição, pois, enquanto naquela a investidura no cargo do titular se dá em caráter permanente, nesta é temporária.

A cláusula "para um único período subsequente" abrange os sucessores e substitutos do titular, de sorte que eles só podem concorrer ao mandato consecutivo àquele em que houve a sucessão ou substituição. Assim, se o titular falece durante o primeiro mandato e o seu vice assume o comando do Executivo, só poderá candidatar-se para o período sucessivo, ficando inelegível para um terceiro mandato. Nesse caso, apesar de não se poder falar propriamente em reeleição quanto ao segundo mandato conquistado pelo vice (isso porque, no primeiro, ele foi eleito para o cargo de vice, não para o de titular), é certo que o impedimento o alcança, pois o termo *reeleição*, nesse contexto, deve ser interpretado estritamente, significando nova eleição para o mesmo cargo já ocupado. Isso é assim, primeiro, porque o titular e o vice formam uma só chapa, sendo ambos eleitos na mesma ocasião, com os mesmos votos. Segundo, porque os sucessores e substitutos, ainda que temporariamente, exercem os poderes inerentes ao mandato popular, e a *ratio juris* da regra constitucional em apreço é no sentido de que uma mesma pessoa não ocupe por mais de duas vezes o mesmo cargo eletivo. Terceiro: o citado § 5º é expresso em permitir aos sucessores e substitutos a reeleição "para um único período subsequente". Por fim, o princípio republicano impõe a rotatividade no exercício do poder político.

Não é permitido que prefeito reeleito em um município candidate-se ao cargo de prefeito por outro município. Nesse sentido: "[...] o exercício de dois mandatos consecutivos no cargo de prefeito torna o candidato inelegível para o mesmo cargo, ainda que em município diverso. [...]" (TSE – AgR-REspe nº 35880/PI – *DJe*, t. 100, 27-5-2011, p. 38). Compreende-se como fraudulenta a transferência de domicílio eleitoral de um para outro município, porque feita com vistas a ilidir a incidência do § 5º do art. 14 da CF, o que evidencia "desvio da finalidade do direito à fixação do domicílio eleitoral [...]" (TSE – REspe nº 32507/AL – PSS 17-12-2008).

Nos termos do citado § 6º, art. 14, da CF: "para concorrerem a outros cargos, o Presidente da República, os Governadores de Estado e do Distrito Federal e os Prefeitos devem renunciar aos respectivos mandatos até seis meses antes do pleito". Portanto, o titular do Executivo não precisa renunciar ao mandato para concorrer à reeleição, mas deverá fazê-lo para se candidatar a outro cargo, isto é, a um cargo diverso do que ocupa.

Em resumo:

a) o titular do Poder Executivo e o seu vice podem reeleger-se aos mesmos cargos uma só vez;

b) cumprido o segundo mandato, o titular não poderá candidatar-se novamente nem ao cargo de titular nem ao de vice;

c) nesse caso, o titular poderá candidatar-se a outro cargo, devendo, porém, desincompatibilizar-se, renunciando ao mandato até seis meses antes do pleito;

d) se o vice substituir o titular nos seis meses anteriores à eleição ou sucedê-lo em qualquer época, poderá concorrer ao cargo de titular, vedadas, nesse caso, a reeleição e a possibilidade de concorrer novamente ao cargo de vice, pois isso implicaria ocupar o mesmo cargo eletivo por três vezes;

e) se o vice não substituir o titular nos últimos seis meses do mandato nem sucedê-lo, poderá concorrer ao lugar do titular (embora não lhe seja dado concorrer ao mesmo cargo de vice), podendo, nesse caso, candidatar-se à reeleição; assim, poderá cumprir dois mandatos como vice e dois como titular.

6.2.4 Inelegibilidade reflexa: cônjuge, companheiro e parentes

O § 7º, art. 14, da CF traz hipóteses de inelegibilidades reflexas, pois atingem quem mantém vínculos familiares com o titular do mandato. Por esse dispositivo:

> § 7º São inelegíveis, no território de jurisdição do titular, o cônjuge e os parentes consanguíneos ou afins, até o segundo grau ou por adoção, do Presidente da República, de Governador de Estado ou Território, do Distrito Federal, de Prefeito ou de quem os haja substituído dentro dos seis meses anteriores ao pleito, salvo se já titular de mandato eletivo e candidato à reeleição.

O fundamento dessa regra é o temor de que a máquina administrativa estatal seja empregada para beneficiar ou impulsionar campanhas eleitorais de familiares dos detentores do poder político. Se isso ocorrer, haverá desequilíbrio do pleito em favor de um dos concorrentes, o que implica violação ao princípio da igualdade ou paridade de armas.

A inelegibilidade em exame afeta as seguintes pessoas: *i)* cônjuge e, por equiparação, companheiros na hipótese de união estável; *ii)* companheiro do mesmo sexo que mantém "relação estável homossexual" (STF – ADI nº 4.277/DF e ADPF nº 132/RJ, j. 5-5-2011; TSE – REspe nº 24.564/PA – PSS 1º-10-2004); *iii)* parentes (por adoção ou consanguinidade) na linha reta – pais, avós, filhos; *iv)* parentes (por adoção ou consanguinidade) na linha colateral até o segundo grau – irmãos; *v)* parentes por afinidade, nas linhas reta e colateral – sogro, sogra, sogro-avô, sogra-avó, genro, nora, genro-neto, nora-neta, cunhado e cunhada. Note-se que *tios* não são afetados, pois são parentes em terceiro grau na linha colateral.

A inelegibilidade surge apenas quanto ao cônjuge e aos parentes de chefes do Poder Executivo, a saber: Presidente da República, Governador de Estado ou do Distrito Federal e Prefeito. Não alcança os parentes dos vices dos titulares daqueles cargos.

Se tiver havido sucessão no cargo de titular, incidirá nos parentes do sucessor.

Já na hipótese de substituição, a inelegibilidade reflexa se patenteará somente se aquele evento ocorrer dentro dos seis meses anteriores ao pleito.

Assim, não há inelegibilidade do cônjuge e parentes do vice, exceto se ele tiver sucedido o titular ou o tiver substituído nos últimos seis meses antes da data marcada para a eleição. Diante disso, se o Vice-Governador substituir o titular nesse período, ainda que por um único dia, atrairá para seu cônjuge e seus parentes a inelegibilidade em apreço. O mesmo ocorrerá, por exemplo, se o Presidente de Câmara Municipal substituir o Prefeito, se o Presidente de Assembleia Legislativa substituir o Governador, se o Presidente da Câmara de Deputados ou do Senado substituir o Presidente da República.

E se não há inelegibilidade em relação aos parentes do vice, nada impede que integrem a mesma chapa. Nesse sentido, já se entendeu ser "possível a candidatura do pai, vice-prefeito no primeiro mandato, ao cargo de prefeito, tendo como vice seu filho" (TSE – Res. n° 22.799 – *DJ* 16-6-2008, p. 30). Por conseguinte, pode haver chapa majoritária formada pelos cônjuges ou companheiros (TSE – Res. n° 23.087 – *DJe* 1°-9-2009, p. 48).

Outro ponto a ser considerado é a cláusula "no território de jurisdição do titular". A inelegibilidade reflexa é relativa, só ocorrendo quanto aos cargos em disputa na circunscrição do titular. De maneira que o cônjuge e parentes de prefeito são inelegíveis no mesmo Município, mas podem disputar cargos eletivos estaduais (inclusive no mesmo Estado em que for situado o Município) e federais, já que não há coincidência de circunscrições nesses casos. O cônjuge e parentes de Governador não podem disputar cargo eletivo que tenham base no mesmo Estado, quer seja em eleição federal (Deputado Federal e Senador – embora federais, a circunscrição desses cargos é o Estado), estadual (Deputado Estadual, Governador e Vice) e municipal (Prefeito e Vice e Vereador). Por fim, o cônjuge e os parentes do Presidente da República não poderão candidatar-se a qualquer cargo eletivo no País.

De acordo com a parte final do citado § 7°, a inelegibilidade em tela não se patenteia se o cônjuge ou parente já for titular de mandato eletivo e candidato à reeleição. É desnecessário dizer que a reeleição é sempre para o mesmo cargo já ocupado, na mesma circunscrição eleitoral, pois implica renovação do mandato.

No caso de separação, divórcio e morte do chefe do Executivo, se esses fatos ocorrerem durante o exercício do mandato, permanecerá o impedimento do cônjuge separado, divorciado ou viúvo – inclusive o dos parentes por afinidade –, porque, de qualquer forma, em algum momento do mandato terão existido os vínculos conjugal e parental. Essa interpretação foi cristalizada na Súmula Vinculante n° 18 do Supremo Tribunal Federal, que reza: "A dissolução da sociedade ou do vínculo conjugal, no curso do mandato, não afasta a inelegibilidade prevista no § 7° do art. 14 da Constituição Federal".

Vale ressaltar que em situações excepcionais a jurisprudência tem repudiado uma interpretação demasiado rígida das normas atinentes à inelegibilidade reflexa. Assim, no julgamento do Ag-REspe n° 8.350/PB, ocorrido na sessão de 12-3-2013, o TSE afirmou ser viável a candidatura à reeleição do filho de cidadão que – no período anterior, por curto período de tempo e de modo precário – fora investido no exercício da chefia do Poder Executivo. Afirmou-se que em tal caso não se pode falar em *perpetuidade familiar no poder*, conforme vedação constante do art. 14, §§ 5º e 7º, da CF. Isso porque o breve – e precário – exercício da chefia do Poder Executivo municipal pelo parente do candidato à reeleição não chega a caracterizar o desempenho de um mandato.

6.3 INELEGIBILIDADES INFRACONSTITUCIONAIS OU LEGAIS

6.3.1 Introdução

As inelegibilidades infraconstitucionais ou legais fundam-se no art. 14, § 9º, da Constituição, que reza:

> § 9º Lei complementar estabelecerá outros casos de inelegibilidade e os prazos de sua cessação, a fim de proteger a probidade administrativa, a moralidade para o exercício do mandato, considerada a vida pregressa do candidato, e a normalidade e legitimidade das eleições contra a influência do poder econômico ou o abuso do exercício de função, cargo ou emprego na administração direta ou indireta.

A redação desse dispositivo foi conferida pela Emenda Constitucional de Revisão nº 4, de 1994. Nos termos da Súmula TSE nº 13, ele "não é autoaplicável", carecendo, portanto, de regulamentação legal.

Diz expressamente o referido § 9º que somente lei complementar pode instituir inelegibilidade infraconstitucional. Tal espécie normativa, para ser aprovada no Parlamento, requer *quorum* qualificado: maioria absoluta.

É importante distinguir inelegibilidades constitucionais e legais. Isso porque em matéria constitucional não incide preclusão temporal, enquanto as inelegibilidades legais precluem se não forem arguidas por ocasião do registro de candidatura. Não sendo alegadas nesse momento, não mais poderão sê-lo. Após o registro, só se admite a alegação da chamada inelegibilidade superveniente, assim considerada a inelegibilidade legal surgida no período compreendido entre o registro e a data da eleição.

Observe-se que, segundo a dicção constitucional, a lei complementar deve pautar-se por três princípios: (a) proteção da probidade administrativa; (b) proteção da moralidade para exercício de mandato, considerada a vida pregressa do candidato; (c) preservação da normalidade e legitimidade das eleições contra a influência do poder econômico ou o abuso do exercício de função, cargo ou emprego na Administração direta ou indireta.

Ademais, inelegibilidade não pode ter caráter perene ou imutável, devendo a norma legal instituir "os prazos de sua cessação". Isso porque em jogo se encontra o exercício do direito fundamental de ser votado, direito esse insuscetível de sofrer restrição de caráter perpétuo.

6.3.2 A Lei Complementar nº 64/90

A Lei Complementar nº 64/90 – também chamada de Lei das Inelegibilidades – regulamentou o art. 14, § 9º, da Constituição, erigindo diversas hipóteses de inelegibilidade. Cerca de vinte anos após sua promulgação, essa norma foi alterada pela LC nº 135/2010, apelidada de Lei da Ficha Limpa.

O rol legal é extenso, como se pode constatar do art. 1º da lei em exame. O critério da abrangência ou extensão fundamenta a primeira grande divisão acolhida nessa matéria, porquanto as inelegibilidades são repartidas em absolutas e relativas.

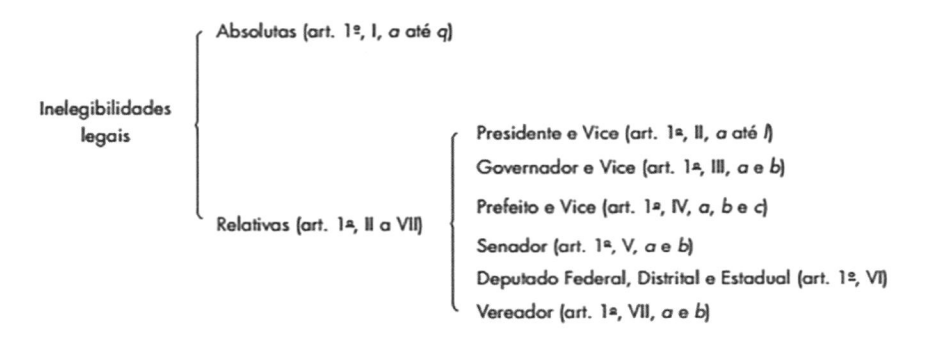

6.3.3 Inelegibilidades legais absolutas – LC nº 64/90, art. 1º, I

As inelegibilidades absolutas ensejam impedimento para qualquer cargo político-eletivo, independentemente de a eleição ser presidencial, federal, estadual ou municipal. A ocorrência de uma delas rende ensejo à arguição de inelegibilidade, que pode culminar na negação do pedido de registro.

Na sequência, faz-se breve análise das hipóteses legais, seguindo-se a mesma ordem em que são apresentadas na Lei Complementar.

Para que a exposição não se torne repetitiva, as inelegibilidades constitucionais reproduzidas no texto legal (veja art. 1º, I, *a*, §§ 1º, 2º e 3º) não serão tratadas, haja vista terem sido objeto de considerações anteriormente.

6.3.3.1 *Perda de mandato legislativo (art. 1º, I, b)*

Dispõe o art. 1º, I, *b*, da LC nº 64/90 serem inelegíveis para qualquer cargo:

> os membros do Congresso Nacional, das Assembleias Legislativas, da Câmara Legislativa e das Câmaras Municipais, que hajam perdido os respectivos mandatos por infringência do disposto nos incisos I e II do art. 55 da Constituição Federal, dos dispositivos equivalentes sobre perda de mandato das Constituições Estaduais e Leis Orgânicas dos Municípios e do Distrito Federal, para as eleições que se realizarem durante o período remanescente do mandato para o qual foram eleitos e nos oito anos subsequentes ao término da legislatura.

A incidência da inelegibilidade se dá a partir da publicação da decisão de perda do mandato.

No tocante aos parlamentares federais, a perda de mandato deve ser decidida por maioria absoluta dos membros da respectiva Casa, isto é, a Câmara ou o Senado. A votação é aberta (CF, art. 55, § 2º, com redação da EC nº 76/2013), sendo assegurada ampla defesa ao acusado. O processo tem início mediante provocação da Mesa ou de partido político representado no Congresso Nacional. Durante o processo, não surtirá efeito a renúncia do parlamentar submetido a processo que vise ou possa levar à perda do mandato (CF, art. 55, § 4º).

Entre os motivos da cassação, figuram as seguintes condutas, vedadas aos parlamentares: (a) realização de procedimento declarado incompatível com o decoro parlamentar, assim entendido o abuso das prerrogativas asseguradas aos membros do Congresso Nacional, a percepção de vantagens indevidas, além dos casos definidos no regimento interno; (b) firmar ou manter contrato com pessoa jurídica de Direito Público, autarquia, empresa pública, sociedade de economia mista ou empresa concessionária de serviço público, salvo quando o contrato obedecer a cláusulas uniformes; (c) aceitar, exercer ou ocupar cargo, função ou emprego remunerado, inclusive os de que sejam demissíveis *ad nutum*, nas entidades constantes do item anterior; (d) ser proprietário, controlador ou diretor de empresa que goze de favor decorrente de contrato com pessoa jurídica de Direito Público, ou nela exercer função remunerada; (e) patrocinar causa em que seja interessada qualquer das entidades aludidas na letra *b*; (f) ser titular de mais de um cargo ou mandato público eletivo.

Extrai-se da parte final da presente alínea *b* que a inelegibilidade vigorará: (*i*) para as eleições que se realizarem durante o período remanescente do mandato para o qual o parlamentar foi eleito; (*ii*) nos oito anos subsequentes ao término da legislatura.

6.3.3.2 Perda de mandato executivo (art. 1º, I, c)

Reza o art. 1º, I, *c*, da LC nº 64/90 serem inelegíveis para qualquer cargo

> o Governador e o Vice-Governador de Estado e do Distrito Federal e o Prefeito e o Vice-Prefeito que perderem seus cargos eletivos por infringência a dispositivo da Constituição Estadual, da Lei Orgânica do Distrito Federal ou da Lei Orgânica do Município, para as eleições que se realizarem durante o período remanescente e nos 8 (oito) anos subsequentes ao término do mandato para o qual tenham sido eleitos.

Trata essa regra de inelegibilidade decorrente de perda de cargo eletivo em virtude de processo de *impeachment* instaurado contra o chefe do Executivo estadual, distrital ou municipal, cuja finalidade é apurar crime de responsabilidade. Em certa medida, são equiparadas as situações de parlamentares e chefes do Poder Executivo. O processo e o julgamento do chefe do Poder Executivo competem às respectivas casas legislativas.

Para que a inelegibilidade da vertente alínea *c* se configure, é mister que a perda do mandato tenha por fundamento, respectivamente, "infringência a dispositivo da Constituição Estadual, da Lei Orgânica do Distrito Federal ou da Lei Orgânica do Município". Sendo outro o fundamento, não se pode afirmá-la, porquanto restrições a direito político fundamental devem ser interpretadas restritivamente.

A incidência da inelegibilidade se dá a partir da publicação do ato decisório de perda do mandato.

A inelegibilidade perdura por todo o período remanescente do mandato cassado até os "8 (oito) anos subsequentes".

> Quanto ao Presidente da República, se condenado em processo de *impeachment*, deve ficar inabilitado pelo prazo de oito anos para o exercício de função pública. É o que prevê o art. 52, parágrafo único, da CF. Note-se que a sanção de *inabilitação* é mais abrangente que a de inelegibilidade, pois, por ela, fica inviabilizado o exercício de quaisquer cargos públicos, e não apenas os eletivos. É assente que a inelegibilidade obstrui tão só a capacidade eleitoral passiva. Outra peculiaridade está no fato de que, embora a competência para o julgamento seja do Senado, o processo deve ser presidido pelo Presidente do Supremo Tribunal Federal.

6.3.3.3 Abuso de poder econômico e político (art. 1º, I, d)

Nos termos do art. 1º, I, *d*, da LC nº 64/90, são inelegíveis para qualquer cargo

> os que tenham contra sua pessoa representação julgada procedente pela Justiça Eleitoral, em decisão transitada em julgado ou proferida por órgão colegiado, em processo de apuração de abuso do poder econômico ou político, para a eleição na qual concorrem ou tenham sido diplomados, bem como para as que se realizarem nos 8 (oito) anos seguintes.

São requisitos essenciais para a caracterização da inelegibilidade em exame: *(1)* ocorrência de abuso de poder econômico ou político, *(2)* praticado por qualquer pessoa, seja ela particular ou agente público, *(3)* de modo a carrear benefício a candidato em campanha eleitoral; *(4)* existência de representação (= ação eleitoral) *(5)* julgada procedente *(6)* pela Justiça Eleitoral *(7)* em decisão transitada em julgado ou proferida por órgão colegiado.

Extrai-se da cláusula final da presente alínea *d* que a inelegibilidade em apreço alcança a eleição em que o abuso de poder ocorrer, bem como "as que se realizarem nos 8 (anos) anos seguintes". No entanto, a eleição em que o abuso de poder acontecer é também alcançada pelo inciso XIV, do art. 22, da LC nº 64/90, que prevê as sanções de cassação do registro de candidatura e do diploma.

O *termo inicial* do prazo de inelegibilidade é fixado no dia das eleições em relação às quais o abuso de poder tiver ocorrido. Já o *termo final* é o "dia de igual número de início do oitavo ano subsequente, como disciplina o art. 132, § 3º, do Código Civil [...]" (TSE – Cta nº 43344/2014 – *DJe*, t. 118, 1º-7-2014, p. 60). Em igual sentido é a Súmula TSE nº 19, *in verbis*: "O prazo de inelegibilidade decorrente da condenação por abuso do poder econômico ou político tem início no dia da eleição em que este se verificou e finda no dia de igual número no oitavo ano seguinte (art. 22, XIV, da LC nº 64/90)".

Se houver segundo turno, tem-se entendido que o referido prazo deve ser contado a partir da data do primeiro turno, mesmo que os atos ilícitos considerados tenham ocorrido entre as duas eleições (TSE – RO n° 56635/PB – PSS 16-9-2014). Na linha desse precedente, o TSE editou a Súmula n° 69, segundo a qual: "Os prazos de inelegibilidade previstos nas alíneas *j* e *h* do inciso I do art. 1° da LC n° 64/90 têm termo inicial no dia do primeiro turno da eleição e termo final no dia de igual número no oitavo ano seguinte". É verdade que tal súmula não faz expressa alusão à enfocada alínea *d*, mas apenas às alíneas *j* e *h*. Contudo, a *ratio juris* nela expressa aplica-se igualmente à alínea *d*, dada a similitude das situações por todas elas reguladas e, pois, à identidade de razões.

6.3.3.4   Condenação criminal, vida pregressa e presunção de inocência (art. 1°, I, e)

Dispõe o art. 1°, I, *e*, da LC n° 64/90 serem *inelegíveis para qualquer cargo*

> os que forem condenados, em decisão transitada em julgado ou proferida por órgão judicial colegiado, desde a condenação até o transcurso do prazo de 8 (oito) anos após o cumprimento da pena, pelos crimes: 1. contra a economia popular, a fé pública, a administração pública e o patrimônio público; 2. contra o patrimônio privado, o sistema financeiro, o mercado de capitais e os previstos na lei que regula a falência; 3. contra o meio ambiente e a saúde pública; 4. eleitorais, para os quais a lei comine pena privativa de liberdade; 5. de abuso de autoridade, nos casos em que houver condenação à perda do cargo ou à inabilitação para o exercício de função pública; 6. de lavagem ou ocultação de bens, direitos e valores; 7. de tráfico de entorpecentes e drogas afins, racismo, tortura, terrorismo e hediondos; 8. de redução à condição análoga à de escravo; 9. contra a vida e a dignidade sexual; e 10. praticados por organização criminosa, quadrilha ou bando.

Também ensejam a inelegibilidade estabelecida na enfocada alínea *e*:

   i)   crimes contra a administração pública tipificados em normas penais extravagantes (fora do Título XI da Parte Especial do Código Penal – arts. 312 a 359-H), tal como o art. 183 da Lei n° 9.472/97, que prevê o delito de exploração ilegal de atividade de telecomunicação. Nesse sentido: TSE – REspe n° 7679/AM – *DJe*, t. 227, 28-11-2013, p. 83;

   ii)   "crime de adulteração de combustível, tipificado no artigo 1°, I, da Lei 8.176/91, pois configura crime contra a economia popular". Nesse sentido: TSE – REspe n° 22879/SP – PSS 25-10-2012;

   iii)   crime de responsabilidade de prefeito (Decreto-Lei n° 201/67). Nesse sentido: TSE – AgR-RO n° 417432/CE – PSS 28-10-2010.

Ao erigir a presente causa de inelegibilidade, o Legislador Complementar teve em vista o contido no § 9° do art. 14 da Constituição, que manda considerar "a vida pregressa do candidato", de sorte a preservar "a moralidade para o exercício do mandato". O condenado por um dos delitos indigitados atrai para si a presunção de desapreço pelos valores maiores que o Constituinte quis implantar, nomeadamente a primazia do interesse público e a dignidade e o decoro no exercício de mandato.

Note-se que a inelegibilidade não se aplica aos crimes não especificados na alínea *e*, tais como os de sequestro (CP, art. 148), tráfico de pessoas (CP, art. 149-A) etc. Também não incide: *a)* nos crimes culposos, *b)* de menor potencial ofensivo, e, *c)* de ação penal privada (LC nº 64/90, art. 1º, § 4º). Ademais, tem-se entendido na jurisprudência não gerar inelegibilidade: *1)* o crime de violação de direito autoral (CP, art. 184, § 1º), ao argumento de que ele "não se enquadra na classificação legal de crime contra o patrimônio privado" (TSE – RO nº 98150/RS – PSS 30-9-2014); *2)* o crime do art. 10 da Lei nº 7.347/85 (Lei da Ação Civil Pública – LACP), pois, não foi "catalogado no rol de espécies do gênero crimes contra a Administração Pública" (TSE – REspe nº 20735/SC – *DJe* 20-3-2017, p. 86-87).

Quanto às infrações nomeadas na alínea *e*, além de o agente ter suspensos seus direitos políticos enquanto durarem os efeitos da condenação (CF, art. 15, III), também permanecerá inelegível desde a condenação por órgão judicial colegiado até *o prazo de oito anos, após a extinção da pena*.

Para a declaração da inelegibilidade, irrelevante é a natureza da pena concreta-mente aplicada, ou seja, se privativa de liberdade, restritiva de direito ou pecuniária (multa). Portanto, é também irrelevante que a pena privativa de liberdade inicialmente aplicada tenha sido convertida para restritiva de direitos.

O marco inicial da causa de inelegibilidade em exame é: *1.* o trânsito em julgado da decisão penal condenatória de primeiro grau; *2.* a publicação da sentença penal condenatória emanada do Tribunal do Júri (que é "órgão judicial colegiado" – TSE – REspe nº 61103/RS – *DJe* 13-8-2013; RO nº 263449/SP – PSS 11-11-2014); *3.* a pu-blicação: *3.1)* do acórdão penal condenatório, no âmbito da competência originária do tribunal; *3.2)* do acórdão que reforma sentença penal absolutória; *3.3)* do acórdão que confirma (= confirmatório) sentença condenatória.

Nos casos de condenação emanada de tribunal, tem-se entendido que a ine-legibilidade incide desde a *publicação* da decisão, de maneira que a oposição de embargos de declaração não afeta sua imediata incidência (TSE – AgRg-REspe nº 5217/PR – *DJe*, t. 116, 16-6-2017, p. 22; TSE – RO nº 20922/TO – PSS 12-9-2014; TSE – REspe nº 122-42/CE – PSS 9-10-2012). É preciso ponderar, porém, que, a depender dos fundamentos invocados e sobretudo no caso de omissão, os embargos declaratórios podem alterar o conteúdo da decisão e afetar a própria condenação.

No entanto, a interposição de embargos infringentes e de nulidade contra decisão não unânime da turma julgadora e desfavorável ao réu (*vide* CPP, art. 609, parágrafo único) tem o condão de suspender a inelegibilidade enquanto os referidos embargos não são apreciados. É que a esse recurso é reconhecido o efeito suspensivo. Nesse sentido, o seguinte julgado: TSE – REspe nº 48466/MG, j. 13-6-2017.

Cessando os efeitos da condenação penal pelo cumprimento ou extinção da pena, o sentenciado recobra seus direitos políticos, podendo e devendo votar, sob pena de descumprir deveres cívico-políticos e sofrer sanção pecuniária. Não obstante, sua cidadania passiva permanecerá cerceada em virtude da incidência da *causa da inelegibilidade* em apreço. Consequentemente, não poderá ser votado, porque a restrição veiculada na presente alínea *e* embaraça apenas a capacidade eleitoral passiva.

Nesse quadro, na hipótese de condenação por órgão colegiado (itens 2 e 3, acima): *(i)* ficará o réu inelegível no intervalo situado entre (A) a publicação da decisão condenatória até (B) o seu trânsito em julgado; *(ii)* a partir do trânsito em julgado da decisão, seus direitos políticos (e, pois, sua elegibilidade – CF, art. 14, § 3°, II) estarão suspensos até (C) o cumprimento ou a extinção da pena; *(iii)* finalmente, ficará o réu inelegível por oito anos após o cumprimento ou a extinção da pena. Quanto a esse último período, dispõe a Súmula TSE n° 61: "O prazo concernente à hipótese de inelegibilidade prevista no art. 1°, I, *e*, da LC n° 64/90 projeta-se por oito anos após o cumprimento da pena, seja ela privativa de liberdade, restritiva de direito ou multa".

Note-se que a inelegibilidade concernente ao intervalo (A) – (B) não possui prazo definido, vigorando pelo tempo em que o respectivo recurso permanecer pendente de julgamento. Por isso, não se afigura viável a ideia de se descontar dos oito anos de inelegibilidade o tempo relativo a esse intervalo (A) – (B), porque a demora no julgamento do recurso acarretaria a ineficácia da inelegibilidade. Por certo, é de se descartar a interpretação que priva o instituto de gerar os efeitos para os quais foi concebido.

A inelegibilidade em tela incide ainda que tenha ocorrido *extinção* da *pretensão executória* do Estado pela ocorrência de prescrição. Nesse sentido, dispõe a Súmula TSE n° 59: "O reconhecimento da prescrição da pretensão executória pela Justiça Comum não afasta a inelegibilidade prevista no art. 1°, I, *e*, da LC n° 64/90, porquanto não extingue os efeitos secundários da condenação".

Logo, permanece hígida a inelegibilidade, que, no caso, deve ser contada a partir da data em que se operou a extinção da pretensão executória. Por ser mais favorável ao réu, deve-se observar essa data, e não a da publicação do ato judicial que declara extinta a pretensão executória. Tal interpretação mereceu acolhida na Súmula TSE n° 60, que reza:

> O prazo da causa de inelegibilidade prevista no art. 1°, I, *e*, da LC n° 64/90 deve ser contado a partir da data em que ocorrida a prescrição da pretensão executória e não do momento da sua declaração judicial.

Assim, permanece o réu inelegível nos oito anos seguintes à data em que se opera a extinção da pretensão executória estatal.

Com isso, porém, não deve ser confundida a *extinção da pretensão punitiva estatal*, pois aqui perece o próprio direito ou poder de punir do Estado (*jus puniendi*), surgido com o cometimento do crime. A extinção do *jus puniendi* afasta não só os efeitos principais (= imposição de pena ou medida de segurança), como também os secundários da sentença penal condenatória (ex.: reincidência, confisco de bens etc.), e, ainda, os efeitos extrapenais, como os civis (CP, art. 91, I) e os político-eleitorais.

6.3.3.5   Indignidade do oficialato (art. 1°, I, f)

Prevê o art. 1°, I, *f*, da LC n° 64/90 serem inelegíveis para qualquer cargo: "os que forem declarados indignos do oficialato, ou com ele incompatíveis, pelo prazo de 8 (oito) anos".

A inelegibilidade atinge tão somente militares integrantes do *oficialato*, isto é, oficiais como tenente, capitão, major. Não atinge, portanto, integrantes da carreira das praças, a saber: soldado, cabo, sargento e subtenentes.

A regra reporta-se ao disposto no art. 142, § 3º, VI, da Constituição Federal, pelo qual a perda de posto e patente só se dá se o militar for julgado indigno do oficialato ou com ele incompatível. A competência para essa decisão é privativa de Tribunal Militar de caráter permanente, em tempo de paz, ou de Tribunal especial, em tempo de guerra.

6.3.3.6   *Rejeição de contas de gestão (art. 1º, I, g)*

O art. 1º, I, *g*, da LC nº 64/90 dispõe serem inelegíveis para qualquer cargo

> os que tiverem suas contas relativas ao exercício de cargos ou funções públicas rejeitadas por irregularidade insanável que configure ato do-loso de improbidade administrativa, e por decisão irrecorrível do órgão competente, salvo se esta houver sido suspensa ou anulada pelo Poder Judiciário, para as eleições que se realizarem nos 8 (oito) anos seguintes, contados a partir da data da decisão, aplicando-se o disposto no inciso II do art. 71 da Constituição Federal, a todos os ordenadores de despesa, sem exclusão de mandatários que houverem agido nessa condição [quanto à parte final, *vide* STF – RE nº 848826/DF – Pleno – j. 10-8-2016].

O dispositivo em exame tem em mira a proteção da probidade administrativa e a moralidade para o exercício do mandato em vista da experiência pregressa do candidato como agente político (executor de orçamento) e gestor público (ordenador de despesas).

A configuração da inelegibilidade requer: (a) a existência de prestação de contas relativas ao exercício de cargos ou funções públicas (= contas de gestão); (b) o julgamento e a rejeição ou desaprovação das contas; (c) a detecção de irregularidade insanável; (d) que essa irregularidade caracterize ato doloso de improbidade administrativa; (e) decisão irrecorrível no âmbito administrativo (f) emanada do órgão competente para julgar as contas.

Sobre o órgão competente para *julgar* as contas de Prefeito Municipal, firmou-se o entendimento de que será a *Câmara Municipal* tanto na hipótese de contas de governo, quanto na de gestão. Entretanto, a competência será do *Tribunal de Contas* (do Estado ou da União) nas seguintes hipóteses: *1)* se o seu parecer prévio *desfavorável* (i.e., pela rejeição das contas) não for afastado por dois terços dos membros da Câmara Municipal; *2)* no caso de convênio firmado com outro ente da Federação, isto é, com Estado com a União; 3) no caso de prestação de contas de consórcio público.

A competência para julgar as contas também será do Tribunal de Contas quando a prestação for feita por *presidente do Poder Legislativo*, por secretário municipal, secretário de Estado, ministro do Poder Executivo Federal, dirigente de órgão ou ente integrante da Administração indireta.

Pela inelegibilidade em foco, o agente público torna-se inelegível "para as eleições que se realizarem nos 08 (oito) anos seguintes, contados a partir da data da decisão".

6.3.3.7 Abuso de poder econômico ou político por agente público (art. 1º, I, h)

O art. 14, § 9º, da Constituição também tem por objetivo assegurar "a normalidade e legitimidade das eleições contra [...] o abuso do exercício de função, cargo ou emprego na administração direta ou indireta". Daí a previsão contida no art. 1º, I, h, da LC nº 64/90, segundo a qual são inelegíveis para qualquer cargo

> os detentores de cargo na administração pública direta, indireta ou fundacional, que beneficiarem a si ou a terceiros, pelo abuso do poder econômico ou político, que forem condenados em decisão transitada em julgado ou proferida por órgão judicial colegiado, para a eleição na qual concorrem ou tenham sido diplomados, bem como para as que se realizarem nos 8 (oito) anos seguintes.

Consoante se extrai desse dispositivo, são requisitos essenciais para a caracterização da inelegibilidade: *1)* existência de abuso de poder econômico ou político; *2)* a qualidade de agente público do autor do abuso de poder; *3)* a finalidade eleitoral do abuso, de modo a carrear benefício à candidatura do próprio agente ou à de terceiro; *4)* a existência de condenação judicial do autor do abuso em decisão transitada em julgado ou proferida por órgão colegiado.

No que concerne ao termo inicial da inelegibilidade, é ele fixado na data da eleição. Já o termo final é o dia de igual número do oitavo ano subsequente (CC, art. 132, § 3º).

Se houver segundo turno, deve o lapso da inelegibilidade ser contado da data do primeiro turno. Nesse sentido, reza a Súmula TSE nº 69: "Os prazos de inelegibilidade previstos nas alíneas *j* e *h* do inciso I do art. 1º da LC nº 64/90 têm termo inicial no dia do primeiro turno da eleição e termo final no dia de igual número no oitavo ano seguinte".

Há muita semelhança entre as hipóteses previstas nas alíneas *d* e *h*, I, art. 1º, da LC nº 64/90. As duas alíneas cuidam de abuso de poder manejado em prol de candidatura, vinculando-se, portanto, a finalidades eleitorais. Diferem, porém, em que a alínea *d* objetiva impedir a candidatura dos *beneficiários* da conduta abusiva, tornando-os inelegíveis "para a eleição na qual concorrem ou tenham sido diplomados", enquanto a regra da alínea *h* visa obstar a candidatura dos "detentores de cargo na administração pública direta, indireta ou fundacional" que, abusando dos poderes econômico ou político que defluem dos cargos que ocupam ou das funções que exercem, beneficiem a si próprios ou a terceiros no pleito eleitoral. Portanto, o destinatário da regra da alínea *d* é qualquer pessoa, enquanto o destinatário da regra da alínea *h* é o agente público. Exemplo: suponha-se que um prefeito abuse do poder político que detém com vistas a fazer que seu sucessor seja eleito. Seu comportamento realiza a hipótese da alínea *h*, além de configurar improbidade administrativa, já seu afilhado político, candidato à sua sucessão, incorrerá na alínea *d*, pois será beneficiário da ação ilícita.

6.3.3.8 Cargo ou função em instituição financeira liquidanda (art. 1°, I, i)

Pela LC n° 64/90, art. 1°, I, *i*, são inelegíveis para qualquer cargo

> os que, em estabelecimentos de crédito, financiamento ou seguro, que tenham sido ou estejam sendo objeto de processo de liquidação judicial ou extrajudicial, hajam exercido, nos 12 (doze) meses anteriores à respectiva decretação, cargo ou função de direção, administração ou representação, enquanto não forem exonerados de qualquer responsabilidade.

As instituições de crédito, financiamento e seguro integram o sistema financeiro nacional (CF, art. 192; Lei n° 4.595/64, art. 17; Lei n° 7.492/86, art. 1°). A liquidação tem como pressuposto a insolvência da entidade e, quando ocorre, pode acarretar danos a um grande número de pessoas, além do risco gerado para a estabilidade do sistema financeiro em seu conjunto.

O dispositivo em exame assevera serem absolutamente inelegíveis as pessoas que hajam exercido cargo ou função de direção, administração ou representação em tais instituições, nos 12 meses anteriores à decretação da liquidação, enquanto não forem exonerados de qualquer responsabilidade pela bancarrota.

6.3.3.9 Abuso de poder: corrupção eleitoral, captação ilícita de sufrágio, captação ou gasto ilícito de recurso em campanha, conduta vedada (art. 1°, I, j)

Pelo art. 1°, I, *j*, da LC n° 64/90 (acrescida pela LC n° 135/2010), são inelegíveis

> os que forem condenados, em decisão transitada em julgado ou proferida por órgão colegiado da Justiça Eleitoral, por corrupção eleitoral, por captação ilícita de sufrágio, por doação, captação ou gastos ilícitos de recursos de campanha ou por conduta vedada aos agentes públicos em campanhas eleitorais que impliquem cassação do registro ou do diploma, pelo prazo de 8 (oito) anos a contar da eleição.

A alínea *j* refere-se aos seguintes ilícitos eleitorais: corrupção eleitoral (CF, art. 14, §§ 10 e 11), captação ilícita de sufrágio (LE, art. 41-A), captação ou gastos ilícitos de recursos de campanha (LE, art. 30-A), conduta vedada a agentes públicos em campanhas eleitorais (LE, art. 73 e ss.).

Nessas hipóteses, a inelegibilidade não constitui objeto da ação fundada nos aludidos arts. 14, §§ 10 e 11, da CF, e 30-A, 41-A e 73 e ss. da LE. Na verdade, ela constitui efeito externo ou secundário da sentença de procedência do pedido nessas demandas. Assim, não é preciso que conste expressamente do dispositivo da sentença ou do acórdão condenatório, pois somente será declarada em futuro e eventual processo de registro de candidatura – isso porque, na dicção do § 10 do art. 11 da

LE: "as causas de inelegibilidade devem ser aferidas no momento da formalização do pedido de registro da candidatura".

Para que a inelegibilidade em exame se patenteie e gere efeitos, não é necessário que a decisão judicial proferida na demanda relativa àqueles ilícitos transite em julgado, bastando que seja proferida por órgão colegiado da Justiça Eleitoral e devidamente publicada.

Só há geração de inelegibilidade se houver cassação de registro ou de diploma, o que pressupõe a gravidade dos fatos. A aplicação isolada de multa não acarreta inelegibilidade (TSE – AgR-REspe nº 7922/PA – *DJe* 19-4-2017, p. 51; TSE – AgR-RO nº 292112/SP – PSS 27-11-2014). Atende-se com isso ao princípio constitucional de proporcionalidade, pois, se se entender como adequada tão só a aplicação de multa, a conduta considerada certamente terá pouca gravidade. Nesse caso, a lesão ao bem jurídico não é de tal monta que justifique a privação da cidadania passiva por oito longos anos.

Sobre o termo inicial, extrai-se da cláusula final da alínea *j* que a inelegibilidade em exame deve vigorar "pelo prazo de 8 (oito) anos a contar da eleição". Essa expressão – "da eleição" – deve ser compreendida como "dia do pleito". Nesse sentido: TSE – REspe nº 84-50/BA – *DJe* 6-3-2014; TSE – AgR-AI nº 17.773/PB – *DJe*, t. 23, 3-2-2014, p. 299; TSE – Cta nº 43344/2014 – *DJe*, t. 118, 1º-7-2014, p. 60.

Se houver segundo turno, deve o lapso da inelegibilidade ser contado da data do primeiro turno, ainda que o fato ilícito ocorra entre os dois turnos de votação. Nesse sentido, reza a Súmula TSE nº 69: "Os prazos de inelegibilidade previstos nas alíneas *j* e *h* do inciso I do art. 1º da LC nº 64/90 têm termo inicial no dia do primeiro turno da eleição e termo final no dia de igual número no oitavo ano seguinte".

6.3.3.10   Renúncia a mandato eletivo (art. 1º, I, k)

Conforme visto anteriormente, as alíneas *b* e *c*, I, art. 1º, da LC nº 64 preveem a inelegibilidade por oito anos do titular de mandato eletivo que *perder* o cargo por ato do Poder Legislativo, respectivamente, em razão de violação do estatuto parlamentar e do cometimento de crime de responsabilidade.

A regra veiculada na presente alínea *k* é ainda mais ampla e rigorosa. São inelegíveis por ela

> o Presidente da República, o Governador de Estado e do Distrito Federal, o Prefeito, os membros do Congresso Nacional, das Assembleias Legislativas, da Câmara Legislativa, das Câmaras Municipais, que renunciarem a seus mandatos desde o oferecimento de representação ou petição capaz de autorizar a abertura de processo por infringência a dispositivo da Constituição Federal, da Constituição Estadual, da Lei Orgânica do Distrito Federal ou da Lei Orgânica do Município, para as eleições que se realizarem durante o período remanescente do mandato para o qual foram eleitos e nos 8 (oito) anos subsequentes ao término da legislatura.

Assim, a só *renúncia* a mandato eletivo após o oferecimento ao órgão competente de representação ou petição aptos a ensejarem a instauração de processo na

Casa Legislativa tem o condão de gerar a inelegibilidade do renunciante pelos "8 (oito) anos subsequentes ao término da legislatura". Nessa linha, assentou a jurisprudência incidir a causa de inelegibilidade em comento quando, antes da renúncia, for remetido ao Conselho de Ética e Decoro Parlamentar "relatório elaborado por Comissão Parlamentar Mista de Inquérito (CPMI) em que se assenta a necessidade de abertura de processo disciplinar contra deputado, em razão de gravíssimos fatos ofensivos do decoro parlamentar [...]" (TSE – RO nº 214.807/ES – *DJe* 4-4-2011, p. 53).

É preciso que o motivo da renúncia seja relacionado ao anterior oferecimento de representação ou petição, e que essa tenha *aptidão* para provocar a instauração de processo contra o renunciante.

A cláusula legal "representação ou petição *capaz* de autorizar a abertura de processo" enseja o entendimento de que, mesmo que o processo não seja instaurado pelo órgão competente – após a renúncia –, pode-se cogitar a incidência da inelegibilidade. Em princípio, basta que a petição seja *apta* ou *hábil* para a instauração, juízo de valor esse a ser formulado pelo destinatário da petição. Entretanto, se a não instauração fundar-se justamente na *inaptidão* ou *insuficiência* da representação, não parece razoável sustentar a incidência de inelegibilidade.

Extrai-se da parte final da presente alínea *k* que a inelegibilidade vigorará: (*i*) para as eleições que se realizarem durante o período remanescente do mandato para o qual o parlamentar foi eleito; (*ii*) nos oito anos subsequentes ao término da legislatura.

6.3.3.11   Improbidade administrativa (art. 1º, I, l)

Dispõe o art. 1º, I, *l*, da LC nº 64/90 serem inelegíveis

> os que forem condenados à suspensão dos direitos políticos, em decisão transitada em julgado ou proferida por órgão judicial colegiado, por ato doloso de improbidade administrativa que importe lesão ao patrimônio público e enriquecimento ilícito, desde a condenação ou o trânsito em julgado até o transcurso do prazo de 8 (oito) anos após o cumprimento da pena.

A Constituição Federal trata da improbidade administrativa em seus arts. 15, V, e 37, § 4º. Por sua vez, a Lei nº 8.429/92 (Lei da Improbidade Administrativa – LIA) regulamentou essa matéria e, ao fazê-lo, distinguiu três categorias de improbidade, a saber: (*i*) a que importa enriquecimento ilícito (art. 9º); (*ii*) a que causa lesão ao erário (art. 10); (*iii*) a que atenta contra princípios da administração pública (art. 11).

Para cada uma dessas categorias o art. 12 daquela lei prevê um grupo de sanções, as quais encontram-se arroladas, respectivamente, em seus incisos I (para o art. 9º), II (para o art. 10) e III (para o art. 11). São as seguintes as sanções: *a)* perda dos bens ou valores acrescidos ilicitamente ao patrimônio; *b)* ressarcimento integral do dano, quando houver; *c)* perda da função pública; *d)* suspensão dos direitos políticos; *e)* pagamento de multa civil de até três vezes o valor do acréscimo patrimonial; *f)* proibição de contratar com o Poder Público; *g)* proibição de receber benefícios ou incentivos fiscais ou creditícios, direta ou indiretamente.

A configuração da inelegibilidade da presente alínea *l* requer a conjugação dos seguintes requisitos: *(1)* existência de condenação por decisão judicial transitada em julgado ou proferida por órgão judicial colegiado; *(2)* suspensão dos direitos políticos; *(3)* prática de ato doloso de improbidade administrativa; *(4)* lesão ao patrimônio público e enriquecimento ilícito.

Quanto ao período de incidência, a inelegibilidade em análise é bem severa, pois incide "desde a condenação [por órgão judicial colegiado] ou o trânsito em julgado até o transcurso do prazo de 8 (oito) anos após o cumprimento da pena".

Na expressão legal, o termo "pena" designa todas as sanções impostas pela Justiça Comum, aí incluídas a proibição de contratar com o Poder Público ou receber benefícios ou incentivos fiscais, bem como a suspensão de direitos políticos. Pelo art. 12, I e II, da Lei nº 8.429/92, a aludida *proibição de contratar* pode se dar, respectivamente, por dez e cinco anos, enquanto a *suspensão* de direitos políticos pode se dar pelo período de cinco a dez anos.

Logo, a contagem do prazo de oito anos terá início após vencidos os referidos períodos de proibição de contratar e/ou suspensão de direitos políticos. Sendo de dez anos esses períodos, o agente ímprobo poderá ficar privado da cidadania passiva por 18 anos, além do tempo situado entre a decisão do órgão colegiado e o trânsito em julgado da decisão final. Na prática, isso significa a imposição de ostracismo político, com o banimento do agente da vida política.

6.3.3.12 Exclusão do exercício profissional (art. 1º, I, m)

Dispõe o art. 1º, I, *m*, da LC nº 64/90 serem inelegíveis: "os que forem excluídos do exercício da profissão, por decisão sancionatória do órgão profissional competente, em decorrência de infração ético-profissional, pelo prazo de 8 (oito) anos, salvo se o ato houver sido anulado ou suspenso pelo Poder Judiciário".

Várias profissões submetem-se ao controle de autarquias criadas especificamente para essa finalidade. É o caso da Ordem dos Advogados do Brasil (OAB) e do Conselho Federal de Medicina.

A exclusão do exercício da profissão é sanção que decorre de falta grave cometida pelo agente e deve ser precedida de regular processo administrativo em que seja assegurado contraditório e ampla defesa. Acaso haja qualquer vício que macule e torne inválido esse processo, tal deve ser alegado perante a Justiça Comum, pois não se encarta na competência da Justiça Eleitoral a análise de sua regularidade.

Na esfera eleitoral, a exclusão implicará também a inelegibilidade do excluído pelo período de oito anos, contados do ato de exclusão.

6.3.3.13 Simulação de desfazimento de vínculo conjugal (art. 1º, I, n)

Pelo art. 1º, I, *n*, da LC nº 64/90 são inelegíveis: "os que forem condenados, em decisão transitada em julgado ou proferida por órgão judicial colegiado, em razão de terem desfeito ou simulado desfazer vínculo conjugal ou de união estável para evitar caracterização de inelegibilidade, pelo prazo de 8 (oito) anos após a decisão que reconhecer a fraude".

A regra veiculada na presente alínea *n* visa a coibir fraude para contornar a inelegibilidade prevista no aludido § 7º. Ou seja: para viabilizar a candidatura do cônjuge à sucessão do titular, finge-se o desfazimento do vínculo conjugal (*i. e.*, o divórcio) ou da união estável. Na realidade, o casal permanece intimamente ligado; o casamento ou a união estável não foram desfeitos "de verdade".

Segundo a Corte Superior Eleitoral, a causa de inelegibilidade enfocada pressupõe "ação judicial que condene a parte por fraude, ao desfazer ou simular desfazimento de vínculo conjugal ou de união estável para fins de inelegibilidade. [...]" (TSE – REspe nº 39723/PR – *DJe*, t. 166, 5-9-2014, p. 79). Por conseguinte, a inelegibilidade só poderá ser declarada após decisão naquela ação judicial. O desfazimento do vínculo matrimonial figura como antecedente lógico que deve ser resolvido em momento anterior ao debate acerca da inelegibilidade. Significa isso que o interessado deve, primeiro, buscar tutela jurisdicional que declare ou reconheça a fraude e, depois, com base nesse provimento, impugnar o pedido de registro de candidatura.

A inelegibilidade perdura por oito anos, prazo esse contado do trânsito em julgado da decisão de primeiro grau que reconhecer a fraude, ou da publicação do acórdão proferido por órgão judicial colegiado no exercício de competência originária ou recursal.

6.3.3.14   *Demissão do serviço público (art. 1º, I, o)*

Pelo art. 1º, I, *o*, da LC nº 64/90 são inelegíveis: "os que forem demitidos do serviço público em decorrência de processo administrativo ou judicial, pelo prazo de 8 (oito) anos, contado da decisão, salvo se o ato houver sido suspenso ou anulado pelo Poder Judiciário".

Se o servidor praticou ato no exercício de seu cargo ou função de tal gravidade que chegou a ser demitido, por igual não ostenta aptidão moral para exercer cargo político-eletivo. Eis o fundamento da inelegibilidade em exame.

A configuração da inelegibilidade requer que tenha havido (*i*) demissão do servidor público (*ii*) decorrente de processo administrativo ou judicial.

Demissão constitui penalidade disciplinar imposta a servidor público em razão da prática de grave ilícito. A Lei nº 8.112/90 (Estatuto dos Servidores Públicos Civis da União) prevê tal pena em seu art. 127, III, e o art. 132 dessa mesma norma estabelece os casos em que ela tem cabimento.

Conquanto o texto legal trate de demissão ("demitidos"), tem-se afirmado que esse termo é sinônimo de "destituição"; ambos, "para os efeitos legais são como sinônimos, ou seja, significam a extinção do vínculo com a Administração Pública diante da realização de falta funcional grave" (TSE – AgR-RO nº 83771/PA – PSS 3-10-2014; TSE – REspe nº 18103/MT – decisão monocrática – PSS 7-12-2012). Portanto, para fins de inelegibilidade, é irrelevante que a extinção do vínculo do agente com a Administração Pública seja formalizada como demissão ou destituição.

Indiferente é a natureza do vínculo que o servidor mantém com a Administração Pública. Assim, também gera inelegibilidade a demissão/destituição, com caráter sancionatório, de cargo em comissão. Nesse sentido: TSE – AgR-RO nº 57827/RR – PSS 9-10-2014.

Note-se que a inelegibilidade não se aperfeiçoa no caso de exoneração do servidor a seu próprio pedido ou por conveniência da Administração Pública (TSE – REspe n° 163-12/SP – PSS 9-10-2012).

Ademais, o ato de demissão também requer a instauração de processo administrativo, no qual sejam assegurados ao servidor contraditório e ampla defesa.

A inelegibilidade em apreço perdura pelo lapso de oito anos, contado da decisão demissória.

6.3.3.15   Doação eleitoral ilegal (art. 1°, I, p)

Pelo art. 1°, I, *p*, da LC n° 64/90 são inelegíveis: "a pessoa física e os dirigentes de pessoas jurídicas responsáveis por doações eleitorais tidas por ilegais por decisão transitada em julgado ou proferida por órgão colegiado da Justiça Eleitoral, pelo prazo de 8 (oito) anos após a decisão, observando-se o procedimento previsto no art. 22".

Extraem-se os seguintes requisitos configuradores da inelegibilidade: *(i)* a existência de decisão judicial – transitada em julgado ou proferida por órgão colegiado da Justiça Eleitoral – reconhecendo a ilegalidade da doação à campanha; *(ii)* no caso de o infrator ter sido pessoa jurídica, a comprovação de que o impugnado era seu dirigente à época da doação; *(iii)* a observância no processo por doação irregular do rito previsto no art. 22 da LC n° 64/90.

A doação irregular figura como antecedente lógico, ponto esse que já deve ter sido objeto de apreciação autônoma (*principaliter*) e resolução em processo judicial anterior. Se a decisão nesse processo não tiver transitado em julgado, há mister que emane de órgão judicial colegiado da Justiça Eleitoral, gerando efeito desde a sua publicação.

Pela regra da alínea *p*, a decisão que reconhecer a ilegalidade da doação para campanha eleitoral também acarretará a inelegibilidade do doador pessoa física ou dos dirigentes da pessoa jurídica. Como *dirigente*, compreende-se a pessoa com poderes de gestão e disposição do patrimônio da pessoa jurídica doadora. Obviamente, a inelegibilidade não atinge – nem poderia atingir – a pessoa jurídica em si mesma, pois ela não goza de cidadania ativa nem passiva.

Note-se que a inelegibilidade se apresenta de forma reflexa ou como efeito secundário da decisão no processo que reconhecer a irregularidade da doação, de maneira que ela só deve ser arguida e declarada no processo de registro de candidatura, caso este seja oportunamente requerido.

Na apreciação da inelegibilidade não é preciso perquirir acerca da existência de dolo ou má-fé na conduta do doador. Por igual, é irrelevante discutir-se a espécie de doação efetuada, bem como o seu montante ou, ainda, se carreou ou não benefício à campanha do donatário. Conforme já afirmou a Corte Superior, o comando normativo da alínea *p* "exige apenas que haja 'decisão transitada em julgado ou proferida por órgão colegiado da Justiça Eleitoral' [...]" (TSE – AgR-REspe n° 26124/SP – PSS 13-11-2012).

Entretanto, merece registro precedente daquela mesma Corte Superior que acresce a exigência de relevância do montante doado ilegalmente; nesse sentido, a inelegibilidade em exame somente se configuraria se o montante da doação ilegal for apto a comprometer a normalidade e legitimidade do pleito ou for de tal gravidade que caracterize abuso do poder econômico. Confira-se: TSE – RO n° 53430/PB – PSS 16-9-2014; TSE – RO n° 104607/SP – decisão monocrática – PSS 25-9-2014; TSE – RO n° 136827/SP – decisão monocrática – 9-10-2014. Essa interpretação relativiza os efeitos da ilegalidade da doação (que por si macula a legitimidade das eleições), valorando apenas a expressividade de seu montante, de sorte que a decisão que reconhecer a irregularidade da doação só gerará inelegibilidade se a situação fática equivaler ao abuso de poder conforme previsão dos arts. 19 e 22, XIV, da LC n° 64/90, o que restringe significativamente o alcance da norma contida na alínea *p*.

6.3.3.16 *Aposentadoria compulsória e perda de cargo de magistrado e membro do Ministério Público (art. 1°, I, q)*

Pelo art. 1°, I, *q*, da LC n° 64/90 são inelegíveis: "os magistrados e os membros do Ministério Público que forem aposentados compulsoriamente por decisão sanciona-tória, que tenham perdido o cargo por sentença ou que tenham pedido exoneração ou aposentadoria voluntária na pendência de processo administrativo disciplinar, pelo prazo de 8 (oito) anos".

As situações retratadas nessa alínea *q* expressam sanções impostas a membros do Poder Judiciário e do Ministério Público em razão de conduta ilícita por eles perpetrada no exercício de suas funções ou em razão delas. Mesmo que o agente se exonere voluntariamente do cargo na pendência de processo administrativo disciplinar, não se livrará da inelegibilidade em tela.

O prazo da inelegibilidade é de oito anos, contados da decisão sancionatória ou do ato exonerativo.

O fundamento da presente regra é trivial: se o magistrado ou o membro do Ministério Público praticaram ato ilícito que mereça penalidades tão graves quanto a aposentadoria compulsória e a perda do cargo, certamente não ostentam aptidão moral para exercer cargo político-eletivo. *Não se pode olvidar que esses profissionais são também agentes públicos.* A presente alínea *q* apenas equipara a situação deles à dos agentes políticos, conforme dispõem as alíneas *b* e *c* do mesmo inciso e artigo.

6.3.4 Inelegibilidades legais relativas – LC n° 64/90, art. 1°, II a VII

As inelegibilidades relativas são estabelecidas no art. 1°, incisos II a VII, da LC n° 64/90. Causam impedimento apenas quanto a alguns cargos ou impõem restrições à candidatura. Em geral, são baseadas em critério funcional, tornando necessária a *desincompatibilização* para a disputa de cargo político-eletivo na circunscrição em que o agente público exerce seu cargo ou suas funções.

Os *prazos de desincompatibilização* variam de três a seis meses antes da data marcada para a eleição. A falta de desincompatibilização no prazo legal enseja a impugnação do registro do candidato, a qual poderá ser feita por candidato, partido político, coligação ou pelo Ministério Público.

É firme a orientação jurisprudencial no sentido de que o prazo de afastamento *remunerado* – desincompatibilização – de servidor público é sempre de *três* meses antes do pleito, independentemente do cargo eletivo em disputa. Tal prazo resulta da extensão da norma inscrita no art. 1°, II, *l*, da LC n° 64/90, referente aos cargos de Presidente da República e Vice-Presidente da República. Esse regramento "aplicável aos servidores públicos abarca tanto os ocupantes de cargo efetivo quanto os co-missionados" (TSE – Cta n° 45971/DF – *DJe* 19-5-2016, p. 60-61). Em igual sentido: TSE – AgR-RO n° 92054/SP – PSS 30-10-2014.

Entretanto, essa solução não se aplica a *servidores do Fisco*, cujas funções sejam pertinentes à arrecadação e fiscalização de tributos. Nesse caso, aplica-se o disposto no art. 1°, II, *d*, da LC n° 64/90, tendo se pacificado o entendimento de que o prazo de desincompatibilização é sempre de *seis meses*. Mais: diferentemente do que se passa com os demais servidores, o afastamento de servidor da Fazenda Pública não é remunerado. Nesse sentido: TSE – Res. 19.506/96 – *DJ* 10-5-1996, p. 15167; TSE – REspe n° 16.734/SP – PSS 13-9-2000; TSE – AgR-REspe n. 22.286/MS – PSS 23-9-2004.

> Por se tratar de regra mais rigorosa, o prazo de desincompatibilização de seis meses – sem remuneração – imposto a servidores do Fisco não pode ser estendida a agentes públicos de outra natureza, ainda que estes ocupem função fiscalizatória. Assim, por exemplo, não abrange fiscais de posturas municipais (TSE – REspe n° 12.667/ES – j. 18-4-2017).

Nos casos em que a desincompatibilização se fizer necessária, sua ausência não impõe a demonstração de que o exercício de função pública influenciou efetivamente no resultado do pleito, porquanto esse fato é presumido absolutamente.

Vale registrar o entendimento segundo o qual – em eleição municipal – não é necessária a desincompatibilização de servidor público estadual (e, portanto, também de servidor federal) que não exerce suas funções no município em que pretende se candidatar. A respeito, *vide*: TSE – REspe n° 12418/PI – *DJe* 1-7-2013.

6.3.4.1 *Inelegibilidade para Presidente e Vice-Presidente da República*

Para candidatar-se aos cargos de Presidente e Vice-Presidente da República, é necessária a desincompatibilização de agentes públicos e membros de certas categorias. Excepciona-se apenas a hipótese de reeleição do próprio titular, pois nesse caso a Constituição não exige o afastamento. De modo geral, as hipóteses arroladas nessa rubrica são aplicáveis a todos os demais cargos político-eletivos. A matéria é regulada no art. 1°, II, *a usque l*, da LC n° 64/90.

> Art. 1° São inelegíveis:
>
> [...]
>
> II – para Presidente e Vice-Presidente da República:
>
> *a)* até 6 (seis) meses depois de afastados definitivamente de seus cargos e funções: 1. os Ministros de Estado; 2. os Chefes dos órgãos de assesso-

ramento direto, civil e militar, da Presidência da República; 3. o Chefe do órgão de assessoramento de informações da Presidência da República; 4. o Chefe do Estado-Maior das Forças Armadas; 5. o Advogado-Geral da União e o Consultor-Geral da República; 6. os Chefes do Estado-Maior da Marinha, do Exército e da Aeronáutica; 7. os Comandantes do Exército, Marinha e Aeronáutica; 8. os Magistrados; 9. os Presidentes, Diretores e Superintendentes de Autarquias, Empresas Públicas, Sociedades de Economia Mista e Fundações Públicas e as mantidas pelo Poder Público; 10. os Governadores de Estado, do Distrito Federal e de Territórios; 11. os Interventores Federais; 12. os Secretários de Estado; 13. os Prefeitos Municipais; 14. os membros do Tribunal de Contas da União, dos Estados e do Distrito Federal; 15. o Diretor-Geral do Departamento de Polícia Federal; 16. os Secretários-Gerais, os Secretários-Executivos, os Secretários Nacionais, os Secretários Federais dos Ministérios e as pessoas que ocupem cargos equivalentes;

b) os que tenham exercido, nos 6 (seis) meses anteriores à eleição, nos Estados, no Distrito Federal, Territórios e em qualquer dos Poderes da União, cargo ou função, de nomeação pelo Presidente da República, sujeito à aprovação prévia do Senado Federal;

c) (Vetado.)

d) os que, até 6 (seis) meses antes da eleição, tiverem competência ou interesse, direta, indireta ou eventual, no lançamento, arrecadação ou fiscalização de impostos, taxas e contribuições de caráter obrigatório, inclusive parafiscais, ou para aplicar multas relacionadas com essas atividades;

e) os que, até 6 (seis) meses antes da eleição, tenham exercido cargo ou função de direção, administração ou representação nas empresas de que tratam os arts. 3º e 5º da Lei nº 4.137, de 10 de setembro de 1962, quando, pelo âmbito e natureza de suas atividades, possam tais empresas influir na economia nacional;

f) os que, detendo o controle de empresas ou grupo de empresas que atuem no Brasil, nas condições monopolísticas previstas no parágrafo único do art. 5º da lei citada na alínea anterior, não apresentarem à Justiça Eleitoral, até 6 (seis) meses antes do pleito, a prova de que fizeram cessar o abuso apurado, do poder econômico, ou de que transferiram, por força regular, o controle de referidas empresas ou grupo de empresas;

g) os que tenham, dentro dos 4 (quatro) meses anteriores ao pleito, ocupado cargo ou função de direção, administração ou representação em entidades representativas de classe, mantidas, total ou parcialmente, por contribuições impostas pelo Poder Público ou com recursos arrecadados e repassados pela Previdência Social;

h) os que, até 6 (seis) meses depois de afastados das funções, tenham exercido cargo de Presidente, Diretor ou Superintendente de sociedades com objetivos exclusivos de operações financeiras e façam publicamente apelo à poupança e ao crédito, inclusive através de cooperativas e da empresa ou estabelecimentos que gozem, sob qualquer forma, de vantagens asseguradas pelo Poder Público, salvo se decorrentes de contratos que obedeçam a cláusulas uniformes;

i) os que, dentro de 6 (seis) meses anteriores ao pleito, hajam exercido cargo ou função de direção, administração ou representação em pessoa jurídica ou em empresa que mantenha contrato de execução de obras, de prestação de serviços ou de fornecimento de bens com órgão do Poder Público ou sob seu controle, salvo no caso de contrato que obedeça a cláusulas uniformes;

j) os que, membros do Ministério Público, não se tenham afastado das suas funções até 6 (seis) meses anteriores ao pleito;

l) os que, servidores públicos, estatutários ou não, dos órgãos ou entidades da Administração direta ou indireta da União, dos Estados, do Distrito Federal, dos Municípios e dos Territórios, inclusive das fundações mantidas pelo Poder Público, não se afastarem até 3 (três) meses anteriores ao pleito, garantido o direito à percepção dos seus vencimentos integrais.

6.3.4.2   Inelegibilidade para Governador e Vice-Governador

Nos termos do art. 1°, III, da LC n° 64/90, são inelegíveis para Governador e Vice-Governador de Estado e do Distrito Federal os inelegíveis para os cargos de Presidente e Vice-Presidente da República especificados na alínea *a*, II, do art. 1°. A desincompatibilização deve ocorrer igualmente no prazo de seis meses, sendo certo que o afastamento deve ser feito em caráter definitivo.

No tocante às alíneas *b* a *l* do aludido inciso II, a inelegibilidade só despontará se se tratar de repartição pública, associação ou empresas que operem no território do Estado ou do Distrito Federal em que a disputa é travada. Para livrar-se do impedimento, o interessado deve desincompatibilizar-se do cargo, emprego ou função que exerce, "observados os mesmos prazos" respectivamente previstos naquelas alíneas.

Ademais, são também inelegíveis para os cargos em apreço,

até 6 (seis) meses depois de afastados definitivamente de seus cargos ou funções: 1. os chefes dos Gabinetes Civil e Militar do governador do Estado ou do Distrito Federal; 2. os comandantes do Distrito Naval, Região Militar e Zona Aérea; 3. os diretores de órgãos estaduais ou sociedades de assistência aos Municípios; 4. os secretários da administração municipal ou membros de órgãos congêneres.

6.3.4.3   Inelegibilidade para Prefeito e Vice-Prefeito

O art. 1°, IV, da LC n° 64/90 dispõe serem inelegíveis para Prefeito e Vice-Prefeito: (a) no que lhes for aplicável, por identidade de situações, os inelegíveis para os cargos de Presidente e Vice-Presidente da República, Governador e Vice-Governador de Estado e do Distrito Federal, observado o prazo de quatro meses para a desincompatibilização; (b) os membros do Ministério Público e Defensoria Pública em exercício na comarca, nos quatro meses anteriores ao pleito, sem prejuízo dos vencimentos integrais; (c) as autoridades policiais, civis ou militares, com exercício no Município, nos quatro meses anteriores ao pleito.

6.3.4.4   Inelegibilidade para o Senado

Conforme dispõe o art. 1º, V, da LC nº 64/90, são inelegíveis para o Senado: (a) os inelegíveis para os cargos de Presidente e Vice-Presidente da República especificados na alínea *a* do inciso II do art. 1º e, no tocante às demais alíneas, quando se tratar de repartição pública, associação ou empresa que opere no território do Estado, observados os mesmos prazos; (b) em cada Estado e no Distrito Federal, os inelegíveis para os cargos de Governador e Vice-Governador, nas mesmas condições estabelecidas, observados os mesmos prazos.

6.3.4.5   Inelegibilidade para a Câmara de Deputados

Nos termos do art. 1º, VI, da LC nº 64/90, são inelegíveis para "a Câmara dos Deputados, Assembleia Legislativa e Câmara Legislativa, no que lhes for aplicável, por identidade de situações, os inelegíveis para o Senado Federal, nas mesmas condições estabelecidas, observados os mesmos prazos".

6.3.4.6   Inelegibilidade para a Câmara Municipal

Prescreve o art. 1º, VII, da LC nº 64/90 serem inelegíveis para a Câmara Municipal: (a) no que lhes for aplicável, por identidade de situações, os inelegíveis para o Senado Federal e para a Câmara dos Deputados, observado "o prazo de seis meses" para a desincompatibilização; (b) em cada Município, os inelegíveis para os cargos de Prefeito e Vice-Prefeito, observado o prazo de seis meses para a desincompatibilização.

Vale lembrar que o prazo de seis meses estabelecido nessa regra é reduzido para três meses quando o candidato for servidor público que não tenha competência ligada à fiscalização, lançamento ou arrecadação de tributo. Somente o servidor que tiver tal competência deverá afastar-se do cargo, sem direito à remuneração, seis meses antes do pleito (LC nº 64/90, art. 1º, II, *d*).

6.4   MOMENTO DE AFERIÇÃO DAS CAUSAS DE INELEGIBILIDADE

As causas de inelegibilidade devem ser aferidas no momento em que o requerimento do registro de candidatura é formalizado. A esse respeito, dispõe o § 10 do art. 11 da Lei nº 9.504/97 (acrescentado pela Lei nº 12.034/2009): "As condições de elegibilidade e as causas de inelegibilidade devem ser aferidas no momento da formalização do pedido de registro da candidatura, ressalvadas as alterações, fáticas ou jurídicas, supervenientes ao registro que afastem a inelegibilidade".

Assim, se incidir causa de inelegibilidade no momento em que o registro de candidatura é postulado, deve o requerimento respectivo ser impugnado pela parte legitimada ou repelido de ofício pelo órgão judicial.

Entretanto, em duas situações poderá haver reconhecimento e arguição posterior de causa de inelegibilidade, a saber: *(i)* se se tratar de inelegibilidade constitucional não apreciada na fase de registro de candidatura; *(ii)* se se tratar de inelegibilidade infraconstitucional *superveniente* ao pedido de registro.

Por outro lado, a parte final do transcrito § 10, art. 11, LE, ressalva "as alterações, fáticas ou jurídicas, supervenientes ao registro que afastem a inelegibilidade". Trata-se, aqui, de conferir eficácia à aquisição superveniente de elegibilidade, de maneira a prestigiar o direito fundamental de cidadania passiva. Ou seja: quando do requerimento de registro de candidatura apresentava-se uma *causa de inelegibilidade*, a qual, posteriormente, deixou de subsistir em razão de evento de ordem fática ou jurídica. Por exemplo: a demissão de servidor público enseja a inelegibilidade prevista na alínea *o* inciso I, art. 1º da LC nº 64/90; suponha-se que, após o indeferimento do registro (pendente recurso aviado contra essa decisão), o ato demissório seja suspenso pela Justiça Comum (o que pode ocorrer pela concessão de tutela de urgência cautelar ou antecipada, ou de tutela final) – nesse caso, mister será afastar a inelegibilidade inicialmente reconhecida, o que ensejará o deferimento do requerimento de registro de candidatura.

6.5 ARGUIÇÃO JUDICIAL DE INELEGIBILIDADE

As causas de inelegibilidade devem ser conhecidas, decididas e declaradas pela Justiça Eleitoral por ocasião do processo de registro de candidatura. É esse o momento próprio para que os fatos estruturantes da inelegibilidade sejam apreciados. O órgão judicial eleitoral, dentro de sua esfera de competência, tem plena autonomia para valorar os fatos e as razões que lhe são apresentados e a partir deles firmar o juízo acerca da existência ou não de inelegibilidade, declarando-a ou não.

É absoluta a competência para apreciar a matéria em exame, tendo sido distribuída entre os órgãos das três instâncias da Justiça Eleitoral. Sua determinação se dá pelo tipo de eleição. Conforme estabelece o art. 2º da LC nº 64/90, será competente: o TSE, quando se tratar de candidato a Presidente ou Vice-Presidente da República; o TRE, quando se tratar de candidato a Senador, Governador e Vice-Governador de Estado e do Distrito Federal, Deputado Federal, Deputado Estadual e Deputado Distrital; o Juiz Eleitoral, quando se tratar de candidato a Prefeito, Vice-Prefeito e Vereador.

No processo de registro de candidatura, é dado ao órgão judicial afirmar de ofício (*i.e.*, sem que haja impugnação) a inelegibilidade. Também a pessoa ou o órgão legitimados podem impugnar o pedido de registro, valendo-se, para tanto, da ação de impugnação de registro de candidatura – AIRC – ou, no caso de inelegibilidade constitucional e infraconstitucional superveniente, do Recurso Contra Expedição de Diploma – RCED (CE, art. 262).

A declaração de inelegibilidade pode acarretar: (a) a negação do registro de candidatura ou sua cassação, se já tiver sido deferido (LC nº 64/90, art. 15); (b) o cancelamento do diploma ou perda de mandato eletivo (CE, art. 262).

6.6 SUSPENSÃO OU EXTINÇÃO DE ATO GERADOR DE INELEGIBILIDADE

Há casos em que se prevê a suspensão ou extinção do ato (ou de seus efeitos) que gerou a inelegibilidade, o que causa a imediata suspensão ou extinção da própria inelegibilidade. À guisa de exemplo, vejam-se no art. 1º, I, da LC nº 64/90 as seguintes hipóteses: alínea *g* ("...e por *decisão irrecorrível do órgão competente*, salvo se esta houver sido suspensa ou anulada pelo Poder Judiciário..."), alínea *m* ("...salvo se o ato houver sido anulado ou suspenso pelo Poder Judiciário..."), alínea *o* ("...salvo se o ato houver sido suspenso ou anulado pelo Poder Judiciário..."). O fato de ser submetido a apreciação judicial revela que o ato em questão ainda não se apresenta firme, definitivamente estruturado.

O ato gerador de inelegibilidade deve ser suspenso ou extinto por provimento jurisdicional emanado da Justiça Comum, pois é desta a competência para conhecer as questões que lhe disserem respeito. Tal provimento tem caráter provisório, pois, se for definitivo (= sentença ou acórdão transitados em julgado), haverá ausência de causa de inelegibilidade em razão da invalidação ou desconstituição do ato em que ela se funda. Assim, o ato será suspenso quando for concedida tutela provisória de urgência, antecipada ou cautelar (CPC, art. 294, parágrafo único).

Como a suspensão ou extinção do ato afeta a inelegibilidade, não poderá subsistir qualquer restrição à cidadania passiva, tampouco à candidatura.

Logo, se por ocasião da formalização do registro de candidatura a causa de inelegibilidade estiver suspensa por ato judicial (TSE – AgR-REspe nº 7.661/CE – PSS 20-11-2012), o pedido de registro deve ser deferido.

Note-se, porém, que a suspensão ou extinção do ato poderá ocorrer após a formalização do pedido de registro e, portanto, durante a tramitação do respectivo processo na Justiça Eleitoral. Em tal situação, é afastada a inelegibilidade inicialmente ocorrente ou até mesmo já declarada por ato judicial, devendo o pedido de registro ser deferido. Se for mantida a decisão de suspensão ou extinção, o deferimento do pedido de registro deve ocorrer ainda que a questão esteja pendente de julgamento nas instâncias ordinárias da Justiça Eleitoral.

Nesse caso, o deferimento do registro encontra fundamento na ressalva feita no final do § 10 do art. 11 da LE, que reza: "as causas de inelegibilidade devem ser aferidas no momento da formalização do pedido de registro da candidatura, ressalvadas as alterações, fáticas ou jurídicas, supervenientes ao registro que afastem a inelegibilidade".

6.7 SUSPENSÃO DE INELEGIBILIDADE

Em algumas situações, a inelegibilidade pode ser suspensa.

Uma dessas situações é prevista no art. 26-C da LC nº 64/90 (incluído pela LC nº 135/2010), segundo o qual: "O órgão colegiado do tribunal ao qual couber a apreciação do recurso contra as decisões colegiadas a que se referem as alíneas *d*, *e*, *h*, *j*, *l* e *n* do inciso I do art. 1º poderá, em caráter cautelar, suspender a inelegibilidade sempre que existir plausibilidade da pretensão recursal e desde que a providência tenha sido expressamente requerida, sob pena de preclusão, por ocasião da interposição do recurso".

Assim, é prevista a *suspensão* da inelegibilidade decorrente de decisão de órgão colegiado de tribunal (que, portanto, ainda não transitou em julgado), devendo-se observar os seguintes pressupostos: *(i)* que esteja em causa uma das hipóteses de inelegibilidade previstas nas alíneas *d, e, h, j, l* e *n* do inciso I do art. 1º da LC nº 64/90; *(ii)* que haja decisão desfavorável, não transitada em julgado, oriunda de órgão judicial colegiado; *(iii)* que haja decisão emanada de órgão colegiado do tribunal ao qual couber a apreciação do recurso contra a decisão colegiada aludida no item anterior; *(iv)* que exista plausibilidade ou viabilidade da pretensão recursal (*fumus boni juris*); *(v)* que a suspensão seja expressamente requerida por ocasião da interposição do recurso.

Outra situação em que se pode cogitar a suspensão da inelegibilidade ocorre quando é conferido efeito suspensivo ao recurso interposto contra a decisão do órgão colegiado que a declara. Ora, a suspensão dos efeitos da decisão impugnada implica o impedimento de geração de quaisquer efeitos concretos, inclusive o atinente à inelegibilidade.

6.8 QUESTÕES

1. **(2017 – FMP CONCURSOS – MPE-RO – PROMOTOR DE JUSTIÇA SUBSTITUTO)** Quanto às inelegibilidades presentes no texto constitucional brasileiro de 1988, NÃO se pode afirmar:

a) As previsões de inelegibilidade são aquelas constantes do art. 14, §§ 4º ao 7º, embora outras, por legislação complementar, possam ser estabelecidas, em razão de permissivo constitucional.

b) No caso de Presidente da República, Governadores e Prefeitos, há uma inelegibilidade em razão do cargo, pois não podem concorrer a um terceiro mandato sucessivo.

c) O ex-cônjuge, havendo a dissolução do vínculo conjugal com o detentor do cargo executivo eletivo, durante o mandato deste, tem afastada a inelegibilidade reflexa presente na Carta Constitucional.

d) Com base no art. 14, § 9º, a Lei Complementar nº 135/2010 tornou inelegíveis os condenados pela prática de diversos crimes, caso esta condenação se dê por órgão colegiado, mesmo pendente eventual recurso.

e) As inelegibilidades visam à proteção da probidade administrativa e da moralidade para o exercício do mandato.

2. **(2017 – VUNESP – CÂMARA DE SUMARÉ-SP – PROCURADOR JURÍDICO)** Tales da Silva, Prefeito do Município X, sofreu um grave acidente de carro em junho de 2016, culminando no seu falecimento. O Vice-Prefeito, Pedro Mileto, assumiu o cargo. Nas eleições de 2016, Mário Mileto, filho adotivo de Pedro Mileto, concorreu, pela primeira vez, ao cargo de Vereador no Município X. Nesse caso, é correto afirmar que Mário Mileto

a) era inelegível, uma vez que a Constituição Federal exige o prazo de pelo menos 2 anos após o término do mandato para que o filho concorra na mesma circunscrição que seu pai.

b) era inelegível, já que o seu pai, na condição de Vice-Prefeito, sucedeu o titular dentro do período de seis meses antes do pleito eleitoral.

c) poderia ser eleito, uma vez que a inelegibilidade reflexa prevista pela Constituição Federal não se aplica a parentes consanguíneos, mas aos cônjuges.

d) poderia ser eleito, pois a regra de inelegibilidade somente se aplicaria caso a sucessão do seu pai como titular ocorresse 45 dias antes do pleito eleitoral.

e) poderia ser eleito, uma vez que não há vedação para que o filho concorra às eleições no mesmo território de jurisdição de seu pai.

3. **(2017 – VUNESP – TJ-SP – JUIZ SUBSTITUTO)** São considerados inelegíveis pela lei, para qualquer cargo:

a) os que tiverem suas contas relativas ao exercício de cargos ou funções públicas rejeitadas por irregularidade insanável, ainda que de forma culposa, e por decisão irrecorrível do órgão competente, salvo se esta houver sido suspensa ou anulada pelo Poder Judiciário, para as eleições que se realizarem nos 8 (oito) anos seguintes, contados a partir da data da decisão.

b) os que forem excluídos do exercício da profissão, por decisão sancionatória do órgão profissional competente, em decorrência de infração ético-profissional, pelo prazo de 8 (oito) anos, salvo se o ato for suspenso ou anulado pelo Poder Judiciário.

c) os que forem condenados, em decisão transitada em julgado ou proferida por órgão judicial colegiado, desde a condenação até o transcurso do prazo de 8 (oito) anos após o cumprimento da pena, por qualquer crime, desde que doloso.

d) os que tenham contra si representação julgada procedente pela Justiça Eleitoral, desde que por decisão transitada em julgado, em processo de apuração de abuso do poder econômico ou político, para a eleição na qual concorrem ou tenham sido diplomados, bem como para as que se realizarem nos 8 (oito) anos seguintes.

4. **(2017 – CESPE – TRE/PE – ANALISTA JUDICIÁRIO – ÁREA JUDICIÁRIA)** No que se refere à inelegibilidade, impugnação de registro de candidatura e abuso de poder, assinale a opção correta.

a) Para que seja julgada procedente a representação por abuso de poder econômico, o ato abusivo deve ter potencialidade para alterar o resultado da eleição.

b) A representação por abuso de poder importará na inelegibilidade do representado apenas se julgada procedente antes da proclamação dos eleitos.

c) A impugnação do pedido de registro de candidato feita por um partido político impede a ação do Ministério Público no mesmo sentido.

d) Os demitidos do serviço público em decorrência de processo administrativo são inelegíveis para qualquer cargo pelo prazo de oito anos, a contar da decisão válida e eficaz.

e) A arguição de inelegibilidade deve ser apresentada ao TSE quando se tratar de candidato a senador e deputado federal.

5. **(2016 – VUNESP – TJM-SP – JUIZ DE DIREITO SUBSTITUTO)** Assinale a alternativa que corretamente discorre sobre o exercício de direitos políticos, conforme previsto na Constituição Federal e regulamentado em lei complementar.

a) A inelegibilidade dos que forem condenados por crimes contra a administração pública e o patrimônio público, em decisão transitada em julgado ou proferida por órgão judicial colegiado, prevista pela Lei da Ficha Limpa, não se aplica aos crimes culposos.

b) O militar alistável é elegível, sendo que, se contar com menos de dez anos de serviço, será agregado pela autoridade superior e, se eleito, passará automaticamente, no ato da diplomação, para a inatividade.

c) O Governador de Estado que perdeu seu cargo eletivo por infringência a dispositivo da Constituição Estadual se torna inelegível para as eleições que se realizarem durante o período remanescente e nos 4 (quatro) anos subsequentes ao término do mandato para o qual tenha sido eleito.

d) São inelegíveis os que forem demitidos do serviço público em decorrência de processo administrativo ou judicial, pelo prazo de 8 (oito) anos, contado da decisão, salvo se o ato houver sido suspenso ou anulado pelo Tribunal de Contas.

e) A Constituição Federal de 1988 não contempla a perda ou a suspensão dos direitos políticos, todavia, prevê a cassação dos direitos políticos em virtude de condenação por improbidade administrativa.

6. **(2017 – MPE-PR – MPE-PR – PROMOTOR SUBSTITUTO)** Assinale a única assertiva incorreta, de acordo com o entendimento assente no Tribunal Superior Eleitoral:

a) A conversão da pena privativa de liberdade em pena restritiva de direitos afasta a incidência da causa de inelegibilidade decorrente da condenação criminal.

b) O reconhecimento da prescrição da pretensão executória pela Justiça Comum não afasta a inelegibilidade prevista no artigo 1º, I, *e*, da LC nº 64/90, porquanto não extingue os efeitos secundários da condenação.

c) O prazo da causa de inelegibilidade prevista no artigo 1º, I, *e*, da LC nº 64/90 deve ser contado a partir da data em que ocorrida a prescrição da pretensão executória e não do momento da sua declaração judicial.

d) O prazo concernente à hipótese de inelegibilidade prevista no art.1º, I, *e*, da LC nº 64/90 projeta-se por oito anos após o cumprimento da pena, seja ela privativa de liberdade, restritiva de direito ou multa.

e) O indulto presidencial não equivale à reabilitação para afastar a inelegibilidade decorrente de condenação criminal, sendo mantidos os efeitos secundários da condenação.

Processo eleitoral

7.1 CARACTERIZAÇÃO DO PROCESSO ELEITORAL

Um dos debates mais relevantes das democracias contemporâneas refere-se ao método para a conquista do poder político, sobretudo o processo para se chegar a ele de forma consentida e, pois, com legitimidade.

No cerne dessa discussão encontra-se o "processo eleitoral", que é compreendido como o *locus* próprio para a escolha democrática de *quem* estará autorizado a legitimamente decidir as questões coletivas.

O vocábulo *processo* possui vários sentidos e acepções. De modo geral, designa a sequência de acontecimentos que apresentam certa unidade; ou a técnica que vai das causas ao efeito, ou do efeito às causas.

O processo eleitoral pode ser compreendido como espaço democrático e público de livre manifestação da vontade política coletiva. É o *locus* em que são concretizados direitos políticos fundamentais, nomeadamente as cidadanias ativa (*ius suffragii*) e passiva (*ius honorum*). Trata-se de fenômeno coparticipativo, em que inúmeras pessoas, entidades e instituições atuam cooperativamente em prol da efetivação da soberania popular e concretização do direito fundamental de sufrágio.

O processo eleitoral é também instrumento essencial de controle da normalidade e legitimidade das eleições e, portanto, das investiduras político-eletivas. É por ele que se perfaz a ocupação consentida de cargos político-eletivos e o consequente exercício legítimo do poder estatal.

Mas a ideia de processo também encontra-se relacionada a procedimento. Este se consubstancia na técnica que organiza e disciplina a atividade desenvolvida no interior do processo; é o *iter* ou caminho seguido na expansão do processo rumo à realização de sua finalidade. Daí a existência de formas procedimentais, cada qual com peculiar concatenação de atos e fórmulas legais.

Como *procedimento*, o processo eleitoral refere-se à intricada via que se percorre para a concretização das eleições, desde a efetivação das convenções pelas agremiações políticas até a diplomação dos eleitos. Cuida-se, então, de fenômeno altamente complexo: é continente que encerra enorme gama de conteúdos e relações. Basta dizer que é em seu interior que se dá a escolha de candidatos nas convenções partidárias, o registro de candidaturas, a arrecadação de recursos para as campanhas, a propaganda eleitoral, a realização e divulgação de pesquisas eleitorais, a votação e todos os seus procedimentos preparatórios, a proclamação de resultados, a diplomação dos eleitos, os processos *jurisdicionais* instaurados para atuação da lei e decisão dos conflitos ocorrentes etc.

Pode-se, pois, dizer que em sua concretização o processo eleitoral determina a instauração de complexa relação envolvendo todos os atores da vida social, destacando-se os que se encontram diretamente implicados com a realização das eleições: Justiça Eleitoral, Ministério Público, partidos políticos, candidatos, cidadãos.

Nesse contexto, o processo eleitoral constitui um sistema lógico-normativo, formado por princípios e regras e que deve estar em harmonia com os valores e direitos fundamentais contemplados na Constituição Federal. É ele condição essencial de realização de direitos políticos fundamentais como a cidadania e soberania popular, bem como do próprio regime democrático.

Assim, o processo eleitoral se configura como bem jurídico próprio do regime democrático, regula a disputa pela condução do Estado e legitima a representação política.

Entre as funções do processo eleitoral, destaca-se a de regular as regras do jogo da disputa pelo exercício do poder político-estatal. Para ser democrático, é preciso que o processo eleitoral possibilite que haja verdadeira competição entre todos os segmentos e forças políticas presentes na comunidade, sobretudo as minoritárias; também é preciso que a disputa do pleito ocorra de forma efetiva, com livre circulação de ideias e informações, e, ainda, com igualdade de condições (paridade de armas) entre os candidatos concorrentes. Só assim se poderá afirmar que as eleições são autênticas e ocorreram normalmente, sendo, pois, legítimos os mandatos conquistados. Só assim haverá espaço para que os perdedores reconheçam a legitimidade da vitória dos ganhadores, alcançando-se dessa forma a paz social.

Quanto aos marcos temporais em que se desenvolve o processo eleitoral, há forte controvérsia a respeito de seu início. Já o seu final em geral é apontado como ocorrendo com a diplomação dos candidatos eleitos.

Sobre o seu início, destacam-se os seguintes entendimentos:

i) o processo eleitoral começa com o pedido de registro de candidaturas, ou seja: no dia 15 de agosto do ano eleitoral;

ii) seu início coincide com a data mais remota de desincompatibilização, que é o mês de abril do ano das eleições;

iii) principia com o início das restrições impostas pela legislação eleitoral, sendo esse marco o mês de janeiro do ano eleitoral ante o disposto no art. 73, § 10, da Lei nº 9.504/97, que proíbe, no ano em que se realizar eleições "a distribuição gratuita de bens, valores ou benefícios por parte da Administração Pública [...]";

iv) inicia-se um ano antes do certame, face à regra da anterioridade ou anualidade eleitoral, prevista no art. 16 da Constituição Federal.

Entre esses marcos, parece acertado o que fixa o termo inicial do processo eleitoral nas convenções partidárias para escolha de candidatos, pois é nesse momento que formalmente tem início – dentro do partido – o processo de escolha. Concluída a convenção, já se pode pleitear o registro de candidaturas, de sorte que o marco inicial do processo eleitoral pode ser fixado no dia 20 de julho do ano das eleições.

Não por outra razão, o art. 14, § 3°, do Código Eleitoral proíbe – desde a homologação da respectiva convenção partidária até a diplomação – servir como juízes nos Tribunais Eleitorais, ou como juiz eleitoral, o cônjuge, parente consanguíneo ou afim, até o segundo grau, de candidato a cargo eletivo registrado na circunscrição.

Note-se, porém, que fatos anteriores à convenção partidária poderão ter reflexos relevantes no processo eleitoral. Por isso, podem ser conhecidos e julgados pela Justiça Eleitoral em processos jurisdicionais específicos, de natureza contenciosa. É o caso, por exemplo, de abuso de poder econômico ou político, que pode ter por fundamento situações ocorridas antes da escolha em convenção e do registro de candidatura.

É no âmbito do processo eleitoral que se realiza o controle de legitimidade das eleições, o qual, no sistema brasileiro, é confiado a um órgão especializado: a Justiça Eleitoral. A esta instituição incumbe a aplicação forçada das normas reguladoras do certame político, emitindo julgamentos fundados em tais normas.

7.2 PROCESSO ELEITORAL E PROCESSO *JURISDICIONAL* ELEITORAL

É muito comum o emprego da expressão *processo eleitoral* para significar *processo jurisdicional eleitoral*. Aqui, porém, seu fundamento liga-se ao controle das eleições exercido pelo poder jurisdicional do Estado.

O processo *jurisdicional* eleitoral é instaurado e se desenvolve perante órgão jurisdicional. Tem em vista a atuação da lei e responsabilização pelo cometimento de ilícitos, bem como a resolução de conflitos eleitorais que são submetidos ao Estado-juiz. Por isso, ele é individualizado (as partes são bem definidas), contém causa de pedir e pedido bem delimitado. Deve subsumir-se ao modelo do *processo jurisdicional constitucional*, observando, portanto, princípios fundamentais como o *due process of law* e seus consectários. A ele se aplica subsidiariamente o Código de Processo Civil, nos termos do art. 15 desse diploma normativo. Ora se apresenta em sua feição clássica, em que se divisa uma relação triangular, da qual participam Estado-juiz, autor e réu; é isso o que ocorre em ações como impugnação de mandato eletivo, investigação judicial eleitoral, captação ilícita de sufrágio e conduta vedada. Ora se apresenta na forma de relação linear, integrada por um requerente e pelo órgão judicial, tal qual ocorre no pedido de registro de candidatura.

Os processos jurisdicionais são sempre ligados a determinado processo eleitoral em sentido amplo, pois neste encontram-se contidos. A relação entre eles é de continência, estando o processo jurisdicional contido no processo eleitoral em sentido amplo. Note-se que, sob o aspecto temporal, o processo jurisdicional pode extrapolar os limites desse último. Isso ocorrerá, *e.g.*, quando o jurisdicional perdurar após a diplomação dos eleitos.

7.3 ANUALIDADE ELEITORAL

A anualidade eleitoral, também denominada anterioridade, é prevista no art. 16 da Constituição, que reza: "A lei que alterar o processo eleitoral entrará em vigor na data de sua publicação, não se aplicando à eleição que ocorra até um ano da data de sua vigência".

A primeira parte desse dispositivo corrobora princípio de direito intertemporal ao determinar a vigência imediata, na data da publicação, da lei que alterar o processo eleitoral. Mas, apesar de vigente, tal lei não goza de eficácia plena e imediata, pois não se aplica à eleição que ocorra até um ano da data de sua entrada em vigor. Note-se que a lei entra em vigor, mas sua eficácia é paralisada pela incidência da regra da anualidade.

Por outro lado, a ineficácia restringe-se à norma modificativa do processo eleitoral. Normas que não o alterem estão fora do alcance do citado art. 16 da Constituição, gozando, pois, de eficácia plena e imediata.

A regra da anualidade tutela o processo eleitoral. Seu escopo é impedir mudanças casuísticas na legislação eleitoral que possam surpreender os participantes do certame em curso ou que se aproxima, beneficiando ou prejudicando partidos e candidatos. Com isso, enseja estabilidade, previsibilidade, confiança e segurança jurídica quanto às normas a serem aplicadas.

A previsibilidade do arcabouço normativo incidente no processo eleitoral reforça a segurança jurídica e propicia a normalidade e legitimidade do pleito. A alteração da norma aplicável durante ou já em momento próximo ao início do processo eleitoral pode prejudicar alguns candidatos e/ou partidos políticos ou beneficiar outros. Portanto, também se garante liberdade e igualdade de oportunidades ou de chances entre todos os concorrentes.

Assim, ao assegurar a estabilidade do processo eleitoral, a norma em exame contribui para a plena realização dos direitos políticos ativos e passivos, beneficiando igualmente a todos os participantes daquele processo: cidadãos, candidatos, partidos, Justiça Eleitoral e demais órgãos envolvidos com a realização das eleições.

Ao tutelar o processo eleitoral, a norma da anualidade não faz qualquer distinção quanto à natureza da mudança, ou seja, não distingue entre alteração material e processual, tampouco entre norma material ou processual. Simplesmente veda a eficácia de mudanças ocorridas há menos de um ano das eleições. O que significa que qualquer tipo de alteração não poderá incidir naquele período.

E nem poderia ser diferente, pois, como visto anteriormente, o processo eleitoral é um continente que encerra enorme gama de conteúdos e relações, os quais por vezes encontram-se entrelaçados, de modo que alterações de ordem processual podem afetar direitos não processuais (ou materiais) e vice-versa, podendo haver nas duas situações instabilidade e insegurança jurídica. O processo é instrumento que se contamina com os valores materiais que nele se debatem.

Além disso, o processo eleitoral é essencial para a concretização da soberania popular e do direito fundamental de sufrágio. Fora dele, não é possível no Estado Democrático de Direito haver escolha legítima de exercentes do poder político-estatal. Nele, portanto, a forma é também garantia fundamental.

7.4 PRINCIPAIS TEMAS DO PROCESSO ELEITORAL

O gráfico a seguir demonstra os principais temas que se apresentam no processo eleitoral.

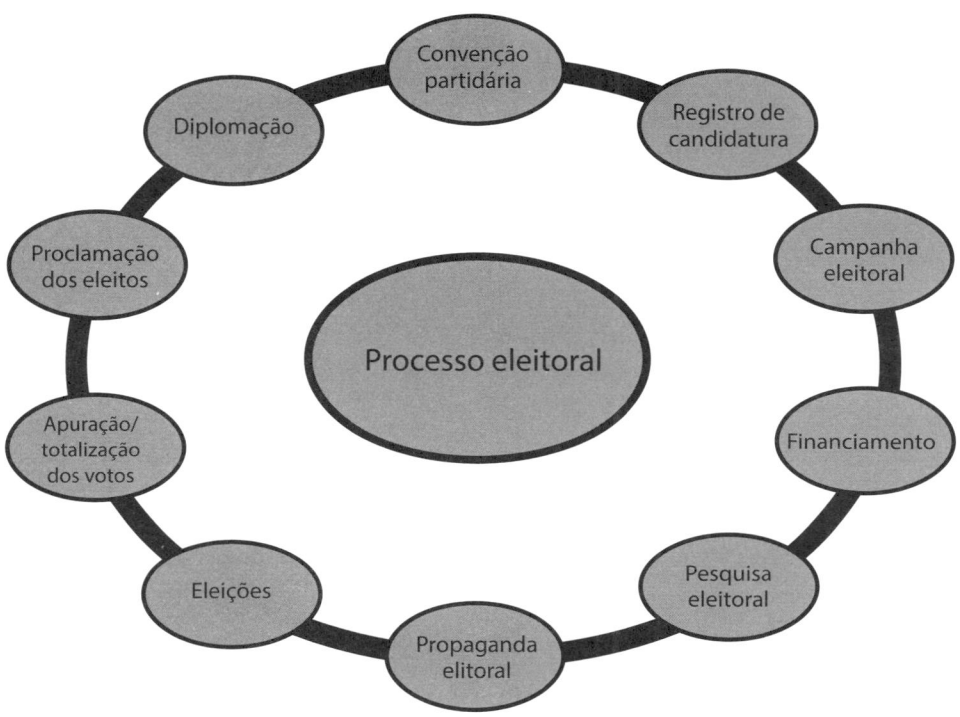

Fonte: elaborado pelo autor.

7.5 QUESTÕES

1. **(2017 – CESPE – MPE/RR – Promotor de Justiça Substituto)** O princípio constitucional da anualidade ou da anterioridade da lei eleitoral
   a) não abrange resoluções do TSE que tenham caráter regulamentar.
   b) não repercute sobre decisões do TSE em casos concretos decididos durante o processo eleitoral e que venham a alterar a jurisprudência consolidada.
   c) estabelece período de *vacatio legis* para a entrada em vigor das leis eleitorais.
   d) tem aplicabilidade imediata e eficácia contida conforme a data do processo eleitoral.

2. **(2015 – AOCP – TRE/AC – Técnico Judiciário – Área Administrativa)** Em relação à legislação eleitoral, assinale a alternativa correta.
   a) O Código Eleitoral é a legislação central do regime jurídico eleitoral, sendo as demais legislações acessórias naquilo em que ele for omisso.
   b) A lei que alterar o processo eleitoral deve respeitar a regra da anualidade eleitoral.

c) É inaplicável, dentro do sistema processual eleitoral, qualquer disposição do código de processo civil, em razão da sua incompatibilidade com o que dispõe o Código Eleitoral.

d) A cada eleição, será publicada, pelo Tribunal Superior Eleitoral, lei específica dispondo a respeito do pleito a ser realizado.

e) Além das disposições constitucionais, somente lei complementar pode dispor acerca de matéria eleitoral.

3. **(2015 – FEPESE – PREFEITURA DE BALNEÁRIO CAMBORIÚ – SC – ANALISTA LEGISLATIVO)** Assinale a alternativa que indica corretamente o princípio eleitoral em que a lei que alterar o processo eleitoral entrará em vigor na data de sua publicação, não se aplicando à eleição que ocorra até um ano da data de sua vigência:

a) princípio da legalidade eleitoral.

b) princípio da celeridade eleitoral.

c) princípio da anualidade eleitoral.

d) princípio da democracia representativa.

e) princípio da irrecorribilidade das decisões eleitorais.

Registro de candidatura

8.1 CONSIDERAÇÕES INICIAIS

A cidadania passiva ou o direito de ser votado (*ius honorum*) só pode ser exercido pelos cidadãos que estejam no pleno exercício de seus direitos políticos, gozem de condição de elegibilidade, não incidam em qualquer causa de inelegibilidade, sejam filiados a partido político e, ainda, logrem cumprir determinadas formalidades.

A fim de verificar todos esses requisitos, é preciso que o partido formalize perante o órgão competente da Justiça Eleitoral pedido ou requerimento de registro de candidatura de seus filiados que tenham sido escolhidos em convenção própria e concordem em disputar as eleições. Para tanto, é instaurado um complexo processo, cujo objeto é o registro de candidatos no pleito político-eleitoral.

> As pessoas indicadas pelos partidos para concorrer às eleições são escolhidas em uma convenção. Convenção é a reunião ou assembleia formada pelos filiados a um partido político – denominados convencionais –, cuja finalidade é eleger os que concorrerão ao pleito. Em outros termos, é o meio pelo qual os partidos escolhem os candidatos que disputarão as eleições. A regulamentação da convenção encontra-se no estatuto do partido, sendo que essa matéria concerne à esfera da *autonomia partidária*, conforme prevê o art. 17, § 1º, da Constituição, apresentando, portanto, natureza *interna corporis*.

Alguns entendem que o processo de registro de candidatura tem natureza puramente administrativa, ao passo que outros afirmam que ele constitui um misto de administrativo e jurisdicional. Tem prevalecido o entendimento de que se trata de processo de jurisdição voluntária. Certo é que, não sendo o processo em apreço de natureza contenciosa, ao Juízo ou Tribunal Eleitoral é dado conhecer de ofício (isto é, sem arguição do interessado) de todas as questões nele envolvidas, nomeadamente as pertinentes à ausência de condição de elegibilidade, às causas de inelegibilidade e ao atendimento de pressupostos formais atinentes ao pedido de registro.

Saliente-se, porém, que mesmo a atuação *ex officio* deve guardar harmonia com os direitos fundamentais inscritos na Constituição. Afinal, urge respeitar o devido processo legal (CF, art. 5º, LIV), porque sem sua observância ninguém pode ser privado de sua liberdade ou de seus bens. E a participação no governo constitui direito humano e fundamental, bem jurídico esse de alta grandeza numa sociedade democrática.

Vale lembrar que o art. 9°, *caput*, do CPC veda a surpresa ao determinar que "não se proferirá decisão contra uma das partes sem que ela seja previamente ouvida". Ademais, prestigiando o contraditório, dispõe o art. 10 do mesmo código processual: "O juiz não pode decidir, em grau algum de jurisdição, com base em fundamento a respeito do qual não se tenha dado às partes oportunidade de se manifestar, ainda que se trate de matéria sobre a qual deva decidir de ofício".

Assim, à autoridade eleitoral não é dado *indeferir* de ofício o pedido de registro de candidatura sem antes comunicar o interessado para se manifestar previamente. Daí o acerto da Súmula TSE n° 45, *verbis*:

> Nos processos de registro de candidatura, o Juiz Eleitoral pode conhecer de ofício da existência de causas de inelegibilidade ou da ausência de condição de elegibilidade, desde que resguardados o contraditório e a ampla defesa.

Nesse quadro, constatando o órgão judicial eleitoral a presença de causa que enseje o indeferimento de pedido de registro, deve determinar a intimação do interessado para se manifestar. O interessado, no caso, é não só o filiado cujo registro de candidatura foi requerido, como também o partido ou a coligação que efetuou o requerimento, nos termos do art. 11 da LE.

Porque inquiridos no processo de registro, é nessa oportunidade que os requisitos necessários à concretização da candidatura são analisados. A esse respeito, em sua primeira parte, o § 10 do art. 11 da LE (acrescentado pela Lei n° 12.034/2009) é claro ao estabelecer que "as condições de elegibilidade e as causas de inelegibilidade devem ser aferidas no momento da formalização do pedido de registro da candidatura". Entretanto, em que pese deverem ser *aferidas, nem todas devem* estar perfeitas por ocasião da data-limite para o pedido de registro de candidatura. Tanto assim que a condição de elegibilidade pertinente à idade mínima para certos cargos deve ser atendida na data da posse dos eleitos (CF, art. 14, § 3°, VI, c.c. LE, art. 11, § 2°). Por outro lado, a segunda parte do citado § 10 ressalva "as alterações, fáticas ou jurídicas, supervenientes ao registro que afastem a inelegibilidade" ou que afastem a inicial "ausência de condição de elegibilidade" (Súmula TSE n° 43). Assim, o que aquela cláusula firma é o momento referencial para averiguação dos aludidos requisitos; em outros termos, estabelece que eles devem ser pensados e resolvidos com base na situação existente por ocasião da formalização do pedido de registro.

Não se deve, pois, confundir o momento de *aferição* com o de *existência* das condições de elegibilidade e causas de inelegibilidade.

De maneira que, a causa de inelegibilidade e a ausência de condição de elegibilidade inicialmente detectadas podem vir a ser afastadas (restabelecendo-se a elegibilidade do candidato) em razão de "alterações, fáticas ou jurídicas, supervenientes ao registro" (LE, art. 11, § 10, *in fine*, Súmula TSE n° 43). Isso significa que o inicial indeferimento do pedido de registro pode ser revertido se até o dia do pleito a inelegibilidade ou a ausência de condição de elegibilidade não mais subsistirem em razão de subsequente mudança *fática* ou *jurídica*. Têm-se aqui hipóteses de *elegibilidade superveniente*, em contraste com a *inelegibilidade superveniente*.

E mais: conforme já salientado anteriormente, em recentes pronunciamentos (vide RO n° 15429/DF – PSS 27-8-2014; RO n° 90346/DF – PSS 12-9-2014), a Corte Superior Eleitoral tem afirmado a possibilidade de as causas de inelegibilidades supervenientes serem conhecidas e apreciadas pelas instâncias ordinárias da Justiça Eleitoral no bojo do processo de registro de candidatura (RCAND) ou da ação de impugnação de registro de candidatura (AIRC).

Assim, o que realmente importa para o exercício do direito fundamental de sufrágio é que no dia do pleito o candidato seja elegível.

Note-se que desde a indicação na convenção partidária até a efetivação da candidatura, o cidadão encontra-se investido em uma situação que lhe assegura o gozo de alguns direitos. Entre outros, tem direito de ver requerido seu registro pelo partido perante a Justiça Eleitoral, sob pena de fazê-lo ele próprio, conforme lhe autoriza o § 4° do art. 11 da LE; é que sua candidatura não poderá ser retirada sem motivo e sem sua anuência. Por outro lado, são previstos diversos deveres na legislação, sendo certo que a desatenção a eles pode resultar em sua responsabilização.

8.2 FORMALIDADES PARA O PEDIDO DE REGISTRO DE CANDIDATURA

O pedido ou requerimento de registro tem de ser subscrito pelo representante do partido ou da coligação (LE, art. 6°, § 3°, III). É desnecessária a representação processual por advogado, pois não se exige que o requerente tenha capacidade postulatória.

Além de estar acompanhado da documentação legal exigida, é preciso que o requerimento contenha o nome e as variações nominais com que o candidato quer ser registrado (esse é o nome que aparecerá na urna eletrônica), o número de fac-símile e o endereço de correio eletrônico no qual poderá receber validamente intimações e comunicados da Justiça Eleitoral. No caso de coligação, também deverá indicar o nome da pessoa designada para representá-la perante a Justiça Eleitoral (LE, art. 6°, § 3°, IV, *a, b* e *c*).

É absolutamente necessário que o pedido seja protocolizado na Justiça Eleitoral até as 19 horas do dia 15 de agosto do ano em que as eleições se realizarem. Conquanto esse prazo não admita prorrogação, apresentando-se justa causa (como a ocorrência de fila na secretaria em virtude de acúmulo demasiado de serviço), admite-se que o protocolo do pedido seja feito logo após o horário fatal. Isso, porém, só pode ocorrer em relação àqueles que se encontravam na fila no momento de expiração do prazo. Para resolver esse problema, tem-se adotado a prática de distribuir senhas aos presentes.

Nas eleições presidenciais, o pedido deve ser dirigido ao TSE, órgão competente para efetuar o registro de candidatos a Presidente e Vice-Presidente da República. Nas eleições gerais, os candidatos aos cargos de Senador, Governador, Vice-Governador,

Deputado Federal, Deputado Estadual e Deputado Distrital devem requerer o registro junto ao TRE do respectivo Estado ou do Distrito Federal. Por fim, nas municipais, em que se concorre aos cargos de Prefeito, Vice-Prefeito e Vereador, o registro é feito junto ao juiz titular da zona eleitoral em que a circunscrição se situa.

Nas três esferas do Poder Executivo, o registro é sempre efetivado em chapa única e indivisível. Caso o pedido de registro de um dos integrantes da chapa (titular ou vice) seja indeferido antes do pleito, pode-se efetuar sua substituição. Não havendo substituição e mantido o indeferimento, à chapa será negado o registro.

Há mister, ainda, formar-se chapa única para o cargo de Senador, a qual é composta pelo titular e dois suplentes, nos termos do art. 46, § 3º, da Constituição. É preciso que a chapa seja completa, pois a falta de indicação de um dos suplentes impede o registro.

Desde o protocolo do pedido de registro, pode o interessado deslanchar sua campanha eleitoral, inclusive realizar propaganda, arrecadar recursos (se cumpridas as formalidades legais), utilizar o horário eleitoral gratuito. Tal direito existe ainda que a Justiça Eleitoral não tenha apreciado o seu pedido de registro (LE, art. 16-B).

8.2.1 Documentos necessários ao registro

Com vistas a aferir os requisitos necessários à implementação da candidatura, impõe a lei que o pedido de registro seja acompanhado de alguns documentos.

Qualquer pessoa pode ter acesso a tais documentos, devendo a Justiça Eleitoral permitir o acesso (LE, art. 11, § 6º). Essa medida tem por si os princípios da publicidade e da transparência, que informam todo o processo eleitoral.

O art. 11, § 1º, da Lei nº 9.504/97 elenca os documentos que devem acompanhar o pedido de registro de candidatura, a saber: I – cópia da ata da convenção; II – autorização escrita do candidato; III – prova de filiação partidária; IV – declaração de bens, assinada pelo candidato; V – cópia do título eleitoral ou certidão, fornecida pelo cartório eleitoral, de que o candidato é eleitor na circunscrição ou requereu sua inscrição ou transferência de domicílio no ano anterior; VI – certidão de quitação eleitoral; VII – certidões criminais fornecidas pelos órgãos de distribuição da Justiça Eleitoral, Federal e Estadual; VIII – fotografia do candidato, nas dimensões estabelecidas em instrução da Justiça Eleitoral; IX – propostas defendidas pelo candidato a Prefeito, a Governador de Estado e a Presidente da República. Além disso, é ainda necessário que o requerente apresente: X – comprovante de escolaridade; XI – prova de desincompatibilização, quando for o caso. E mais: é ainda conveniente juntar certidão do Poder Judiciário acerca da existência de ação de improbidade administrativa.

O § 13 do art. 11 da LE (introduzido pela Lei nº 12.891/2013), determina a dispensa de "apresentação pelo partido, coligação ou candidato de documentos produzidos a partir de informações detidas pela Justiça Eleitoral, entre eles os indicados nos incisos III, V e VI do § 1º deste artigo".

Vejamos cada um desses documentos.

Ata da convenção – é necessário averiguar se o cidadão cujo registro de candidatura é pedido foi realmente escolhido na convenção realizada para esse fim. A prova desse fato é feita pela respectiva ata. Daí a necessidade de se apresentar tal documento.

Autorização escrita do candidato – para que a candidatura se concretize, é necessário que o interessado declare sua vontade nesse sentido. Faltando essa autorização, não há como se deferir o pedido de registro formulado pela agremiação política.

Prova de filiação partidária – a filiação partidária constitui condição de elegibilidade, já que prevista no art. 14, § 3º, V, da Lei Maior. É preciso que o cidadão esteja "com a filiação deferida pelo partido" há pelo menos seis meses antes do pleito (LE, arts. 4º e 9º – com a redação da Lei nº 13.488/2017). No entanto, por força da autonomia que lhe é inerente e com vistas à candidatura a cargos eletivos, ao partido é facultado estabelecer em seu estatuto prazo de filiação *superior* a seis meses. Se o fizer, o lapso estipulado não poderá ser alterado no ano da eleição (LPP, art. 20).

Declaração de bens, assinada pelo candidato – conquanto não figure entre as condições de elegibilidade, impõe a lei a apresentação de declaração de bens por ocasião do pedido de registro. A declaração, que deve ser atualizada, é feita para fins eleitorais, não se confundindo com a destinada à Receita Federal. Deveras, não se exige a apresentação de cópia da Declaração de Imposto de Renda.

Título eleitoral – a exigência do título tem a finalidade de explicitar a cidadania e o alistamento eleitoral do requerente. Em sua falta, admite-se a apresentação de certidão, fornecida pelo cartório eleitoral, de que o candidato é eleitor na circunscrição ou requereu sua inscrição ou transferência de domicílio.

A própria Justiça Eleitoral deve certificar esse documento nos autos do processo de registro, sendo dispensada, portanto, sua apresentação (LE, art. 11, § 13).

Certidão de quitação eleitoral – conforme estabelece o art. 11, § 7º (introduzido pela Lei nº 12.034/2009), da LE, a

> certidão de quitação eleitoral abrangerá exclusivamente a plenitude do gozo dos direitos políticos, o regular exercício do voto, o atendimento a convocações da Justiça Eleitoral para auxiliar os trabalhos relativos ao pleito, a inexistência de multas aplicadas, em caráter definitivo, pela Justiça Eleitoral e não remitidas, e a apresentação de contas de campanha eleitoral.

O pleno gozo dos direitos políticos envolve também o fiel cumprimento de todas as obrigações político-eleitorais. Daí a exigência de que o postulante a candidato ostente quitação. A certificação é feita pela própria Justiça Eleitoral nos autos do processo de registro (LE, art. 11, § 13).

Certidões criminais – a condenação penal, seja por crime ou contravenção, transitada em julgado, apresenta como efeito secundário imediato a suspensão dos direitos políticos (CF, art. 15, III). A restrição só cessa com o fim dos efeitos da condenação, fato que se dá com o cumprimento ou a extinção da pena. É o que reza a Súmula nº 9 do TSE: "A suspensão de direitos políticos decorrente de condenação criminal transitada em julgado cessa com o cumprimento ou a extinção da pena, independendo de reabilitação ou prova de reparação de danos".

O *pleno* exercício dos direitos políticos é condição de elegibilidade prevista no art. 14, § 3º, da Constituição, e, por isso mesmo, indeclinável. Daí a necessidade de se investigar se o requerente encontra-se no "pleno gozo" de tais direitos. A prova desse estado se faz mediante certidões criminais fornecidas pelos órgãos do Poder Judiciário com jurisdição no domicílio eleitoral do postulante ao registro de candidatura. Se tiver mais de um domicílio, deverá apresentar certidão de todos eles. Gozando ou tendo gozado o requerente de foro privilegiado, deverá trazer aos autos certidões expedidas pelos Tribunais perante os quais responde ou respondeu.

Quanto aos crimes eleitorais, não se exige a apresentação de certidão específica. É que a própria Justiça Eleitoral cuida de consultar seu banco de dados, certificando nos autos do processo de registro a existência de condenação.

Consciente da burocracia que impera no serviço público brasileiro, e diante da celeridade inerente aos processos de registro de candidatura, admite-se que as certidões em foco sejam obtidas pela Internet, quando disponível esse serviço.

Fotografia do candidato – a fotografia será utilizada na urna eletrônica. Como se sabe, no momento da votação o eleitor digita o número do candidato em quem irá votar e automaticamente o painel da urna exibe sua imagem. Diante disso, mister se faz que o retrato observe o padrão estipulado em instrução expedida pela Justiça Eleitoral. Nas eleições majoritárias, é mister que as fotografias dos candidatos a vice e suplente também sejam apresentadas. Embora candidatos a vice e suplente não exerçam grande influência no eleitorado, é sobremodo importante que o cidadão tenha consciência de quem é eleito com o seu voto, pois o vice e o suplente são os legítimos substitutos e sucessores do titular. É a transparência, portanto, que impõe a exibição de suas imagens na urna eletrônica.

Propostas defendidas pelo candidato – essa exigência foi introduzida pela Lei nº 12.034/2009. Restringe-se aos candidatos "a Prefeito, a Governador de Estado e a Presidente da República". Embora a regra legal refira-se a "Governador de Estado", a interpretação extensiva indica que também se aplica a candidato a "Governador do Distrito Federal". Pretende o legislador conferir mais transparência e sinceridade no debate eleitoral, evitando que um candidato *vampirize* projetos e propostas de seu adversário na medida em que estas angariem maior aceitação junto ao eleitorado. Por outro lado, confere-se ao cidadão importante instrumento de fiscalização da ação política desenvolvida pelo eleito, dele podendo cobrar a realização do programa registrado, das propostas e promessas propaladas.

Comprovante de escolaridade – o art. 14, § 4º, da Constituição retira do analfabeto a elegibilidade, a cidadania passiva. É, pois, necessário que o requerente demonstre desde logo que é alfabetizado. Na falta de especificação, qualquer documento que revele esse fato é admissível. A inexistência de prova documental pode ser suprida por declaração firmada de próprio punho (não vale a digitada ou datilografada) ou por outros meios de aferição, desde que individuais; entre estes, destaca-se a aplicação de exame individualizado pelo juiz eleitoral.

Prova de desincompatibilização – por desincompatibilização compreende-se a desvinculação do cargo, emprego ou função públicos ocupado pelo requerente, no prazo legal, a fim de viabilizar a candidatura. O agente público pode escolher entre manter-se no cargo, emprego ou função – e não se candidatar – ou sair candidato e, nesse caso, afastar-se temporária ou definitivamente, sob pena de se tornar inelegível, já que estará impedido de ser candidato. Optando pela última alternativa, deverá demonstrar *ab initio* que se desincompatibilizou.

À exceção dos documentos atinentes à filiação partidária, domicílio eleitoral, quitação eleitoral e certidão criminal da Justiça Eleitoral, todos os demais devem acompanhar o pedido de registro de candidatura. Caso falte algum documento, deverá o juiz abrir o prazo de três dias para diligências (LE, art. 11, § 3º). Nesse prazo, o documento faltante deve ser levado aos autos, sob pena de indeferimento do requerimento de registro de candidatura (RRC). O fundamento para a negativa de registro, aqui, é simplesmente a falta de cumprimento de formalidade legal, consistente na apresentação da documentação adequada. Não se chega a ingressar na discussão acerca de condições de elegibilidade e causas de inelegibilidade.

8.2.2 Verificação e validação de dados e imagem

Antes do fechamento do sistema de registro de candidatura, é prevista uma oportunidade para que todos os interessados verifiquem e validem os dados e fotografia que constarão na urna eletrônica. A finalidade é realizar a verificação da veracidade e da qualidade dessas informações, de modo a assegurar suas correções.

Em geral, ficam sujeitos à verificação e validação: o nome do candidato que constará na urna, o cargo, o número, o partido, o sexo e a fotografia. Eventualmente, tais dados poderão ser alterados.

8.2.3 Requerimento de registro de candidatura individual – RRCI

Em regra, o pedido de registro de candidatura é feito pelo partido de forma conjunta ou coletiva, englobando todos os filiados escolhidos na convenção para disputar as eleições. Por razões diversas, pode ocorrer que algum filiado não seja relacionado no formulário respectivo (RRC), o que significa que a candidatura do "ausente" não será concretizada. Nesse caso, o art. 11, § 4º, da LE faculta ao interessado requerer, ele próprio, o registro de sua candidatura, o qual é denominado *individual*, porque feito isoladamente pelo filiado preterido. O requerimento de registro de candidatura individual (RRCI) deverá ser feito nos dois dias seguintes à publicação da lista dos candidatos pela Justiça Eleitoral.

8.2.4 Número de candidatos que pode ser registrado por partido

Em cada eleição, o cidadão só pode concorrer a um único cargo. O art. 88 do Código Eleitoral veda o registro de um mesmo candidato para mais de um cargo, ainda que diferentes ou vinculados a circunscrições diversas.

No tocante às eleições majoritárias, o que se registra são chapas formadas pelo titular e seu vice, no caso de disputa por mandato executivo, e pelo candidato a Senador e seus dois suplentes. Assim, dependendo do tipo de eleição que se realiza, cada partido político ou coligação poderá requerer o registro de um candidato a Presidente da República, de um candidato a Governador em cada Estado e no Distrito Federal, de um candidato a Prefeito em cada Município, todos com seus respectivos vices, e de um ou dois (conforme a renovação se dê por um ou dois terços, nos termos do art. 46, § 2°, da CF) candidatos para o Senado Federal em cada unidade da Federação, estes com dois suplentes cada um.

Nas eleições proporcionais, o cálculo do número de candidatos que cada partido ou coligação pode registrar toma por base a quantidade de vagas a serem completadas na respectiva Casa Legislativa. Nos termos do art. 10, *caput*, da Lei das Eleições (com a redação da Lei n° 13.165/2015), cada partido poderá registrar candidatos para a Câmara dos Deputados, Câmara Legislativa, Assembleias Legislativas e Câmaras Municipais, até 150% do número de vagas a serem preenchidas.

Para essa regra são previstas duas exceções. A primeira exceção (prevista no inciso I do aludido art. 10) refere-se às unidades da Federação em que o número de lugares a preencher na Câmara dos Deputados não exceder 12, caso em que cada partido ou coligação poderá registrar candidatos a Deputado Federal e a Deputado Estadual ou Distrital até 200% das respectivas vagas. A segunda exceção (prevista no inciso II) refere-se aos Municípios de até cem mil eleitores, caso em que – havendo coligação –, esta poderá "registrar candidatos no total de até 200% (duzentos por cento) do número de lugares a preencher".

Vê-se, pois, que é fundamental a fixação do "número de lugares a preencher" (ou o número de vagas ou cadeiras) nas respectivas Casas Legislativas. Tal parâmetro constitui condição essencial para o cálculo da quantidade de candidatos que cada organização partidária poderá registrar.

> O número de lugares a preencher na Câmara dos Deputados é regulado no art. 45, § 1°, da CF. Nas Assembleias Legislativas esse tema é objeto do art. 27, *caput*, da CF. Por fim, o art. 29, IV, da CF dispõe sobre isso para as Câmaras Municipais.

8.2.5 Quota eleitoral de gênero

Quota eleitoral de gênero é a ação afirmativa que visa garantir espaço mínimo de participação de homens e mulheres na vida política do País. Seu fundamento encontra-se nos valores atinentes à cidadania, dignidade da pessoa humana e pluralismo político que fundamentam o Estado Democrático brasileiro (CF, art. 1°, II, III e V).

A implementação da quota se dá por meio da reserva de certo número de vagas que os partidos podem lançar para as eleições proporcionais, ou seja, de deputados e vereadores.

Mas a baixa efetividade dessa solução lhe tem rendido críticas. Afirma-se que a política de quotas deveria garantir aos beneficiados o *efetivo* preenchimento de cadeiras nas Casas Legislativas. Para tanto, propugna-se que *um percentual de cadeiras ou de vagas* nas Casas Legislativas seja reservado ao atendimento da quota de gênero. A ideia, portanto, é que o objeto da quota deveria ser um número mínimo de vagas em cada Casa Legislativa, e não um número mínimo de candidaturas.

Conquanto se aplique indistintamente a ambos os sexos, a enfocada ação afirmativa foi pensada para resguardar a posição das mulheres que, sobretudo por razões ligadas à tradição cultural brasileira, não desfrutam de espaço relevante no cenário político brasileiro, em geral controlado por homens. Nesse âmbito, a discriminação contra a mulher constitui desafio a ser superado. Ainda nos dias de hoje, é flagrante o baixo número de mulheres na disputa pelo poder político em todas as esferas do Estado; ainda menor é o número de mulheres que efetivamente ocupam os postos público-eletivos. Tais constatações são de todo lamentáveis em um país em que o sexo feminino forma a maioria da população.

Com efeito, consoante evidenciado pelo censo demográfico realizado pelo IBGE em 2010, a população feminina era, naquele ano, de 51% do total contra 49% da masculina (disponível em: http://www.ibge.com.br/home/ – sinopse dos resultados do Censo 2010. Acesso em: 30 abr. 2011). Também são maioria nas universidades e instituições de ensino superior, respondendo, ademais, por expressiva fatia dos mercados de trabalho e consumo.

Por outro lado, segundo dados estatísticos publicados pelo TSE, o eleitorado feminino supera o masculino, prevalecendo a preeminência feminina em quase todas as faixas etárias. Eis a distribuição do eleitorado por gênero no mês de agosto de 2016, ano em que foram realizadas eleições municipais:

Faixa etária	Masculino	%	Feminino	%	Sexo não informado	%
16 anos	421.667	50,47	413.759	49,53	0	0
17 anos	746.215	50,21	739.839	49,79	0	0
18 a 20 anos	4.203.812	49,28	4.326.352	50,72	0	0
21 a 24 anos	6.282.158	49,27	6.468.088	50,73	0	0
25 a 34 anos	15.682.023	48,49	16.656.040	51,51	0	0
35 a 44 anos	14.131.306	47,91	15.364.024	52,09	930	0,00
45 a 59 anos	16.515.822	47,29	18.374.536	52,61	37.878	0,11
60 a 69 anos	6.769.847	46,22	7.853.149	53,61	24.754	0,17
70 a 79 anos	3.299.838	44,73	4.060.067	55,04	16.535	0,22
Acima de 79 anos	1.786.243	43,80	2.276.954	55,83	15.125	0,37
Total	69.840.840	47,68	76.534.848	52,25	95.223	0,07
Eleitorado total	146.470.911					

Fonte: Brasil. TSE. Estatísticas do eleitorado – por sexo e faixa etária (disponível em: <http://www.tse.jus.br/eleitor/estatisticas-de-eleitorado/estatistica-do-eleitorado-por-sexo-e-faixa-etaria>. Acesso em: 6 out. 2016).

Os dados das eleições municipais de 2016 são significativos. Revelam que ainda é baixo o efetivo acesso de mulheres aos cargos político-eletivos. Considerando-se o primeiro turno daquelas eleições, enquanto para o cargo de prefeito foram eleitos 4.858 homens, apenas 637 mulheres lograram êxito no pleito majoritário, o que representa 11,59% do total. Já para vereador, foram eleitos 49.973 homens, mas apenas 7.803 mulheres, o que constitui 13,50% do total de eleitos para as Câmaras Municipais.

Cargo	Sexo	Número de eleitos	% de mulheres eleitas
Prefeito	Masculino	4.840	-
Prefeito	Feminino	641	11,69%
Vereador	Masculino	50.036	–
Vereador	Feminino	7.820	15,62%
Total Geral	–	63.337	13,35%

Fonte: Brasil. TSE. Estatísticas Eleitorais 2016 – Resultados; Quadro Sexo x Cargo (disponível em: http://www. tse.jus.br/eleitor-e-eleicoes/estatisticas/eleicoes/eleicoes-anteriores/estatisticas-eleitorais-2016/resultados. Acesso em: 2 nov. 2017).

A primeira ação afirmativa visando incrementar a participação feminina na política foi positivada na Lei nº 9.100/95, cujo art. 11, § 3º, determinava que "Vinte por cento, no mínimo, das vagas de cada partido ou coligação deverão ser preenchidas por candidaturas de mulheres". Esse percentual mínimo foi elevado a 30% pela Lei nº 9.504/97, que também deixou de indicar o sexo beneficiado com a quota. Assim, nas eleições proporcionais, cada partido ou coligação *preencherá* o mínimo de 30% e o máximo de 70% "para candidaturas de cada sexo" (LE, art. 10, § 3º – redação dada pela Lei nº 12.034/2009), de sorte que, à vista da quantidade de candidatos que o partido ou a coligação poderá registrar, no mínimo 30% do total deverá ser ocupado por um dos sexos.

O aludido § 3º, art. 10, da LE teve sua redação alterada pela Lei nº 12.034/2009. A expressão *deverá reservar* do texto anterior foi substituída pelo imperativo *preencherá*. Com essa mudança de redação, tornou-se necessário que o cálculo dos percentuais de 30% e 70% se baseie no número de candidatos cujos registros forem real e efetivamente requeridos pelo partido ou pela coligação, e não (como ocorria antes) o número abstratamente previsto em lei.

Esses percentuais devem ser atendidos na ocasião de formalização do pedido de registro de candidatura. Não sendo eles atendidos, deverá o juiz notificar a agremiação para, em até três dias (LE, art. 11, § 3º), regularizar a situação. A não regularização implica o indeferimento do DRAP – Demonstrativo de Regularidade Partidária, prejudicando todos os pedidos de registro de candidatura apresentados (TSE – REspe nº 2939/PE – PSS 6-11-2012; Res. nº 23.405/2013, arts. 19, § 8º, e 36; Res. nº 23.455/2014, arts. 20, § 6º, e 37; Res. nº 23.548/2018, art. 20, §§ 4º e 5º).

E se não houver número suficiente de homens e mulheres na agremiação para preencher os percentuais fixados? Nesse caso, as candidaturas requeridas devem atender à proporção determinada pela quota; não pode o partido indicar para as vagas sobejantes candidatos do sexo oposto àquele a que as quotas se destinavam, visto que não se poderá preencher com candidatos masculinos as vagas destinadas a candidatas femininas e vice-versa.

8.2.5.1 A questão dos trans, transgênero e transexual

No âmbito do registro de candidatura e notadamente nas quotas eleitorais, debate-se acerca da questão de pessoas trans, transgênero e transexual.

Trans é palavra de origem latina, que significa além de, para lá de, transposição, mudança, transformação. Já o vocábulo *gênero*, entre outras coisas, refere-se aos padrões de masculinidade e feminilidade construídos culturalmente em dada sociedade; delineia as diferentes formas sexuais dos indivíduos, podendo ser masculino e feminino. O gênero consiste em uma atribuição cultural.

Em geral, os termos trans, transgênero e transexual são empregados para designar pessoas cujo *gênero* difere daquele que lhe foi atribuído no nascimento com base em uma avaliação biológica ou morfológica. Sob o aspecto psicológico, tais pessoas se identificam com o sexo oposto ao que lhes foi conferido. Assim, uma pessoa que do ponto de vista biológico nasce fêmea, pode, psicologicamente, sentir-se do sexo masculino – e vice-versa. Há, portanto, discrepância entre o sexo biológico e o psicológico.

Com base no princípio fundamental da dignidade da pessoa humana, direito à identidade, à não discriminação e à felicidade, o Supremo Tribunal Federal reconheceu (ADI nº 4275, j. 1º/3/2018) ao transgênero "o direito à substituição de prenome e sexo diretamente no registro civil", independentemente da realização de cirurgia "de transgenitalização, ou da realização de tratamentos hormonais ou patologizantes". Para tanto, basta que haja declaração firmada pelo próprio interessado (= autodeclaração).

Nos domínios eleitorais, o art. 10, § 3º, da LE estabelece quota "para candidaturas de cada sexo". Afirmou o TSE (*vide* eproc nº 0604054, j. 1º/3/2018) o direito de transgênero registrar candidatura com o nome social e o gênero com o qual se identifica. No caso, ele entrará na cota adequada ao gênero com o qual se identifica. Assim, homem transgênero deve ser computado na cota masculina, enquanto mulher transgênera (incluindo travesti) na cota feminina.

Com vistas ao registro de candidatura, a autodeclaração deverá ser feita em cartório eleitoral até 150 dias antes do dia da eleição.

8.2.6 Substituição de candidatos

Tanto o candidato quanto aquele cujo registro ainda se encontra sob apreciação podem ser substituídos. Diversos podem ser os fundamentos invocados para a substituição, a saber: (a) indeferimento do pedido de registro por decisão prolatada seja no processo de registro, seja em ação de impugnação (LC nº 64/90, arts. 3º e 17); (b) cassação do registro em ação eleitoral (LC nº 64/90, art. 22, XIV; LE, arts. 41-A e 73, § 5º); (c) cancelamento do registro em razão de expulsão do partido (LE, art. 14); (d) renúncia; (e) falecimento.

A substituição de candidato é direito assegurado à organização partidária (LE, art. 13, *caput*), e só por ela pode ser exercido.

Esse direito só pode ser exercido "até 20 (vinte) dias antes do pleito, exceto em caso de falecimento de candidato, quando a substituição poderá ser efetivada após esse prazo" (LE, art. 13, § 3º, com a redação da Lei nº 12.891/2013).

Tal limite temporal se justifica em razão de que vinte dias é o tempo mínimo necessário para que a Justiça Eleitoral faça as alterações na urna eletrônica.

Além disso, deve-se também observar o lapso de dez dias contados do fato ou da intimação da decisão judicial que propiciou a substituição (LE, art. 13, § 1º, *in fine*).

A escolha do substituto é matéria reservada à autonomia partidária. Far-se-á, pois, na forma estabelecida no estatuto da organização a que pertencer o substituído (LE, art. 13, § 1º). Para esse fim, não se convoca nova convenção, sendo a escolha feita pelos órgãos de direção da agremiação.

8.3 PROCEDIMENTO DO REGISTRO DE CANDIDATURA

Nas eleições presidenciais e gerais (= federais e estaduais), os processos de registro de candidatura tramitam no Sistema Processo Judicial Eletrônico (PJe).

O procedimento a ser observado pode ser esquematizado da seguinte forma:

pedido de registro de candidatura (até 15 de agosto, às 19h)	publicação do edital com a relação dos pedidos de registro	impugnação de pedido de registro (AIRC) em 5 dias	realização de deligências (3 dias)	decisão (3 dias depois das diligências)	recurso editorial ao TRE (prazo de 3 dias)	recurso ao TSE (prazo de 3 dias)	recurso extraordinário ao STF (prazo de 3 dias)

Fonte: elaborado pelo autor.

O pedido ou requerimento de registro deve ser feito pelos partidos e coligações interessados em lançar candidatos ao pleito, sendo gerado e processado por sistema de informática desenvolvido pelo TSE, o qual é denominado Sistema de Candidaturas – Módulo Externo (CANDex).

O pedido é composto por dois formulários, a saber: Demonstrativo de Regularidade dos Atos Partidários (DRAP) e Requerimento de Registro de Candidatura (RRC). Mas eventualmente também pode ser integrado por um terceiro formulário, o Requerimento de Registro de Candidatura Individual (RRCI). Além disso, ao pedido de registro devem ser anexados todos os documentos listados nos incisos do § 1º do artigo 11 da Lei nº 9.504/97.

A formalização do pedido de registro provoca a instauração de um processo. É complexa a natureza desse processo, podendo ser desdobrado em pelo menos duas dimensões. Embora diversas e autônomas, tais dimensões são complementares e se encontram inter-relacionadas.

A primeira dimensão é materializada no DRAP, podendo ser compreendida como um processo principal – também chamado de "processo raiz" ou geral. Esse processo é dotado de numeração própria. Seu objeto consiste em propiciar a análise de dados (ex.: nome e sigla do partido, endereço físico e eletrônico), atos (ex.: convenção e respectivas deliberações) e situações (ex.: regularidade do partido) pressupostos pelo registro de candidatura. Nele, são debatidos temas, como a regularidade da situação jurídica do partido na circunscrição do pleito, validade da convenção, deliberação sobre a formação de coligação. O deferimento do registro do DRAP abre o caminho para a apreciação individualizada dos pedidos de registro dos pré-candidatos.

A segunda dimensão é expressa pelo conjunto de requerimentos de registro de candidaturas em consonância com os formulários RRC e RRCI. Refere-se especificamente aos filiados lançados no certame eleitoral pela agremiação. O RRC é qualificado como "coletivo", porque por ele, no mesmo ato e momento, o partido pleiteia o registro de candidatura de todos os seus filiados escolhidos na convenção previamente realizada. Diferentemente, o RRCI viabiliza o requerimento de registro de candidatura pleiteado *individualmente*, pelo próprio interessado, quando o partido político não o tenha feito (LE, art. 11, § 4º).

No âmbito dessa segunda dimensão, são instaurados tantos processos quantas forem as candidaturas a serem registradas. Ostentando numeração própria, cada um desses processos pode ser compreendido como "particular", "parcial" ou "individual", porque têm por objeto o registro de um só candidato. Assim, cada processo tem por objeto o pedido de registro de um postulante a candidatura em particular, ensejando a discussão de temas, como condições de elegibilidade, causas de inelegibilidade, nome do candidato e suas variações, preenchimento de formalidades exigidas para o registro.

Ressalte-se que a sorte dos denominados processos particulares depende do principal, pois o indeferimento desse último constitui fundamento suficiente para a negação dos primeiros. A relação entre eles assemelha-se à que vincula um objeto principal a seu acessório.

Nas eleições municipais, tanto o processo principal ou geral quanto os particulares a ele relacionados são distribuídos ao juiz eleitoral da circunscrição. Já nas eleições gerais (federais e estaduais) – em que os registros são feitos junto aos TREs –, o processo principal é distribuído a um juiz-relator, o qual fica prevento para todos os processos particulares vinculados àquele. Assim, o juiz-relator do processo principal será também o dos acessórios, que não são distribuídos autonomamente, mas por dependência. Essa medida tem o mérito de evitar decisões contraditórias, porque permite que o DRAP e todas as candidaturas da respectiva agremiação sejam avaliados pelo mesmo juiz eleitoral.

O processo geral é prejudicial em relação aos particulares. A decisão, por exemplo, que indefira o registro do DRAP (porque concluiu pela invalidade da convenção) prejudica todos os pedidos parciais de registro que se lhe encontrem ligados. Logo, os processos particulares só podem ser apreciados depois do julgamento do geral.

O contrário, porém, não ocorre. Cada processo particular desenvolve-se autonomamente, já que se refere aos postulantes a candidato em si considerados. Consequentemente: (a) nele não se pode discutir matéria atinente ao processo principal, e vice-versa; (b) por isso, em seu bojo não cabe recurso para revisão de questão decidida no processo geral; (c) uma vez indeferido pedido de registro de um determinado candidato, a decisão não afeta os demais processos; (d) havendo recurso da decisão, só sobem para a instância *ad quem* os autos respectivos.

O processo de registro de candidatura segue o denominado procedimento ordinário previsto nos arts. 2º a 16 da Lei das Inelegibilidades (LC nº 64/90), no que lhe for aplicável. Nele também incidem dispositivos da Lei nº 9.504/97, como o art. 11, § 3º, relativo à realização de diligências. A adoção do aludido rito decorre da dicção de dispositivos daquele diploma, como os arts. 3º e 13, *caput*, que cuidam respectivamente da "publicação" e do julgamento do pedido de registro. Trata-se do mesmo procedimento previsto para a Ação de Impugnação de Registro de Candidato (AIRC). Subsidiariamente, aplicam-se as disposições do Código de Processo Civil.

Dada a urgência reclamada pelas eleições, o processo em foco é amplamente influenciado pelo princípio da celeridade. Até vinte dias antes da data do pleito todos os pedidos de registro de candidatos, inclusive os impugnados, e os respectivos recursos nas instâncias ordinárias devem estar julgados, e publicadas as decisões a eles relativas (CE, art. 93, § 1º; LE, art. 16, § 1º). Por isso, o processo de registro de candidatura tem prioridade sobre quaisquer outros. Nesse diapasão, não se pode olvidar que, desde o encerramento do registro até a proclamação dos eleitos, os prazos são contínuos e peremptórios, correm em cartório ou secretaria, não se suspendendo aos sábados, domingos e feriados (LC nº 64/90, art. 16).

O pedido de registro deve ser pleiteado na Justiça Eleitoral até as 19 horas do dia 15 de agosto do ano em que as eleições se realizarem (CE, art. 93, *caput*; LE, art. 11, *caput*). Em seguida, feita a autuação, distribuição e verificação dos documentos do processo, é publicado edital em que todos os pedidos são relacionados (LC nº 64, art. 3º).

Não há na lei prazo certo para a publicação do aludido edital. O artigo 97 do Código Eleitoral determina que seja feita "imediatamente". É evidente, porém, que tal prazo variará conforme a maior ou menor quantidade de processos autuados.

A partir da publicação do edital, inicia-se a contagem do prazo de cinco dias para que o candidato, o partido político, a coligação ou o Ministério Público apresentem impugnação (= ação de impugnação de registro de candidatura – AIRC). Nesse caso, instaura-se nova relação processual, concomitante e acessória à do registro, que é a principal, devendo ambas serem julgadas em uma única decisão.

Saliente-se que esse prazo de cinco dias é comum, também se aplicando ao Ministério Público, nos termos da Súmula TSE nº 49:

> O prazo de cinco dias, previsto no art. 3º da LC nº 64/90, para o Ministério Público impugnar o registro inicia-se com a publicação do edital, caso em que é excepcionada a regra que determina a sua intimação pessoal.

Havendo ou não impugnação, poderá o juiz abrir o prazo de três dias para a realização das diligências que entender pertinentes (LE, art. 11, § 3º; e LC nº 64/90, art. 6º). À vista de sua função constitucional de defensor da ordem jurídica, também ao Ministério Público é dado requerer diligências, o que poderá fazer no prazo comum de cinco dias depois da publicação dos editais. Eventuais dúvidas, falhas, omissões ou ausência de documentos necessários no pedido de registro devem ser supridas nessa fase. Conta-se o prazo a partir da intimação do candidato e do partido. Note-se que o candidato também deve ser cientificado, sobretudo quando a falha detectada só por ele puder ser suprida, como ocorre no caso de juntada de comprovante de escolaridade ou declaração de bens.

Ressalte-se que o facultar a realização de diligências não constitui mera liberalidade do juiz, caracterizando-se, antes, como poder-dever que lhe é atribuído pelo ordenamento. Havendo irregularidade sanável, a chance de corrigi-la tem de ser proporcionada ao interessado.

Caso não haja a fase de diligência, quando cabível, o documento faltante poderá ser juntado em outra oportunidade, até mesmo com os recursos eleitoral e ordinário (endereçados, respectivamente, ao TRE e ao TSE), já que em jogo encontra-se direito político fundamental, para além do ferimento que adviria ao mais basilar princípio de justiça. Nesse sentido, reza a Súmula n° 3 do TSE: "No processo de registro de candidatos, não tendo o juiz aberto prazo para o suprimento de defeito da instrução do pedido, pode o documento, cuja falta houver motivado o indeferimento, ser juntado com o recurso ordinário". Note-se que o efeito devolutivo inerente a tais recursos (eleitoral e ordinário) aceita a análise de fatos e provas.

O não cumprimento da diligência determinada pelo juiz induz ao indeferimento do pedido de registro, pois faltará no processo documento ou informação que deveria conter.

Encerrada a fase de diligências, os autos são conclusos ao juiz eleitoral ou ao juiz-relator (nas eleições presidenciais, federais e estaduais), para julgamento do pedido de registro.

Se tiver sido ajuizada ação de impugnação de registro, a sentença nela proferida deve ser comum à do processo de registro. Por isso, a partir do início da fase decisória, os ritos de ambos os processos são unificados e passam a ser idênticos, cabíveis, igualmente, os mesmos recursos contra a decisão.

8.4 IMPUGNAÇÃO A PEDIDO DE REGISTRO DE CANDIDATURA

O pedido de registro de candidatura pode ser impugnado ou contestado. Para tanto, duas veredas se apresentam, a saber: notícia de inelegibilidade e Ação de Impugnação de Registro de Candidatura (AIRC).

8.4.1 Notícia de inelegibilidade

Tecnicamente, a "notícia de inelegibilidade" não constitui uma ação de impugnação, mas uma forma de valorizar a cidadania, otimizando a participação do cidadão no processo político-eleitoral.

O art. 97, § 3°, do Código Eleitoral conferia ao eleitor legitimidade para impugnar pedido de registro de candidatura. Essa regra, porém, já não prevalece no ordenamento, diante do texto claro do art. 3° da LC n° 64/90, que só confere legitimidade ativa a "candidato, a partido político, coligação ou ao Ministério Público", não fazendo alusão ao cidadão. Logo, impõe-se a conclusão de que o eleitor não detém legitimidade ativa para ajuizar ação de impugnação de registro de candidato.

Com vistas a alterar esse quadro, instituiu o TSE procedimento que, talvez, amenize a falta de legitimidade do cidadão para a ação impugnatória. Tal procedimento é delineado nas resoluções que tratam do registro de candidatos, nos seguintes termos:

> Qualquer cidadão no gozo de seus direitos políticos poderá, no prazo de 5 dias contados da publicação do edital relativo ao pedido de registro, dar notícia de inelegibilidade ao Juiz Eleitoral, mediante petição fundamentada.

Há mais de uma década essa regra tem sido reiterada, conforme revelam as resoluções TSE nos 20.561/2000 (art. 30, § 2º), 20.933/2002 (art. 37), 22.156/2006 (art. 35), 22.717/2008 (art. 45), 23.221/2010 (art. 38), 23.373/2011 (art. 44), 23.405/2013 (art. 41), 23.455/2015 (art. 43), 23.548/2018 (art. 42).

Assim, o cidadão, mediante petição fundamentada, poderá "dar notícia" à Justiça Eleitoral não só de inelegibilidade, como também de ausência de condição de elegibilidade. Cuidando-se de "notícia", não é preciso que a petição seja subscrita por advogado. No entanto, o noticiante deve se identificar adequadamente. Sua identificação se impõe não só porque a ordem constitucional repudia o anonimato (CF, art. 5º, IV), como também por constituir crime a "arguição de inelegibilidade [...] de forma temerária ou de manifesta má-fé" (LC nº 64/90, art. 24).

Na notícia de inelegibilidade deve-se observar o procedimento traçado para a ação de impugnação de registro, previsto nos arts. 2º a 16 da LC nº 64/90. O Ministério Público deverá acompanhar o procedimento em todos os seus desdobramentos; poderá produzir provas, pugnar pela realização de diligências e recorrer à superior instância. Autuada a petição contendo a "notícia", deve o candidato ser citado para se defender. Sete dias depois da citação, o candidato, partido político ou coligação poderá se manifestar, sendo-lhes igualmente facultada a produção de provas. Há que se cumprir os cânones fundamentais atinentes ao contraditório e à ampla defesa. Encerrada a instrução, pronunciar-se-ão o candidato (e, havendo assistência, também o partido ou a coligação a que pertença) e o Ministério Público no prazo de cinco dias. Finalmente, decidirá o juiz. É recorrível a decisão que defere ou nega o pedido de registro.

Saliente-se que esse procedimento se desenvolve no bojo dos autos do processo de registro, no qual é dado ao juiz indeferir de ofício o pedido de registro. A decisão deve ser exarada no mesmo ato que aprecia o pedido de registro.

8.4.2 Ação de Impugnação de Registro de Candidatura (AIRC)

A partir da data da publicação do edital contendo a relação nominal dos pedidos de registro de candidatura, começa a fluir o prazo de cinco dias para impugnação.

Conforme prescreve o art. 3º, *caput*, da LC nº 64/90, na Ação de Impugnação de Registro de Candidatura (AIRC) devem ser deduzidos os fundamentos fáticos e jurídicos que levaram o autor a ajuizá-la.

Diferentemente do processo de registro de candidatura – RCAND, em que não há conflito a ser solvido, a AIRC apresenta natureza contenciosa. Sua finalidade é impedir que determinado registro seja deferido quer em razão da ausência de condição de elegibilidade, quer em virtude da incidência de uma ou mais causas de inelegibilidade, quer, finalmente, em consequência de não se ter cumprido formalidade legal. Assim, necessariamente, há de ser observado o *due process of law*, oportunizando-se ao impugnado contraditório e ampla defesa, de sorte que possa discutir amplamente a imputação que lhe foi feita.

A AIRC constitui um incidente no processo de registro de candidato, que é principal em relação a ela. Daí ambas as relações se desenvolverem nos mesmos autos. Nada impede, porém, que, por razões de ordem prática, os autos da AIRC sejam apensados aos do RCAND; o que não pode ocorrer é ser instaurado processo autônomo em relação a ela face à sua irrecusável natureza incidental, acessória.

Cuidando-se de demandas autônomas, com pressupostos próprios, pode ocorrer de a AIRC ser julgada improcedente, e, ainda assim, o pedido de registro de candidatura restar indeferido por fundamento diverso. Entretanto, se procedente a AIRC, o corolário necessário é a negação do registro.

Tem-se, pois, que a falta de condição de elegibilidade e a presença de causa de inelegibilidade podem ser conhecidas e julgadas: (a) *ex officio*, no próprio processo em que se pede o registro de candidatura; (b) mediante impugnação de candidato, partido político, coligação e Ministério Público.

Não sendo a inelegibilidade pronunciada de ofício nem arguida via AIRC, haverá preclusão temporal. Esta só não atinge matéria de ordem constitucional, a qual pode ser levantada em outra oportunidade, nomeadamente via recurso contra expedição de diploma (RCED).

Daí a necessidade de se devotar máxima cautela nos processos de registro, sobretudo ao se analisar a documentação que instrui o pedido. Grande seria o constrangimento, para a Justiça Eleitoral, se fosse deferido registro de candidato inelegível, sobretudo porque, uma vez transitada em julgado, essa decisão não pode ser revista de ofício. Maior ainda seria o embaraço se esse candidato lograsse vitória na corrida eleitoral, porque, nesse caso, teria direito subjetivo à diplomação.

E quanto à *inelegibilidade superveniente*? É cediço que o processo de registro constitui o lugar próprio para se aferir a aptidão de candidato ao pleito. Mas a inelegibilidade que aí se pode arguir é somente a existente antes do momento em que o registro de candidatura é pedido. Se ela surgir depois desse momento, considera-se *superveniente* e, portanto, não poderia ser deduzida em AIRC. Assim, eleito candidato que, antes do dia do pleito, se tornou inelegível (ainda que tenha sido registrado), outra solução não há senão diplomá-lo. No entanto, porque a inelegibilidade é superveniente, independentemente de ser constitucional ou infraconstitucional, poderá o candidato ter sua diplomação contestada via RCED, consoante autorizado pelo art. 262 do Código Eleitoral.

Impende salientar que constitui crime eleitoral "a arguição de inelegibilidade, ou a impugnação de registro de candidato feito por interferência do poder econômico, desvio ou abuso do poder de autoridade, deduzida de forma temerária ou de manifesta má-fé". A pena para esse delito varia de seis meses a dois anos de detenção, além de multa (LC n° 64/90, art. 25).

O procedimento da AIRC é traçado nos arts. 2º a 16 da Lei das Inelegibilidades, reputado ordinário na seara eleitoral por ser o mais dilatado. O Código de Processo Civil é sempre aplicável supletiva e subsidiariamente, ainda porque o art. 15 do CPC assim o determina.

O procedimento da AIRC pode ser assim resumido:

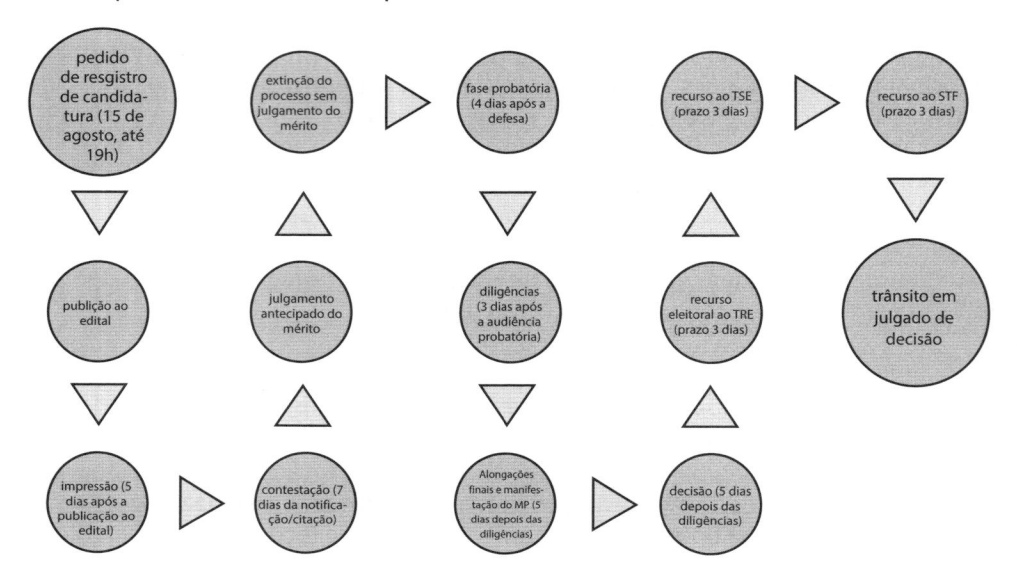

Fonte: elaborado pelo autor.

8.5 QUESTÕES

1. **(2017 – CESPE – TRE/BA – ANALISTA JUDICIÁRIO – ÁREA JUDICIÁRIA)** Considerando que tenha sido ajuizada ação de impugnação do registro de candidatura de senador, assinale a opção correta.

   a) O julgamento deverá ocorrer até a diplomação do candidato, se eleito.

   b) A competência para o julgamento da ação é do tribunal regional eleitoral (TRE).

   c) O autor da referida ação pode ser o Ministério Público eleitoral, partido político ou coligação, qualquer candidato ou cidadão.

   d) O partido político do candidato figurará como litisconsorte passivo na ação.

   e) Os suplentes figurarão como litisconsortes passivos na ação.

2. **(2017 – CESPE – MPE-RR – PROMOTOR DE JUSTIÇA SUBSTITUTO)** A ação de impugnação ao pedido de registro de candidatura

   a) deverá ser proposta no prazo de cinco dias, contados a partir da publicação do pedido de registro do candidato, sendo mantida a prerrogativa do MP à intimação pessoal.

b) perderá o objeto se não for julgada até a diplomação do candidato eleito.

c) gera litisconsórcio passivo necessário entre o pré-candidato e o partido pelo qual este pretende concorrer.

d) será ajuizada no TRE quando a impugnação se referir à candidatura de deputado federal.

3. **(2017 – CESPE – TRE/PE – TÉCNICO JUDICIÁRIO – ÁREA ADMINISTRATIVA)** Quanto a registros de candidatos, assinale a opção correta.

a) As causas de inelegibilidade são aferidas no momento do pedido de registro da candidatura, sendo vedada a alteração da decisão por alterações fáticas ou jurídicas supervenientes.

b) É vedado ao partido substituir candidato que for considerado inelegível após o termo final do prazo do registro.

c) Para solicitar à justiça eleitoral o registro de seus candidatos, os partidos políticos terão até as dezenove horas do dia trinta de agosto do ano em que se realizarem as eleições.

d) Entre outros documentos, o pedido de registro de candidato à justiça eleitoral deve ser instruído com declaração de bens assinada pelo candidato.

e) Apenas partidos políticos podem solicitar registro de candidatos.

4. **(2016 – CESPE – PC-PE – DELEGADO DE POLÍCIA)** Considerando essa situação hipotética, assinale a opção correta.

a) Caso a impugnação tenha se fundamentado em não quitação de multa eleitoral do candidato, o partido poderá efetuar o pagamento ou requerer o parcelamento devido, para fins de regularizar a situação do candidato.

b) Como a legislação eleitoral não estipula prazo legal para o julgamento dos pedidos de impugnação, o candidato impugnado poderá participar do pleito eleitoral até o julgamento final do processo.

c) Caso o candidato impugnado concorra *sub judice*, os votos obtidos em sua candidatura somente serão computados ao partido após o deferimento do seu registro.

d) O candidato impugnado somente poderá utilizar o horário de rádio e televisão após o deferimento do seu registro.

e) O partido político poderá requerer a substituição do candidato impugnado até a véspera da eleição, ocasião em que o tribunal regional eleitoral deverá expedir comunicados aos cartórios eleitorais, para que os eleitores sejam informados, no dia da votação, sobre a substituição ocorrida.

5. **(2015 – VUNESP – MPE/SP – ANALISTA DE PROMOTORIA)** A ação de impugnação de registro de candidatura tem a finalidade de indeferir o pedido de registro de candidatos que apresentem falta de condição de elegibilidade, incidência de inelegibilidade e descumprimento de formalidade legal e

a) pode ser proposta exclusivamente pelo Ministério Público, no prazo de quinze dias após a publicação do edital contendo os pedidos de registro.

b) pode ser proposta pelo Ministério Público, por qualquer candidato, partido político ou coligação, no prazo de cinco dias após a publicação do edital contendo os pedidos de registro.

c) pode ser proposta pelo Ministério Público, por qualquer candidato ou cidadão no gozo dos direitos políticos e por partido político ou coligação, no prazo de dez dias após a publicação do edital contendo os pedidos de registro ou da abertura de vista para o Ministério Público.

d) pode ser proposta por qualquer candidato, partido político ou coligação, no prazo de três dias após a publicação do edital contendo os pedidos de registro ou da abertura de vista para o Ministério Público.

e) pode ser proposta por qualquer cidadão no gozo dos direitos políticos, no prazo de sete dias após a publicação do edital contendo os pedidos de registro.

9

Campanha eleitoral, financiamento de campanha e prestação de contas

9.1 CAMPANHA ELEITORAL

A campanha eleitoral constitui um dos mais relevantes eventos do processo eleitoral. Trata-se do complexo de atos e técnicas empregados por candidatos e partidos políticos com vistas a lograr êxito nas eleições. Em seu âmbito é desenvolvido um conjunto de atividades consistentes de definições de estratégias, atos de mobilização e apoiamento, debates, difusão de ideias e projetos, realização de propaganda, divulgação de pesquisas e consultas populares, embates com adversários.

Em geral, a campanha eleitoral é voltada à captação, conquista ou atração de votos do eleitorado. Deve sempre se pautar pela licitude, cumprindo ao candidato e seus apoiadores se curvar às diretrizes ético-jurídicas do sistema jurídico e aos valores democráticos.

As campanhas modernas se valem de diversos instrumentos, tais como pesquisas, estudos qualitativos, análises de dados econômicos, culturais e sociais.

Entre esses instrumentos, sobressai a propaganda, que é indispensável, de importância primordial, em qualquer campanha eleitoral. Sem ela, é praticamente impossível alcançar a vitória no certame eleitoral. Isso porque é pela propaganda que o político torna pública sua candidatura, levando ao conhecimento do eleitorado os projetos que defende (e os que repudia), bem como as ações que pretende implementar; com isso, sua imagem, suas ideias, projetos e propostas adquirem destaque e visibilidade perante o eleitorado.

O dia 16 de agosto do ano em que as eleições se realizam marca o momento em que as campanhas devem se iniciar. Trata-se do primeiro dia após a protocolização dos pedidos de registro de candidatura na Justiça Eleitoral. Antes disso, é vedada a realização de propaganda eleitoral e atos de campanha, excetuando-se apenas a propaganda intrapartidária, que é direcionada aos convencionais.

Lamentavelmente, há diversos tipos de ilicitudes detectadas em campanhas eleitorais. Entre elas, destaca-se o uso abusivo de poder em suas variegadas facetas: econômico, político, dos meios de comunicação social etc. De qualquer sorte, na lei e em tese, o abuso de poder em campanhas eleitorais e, pois, nas eleições, constitui prática severamente reprimida.

9.2 FINANCIAMENTO DE CAMPANHA ELEITORAL

9.2.1 Modelos de financiamento de campanha eleitoral

Os candidatos e partidos políticos necessitam de recursos para se divulgarem e se aproximarem do eleitorado, exporem suas ideias e projetos, de maneira a captarem os votos necessários para vencerem o pleito e ascenderem aos postos político-estatais. Para tanto, é essencial que tenham acesso a dinheiro e canais de financiamento. É impensável a realização de campanha eleitoral sem dispêndio de recursos, ainda que pouco vultosos.

Normalmente, são gastas nas campanhas políticas – de forma legal e ilegal – elevadíssimas somas pecuniárias, o que é particularmente notório em eleições majoritárias para o Poder Executivo.

Nas eleições municipais de 2016, o TSE divulgou em sua página, em 14-10-2016, a seguinte informação: "O sexto batimento de informações do Tribunal de Contas da União (TCU) relativo às Eleições Municipais 2016, entregue ao Tribunal Superior Eleitoral (TSE), revela que cresceu consideravelmente o volume de possíveis irregularidades nas receitas e despesas de campanhas eleitorais. O total suspeito chega a R$ 1,041 bilhão, ou seja, quase metade do montante arrecadado por candidatos e partidos, que é de R$ 2,615 bilhões. [...]" (Disponível em: http://www.tse.jus.br/imprensa/noticias-tse/2016/Outubro/indicios-de-irregularidades-em-doacoes-de-campanha-ultrapassam-r-1-bilhao. Acesso em: 20 fev. 2018).

E o que é ainda mais grave e preocupante: não raras vezes parte do dinheiro arrecadado e despendido em campanhas tem origem ilícita, emanando de fontes tão variadas como desvio de recursos do Estado, tráfico de drogas, "caixa dois" de empresas etc.

Ora, força é reconhecer que o uso de dinheiro ilícito torna ilegítima qualquer eleição, desnaturando o sentido da representação política, além de oportunizar que espúrios financiadores exerçam indevida influência na esfera estatal.

Se o dinheiro é necessário para o financiamento da democracia, também pode ser usado como instrumento para indevida influência no processo eleitoral e nas decisões políticas. Por isso, é de fundamental importância haver abertura e rigorosa transparência quanto à origem e ao destino dos recursos empregados no financiamento de campanhas políticas. Mas não só isso: é mister que haja estrita regulamentação, bem como severa aplicação e execução das regras legais por parte da Justiça Eleitoral.

Ainda porque o terreno econômico é certamente onde mais se cogita do uso abusivo de poder nas eleições, fenômeno que pode não só desequilibrar as disputas, como também relativizar (ou até tornar menos importante) a voz soberana dos cidadãos. Por isso, o legislador deve intervir, fazendo-o sempre com o objetivo de que o processo eleitoral seja hígido, as disputas equilibradas e harmônicas, haja transparência no levantamento e dispêndio de recursos por partidos e candidatos. Afinal, é nos cidadãos que se encontra a fonte vital da democracia.

Deve-se, pois, impedir que a grande riqueza dos mais abastados e o poder detido por autoridades, meios de comunicação social e empresas de tecnologia como Google, Facebook e Twitter interfiram de forma relevante ou decisiva na integridade do processo eleitoral ou nos resultados das eleições. Se todos são iguais perante a lei (princípio constitucional da igualdade), justo não seria que houvesse grande diferença de oportunidades ou chances para a ocupação de cargos político-eletivos, o que retiraria a autenticidade da representação política.

Em geral, conhecem-se três modelos de financiamento de campanha: público exclusivo, privado e misto.

9.2.1.1   Financiamento público exclusivo

No modelo público exclusivo de financiamento, as campanhas eleitorais são integralmente financiadas pelo Estado, portanto com recursos públicos, oriundos da cobrança de tributos.

Em seu favor, argumenta-se que ele contribui decisivamente para a redução da corrupção na gestão estatal, porque os candidatos eleitos deixam de estar à mercê da influência de seus financiadores privados. Afirma-se que esse modelo promove a igualdade de oportunidades ou chances no certame eleitoral, tornando a disputa mais justa e equilibrada; afinal, nem todos os candidatos têm acesso a ricos financiadores privados, e há mesmo candidatos cujas bandeiras contrariam seus interesses.

Contra esse modelo, argui-se que ele não extinguirá o tráfico privado nas campanhas eleitorais, pois o dinheiro privado certamente nelas ingressará por vias tortuosas, o que, além de não resolver o problema, contribuirá para que candidatos ingressem no campo da ilicitude. Afirma-se, ainda, ser equivocado o entendimento de que a corrupção nos centros do governo e da Administração Pública é sempre causada por financiadores privados de campanha eleitoral, pois estes não estão envolvidos na maioria dos casos de corrupção. Ao contrário, não poucas vezes a corrupção é fruto da desmesurada ambição e cobiça do próprio agente público, o qual, muitas vezes sequer ocupa cargo eletivo. Por outro lado, poucos são os que resistem à cooptação do poder econômico, que exerce uma irresistível atração. Sob outro ângulo, argumenta-se que muitos candidatos "bem cotados" na corrida eleitoral flertam com ou são emergentes de grupos político-econômicos de incontestável vitalidade financeira, os quais lhes emprestam apoio moral e financeiro não só durante o período de campanha eleitoral, mas ao longo de toda sua trajetória política, o que lhes permite estarem sempre bem situados perante o eleitorado; ora, é de evidência solar que jamais gozarão da isenção necessária no trato da coisa pública.

E mais: afirma-se que, em países em que há graves desníveis sociais, altos índices de analfabetismo, parcos investimentos em saúde e educação, em que a maioria das rodovias são "caminhos" esburacados (e por isso devem ser financiadas pelos próprios usuários pela cobrança de pesados pedágios), em que a segurança pública é ineficiente e insatisfatória, certamente o dispêndio de verbas do erário para financiar campanhas eleitorais não é algo que em sã e reta consciência se possa considerar prioritário.

Por fim, argumenta-se que o modelo de financiamento público exclusivo não porá fim à corrupção, que, a bem da verdade, tem na leniência e na impunidade suas mais entusiásticas aliadas e apoiadoras.

9.2.1.2   Financiamento privado

Nesse modelo, as campanhas eleitorais são integralmente financiadas por particulares, pessoas físicas e/ou jurídicas.

Contra esse modelo, argumenta-se que pessoa jurídica não detém nem exerce direitos políticos: não é cidadã. Por outro lado, em geral, suas doações têm caráter meramente pragmático, constituindo estratégia para se aproximar e exercer influência nos agentes políticos beneficiados; prova disso está em que a mesma pessoa doa a candidatos e partidos de diferentes espectros ideológicos, os quais, muitas vezes, disputam os mesmos cargos. Nessa perspectiva, ao candidato eleito cedo ou tarde sempre se enviarão as faturas, já que, conforme dizia Tomás de Aquino, nesse mundo não há ação sem finalidade. Com efeito, ninguém (sobretudo as pessoas jurídicas que doam expressivos recursos) contribui financeiramente para uma campanha sem esperar retorno do agraciado, caso seja eleito. De sorte que, uma vez eleito, fica o donatário comprometido com o doador que o apoiou concreta e significativamente.

Sob o aspecto ético, não haveria problema se a atuação do político coincidisse com os interesses econômicos da comunidade que representa. No entanto, condena--se o desvio do sentido da representação. Para muitos, a doação de campanha constitui verdadeiro investimento, do qual se espera retorno econômico-financeiro. A experiência tem mostrado que aí reside um dos focos (existem outros) de corrupção. Em numerosos casos, a retribuição se dá pela contratação de empresas ligadas direta ou indiretamente ao doador, pelo favorecimento em licitações e contratos públicos ou superfaturamento de bens e serviços contratados pelo Estado, pela concessão de anistia e renúncia fiscais. Afinal, há que se recuperar as altas somas doadas às campanhas, de preferência com o acréscimo de bons lucros. Nessa perspectiva, o financiamento de campanha pode ser visto como um bom negócio, cuja álea reside na eleição ou não do beneficiário. Nesse cenário, além de ludibriados em sua boa--fé, os eleitores são também privados dos benefícios de políticas e investimentos públicos sérios, gratuitos e de qualidade. As ilícitas contratações afetam a economia do País e em nada contribuem para melhorar a qualidade de vida dos cidadãos e a concorrência saudável entre as empresas.

Há também o cenário em que os financiadores privados são ligados a setores do crime organizado, hipótese em que o Estado pode se tornar instrumento de facilitação de crimes.

9.2.1.3   Financiamento misto

No modelo de financiamento misto, as campanhas eleitorais são financiadas tanto pelo Estado quanto pelos agentes privados.

Pode haver várias configurações de financiamento, sendo a variação determinada pela legislação de cada país. No setor público, há casos em que o Estado: *i)* destina determinada quantia a partidos e candidatos; *ii)* dentro de certos limites, os reembolsa dos gastos com a campanha eleitoral; *iii)* arca com parte dos custos, como o de acesso à televisão e ao rádio para a realização de propaganda.

No setor privado, é sempre permitida, dentro de certos limites fixados em lei, a doação de pessoa *física* a candidatos e partidos políticos. Já as pessoas *jurídicas* (empresas e organizações privadas) estão sujeitas a restrições, pois, conforme a legislação do país: *i)* só podem doar a partido político (não a candidato); *ii)* podem doar a partido político e candidatos; *iii)* podem realizar despesas *independentes*, ou seja, sem vinculação a partido e candidato, com o fito de promover suas ideias e projetos.

O quadro seguinte apresenta as opções de alguns países quanto ao financiamento de campanha eleitoral:

País	Financiamento público	Financiamento privado – pessoa física	Financiamento privado – pessoa jurídica
Estados Unidos	sim (há peculiaridades)	sim	não (há exceções)
Canadá	sim	sim	não
Argentina	sim	sim	sim (só para candidato)
Chile	sim	sim	sim
França	sim	sim	não
Portugal	sim	sim	não
Reino Unido	sim (pouco relevante)	sim	sim

Quadro elaborado pelo autor. Fontes consultadas: The International IDEA (disponível em: http://www. idea.int/political-finance/. Acesso em: 4 jun. 2015, às 11h50min). E também: EUA: Kollman (2014), Federal Election Commission – FEC (disponível em: http://www.fec.gov/ans/answers_general.shtml#How_much_can_I_contribute. Acesso em: 1 jun. 2015 às 17h32min). Argentina: Cámara Nacional Electoral (disponível em: http://www.electoral.gov.ar. Acesso em: 31 maio 2015, às 9h), art. 44 *bis* da Ley 26.215/2006, alterada pela Ley 26.571/2009. Reino Unido: Corrêa (2013), The Electoral Commission (disponível em: http://www. electoralcommission.org.uk/i-am-a/party-or-campaigner/non-party-campaigners. Acesso em: 31 maio 2015, às 9h16min).

Note-se, porém, que o fato de o financiamento ser bem regulamentado não significa que o papel do dinheiro na política seja mais transparente ou que ricos candidatos tenham poucas vantagens. Em verdade, isso depende do contexto político-social em que se dá o processo eleitoral, de maneira que a existência de proibição formal nem sempre impede que o capital corporativo deslize para as campanhas, o que pode ocorrer, por exemplo, pelo apoio indireto ou dissimulado e pela doação de recursos por interpostas pessoas físicas.

9.2.2 Modelo brasileiro de financiamento de campanha eleitoral

O Brasil adota um sistema misto, de maneira que para as campanhas eleitorais tanto contribui o Poder Público quanto os particulares. Também se impõe um limite máximo de gastos para as campanhas eleitorais.

9.2.2.1   Limite de gastos de campanha

Em cada eleição, devem ser estabelecidos limites de gastos para as campanhas eleitorais majoritárias e proporcionais. Trata-se do maior valor que pode ser despendido por cada candidato em sua campanha.

Esses limites devem ser instituídos em lei, cabendo ao TSE divulgá-los (LE, art. 18, *caput* – com a redação da Lei nº 13.488/2017).

Para as eleições de 2018, a Lei nº 13.488/2017, em seus arts. 5º a 7º, estabeleceu os seguintes limites de gastos para cada candidato:

Tipo de eleição	Limites de gastos
Presidente da República – 1º turno	até R$ 70.000.000,00.
Presidente da República – 2º turno	até R$ 35.000.000,00.
Governador – 1º turno	conforme "o número de eleitores" de cada Estado e DF, varia de R$ 2.800.000,00 até R$ 21.000.000,00.
Governador – 2º turno	50% do valor do 1º turno.
Senador	conforme "o número de eleitores" de cada Estado/DF, varia de R$ 2.500.000,00 até R$ 5.600.000,00.
Deputado Federal	até R$ 2.500.000,00.
Deputados Estadual e Distrital	até R$ 1.000.000,00.

Fonte: elaborado pelo autor.

Note-se que nas campanhas de 2º turno para presidente e governador, o limite de gastos será de 50% dos valores respectivamente estabelecidos para o primeiro turno das respectivas eleições (Lei nº 13.488/2017, arts. 5º, parágrafo único, e 6º, § 3º).

Para o atingimento do teto de gastos, serão contabilizadas "as despesas efetuadas pelos candidatos e as efetuadas pelos partidos que puderem ser individualizadas" (LE, art. 18-A – incluído pela Lei nº 13.165/2015). Assim, não importa que a despesa tenha sido liquidada com recursos oriundos do Fundo Especial de Financiamento de Campanha (FEFC), do fundo partidário (*vide* LE, art. 20; LPP, art. 38), recursos do próprio candidato ou de doações privadas, pois em qualquer caso a despesa deverá ser computada para compor o teto.

Nas eleições majoritárias, o limite é único, incluindo todos os gastos realizados pela chapa, ou seja, pelo titular e respectivo vice ou suplente (no caso de Senador).

É intransponível o teto de gastos fixado para cada campanha. Nos termos do artigo 18-B da LE (incluído pela Lei nº 13.165/2015), seu descumprimento ou o excesso de gastos acarreta: *i)* sanção "de multa em valor equivalente a 100% (cem por cento) da quantia que ultrapassar o limite estabelecido"; *ii)* "apuração da ocorrência de abuso do poder econômico", o que pode ocorrer tanto no âmbito da AIJE do artigo 22 da LC nº 64/90, como da ação por captação ou gastos ilícitos de recursos prevista no artigo 30-A da LE.

9.2.2.2   Financiamento público

O art. 79 da Lei nº 9.504/97 determina que o financiamento de campanhas eleitorais com recursos públicos seja disciplinado em lei específica.

O art. 16-C da LE (introduzido pela Lei nº 13.487/2017) criou o Fundo Especial de Financiamento de Campanha (FEFC), o qual "é constituído por dotações orçamentárias da União em ano eleitoral".

Por esse dispositivo, o FEFC é composto por valores equivalentes: "I – ao definido pelo Tribunal Superior Eleitoral, a cada eleição, com base nos parâmetros definidos em lei; II – a 30% (trinta por cento) dos recursos da reserva específica de que trata o inciso II do § 3º do art. 12 da Lei nº 13.473, de 8 de agosto de 2017". Portanto, são previstas duas fontes de recursos para o FEFC. A primeira fonte (inciso I) corresponde aos recursos que antes eram alocados à propaganda *partidária* no rádio e na televisão, nos termos do art. 3º da Lei nº 13.487/2017 – o montante desses recursos será definido pelo TSE. Vale lembrar que a propaganda partidária foi extinta pelo art. 5º da referida lei, sendo os recursos a ela destinados remanejados para o FEFC. A segunda fonte (inciso II) corresponde a 30% dos recursos reservados no orçamento da União para "programações decorrentes de emendas de bancada estadual de execução obrigatória e de despesas necessárias ao custeio de campanhas eleitorais". Assim, essa segunda fonte refere-se aos recursos destinados a atender "emendas de bancada", que, em geral, visam a custear demandas de parlamentares relativas à realização de obras ou serviços em suas bases eleitorais.

Como é feita a distribuição dos recursos do FEFC entre os partidos políticos? Esse tema é regulado pelo art. 16-D da LE (incluído pela Lei nº 13.488/2017). Para ter direito de acesso aos recursos do FEFC, é preciso que o partido tenha seus estatutos registrados no TSE. Mas os recursos não são divididos em parcelas iguais para cada partido que tenha esse registro. Pelo referido art. 16-D, apenas 2% do total dos recursos devem ser "divididos igualitariamente entre todos os partidos com estatutos registrados no Tribunal Superior Eleitoral". O restante (98% dos recursos) submete-se a *cláusulas de desempenho* dos partidos nas eleições, sendo-lhes distribuído proporcionalmente às suas representações na Câmara de Deputados e no Senado.

O Tesouro Nacional deverá depositar os recursos destinados ao FEFC "no Banco do Brasil, em conta especial à disposição do Tribunal Superior Eleitoral, até o primeiro dia útil do mês de junho do ano do pleito" (LE, art. 16-C, § 2º). Em seguida, o TSE deve divulgar o montante de recursos disponíveis. Para que o partido tenha acesso à parcela de recursos que tenha direito deve, antes, definir "critérios para a sua distribuição, os quais, aprovados pela maioria absoluta dos membros do órgão de direção executiva nacional do partido, serão divulgados publicamente" (LE, art. 16-C, § 7º). Já os candidatos, só terão acesso aos recursos se fizerem "requerimento por escrito ao órgão partidário respectivo" (LE, art. 16-D, § 2º).

Caso os recursos desse fundo não sejam utilizados em campanhas eleitorais, "deverão ser devolvidos ao Tesouro Nacional, integralmente, no momento da apresentação da respectiva prestação de contas" (LE, art. 16-C, § 11).

Além do FEFC, importa destacar as relevantes contribuições suportadas pelo erário, provenientes:

1) do Fundo Especial de Assistência Financeira aos Partidos Políticos (fundo partidário), que, segundo reza o art. 38 da LPP, recebe: "I – multas e penalidades pecuniárias aplicadas nos termos do Código Eleitoral e leis conexas;

II – recursos financeiros que lhe forem destinados por lei, em caráter permanente ou eventual; [...] IV – dotações orçamentárias da União [...]";

2) do custeio da propaganda eleitoral gratuita, no rádio e na televisão, porquanto igualmente às emissoras é resguardado o direito à compensação fiscal pela cedência do respectivo horário (LE, art. 99);

3) de renúncia fiscal, eis que, conforme dispõe o art. 150, VI, *c*, da Constituição, é vedado à União, aos Estados, ao Distrito Federal e aos Municípios instituir impostos sobre patrimônio, renda ou serviços dos partidos políticos, inclusive de suas fundações.

Quanto ao fundo partidário, as verbas que lhe são alocadas são legalmente vinculadas, somente podendo ser utilizadas para custear as atividades partidárias descritas no art. 44 da Lei nº 9.096/95. Ocorre que os incisos II e III desse dispositivo legal preveem a aplicação de recursos "II – na propaganda doutrinária e política; III – no alistamento e campanhas eleitorais". É induvidoso, portanto, que, ainda que de forma indireta, os recursos do fundo partidário podem ser empregados em campanhas eleitorais.

Ademais, ao julgar a ADI nº 5.617, em 15-3-2018, o Supremo Tribunal Federal conferiu interpretação conforme à Constituição ao art. 9º da Lei nº 13.165/2015, equiparando o patamar legal mínimo de candidaturas femininas (= quota de gênero) ao mínimo de recursos do fundo partidário a lhes serem destinados nas eleições. Assim, a distribuição de recursos do referido fundo deve atender à mesma proporção da quota de gênero, a qual é fixada no patamar mínimo de 30% "para candidaturas de cada sexo" (LE, art. 10, § 3º). Portanto, em cada eleição, o partido deve destinar pelo menos 30% do montante do fundo para as candidaturas femininas nas eleições majoritárias e proporcionais.

9.2.2.3 Financiamento privado

No que concerne ao financiamento privado, impera o princípio da transparência, sendo necessário que se divulgue publicamente por quem e como o candidato é financiado. É preciso que os eleitores saibam, ou pelo menos possam saber, da origem e do destino dos recursos usados nas campanhas políticas, sob pena de votarem ignorando os verdadeiros patrocinadores do candidato escolhido, o que ensejaria representação política falsa, dissociada da verdadeira vontade coletiva, já que o eleitor votaria em candidato que, na verdade, irá empenhar-se na defesa de interesses não coincidentes com os seus.

A *pessoa jurídica* é proibida de realizar doação para partido político e campanha eleitoral. Essa proibição decorre: *i)* do julgamento da ADI nº 4.650/DF, em 19-9-2015, em que, por maioria, o STF declarou "a inconstitucionalidade dos dispositivos legais que autorizavam as contribuições de pessoas jurídicas às campanhas eleitorais"; *ii)* do art. 15 da Lei nº 13.165/2015, que revogou o art. 81 da LE, o qual regulava a doação de pessoa jurídica para campanha eleitoral; *iii)* do art. 31, II, da LPP (com a redação da Lei nº 13.488/2017), que veda ao partido receber "direta ou indiretamente, sob qualquer forma ou pretexto, contribuição ou auxílio pecuniário ou estimável em dinheiro, inclusive através de publicidade de qualquer espécie, procedente de [...] pessoas jurídicas de qualquer natureza".

A arrecadação de recursos no meio privado submete-se a complexo regramento legal, havendo controle estrito quanto à origem e quem pode contribuir, o montante que cada pessoa pode doar, o destino dado aos recursos.

Para que se possa dar início à arrecadação nesse meio e à realização de investimentos em uma campanha é preciso que: a) os pedidos de registro das candidaturas estejam formalizados; b) haja inscrição no Cadastro Nacional de Pessoa Jurídica – CNPJ; c) tenha sido aberta conta bancária específica para a movimentação financeira da campanha (LE, art. 22-A, § 2º).

Excepcionalmente, porém, é possível haver "arrecadação prévia" (*i.e.*, antes da formalização do pedido de registro de candidatura) de recursos na modalidade de *financiamento coletivo* ou *crowdfunding*, nos termos do art. 22-A, § 3º (com a redação da Lei nº 13.488/2017). Note-se haver aparente contradição desse dispositivo com a alínea *g*, IV, § 4º, art. 23, da mesma LE, pois, para arrecadação via *crowdfunding*, a referida alínea *g* determina a "observância do calendário eleitoral, especialmente no que diz respeito ao início do período de arrecadação financeira, nos termos dispostos no § 2º do art. 22-A desta Lei". Deve, porém, prevalecer a possibilidade de arrecadação prévia prevista no referido § 3º do art. 22-A, porque: *i)* pela sua localização, o § 3º abre uma exceção ao § 2º, o qual estabelece o momento em que a arrecadação pode iniciar; *ii)* o § 3º é confirmado por outros dispositivos da mesma LE, a saber: o § 4º do mesmo art. 22-A e o art. 36-A, VII.

Se houver arrecadação prévia por *crowdfunding* e o registro da candidatura não for efetivado, o § 4º do art. 22-A determina às entidades arrecadadoras a devolução dos valores arrecadados aos doadores.

O termo final para a arrecadação de recursos no meio privado é o dia da eleição. Após esse evento, só excepcionalmente ela é permitida, e, ainda assim, com a única finalidade de quitar despesas comprovadas e regularmente contraídas durante a campanha eleitoral.

9.2.2.4 *Recursos de campanha*

Por recurso, em geral, entende-se dinheiro, bens e serviços estimáveis em dinheiro. Os recursos arrecadados compõem a receita da campanha eleitoral. Entre eles, figuram os seguintes:

a) recursos próprios do candidato – autofinanciamento. Permite-se que o candidato invista em sua própria campanha. O limite para esse investimento coincide com o estabelecido no art. 23, § 1º, da LE para doações de pessoas físicas, sendo, pois, de "10% (dez por cento) dos rendimentos brutos auferidos" no ano anterior à eleição. Entretanto, para as eleições de 2018, o limite coincide com o máximo de gastos estabelecido para o cargo em disputa (TSE – Res. nº 23.553/2018, art. 29, § 1º). Admite-se que a pessoa física do candidato contraia empréstimo no sistema financeiro ou mesmo de outra pessoa física (TSE – RO nº 262247/TO – *DJe*, t. 40, 24-2-2017, p. 58-59) para irrigar sua campanha, caso em que os recursos são considerados como investimentos próprios;

b) doações financeiras de pessoas físicas. Cada pessoa pode doar até o limite de 10% dos rendimentos brutos obtidos no ano anterior ao da eleição (LE, art. 23, § 1º). A extrapolação desse teto sujeita o infrator à sanção de multa "no valor de até 100% (cem por cento) da quantia em excesso" (LE, art. 23, § 3º); portanto, a multa corresponde a uma vez a quantia doada em excesso. A redação dessa regra foi dada pela Lei nº 13.488/2017, que reduziu o valor da multa, a qual, no texto anterior, era de "cinco a dez vezes a quantia em excesso";

c) doações financeiras de empresário individual. Este é equiparado à pessoa física (TSE – AgREspe nº 5733/AC, j. 12-9-2017; TSE – REspe nº 48781/MG – *DJe*, t. 173, 16-8-2014, p. 128), sendo o mesmo o limite máximo das doações que pode efetuar;

d) doações estimáveis em dinheiro efetuadas por pessoa física, "relativas à utilização de bens móveis ou imóveis de propriedade do doador ou à prestação de serviços próprios"; nesse caso, o limite máximo do valor estimado é de R$ 40.000,00 (quarenta mil reais) por doador (LE, art. 23, § 7º – com a redação da Lei nº 13.488/2017). Os bens e serviços doados devem ser próprios do doador, integrando sua atividade econômica;

e) doações de outro candidato. Nesse caso, o candidato faz a doação como pessoa física, devendo observar o limite estabelecido no art. 23, § 1º, da LE. Assim, as doações em dinheiro devem cingir-se a 10% dos rendimentos brutos do doador, tomando-se por base o ano anterior à eleição;

f) doações de outro partido (não o partido do candidato);

g) aplicação ou distribuição de recursos do partido político do candidato;

h) receita decorrente da comercialização de bens e/ou serviços e promoção de eventos de arrecadação. Por exemplo: venda de broches e chaveiros, realização de festa ou jantar;

i) receita decorrente de aplicação financeira. Por exemplo: valores resultantes do rendimento obtido em aplicações como caderneta de poupança, CDB, LCA etc.

Quanto ao *objeto*, a doação pode abranger *i)* recursos financeiros (dinheiro em espécie, título de crédito); ou, *ii)* bens estimáveis em dinheiro, tais como coisas (ex.: adesivos, combustível, material de escritório, instrumentos, faixas e cartazes), cessão de uso de móveis (ex.: veículos automotores, aeronaves e embarcações) ou imóveis (ex.: casa, sala, garagem), prestação de serviços (ex.: filmagem, criação e manutenção de página ou *blog* na Internet).

Cuidando-se de bem "estimável em dinheiro", excetuando-se as situações previstas no § 6º do art. 28 da LE (com a redação da Lei nº 12.891/2013), o negócio deve ser demonstrado por documento idôneo emitido pelo doador ou cedente, tal como nota fiscal, instrumento contratual ou termo de doação ou cessão. Por outro lado, os bens e serviços doados devem ser próprios do doador, integrando sua atividade econômica.

Havendo transferência de recursos financeiros, as doações somente poderão ser efetuadas na conta bancária específica do partido ou candidato (LE, art. 22) por meio de:"I – cheques cruzados e nominais ou transferência eletrônica de depósitos; II – depósitos em espécie devidamente identificados [...]; III – mecanismo disponível em sítio do candidato, partido ou coligação na Internet, permitindo inclusive o uso de cartão de crédito [...]; IV – instituições que promovam técnicas e serviços de financiamento coletivo por meio de sítios na Internet, aplicativos eletrônicos e outros recursos similares [...]" (LE, art. 23, § 4º).

A doação eleitoral por telefone não conta com previsão legal.

Documentação da doação – em regra, toda arrecadação de recursos (em dinheiro ou estimável em dinheiro) deve ser documentada. Essa documentação constitui um dos mais importantes instrumentos para a posterior auditoria e análise financeira das contas, o que é feito no âmbito do processo de prestação de contas. É por ela que se identifica, por exemplo, a origem e o montante dos recursos privados aportados às campanhas eleitorais.

No caso de "doações de recursos financeiros" depositados na conta bancária específica do candidato ou do partido (LE, arts. 22 e 23, § 4º), a comprovação da arrecadação é realizada "por meio de documento bancário que identifique o CPF dos doadores" (LE, art. 23, § 4º-A – incluído pela Lei nº 13.488/2017).

Quanto às doações estimáveis em dinheiro a candidato ou partido, o artigo 23, § 2º, da LE (com a redação da Lei nº 12.891/2013) determina que elas "deverão ser feitas mediante recibo, assinado pelo doador, exceto na hipótese prevista no § 6º do art. 28". Assim, é sempre necessária a expedição de recibo para doações estimáveis em dinheiro. Os próprios candidatos e partidos políticos deverão obter os recibos eleitorais de que necessitem diretamente na página da Justiça Eleitoral na Internet, extraindo-os do Sistema de Prestação de Contas Eleitorais (SPCE).

Identificação da doação – é imprescindível que todo recurso transferido a candidato ou partido seja identificado. A falta de especificação do doador ou o erro quanto ao número de seu CPF ou CNPJ impedem a adequada identificação, tornando a doação irregular. Nesse caso, o montante correspondente entra no conceito de *recurso de origem não identificada*. Como tal, não poderá ser utilizado pela campanha, devendo ser transferido ao Tesouro Nacional (LE, art. 24, § 4º – incluído pela Lei nº 13.165/2015).

9.2.2.5 Fontes de financiamento proibidas

De forma expressa, proíbe o legislador que as campanhas sejam irrigadas com recursos oriundos de determinadas fontes, denominadas *fontes vedadas*. Nesse sentido, dispõe o art. 24 da Lei nº 9.504/97:

> Art. 24. É vedado, a partido e candidato, receber direta ou indiretamente doação em dinheiro ou estimável em dinheiro, inclusive por meio de publicidade de qualquer espécie, procedente de: I – entidade ou governo estrangeiro; II – órgão da administração pública direta e indireta ou fundação mantida com recursos provenientes do Poder Público; III – concessionário ou permissionário de serviço público; IV – entidade de direito privado que receba, na condição de beneficiária, contribuição

compulsória em virtude de disposição legal; V – entidade de utilidade pública; VI – entidade de classe ou sindical; VII – pessoa jurídica sem fins lucrativos que receba recursos do exterior; VIII – entidades beneficentes e religiosas; (Incluído pela Lei n° 11.300, de 2006) IX – entidades esportivas; (Redação dada pela Lei n° 12.034/2009) X – organizações não governamentais que recebam recursos públicos; (Incluído pela Lei n° 11.300, de 2006) XI – organizações da sociedade civil de interesse público (Incluído pela Lei n° 11.300, de 2006).

Note-se, porém, que a importância desse dispositivo foi reduzida com a genérica vedação de doação para campanha por pessoa jurídica, o que por si só torna desnecessárias muitas das hipóteses nele arroladas.

9.2.2.6 Despesas de campanha

O art. 26, *caput*, da LE arrola gastos sujeitos a registro na contabilidade da campanha, que, pois, devem constar da prestação de contas:

Art. 26. São considerados gastos eleitorais, sujeitos a registro e aos limites fixados nesta Lei: (Redação dada pela Lei n° 11.300/2006)

I – confecção de material impresso de qualquer natureza e tamanho, observado o disposto no § 3° do artigo 38 desta Lei [esse § 3° dispõe sobre a dimensão de adesivos];

II – propaganda e publicidade direta ou indireta, por qualquer meio de divulgação, destinada a conquistar votos;

III – aluguel de locais para a promoção de atos de campanha eleitoral;

IV – despesas com transporte ou deslocamento de candidato e de pessoal a serviço das candidaturas, observadas as exceções previstas no § 3° deste artigo; (Redação dada pela Lei n° 13.488/2017)

V – correspondência e despesas postais;

VI – despesas de instalação, organização e funcionamento de Comitês e serviços necessários às eleições;

VII – remuneração ou gratificação de qualquer espécie a pessoal que preste serviços às candidaturas ou aos comitês eleitorais;

VIII – montagem e operação de carros de som, de propaganda e assemelhados;

IX – a realização de comícios ou eventos destinados à promoção de candidatura; (Redação dada pela Lei n° 11.300/2006)

X – produção de programas de rádio, televisão ou vídeo, inclusive os destinados à propaganda gratuita;

XI – (Revogado pela Lei n° 11.300/2006);

XII – realização de pesquisas ou testes pré-eleitorais;

XIII – (Revogado pela Lei nº 11.300/2006);

XIV – (Revogado pela Lei nº 12.891/2013);

XV – custos com a criação e inclusão de sítios na internet e com o impulsionamento de conteúdos contratados diretamente com provedor da aplicação de internet com sede e foro no País; (Redação dada pela Lei nº 13.488/2017)

XVI – multas aplicadas aos partidos ou candidatos por infração do disposto na legislação eleitoral;

XVII – produção de *jingles*, vinhetas e *slogans* para propaganda eleitoral (Incluído pela Lei nº 11.300/2006).

Apesar de o inciso XVI desse artigo incluir nos gastos de campanha *multas* aplicadas a candidatos por infração à legislação eleitoral, não se admite o uso de recursos oriundos do fundo partidário para sua quitação. Veja-se nesse sentido: TSE – Res. nº 23.463/2015, art. 31; Res. nº 23.553/2018, art. 39.

O § 1º do art. 26 (renumerado pela Lei nº 13.488/2017) estabelece "os seguintes limites com relação ao total do gasto da campanha: I – alimentação do pessoal que presta serviços às candidaturas ou aos comitês eleitorais: 10% (dez por cento); II – aluguel de veículos automotores: 20% (vinte por cento)".

Há despesas que são consideradas "de natureza pessoal do candidato", por isso não são consideradas gastos eleitorais nem se sujeitam à prestação de contas. Nos termos do § 3º do referido art. 26 (acrescido pela Lei nº 13.488/2017), são as seguintes: "a) combustível e manutenção de veículo automotor usado pelo candidato na campanha; b) remuneração, alimentação e hospedagem do condutor do veículo a que se refere a alínea *a* deste parágrafo; c) alimentação e hospedagem própria; d) uso de linhas telefônicas registradas em seu nome como pessoa física, até o limite de três linhas".

O art. 39, § 6º, da LE veda "na campanha eleitoral a confecção, utilização, distribuição por comitê, candidato, ou com a sua autorização, de camisetas, chaveiros, bonés, canetas, brindes, cestas básicas ou quaisquer outros bens ou materiais que possam proporcionar vantagem ao eleitor". Também é proibida a realização de *showmício* e evento assemelhado, bem como a apresentação – remunerada ou não – de artistas com a finalidade de animar comícios e reuniões eleitorais (§ 7º), bem como o emprego de painéis do tipo *outdoor* para a realização de propaganda (§ 8º). Por óbvio, tais despesas são vedadas.

Pelo art. 27 da LE, a qualquer eleitor é permitido realizar "gastos, em apoio a candidato de sua preferência, até a quantia equivalente a 1.000 (um mil) UFIR". Tais despesas não estão sujeitas à contabilização, a menos, é claro, que sejam reembolsadas pelo partido ou candidato.

Também a atividade voluntária, pessoal e direta do eleitor em apoio à candidatura, não é objeto da contabilidade de campanha. Conquanto tal atividade possa implicar a realização de gastos, a situação se insere nas esferas do direito fundamental de manifestação do pensamento e da liberdade de opinião. Nos termos do art. 1°, parágrafo único, da Lei n° 9.608/98, tratando-se de *serviço voluntário*, não gera para com o candidato apoiado ou seu partido vínculo empregatício, tampouco obrigação de natureza trabalhista, previdenciária ou afim.

9.2.2.7 Gestão financeira da campanha e responsabilidade

Toda a gestão financeira da campanha eleitoral deve ser feita pelo próprio candidato, o qual poderá designar uma pessoa para auxiliá-lo nessa tarefa, o conhecido "tesoureiro de campanha" ou administrador financeiro (LE, art. 20). Ambos respondem pessoal e solidariamente pelas irregularidades que ocorrerem, sobretudo pela veracidade das informações financeiras e contábeis, cabendo aos dois assinar a respectiva prestação de contas (LE, art. 21). Frise-se que essa responsabilidade não se encerra na esfera administrativa, pois também abrange a civil e a criminal.

Mas vale ressaltar que tal responsabilidade é afastada em situações em que a irregularidade é praticada pelo doador da campanha sem participação nem conhecimento do candidato ou do partido. Assim, por exemplo, dispõe o § 6°, art. 23, da LE (com a redação da Lei n° 13.488/2017), *verbis*: "Na hipótese de doações realizadas por meio das modalidades previstas nos incisos III [aplicativo na página do candidato/partido na Internet] e IV [*crowdfunding*] do § 4° deste artigo, fraudes ou erros cometidos pelo doador sem conhecimento dos candidatos, partidos ou coligações não ensejarão a responsabilidade destes nem a rejeição de suas contas eleitorais".

9.3 PRESTAÇÃO DE CONTAS DE CAMPANHA ELEITORAL

Encerradas as eleições, determina a lei que os candidatos e partidos políticos prestem contas à Justiça Eleitoral dos recursos arrecadados e gastos efetuados com a campanha. Para os candidatos, a previsão está contida no art. 28, §§ 1° e 2°, da LE, enquanto para os partidos encontra-se nos arts. 33, II, e 34, I e V, da Lei n° 9.096/95. As contas de cada qual deles devem ser prestadas de modo individualizado.

A *prestação de contas* (PCON) constitui o instrumento oficial que permite a realização de auditoria, fiscalização e controle financeiro das campanhas eleitorais.

Ela deve ser elaborada pelo Sistema de Prestação de Contas Eleitorais (SPCE). Trata-se de programa disponibilizado pela Justiça Eleitoral, podendo ser baixado de sua página na Internet e instalado no computador do usuário para preenchimento das informações e posterior remessa à Justiça Eleitoral.

O controle realizado pela prestação de contas confere mais transparência e legitimidade às eleições, além de prevenir o abuso de poder, notadamente o de caráter econômico. Muitas vezes, o abuso de poder econômico é configurado a partir de divergências verificadas entre os dados constantes da prestação de contas e a *realidade da campanha*.

Instaurado na Justiça Eleitoral, o processo de prestação de contas possui natureza administrativa. É público e, por isso mesmo, pode ser livremente consultado por qualquer pessoa, ainda que não tenha participado das eleições. Dele pode ser extraída cópia integral ou parcial, ressalvada a existência de documento sobre o qual se deva guardar sigilo. Nesse caso, por óbvio, não se cerceia o acesso aos autos do processo, mas tão só ao documento sigiloso.

O candidato que renunciar, desistir ou ter seu pedido de registro indeferido não se forra da obrigação legal de prestar contas, devendo fazê-lo relativamente ao período em que tiver participado do processo eleitoral. Se falecer, essa obrigação é transmitida a seu administrador financeiro ou, na ausência deste, à direção do partido.

O dever em apreço deve ser cumprido, ainda que não tenha havido movimentação de quaisquer recursos na campanha.

Nas eleições majoritárias, a prestação de contas dos candidatos que encabeçarem a chapa deve englobar a dos respectivos vices e suplentes, ainda que estes tenham optado por abrir conta bancária específica.

Atualmente, há dois modelos de prestação de contas: comum e simplificado. O modelo simplificado foi introduzido nos §§ 9º, 10 e 11, art. 28, da LE pela Lei nº 13.165/2015, caracterizando-se pela análise informatizada e simplificada da prestação de contas. Por sua vez, o modelo comum permite um exame mais abrangente das contas.

No curso da campanha eleitoral, o art. 28, § 4º, II, da LE (com a redação da Lei nº 13.165/2015) determina que partidos, coligações e candidatos apresentem contas parciais. Isso deve ser feito em sítio próprio, criado pela Justiça Eleitoral na rede mundial de computadores (Internet). Nessa prestação parcial deve-se divulgar:

> Art. 28, § 4º, II – no dia 15 de setembro, relatório discriminando as transferências do Fundo Partidário, os recursos em dinheiro e os estimáveis em dinheiro recebidos, bem como os gastos realizados.

Além disso, devem ser informadas à Justiça Eleitoral e divulgadas: *i)* doações de recursos em dinheiro, no prazo de "até 72 (setenta e duas) horas de seu recebimento" (LE, art. 28, § 4º, I); *ii)* doações de recursos financeiros realizadas por aplicativo na página do candidato/partido na Internet (LE, art. 23, § 4º, III); e, *iii)* doações de recursos financeiros por meio de financiamento coletivo ou *crowdfunding* (LE, art. 23, § 4º, IV). Nas duas últimas modalidades (*ii* e *iii*), o prazo para informar a Justiça Eleitoral é "contado a partir do momento em que os recursos arrecadados forem depositados nas contas bancárias dos candidatos, partidos ou coligações" (LE, art. 23, § 4º-B).

As contas finais dos partidos e candidatos devem ser prestadas até o 30º (trigésimo) dia posterior às eleições. Havendo dois turnos de votação, as contas dos candidatos que os disputarem deverão ser apresentadas de uma só vez, abrangendo os dois turnos, no prazo de 20 (vinte) dias, computado da realização do segundo (LE, art. 29, III e IV – com a redação da Lei nº 13.165/2015).

O prazo para a prestação de contas deve ser cumprido à risca pelos interessados, porquanto sua inobservância impede a diplomação dos eleitos (LE, art. 29, § 2º). É que ninguém poderá ser diplomado sem que suas contas de campanha estejam julgadas. Ou seja: o julgamento das contas é condição para a expedição do diploma.

Julgamento das contas – concluída a análise das contas apresentadas pelos candidatos e partidos, a Justiça Eleitoral deverá julgá-las, caso em que poderá proferir uma das seguintes decisões (LE, art. 30):

a) aprová-las, se estiverem integralmente regulares;
b) aprová-las com ressalvas, se verificadas falhas formais ou, se materiais, que não lhes comprometam a regularidade;
c) não as aprovar ou rejeitá-las, quando constatadas faltas materiais não sanadas ou insanáveis que comprometam sua análise adequada ou sua regularidade;
d) julgar não prestadas as contas, quando: *(d1)* não forem apresentadas espontânea e tempestivamente, tampouco após notificação da Justiça Eleitoral, na qual conste que devem ser prestadas em dois dias; *(d2)* forem apresentadas sem a documentação e informações necessárias para sua análise adequada ou com documentação deficiente (ex.: recibos eleitorais em branco ou sem preenchimento das informações essenciais).

A não aprovação das contas, por si só, não obstaculiza a diplomação do candidato eleito. Isso porque eventual cassação do diploma ou do mandato só pode ocorrer por decisão do Estado-jurisdição, em processo próprio e justo, no qual seja resguardado ao réu contraditório e ampla defesa. Por igual, a não aprovação das contas não impede que o candidato que sofreu essa censura se candidate novamente em pleito futuro.

Diferentemente, se as contas forem julgadas *não prestadas* (hipótese da letra *d*), esse julgamento trará graves consequências para o candidato e para o seu partido. Quanto ao candidato, não terá quitação eleitoral até o final da respectiva legislatura a que se referir o mandato disputado. E por não se encontrar no "pleno exercício dos direitos políticos", não terá condição de elegibilidade prevista no art. 14, § 3º, II, da CF.

Já para o partido, há a previsão de perda do direito à quota do fundo partidário e a suspensão do registro ou da anotação do órgão de direção estadual ou municipal), que só serão restabelecidos com a regularização das contas (TSE – Res. nº 22.715/2008, art. 42, II; Res. nº 23.376/2012, art. 53; Res. nº 23.406/2014, art. 58, II; Res. nº 23.553/2018, art. 83, II, § 1º).

9.4 AÇÃO POR DOAÇÃO IRREGULAR A CAMPANHA ELEITORAL

As pessoas podem contribuir para campanhas eleitorais, doando a candidato ou partido de sua preferência dinheiro, bens e serviços estimáveis em dinheiro.

A doação de *pessoa física* – em dinheiro – é regulada no art. 23, *caput,* e § 1º, da LE, que limita o montante da doação "a 10% (dez por cento) dos rendimentos brutos auferidos pelo doador no ano anterior à eleição".

Mas esse limite não se aplica com exatidão às doações *estimáveis em dinheiro* "relativas à utilização de bens móveis ou imóveis de propriedade do doador ou à prestação de serviços próprios, desde que o valor estimado não ultrapasse R$ 40.000,00 (quarenta mil reais) por doador" (LE, art. 23, § 7º). No caso, o limite do referido § 1º do art. 23 da LE só deve ser considerado se o "valor estimado" ultrapassar o montante de 40 mil reais. Vale lembrar que os bens e serviços doados devem ser próprios do doador, integrando sua atividade econômica.

A extrapolação do teto legal sujeita o infrator à sanção de multa "no valor de até 100% (cem por cento) da quantia em excesso" (LE, art. 23, § 3º – com a redação da Lei nº 13.488/2017). Ademais, poderá ter declarada sua inelegibilidade pelo prazo de oito anos (LC 64/90, art. 1º, I, *p*). A inelegibilidade surge como efeito secundário da decisão condenatória na ação ora enfocada, e, se for o caso, somente deve ser declarada por ocasião do processo de registro de candidatura, se e quando este for requerido.

A sanção fundada no art. 23, § 3º, da LE só pode ser imposta pelo poder jurisdicional. Para tanto, há mister que contra o infrator seja instaurado processo jurisdicional próprio, no qual, observado o devido processo legal, lhe seja assegurado o contraditório e a ampla defesa. Não se trata, portanto, de sanção cuja imposição possa decorrer do só manejo do poder de polícia reconhecido aos órgãos eleitorais, ou seja, não se pode aplicá-la *ex officio*.

9.5 QUESTÕES

1. **(2017 – CONSULPLAN – TRE/RJ – ANALISTA JUDICIÁRIO – ÁREA ADMINIS-TRATIVA)** As despesas da campanha eleitoral serão realizadas sob a responsa-bilidade dos partidos, ou de seus candidatos, e financiadas na forma da Lei nº 9.504, de 30 de setembro de 1997. Sobre o tema, analise as afirmativas a seguir.

   I. Os limites de gastos de campanha serão definidos em lei e divulgados pelo Tribunal Superior Eleitoral.

   II. É facultativo para o partido e para os candidatos abrir conta bancária específica para registrar todo o movimento financeiro da campanha.

   III. Aos candidatos é facultada a inscrição no Cadastro Nacional da Pessoa Ju-rídica – CNPJ.

   IV. A realização de pesquisas ou testes pré-eleitorais são considerados gastos eleitorais, sujeitos a registro e aos limites fixados na lei.

   Estão corretas apenas as afirmativas

   a) I e II.

   b) I e IV.

   c) II e III.

   d) III e IV.

2. **(2017 – MPE/RS – MPE/RS – PROMOTOR DE JUSTIÇA – REAPLICAÇÃO)** Quan-to ao controle de arrecadação, aplicação de recursos e prestação de contas na campanha eleitoral, assinale a alternativa INCORRETA.

   a) É obrigatória, para o partido e para os candidatos, a abertura de conta bancária específica para a campanha eleitoral, mesmo nos casos em que não houver movimentação financeira, salvo na hipótese de candidatura para prefeito e vereador em Municípios onde não haja agência bancária ou posto de atendimento bancário.

b) É vedado, a partido e candidato, receber direta ou indiretamente doação em dinheiro ou estimável em dinheiro, inclusive por meio de publicidade de qualquer espécie, procedente de organizações da sociedade civil de interesse público.

c) É vedado ao partido político assumir eventuais débitos de campanha de candidato, não quitados até a data de apresentação da prestação de contas.

d) São dispensadas de comprovação na prestação de contas as doações estimáveis em dinheiro entre candidatos ou partidos, decorrentes do uso comum tanto de sedes quanto de materiais de propaganda eleitoral, cujo gasto deverá ser registrado na prestação de contas do responsável pelo pagamento da despesa.

e) São considerados gastos eleitorais, sujeitos a registro e aos limites fixados na Lei n. 9.504/97, as multas aplicadas aos partidos ou candidatos por infração do disposto na legislação eleitoral.

3. **(2017 – CESPE – TRE/PE – ANALISTA JUDICIÁRIO – ÁREA ADMINISTRATIVA)** Assinale a opção correta acerca de prestação de contas dos gastos de campanha.

a) Se, ao final da campanha, ocorrer sobra de recursos financeiros, esta deverá ser utilizada na criação e manutenção de instituto ou fundação de pesquisa e educação política.

b) O uso, na campanha, de recursos provenientes de conta outra que não aquela aberta com essa finalidade específica implica as sanções de advertência ao candidato e multa.

c) A inobservância do prazo para a prestação de contas impede a diplomação dos eleitos, enquanto perdurar.

d) Os partidos políticos, as coligações e os candidatos são obrigados a criar um sítio eletrônico na rede mundial de computadores, para declarar os recursos recebidos nas suas campanhas em até setenta e duas horas do seu recebimento.

e) O critério que autoriza a utilização do sistema simplificado de prestação de contas é apenas a reduzida movimentação financeira do candidato.

4. **(2016 – MPE/PR – MPE/PR – PROMOTOR SUBSTITUTO)** Sobre a arrecadação e aplicação de recursos nas campanhas eleitorais e prestação de contas, assinale a única assertiva correta, de acordo com a Lei nº 9.504/97.

a) A lei admite, em caráter excepcional, a utilização de recursos financeiros não provenientes da conta bancária especificamente aberta para a campanha, desde que seja para a remuneração de pessoal que preste serviço às candidaturas ou aos comitês eleitorais.

b) Na hipótese de doações realizadas por meio da Internet, a lei presume a solidariedade dos candidatos, partidos e coligações, na hipótese de fraudes ou erros cometidos pelo doador, o que pode ensejar a rejeição das contas eleitorais.

c) As multas, eventualmente aplicadas aos partidos ou candidatos, por infração ao disposto na legislação eleitoral, não se sujeitam aos limites de gastos eleitorais fixados em lei.

d) As prestações de contas dos candidatos às eleições proporcionais serão feitas pela respectiva coligação a que pertencerem, devendo ser acompanhadas de extratos das contas bancárias referentes à movimentação de recursos financeiros usados na campanha e da relação de cheques recebidos, com a indicação dos respectivos números, valores e emitentes.

e) Eventuais débitos de campanha não quitados até a data de apresentação da prestação de contas poderão ser assumidos pelo partido político, por decisão de seu órgão nacional de direção partidária. Nessa hipótese, o órgão partidário da respectiva circunscrição eleitoral passará a responder por todas as dívidas solidariamente com o candidato e a existência do débito não poderá ser considerada como causa para a rejeição da prestação de contas.

Pesquisa eleitoral

Por pesquisa eleitoral compreendem-se o levantamento e a interpretação de dados atinentes à opinião ou preferência do eleitorado quanto aos candidatos que disputam as eleições. Tem por finalidade verificar a aceitação ou o desempenho dos concorrentes no certame.

As pesquisas constituem importante instrumento de avaliação dos partidos em relação à atuação e ao desempenho de seus candidatos. São úteis sobretudo para a definição de estratégias e tomada de decisões antes e durante a campanha eleitoral.

Há, porém, frequentes críticas que lhes são dirigidas. Entre elas, destacam-se a manipulação dolosa de dados e erros graves de previsão. Sobre isso, é conhecido o fato ocorrido em 1985 na eleição municipal de São Paulo; as pesquisas atribuíam a vitória ao então candidato Fernando Henrique Cardoso, que, dando como certa essa previsão, antes do pleito posou para fotos na cadeira de prefeito – com a abertura das urnas e contagem dos votos veio a surpresa: FHC foi derrotado pelo seu oponente Jânio Quadros.

> Nos EUA há erros famosos de pesquisas. Na eleição presidencial de 1948, as pesquisas anunciaram a vitória do candidato democrata Thomas Dewey sobre o republicano Harry Truman, mas erraram, e Truman foi reeleito com folgada vantagem. Na eleição presidencial de 2016, a candidata democrata Hillary Clinton foi apontada como favorita por quase todas as pesquisas, todavia foi derrotada para o republicano Donald Trump.

Apesar disso, de modo geral, pesquisas rigorosas, realizadas por instituições sérias, acertam a tendência do eleitorado e muitas vezes até mesmo o resultado das eleições.

É certo que os resultados, divulgados com alarde pelos interessados e ecoados pela mídia, podem influir de modo relevante e perigoso na vontade dos eleitores. Por serem psicologicamente influenciáveis, muitos indivíduos tendem a perfilhar a opinião da maioria, fenômeno a que se tem denominado "efeito de manada". Daí votarem em candidatos que supostamente estejam "na frente" ou "liderando as pesquisas". Por isso, transformaram-se as pesquisas eleitorais em relevante instrumento de *marketing* político, que deve ser submetido a controle estatal, sob pena de promoverem grave desvirtuamento na vontade popular e, pois, na legitimidade das eleições.

Entre os tipos conhecidos, vale destacar as pesquisas interna e externa. Enquanto aquela se circunscreve às instâncias do partido, não podendo ser difundida para além de suas fronteiras, esta é adrede elaborada para divulgação pública. É, pois, com a pesquisa externa que o Direito Eleitoral se ocupa.

Toda pesquisa elaborada para conhecimento público deve ser registrada na Justiça Eleitoral no prazo de até cinco dias anteriores à divulgação. Para tanto, os interessados devem formular requerimento junto aos órgãos judiciais competentes para o registro de candidaturas. Assim, tem-se que, nas eleições municipais, a pesquisa é registrada perante o juiz eleitoral; nas gerais, perante o TRE; e na presidencial, junto ao TSE.

A finalidade do registro é permitir o controle social, mormente das pessoas e entidades envolvidas no pleito, que poderão coligir os dados levantados.

A lei não especifica a data a partir da qual o registro se torna obrigatório. Entretanto, a partir de análise sistêmica da legislação eleitoral, tem-se fixado esse marco no dia 1º de janeiro do ano das eleições (TSE – Res. nº 23.549/2017, art. 2º; TSE – AgRg-REspe nº 6.269/2017, j. 25-5-2017).

Por se encontrar em jogo o direito fundamental de manifestação do pensamento e a liberdade de informação, ambos de extração constitucional, o requerimento de registro de pesquisa não é passível de indeferimento. Também por isso, à Justiça Eleitoral não é dado proibir sua divulgação se tiver sido devidamente registrada.

O registro de pesquisa deve ser realizado pela Internet, a qualquer tempo, no Sistema de Registro de Pesquisas Eleitorais (PesqEle), cujo programa é disponibilizado nos sítios dos tribunais eleitorais. Concluído o registro, as informações e os dados respectivos ficam à disposição de todos pelo prazo de trinta dias (LE, art. 33, § 2º), sendo, pois, livre o acesso.

Os partidos políticos podem requerer à Justiça Eleitoral

> acesso ao sistema interno de controle, verificação e fiscalização da coleta de dados das entidades que divulgaram pesquisas de opinião relativas às eleições, incluídos os referentes à identificação dos entrevistadores e, por meio de escolha livre e aleatória de planilhas individuais, mapas ou equivalentes, confrontar e conferir os dados publicados, preservada a identidade dos respondentes (LE, art. 34, § 1º).

Consequentemente, deferido o requerimento, a empresa realizadora da pesquisa não pode deixar de fornecer os dados que lhe forem solicitados.

Enquete e pesquisa eleitorais – não se deve confundir pesquisa eleitoral e *enquete*. Esta configura-se como sondagem informal de opiniões, sendo menos rigorosa que a "pesquisa eleitoral" quanto ao âmbito, à abrangência e ao método adotado.

O § 5º do art. 33 da LE (introduzido pela Lei nº 12.891/2013) veda "no período de campanha eleitoral, a realização de enquetes relacionadas ao processo eleitoral". Como esse dispositivo não especifica o momento em que a *campanha eleitoral* tem início, não há clareza quanto ao momento a partir do qual incide a proibição. De todo modo, por veicular uma limitação à liberdade de expressão, o marco inicial da vedação em tela deve ser o menos restritivo possível. Assim, tal marco deve ser fixado no dia 16 de agosto do ano eleitoral, data que coincide com o início da propaganda eleitoral consoante prevê o art. 36, *caput*, da Lei nº 9.504/97.

No período em que é permitida a realização de enquete, não é obrigatório seu registro na Justiça Eleitoral. Nesse sentido: TSE – REspe nº 20.664/SP– *DJ* 13-5-2005,

p. 142. Todavia, em sua divulgação é preciso que se informe com clareza não se tratar de pesquisa eleitoral, mas, sim, de enquete ou mera sondagem de opinião pública; faltando esse esclarecimento, a divulgação poderá ser considerada "pesquisa eleitoral sem registro", e ensejar a aplicação de sanção.

Note-se que a proibição legal é de "realização", não de "divulgação" de enquete anteriormente efetuada. Logo, parece razoável o entendimento segundo o qual, no período de campanha eleitoral, é permitida a divulgação de resultado de enquete efetivada anteriormente, em momento em que era lícito realizá-la.

O referido § 5º, art. 33, da LE não prevê sanção específica para o seu descumprimento. Entretanto, as resoluções do TSE que dispõem sobre pesquisas eleitorais para as eleições têm estabelecido a incidência da "multa prevista no § 3º do art. 33 da Lei nº 9.504/97, independentemente da menção ao fato de não se tratar de pesquisa eleitoral" (TSE – Res. nº 23.549/2017, art. 23, § 2º). Além disso, pode ser determinada a cessação da realização da enquete, providência essa situada no âmbito do poder de polícia do juiz eleitoral. Nesse caso, o descumprimento da ordem judicial (que deve ser específica e dirigida a pessoa determinada) pode significar a realização do tipo penal do artigo 347 do Código Eleitoral, que prevê o crime de desobediência.

Ilícitos e sanções – sem registro prévio, a ninguém é lícito divulgar *pesquisa eleitoral*. A divulgação de pesquisa sem registro prévio sujeita o infrator à sanção de multa (LE, art. 33, § 3º). Essa sanção incide ainda que o registro tenha sido efetivado posteriormente à divulgação (TSE – ED-AgR-AI – nº 815/SP – *DJe*, t. 35, 19-2-2014, p. 79).

Se a pesquisa efetivamente realizada e registrada tiver distorcido ou falseado os resultados divulgados, cometem os agentes o crime previsto no art. 34, § 3º, da LE. Por esse crime também podem ser responsabilizados os representantes legais da empresa ou entidade de pesquisa e do órgão veiculador (LE, art. 35).

Mas pode ocorrer de a própria pesquisa, em si mesma, ser mendaz, falsa, inventada, fictícia. Essa hipótese é prevista no art. 33, § 4º, da LE, que erige como crime, punível com detenção e multa, a *divulgação* de pesquisa fraudulenta. Por esse delito também pode ser responsabilizado o representante legal do órgão difusor da falsa pesquisa, salvo se houver boa-fé de sua parte, o que somente se poderia admitir se a falsa pesquisa tiver sido devidamente registrada junto à Justiça Eleitoral.

10.1 QUESTÕES

1. **Assinale a alternativa INCORRETA:**
   a) para ser divulgada publicamente, a pesquisa eleitoral deve ser previamente registrada na Justiça Eleitoral.
   b) a divulgação de pesquisa fraudulenta constitui crime previsto na legislação eleitoral.
   c) o registro prévio da pesquisa só é exigido nos dois (02) meses anteriores ao pleito eleitoral.
   d) a divulgação de pesquisa só pode ocorrer até cinco (05) dias após o seu registro na Justiça Eleitoral.

2. **Sobre enquete eleitoral, é correto afirmar:**

a) trata-se de pesquisa de opinião pública sobre questões político-eleitorais, realizada exclusivamente em redes sociais.

b) sua realização e divulgação só é proibida no dia das eleições.

c) no dia das eleições somente Institutos de Pesquisa credenciados na Justiça Eleitoral podem realizar enquete.

d) a legislação eleitoral proíbe sua realização durante todo o período de campanha eleitoral.

Propaganda eleitoral

11.1 INTRODUÇÃO

Tecnicamente, o vocábulo *propaganda* designa procedimentos de comunicação em massa, pelos quais se difundem ideias, informações e crenças com vistas a obter-se a adesão dos destinatários. Busca sempre incutir certos pensamentos nas pessoas, influenciar suas opiniões, sentimentos ou impressões, de modo a despertar-lhes a simpatia ou a rejeição por determinadas ideias, projetos ou pessoas. A comunicação externada objetiva criar nos destinatários imagens positivas – ou negativas – acerca do objeto ou pessoa enfocados.

A propaganda política caracteriza-se pela finalidade de obtenção ou manutenção do poder estatal. Tem em vista a conquista do poder, a prevalência de uma posição em plebiscito, referendo ou eleições para preenchimento de cargos eletivos, em que há a manutenção ou substituição de integrantes do governo.

Estritamente falando, a propaganda não se confunde com o *marketing*, pois este persegue uma finalidade econômico-comercial – presentes as ideias de mercado, consumo e lucro. Ambos têm em vista persuadir e chamar a atenção das pessoas, mas o *marketing* visa sugerir-lhes ou infundir-lhes desejo acerca de produtos, serviços e marcas colocados no mercado consumidor. Os produtos e serviços são apresentados de forma atraente, de sorte que o consumidor os deseje ou queira para si e termine por adquiri-los.

Não obstante, nada impede que a racionalidade, os métodos e as técnicas de publicidade e *marketing* sejam empregados na propaganda política. Isso, aliás, tornou--se comum nos dias de hoje. Sabe-se que o voto, em geral, não resulta de escolhas estritamente racionais, sendo certo que outros aspectos psicológicos e sobretudo a emoção têm peso decisivo na escolha do eleitor. O fato de o discurso político da modernidade ter caráter fantasioso e descolado da realidade confirma essa assertiva. Em geral, esse discurso é cuidadosamente moldado para agradar o povo e conquistar-lhe o voto; por isso, em geral é bem articulado, porém, não necessariamente verdadeiro ou bem-intencionado. O que se busca é o convencimento, e não a verdade.

A política não é só propaganda e *marketing*, pois em sua base encontram-se valores e visões da vida e do mundo. Os candidatos não são pacotes de biscoito tampouco caixas de sabão. Todavia, a apresentação do político como produto de consumo acaba por transformar o eleitor em consumidor. Na pós-modernidade, votar já não significa optar por um conjunto de valores ou uma corrente de pensamento simbolizados pelo candidato, mas mero ato de escolha, semelhante ao que se faz no mercado. Por vezes, a opção se dá pela aparência, não pelo real ou verdadeiro. Para que algo seja aceito como verdadeiro, basta que *pareça* ou como tal seja apresentado. Como resultado, tem-se a degradação do espaço político, a submissão da esfera pública à lógica perversa do capitalismo e do consumo.

Entre os tipos de propaganda política, distinguem-se a partidária, intrapartidária e a eleitoral.

11.2 PROPAGANDA PARTIDÁRIA

A Constituição assegura aos partidos políticos *direito de antena*, o qual é traduzido no "acesso gratuito ao rádio e à televisão, na forma da lei" (CF, art. 17, § 3º).

Consiste a propaganda partidária na comunicação estabelecida entre o partido e a sociedade, na qual são divulgados seus projetos e programas. Sua finalidade é facultar aos partidos a exposição e o debate público de seus projetos e metas, dos valores que defende, de seu programa e dos meios para que ele seja realizado, enfim, de suas propostas para o desenvolvimento da sociedade. Pode haver confronto de opiniões, teses, propostas de soluções para problemas nacionais, regionais ou locais.

Em seus arts. 45 a 49, a Lei dos Partidos Políticos regulamentava a propaganda partidária "gratuita" no rádio e na televisão. Ocorre que esses dispositivos foram revogados pelo art. 5º da Lei nº 13.487/2017, ficando, portanto, extinta essa forma de propaganda. Com isso, os recursos alocados para o custeio da propaganda partidária foram realocados no Fundo Especial de Financiamento de Campanha (FEFC), nos termos do art. 3º da Lei nº 13.487/2017 c.c. art. 16-C, I, da LE.

11.3 PROPAGANDA INTRAPARTIDÁRIA

Antes do dia 15 de agosto do ano da eleição, faculta-se aos filiados aos partidos que pretendam se candidatar a cargo político-eletivo a realização de propaganda intrapartidária. A permissão consta do art. 36, § 1º, da Lei Eleitoral, consoante o qual "ao postulante a candidatura a cargo eletivo é permitida a realização, na quinzena anterior à escolha pelo partido, de propaganda intrapartidária com vista à indicação de seu nome, vedado o uso de rádio, televisão e *outdoor*".

Como a própria expressão sugere, essa propaganda não se dirige aos eleitores em geral, senão aos filiados à agremiação que participarão da convenção de escolha dos candidatos que disputarão os cargos eletivos. Daí a vedação do uso de meios de comunicação de massa, como rádio, televisão e *outdoor*.

Assinale-se que a escolha dos candidatos pelos partidos deverá ser feita no período de 20 de julho a 5 de agosto do ano em que se realizarem as eleições (LE, art. 8º, *caput*, com a redação da Lei nº 13.165/2015).

A propaganda em foco somente pode ser realizada nos 15 dias que antecedem a data prevista para a convenção. Seu desvirtuamento – com a realização de propaganda eleitoral endereçada aos eleitores e não aos convencionais – rende ensejo à sanção prevista no art. 36, § 3º, da Lei das Eleições, pois pode caracterizar-se como propaganda eleitoral extemporânea.

11.4 PROPAGANDA ELEITORAL

11.4.1 Conceito

Denomina-se propaganda eleitoral a elaborada por partidos políticos e candidatos com a finalidade de captar votos do eleitorado para investidura em cargo público-eletivo. Caracteriza-se por levar ao conhecimento público, ainda que de maneira disfarçada ou dissimulada, candidatura ou os motivos que induzam à conclusão de que o beneficiário é o mais apto para o cargo em disputa. Nessa linha, constitui propaganda eleitoral aquela intencionalmente preparada para influir na vontade do eleitor, em que a mensagem é orientada à atração e conquista de votos.

O Código Eleitoral regula a matéria nos arts. 240 a 256. Já a Lei das Eleições dedica ao tema os arts. 36 a 57, cuidando o art. 58 do direito de resposta.

Sob vários aspectos se pode classificar a propaganda eleitoral: forma de realização, sentido, momento em que é levada a efeito.

Quanto à forma de realização – pode a propaganda ser expressa ou subliminar. *Expressa* é aquela que pode ser percebida e compreendida racionalmente, na dimensão consciente da mente; por isso, o teor de sua mensagem é claro, induvidoso. *Subliminar* é aquela relacionada a estímulos de conteúdo político-eleitoral inseridos em um discurso ou comunicação que, porém, não podem ser percebidos conscientemente pelos destinatários.

Quanto ao sentido – pode a propaganda ser positiva ou negativa. Na primeira, exalta-se o beneficiário, sendo louvadas suas qualidades, ressaltados seus feitos, sua história, enfim, sua imagem. Já a propaganda negativa tem por fulcro o menoscabo ou a desqualificação dos candidatos oponentes, sugerindo que não detêm os adornos morais ou a aptidão necessária à investidura em cargo eletivo. Os fatos que a embasam podem ser total ou parcialmente verdadeiros, e até mesmo falsos. Como *tática*, a propaganda negativa pode provocar sérios danos à imagem de suas vítimas. Sobretudo quando fundada em fatos mendazes, se for *inteligente* e de fácil compreensão, pode ser devastadora para a campanha adversária. No entanto, é preciso ponderar a garantia fundamental da liberdade de expressão e informação (CF, art. 5º, IV, IX, XIV); afinal a crítica dura, mordaz e ácida faz parte do debate democrático, e, pois, não deve ser censurada.

Quanto ao momento de realização – pode a propaganda ser tempestiva ou extemporânea. Será tempestiva se ocorrer dentro do período legalmente demarcado. Qualificar-se-á, porém, de extemporânea, irregular, se levada a cabo fora desse período.

11.4.2 Propaganda eleitoral extemporânea ou antecipada

A propaganda eleitoral só é permitida a partir do dia 16 de agosto do ano da eleição até o dia do pleito, durante, pois, o período eleitoral (LE, art. 36, *caput*). Nessa oportunidade, o candidato já terá sido escolhido na convenção e seu pedido de registro já deverá ter sido requerido à Justiça Eleitoral, pois o prazo para a prática desse ato encerra-se às 19 horas do dia 15 de agosto.

Se realizada fora desse período, qualifica-se a propaganda como *extemporânea* ou antecipada, caso em que sujeita os agentes responsáveis pela sua criação e divulgação, bem como o beneficiário (quando demonstrado seu prévio conhecimento) à sanção pecuniária prevista no art. 36, § 3°, da LE.

Por promover a atração ou captação antecipada de votos, a publicidade em apreço fere a igualdade de oportunidade ou a paridade de armas entre os candidatos, o que desequilibra as campanhas.

O art. 36-B da LE (acrescido pela Lei n° 12.891/2013) prevê hipóteses configuradoras de propaganda eleitoral antecipada, *in verbis*:

> Art. 36-B. Será considerada propaganda eleitoral antecipada a convocação, por parte do Presidente da República, dos Presidentes da Câmara dos Deputados, do Senado Federal e do Supremo Tribunal Federal, de redes de radiodifusão para divulgação de atos que denotem propaganda política ou ataques a partidos políticos e seus filiados ou instituições. Parágrafo único. Nos casos permitidos de convocação das redes de radiodifusão, é vedada a utilização de símbolos ou imagens, exceto aqueles previstos no § 1° do art. 13 da Constituição Federal.

À luz desse dispositivo, estará configurada propaganda antecipada se na comunicação houver a divulgação de atos que denotem: *(i)* propaganda política; *(ii)* ataques a partidos políticos; *(iii)* ataques a filiados de partidos políticos; *(iv)* ataques a instituições. De modo geral, o que se pretende é que a comunicação em rede por parte das autoridades especificadas se limite à exposição e ao esclarecimento à população, de maneira objetiva, da situação geradora da convocação. O desvirtuamento ou desvio da comunicação para o campo político-eleitoral denota uso abusivo da mídia social, com potencial para desequilibrar o futuro pleito em benefício de candidatura ou partido.

Por outro lado, o Legislador também cuidou de explicitar situações atípicas, cuja realização é lícita, ou seja: não configuram propaganda eleitoral antecipada. Assim, segundo o art. 36-A da LE (com a redação das Leis n° 13.165/2015 e 13.488/2017):

> Art. 36-A Não configuram propaganda eleitoral antecipada, desde que não envolvam pedido explícito de voto, a menção à pretensa candidatura, a exaltação das qualidades pessoais dos pré-candidatos e os seguintes atos, que poderão ter cobertura dos meios de comunicação social, inclusive via internet: I – a participação de filiados a partidos políticos ou de pré--candidatos em entrevistas, programas, encontros ou debates no rádio, na televisão e na internet, inclusive com a exposição de plataformas e projetos políticos, observado pelas emissoras de rádio e de televisão o dever de conferir tratamento isonômico; II – a realização de encontros, seminários ou congressos, em ambiente fechado e a expensas dos partidos políticos, para tratar da organização dos processos eleitorais, discussão de políticas públicas, planos de governo ou alianças partidárias visando às

eleições, podendo tais atividades ser divulgadas pelos instrumentos de comunicação intrapartidária; III – a realização de prévias partidárias e a respectiva distribuição de material informativo, a divulgação dos nomes dos filiados que participarão da disputa e a realização de debates entre os pré-candidatos; IV – a divulgação de atos de parlamentares e debates legislativos, desde que não se faça pedido de votos; V – a divulgação de posicionamento pessoal sobre questões políticas, inclusive nas redes sociais; VI – a realização, a expensas de partido político, de reuniões de iniciativa da sociedade civil, de veículo ou meio de comunicação ou do próprio partido, em qualquer localidade, para divulgar ideias, objetivos e propostas partidárias; VII – campanha de arrecadação prévia de recursos na modalidade prevista no inciso IV do § 4º do art. 23 desta Lei. § 1º É vedada a transmissão ao vivo por emissoras de rádio e de televisão das prévias partidárias, sem prejuízo da cobertura dos meios de comunicação social. § 2º Nas hipóteses dos incisos I a VI do *caput*, são permitidos o pedido de apoio político e a divulgação da pré-candidatura, das ações políticas desenvolvidas e das que se pretende desenvolver. § 3º O disposto no § 2º não se aplica aos profissionais de comunicação social no exercício da profissão.

Além dessas hipóteses, também não configura propaganda antecipada a manifestação espontânea na Internet de pessoas naturais sobre temas eleitorais, ainda que haja elogio ou crítica a pré-candidato ou partido político.

Note-se que a regra do artigo 36-A apenas veda o "pedido explícito de voto" (*caput*). Pedido *explícito*, aqui, não se restringe ao pedido *escrito*, podendo também ser compreendido como aquele evidenciado pela forma, característica ou técnica empregada na comunicação. Para ser explícito o pedido, não é preciso que se diga "peço o seu voto", "quero o seu voto", "vote em mim", "vote em fulano". Até porque, nem mesmo na propaganda eleitoral regular esses modos de comunicar são normalmente empregados. Para ser explícito o pedido, basta que o propósito de pedir o voto ressaia claramente da forma, da técnica de comunicação empregada, do conjunto da peça considerada e das circunstâncias em que o evento ocorre.

De qualquer sorte, tão extensas são as hipóteses permitidas arroladas no vertente artigo 36-A (especialmente as do *caput*, dos incisos I, V e VI e do § 2º), que praticamente resta esmaecido o rigor das restrições impostas pelo art. 36 à propaganda extemporânea.

Tal esmaecimento é bem evidenciado ao se considerar a regra do § 2º daquele artigo que permite "o pedido de apoio político e a divulgação da pré-candidatura, das ações políticas desenvolvidas e das que se pretende desenvolver". Isso só não é permitido "aos profissionais de comunicação social no exercício da profissão" (§ 3º).

Incoerentemente, ao mesmo tempo em que veda o "pedido explícito de voto" (*caput*), o dispositivo em apreço permite "o pedido de apoio político" (§ 2º). Ora, em que medida o "pedido de apoio político" não se confunde com o próprio "pedido de voto", quer seja este explícito ou implícito, direto ou indireto? Em que se distinguem essas duas situações? Na prática linguística, pedir apoio político é o mesmo que pedir voto.

À luz do transcrito art. 36-A, *caput*, no período anterior a 16 de agosto do ano das eleições, não há óbice à "menção à pretensa candidatura", tampouco à "exaltação das qualidades pessoais dos pré-candidatos". E mais: nos termos do inciso I, não é vedada a participação de filiados a partidos e pré-candidatos "em entrevistas, programas, encontros ou debates no rádio, na televisão e na Internet, inclusive com a exposição de plataformas e projetos políticos". Também são permitidos "o pedido de apoio político e a divulgação da pré-candidatura, das ações políticas desenvolvidas e das que se pretende desenvolver" (§ 2º). Quanto ao "pedido de voto", a vedação constante do *caput* do art. 36-A abrange apenas a que ocorre de forma *explícita*.

Impulsionamento na Internet – o impulsionamento é uma estratégia onerosa de ação na Internet (notadamente em redes sociais como o Facebook e Instagram) que aumenta o impacto do conteúdo veiculado e estende o seu alcance a maior número de usuários. Trata-se de ação paga (onerosa) que amplia a visibilidade e a exposição do conteúdo veiculado. Nas situações abrangidas pelo art. 36-A em que a comunicação se dá pela Internet ou em redes sociais, é razoável admitir-se o impulsionamento de conteúdos, porque se trata de formas lícitas de comunicação.

Apesar de o art. 57-C, *caput*, da LE (com a redação da Lei nº 13.488/2017) vedar a veiculação na Internet "de qualquer tipo de propaganda eleitoral paga", excepcionalmente permite o "impulsionamento de conteúdos, desde que identificado de forma inequívoca como tal". É verdade que esse dispositivo legal só permite a contratação de impulsionamento por "partidos, coligações e candidatos e seus representantes"; também é verdade que o art. 57-B, IV, *b*, da mesma LE, proíbe a contratação de impulsionamento por pessoa natural ou física – todavia, essas restrições apenas se aplicam à "propaganda eleitoral", e não às hipóteses do presente art. 36-A, as quais são formas lícitas de comunicação e por definição legal "não configuram propaganda eleitoral". A propósito, veja-se o seguinte julgado:

> 1. Na espécie, a Corte Regional expressamente assentou a inexistência de pedido explícito de votos nos vídeos divulgados pela ora agravada, na rede social *Facebook*, em *link* patrocinado, antes de 16-8-2016. Ressalvou, ainda, que, "no presente caso, o que demonstra a ilicitude da conduta não é o teor das postagens, que está amparado pela lei, e sim o meio utilizado para dar-lhes maior visibilidade" (fl. 143). 2. De acordo com a moderna interpretação jurisprudencial e doutrinária acerca do art. 36-A da Lei nº 9.504/97, a publicidade que não contenha expresso pedido de voto não configura propaganda eleitoral. Precedentes. 3. Por conseguinte, as postagens em exame não se subsumem ao previsto no art. 57-C, *caput*, da Lei nº 9.504/97, porquanto, não havendo propaganda eleitoral, inexiste publicidade paga na Internet. 4. Agravo regimental desprovido (TSE – REspe nº 111265/SP – unânime – *DJe* 5-10-2017).

Note-se, porém, que se a comunicação ou a peça examinada for considerada como sendo propaganda eleitoral *antecipada*, por óbvio, vedado estará o impulsionamento. Ainda porque essa técnica somente poderia ser contratada por "partidos, coligações e candidatos e seus representantes", sendo proibida sua contratação por pessoa natural ou física (LE, arts. 57-B, IV, e 57-C, *caput*).

Responsabilidade por propaganda antecipada – no tocante à responsabilidade, o § 3° do art. 36 da LE prevê sanção de multa a ser imposta a *quem divulgar* propaganda antecipada. A ação de *divulgar* compreende a de criar a publicidade. Se a divulgação for feita por partido político (ou com sua colaboração ou conivência), nada impede seja ele sancionado.

Também o beneficiário pode ser responsabilizado, mas para tanto é preciso que se comprove que teve *prévio conhecimento* do fato. O condicionamento da responsabilidade ao prévio conhecimento da publicidade eleitoral revela que o legislador esposou o princípio da responsabilidade subjetiva, afastando a objetiva. Consequentemente, não poderia o beneficiário ser responsabilizado por eventuais, solitárias e espontâneas manifestações de terceiros em prol de sua candidatura.

11.4.3   Propaganda realizada em bens

11.4.3.1   Propaganda em bens públicos

Há duas situações a serem consideradas. Uma de proibição de propaganda em bens públicos, outra de permissão em certos locais públicos.

Proibição de propaganda em bens públicos – o art. 37, *caput*, da Lei das Eleições (com a redação dada pela Lei n° 13.165/2015) proíbe a realização de propaganda eleitoral – de qualquer natureza, inclusive pichação, inscrição a tinta e exposição de placas, estandartes, faixas, cavaletes, bonecos e assemelhados – nos bens que "pertençam" ao Poder Público, "e nos bens de uso comum, inclusive postes de iluminação pública, sinalização de tráfego, viadutos, passarelas, pontes, paradas de ônibus e outros equipamentos urbanos".

Assim, é vedada a realização de propaganda eleitoral em locais como (vide também o § 5°, art. 37, da LE): *a) árvores e jardins públicos; b) muros, cercas e tapumes divisórios localizados em áreas e bens públicos; c) cavalete e boneco* colocados em locais e vias públicas; *d) carretinha* ou veículo utilizados de forma fixa em locais e vias públicas; *e) poste com sinalização de trânsito, de iluminação ou com transformador de energia; f) torre de telefonia fixa e móvel; g) órgão público e local de prestação de serviço público*.

Nos termos do § 1° do art. 37, a violação da enfocada proibição sujeita o infrator à restauração do bem e, caso não cumprida no prazo, à multa.

Permissão de propaganda em bens públicos – por outro lado, de forma excepcional, o § 2°, I, do citado art. 37, da LE (com a redação da Lei n° 13.488/2017) permite a veiculação de "bandeiras ao longo de vias públicas, desde que móveis e que não dificultem o bom andamento do trânsito de pessoas e veículos". Tal permissão é reiterada pelo § 6° daquele mesmo dispositivo legal.

Esse § 6°, art. 37, da LE também permite "a colocação de mesas para distribuição de material de campanha [...] desde que móveis e que não dificultem o bom andamento do trânsito de pessoas e veículos".

Tanto o § 2º, I, quanto o § 6º do referido art. 37, condicionam a realização da propaganda à sua *mobilidade* ("desde que móveis"). Ocorre que pelo § 7º, do mesmo artigo, tal mobilidade "estará caracterizada com a colocação e a retirada dos meios de propaganda entre as seis horas e as vinte e duas horas". De modo que as "bandeiras ao longo de vias públicas" e as "mesas para distribuição de material de campanha" só podem ser colocadas a partir de 6 horas da manhã, devendo serem retiradas às 22 horas. Quanto às bandeiras, o que ocorre em geral é serem seguradas por pessoas ao longo das vias.

Dependências do Poder Legislativo – nas dependências do Poder Legislativo, a veiculação de propaganda eleitoral fica a critério da Mesa Diretora (LE, art. 37, § 3º).

Órgão público e local de prestação de serviço público – a Administração Pública constitui corpo técnico, devendo manter-se distante da disputa pelo poder político. Por isso, ao agente público não é dado manifestar ostensivamente suas opções políticas no local de trabalho.

Por outro lado, o lugar em que serviço público é prestado constitui *bem público de uso especial*. A realização de propaganda nesse local – ainda que por *extraneus* – poderia perturbar o trabalho realizado pelos agentes públicos e, pois, a prestação do serviço ou mesmo transtornar as pessoas que a ele se dirigem. Por tais razões, proíbe-se a realização de propaganda eleitoral em locais de prestação de serviço público, tais como hospitais, quartéis militares, delegacias, bibliotecas, postos de atendimento, museus, unidades de ensino. Assim, é vedada: *i*) a distribuição de folheto, panfleto ou outros impressos em escola (TSE – REspe nº 25.682/MG – *DJ* 14-9-2007, p. 224; REspe nº 35021/RS – *DJe*, t. 79, 28-4-2015, p. 105-106), universidade (TRE-MG – RE nº 2.117 – PSS 29-9-2008), rodoviária (TSE – REspe nº 760.572/RJ – j. 8-9-2015); *ii*) a realização de discurso político em escola pública (TSE – AgR-AI nº 381.580/RJ – *DJe* t. 149, 6-8-2015, p. 54-55).

No entanto, tal restrição não deve tolher a livre manifestação do pensamento de quem busca os serviços públicos, desde que isso ocorra de forma adequada. Por exemplo: nada impede que pessoa necessitada de atendimento médico ingresse em hospital usando broche de seu candidato ou que, durante o período de aula, estudante estacione seu veículo com adesivos no *campus* universitário.

Lançamento ou derramamento de santinhos ou panfletos na véspera do pleito – é comum na véspera da eleição candidatos e partidos (ou seus correligionários) lançarem inúmeros santinhos ou panfletos de propaganda em vias e locais públicos, normalmente situados nas adjacências das seções eleitorais onde se realiza a votação. Tal conduta sempre foi considerada atípica e, portanto, lícita, não ensejando qualquer sanção por parte da Justiça Eleitoral.

Entretanto, ao julgar o REspe nº 379.823/GO, em 15-10-2015, a Corte Superior Eleitoral, por unanimidade, afirmou a ilicitude do aludido comportamento, passando a compreendê-lo como propaganda eleitoral irregular violadora do artigo 37, *caput*, da LE. Assim:

> O derrame ou a anuência com o derrame de material de propaganda no local de votação ou nas vias próximas, ainda que realizado na véspera da eleição, configura propaganda irregular, sujeitando-se o infrator à multa

prevista no § 1° do art. 37 da Lei n° 9.504/97, sem prejuízo da apuração do crime previsto no inciso III do § 5° do art. 39 da Lei n° 9.504/97 (*vide* art. 14, § 7°, das Res. TSE n° 23.457/2015, n° 23.551/2018).

11.4.3.2   Propaganda em bem de uso ou acesso comum

O art. 37, *caput*, da LE também proíbe a realização de propaganda eleitoral "nos bens de uso comum". Apesar de apresentar sentido bem definido no Direito Privado (cf. art. 99, I, do CC), no Eleitoral a expressão "bens de uso comum" deve ser compreendida não só como os bens públicos, cujo uso é facultado a todos, mas também os particulares, cujo uso ou acesso não se restrinja ao titular do domínio, mas às pessoas em geral. Assim, por exemplo, ginásios desportivos, cinemas, teatros, lojas, *shoppings centers*, galerias comerciais, restaurantes, bares constituem bens, em geral, integrantes do domínio privado, pois pertencem a particulares, pessoas física ou jurídica. Entretanto, são "de uso público", pois não se destinam à utilização exclusiva de seus proprietários, mas ao público em geral. É esse o sentido do § 4° do art. 37 da LE (introduzido pela Lei n° 12.034/2009), que reza: "Bens de uso comum, para fins eleitorais, são os assim definidos pela Lei n° 10.406, de 10 de janeiro de 2002 – Código Civil e também aqueles a que a população em geral tem acesso, tais como cinemas, clubes, lojas, centros comerciais, templos, ginásios, estádios, ainda que de propriedade privada".

11.4.3.3   Propaganda em bem cujo uso dependa de autorização, cessão ou permissão do Poder Público

O citado art. 37, *caput*, da LE também veda a realização de propaganda eleitoral "nos bens cujo uso dependa de cessão ou permissão do Poder Público". Na proibição se incluem os bens cujo uso dependa de *autorização* do Poder Público. Sabe-se, com efeito, que cessão, permissão e autorização são negócios jurídicos realizados pelo Poder Público, submetendo-se cada qual deles a regime jurídico próprio.

Assim, é vedada a realização de propaganda eleitoral em locais como: *a) banca de jornal e revista; b) veículo* particular que preste serviço público de transporte de pessoas e/ou coisas; *c)* interior ou exterior de *táxi*.

11.4.3.4   Propaganda em bens particulares

Em bens particulares – de uso e acesso privados –, a realização de propaganda eleitoral depende do consentimento do proprietário ou possuidor, sendo desnecessária a obtenção de licença municipal ou autorização da Justiça Eleitoral. Tal faculdade decorre da autonomia privada e da liberdade de expressão e opinião do proprietário ou detentor. O consentimento deve ser espontâneo e gratuita a cessão do espaço (LE, art. 37, § 8°).

Note-se, porém, que mesmo em bens particulares a veiculação de propaganda não é totalmente livre, sofrendo restrições legais. Estas se devem não só à necessidade de haver equilíbrio nas disputas, como também ao barateamento do custo da propaganda e, pois, das campanhas político-eleitorais.

A regra geral inscrita no § 2º, art. 37, da LE é a proibição. Nos termos desse dispositivo, salvante as exceções que enumera, "não é permitida a veiculação de material de propaganda eleitoral em bens [...] particulares".

Assim, a propaganda eleitoral em bens particulares tem caráter excepcional, apenas sendo permitida quando feita em "adesivo plástico em automóveis, caminhões, bicicletas, motocicletas e janelas residenciais, desde que não exceda a 0,5 m² (meio metro quadrado)" (LE, art. 37, § 2º, II – com a redação da Lei nº 13.488/2017).

Embora nesse dispositivo o legislador apenas se refira a adesivo "plástico", por interpretação extensiva também se admite o uso de papel.

Imóveis – extrai-se do citado inciso II, § 2º, art. 37 que propaganda só pode ser realizada: *i)* em imóveis *residenciais* (não em imóveis comerciais, industriais, agrícolas etc.); *ii)* somente em "janelas" ou similares (não em muros, paredes, telhados etc.); *iii)* em "adesivo plástico" ou papel (não mediante pintura ou inscrição a tinta), *iv)* com dimensão máxima de 0,5 m² (meio metro quadrado).

Não obstante, a Resolução TSE nº 23.551/2018 parece ter tido uma compreensão mais alargada do referido inciso II, § 2º, art. 37 da LE. É que o artigo 15, § 5º, daquela Resolução veda a realização de propaganda eleitoral em bens particulares "mediante inscrição ou pintura em fachadas, muros ou paredes", admitindo, porém, "a fixação de papel ou de adesivo" com dimensão de até 0,5m². Assim, a propaganda em bens particulares não se restringiria a "janelas residenciais".

Automóveis – do referido inciso II, § 2º, art. 37, da LE também se extrai a permissão legal para realização de propaganda eleitoral em "automóveis, caminhões, bicicletas e motocicletas" – desde que sejam particulares e destinados ao uso privado. O termo *automóvel* deve ser tomado em sentido amplo, significando veículo que se move por si próprio ou com autopropulsão decorrente de combustão interna gerada por combustíveis como gasolina, álcool, biodiesel. Assim, deve abranger: trator, patrola, ônibus, van, quadriciclo etc.

A propaganda deve ser realizada por meio de adesivo com dimensão total de até 0,5m². Pode-se colocar adesivo em quaisquer partes do automóvel, desde que não afete a segurança das pessoas e do trânsito. Assim, *e.g.*, pode ser afixado no para-brisa traseiro, nos vidros das portas, nas portas, no capô, no para-choque etc.

Caso haja mais de um adesivo colado no mesmo automóvel, a soma de suas áreas não pode ultrapassar 0,5m², sob pena de caracterizar-se a irregularidade da propaganda.

A propaganda em automóvel também é objeto do § 4º, art. 38, da LE. Consoante o § 4º, é permitido colar em veículos "adesivos microperfurados até a extensão total do para-brisa traseiro e, em outras posições, adesivos até a dimensão máxima fixada no § 3º". Este § 3º estabelece que adesivos deverão ter "a dimensão máxima de 50 (cinquenta) centímetros por 40 (quarenta) centímetros", que equivale a 0,2m². Por óbvio, a área desse adesivo (0,2m²) é inferior à prevista no referido inciso II, § 2º, art. 37, da LE, que é de 0,5m².

A análise conjunta dos dois dispositivos referidos permite concluir que o inciso II, § 2º, do art. 37, derrogou o § 4º, do art. 38. Com isso, tem-se como permitida a fixação de "adesivos microperfurados até a extensão total do para-brisa traseiro" do automóvel, não sendo aplicável, nesse caso, o limite máximo de 0,5m². A observância desse limite só é necessária quanto a adesivos fixados em outras partes do veículo que não o para-brisa traseiro.

Dada a limitação a 0,5m² das dimensões do adesivo, vedada é a realização de *plotagem* em automóvel. Por plotagem compreende-se o processo de impressão de imagens, desenhos, letras e traços em grande dimensão; para tanto, é usado equipamento (impressora) de alta qualidade gráfica e precisão denominado *plotter* ou *lutther*. Comum na publicidade (além de outras áreas, como engenharia, arquitetura e *design*), a plotagem pode ser feita em adesivo plástico (entre outros materiais) com tinta resistente à exposição a intempéries. Esse adesivo é aplicado no veículo, que fica quase inteiramente coberto ou plotado.

Sanção por infração – havendo infração às regras estabelecidas para a propaganda em bens particulares, tem-se entendido que o infrator fica sujeito às sanções cumulativas de retirada da propaganda e multa, nos termos do § 1º, art. 37, da LE. Nesse sentido, dispõe a Súmula TSE nº 48: "A retirada da propaganda irregular, quando realizada em bem particular, não é capaz de elidir a multa prevista no art. 37, § 1º, da Lei nº 9.504/97". O problema, porém, dessa compreensão é que o § 1º do art. 37 cuida de "veiculação de propaganda em desacordo com o disposto no *caput* deste artigo", isto é, no *caput* do art. 37. E este não trata de propaganda em bem particular, mas sim em bens: *i)* que pertençam ao Poder Público; *ii)* cujo uso dependa de cessão ou permissão do Poder Público; *iii)* de uso comum.

> *Em outdoor* é proibida a realização de propaganda eleitoral, ainda que aquele artefato seja em forma de tela ou telão eletrônico. A infração a esse preceito sujeita a empresa responsável, os partidos, as coligações e os candidatos à imediata retirada da propaganda irregular e ao pagamento de multa (LE, art. 39, § 8º). Note-se que a configuração do *outdoor* pode se dar a partir da junção ou justaposição de vários "engenhos ou equipamentos publicitários" de proporções menores, desde que, tomados em conjunto, haja semelhança ou efeito visual de *outdoor*.

11.4.4 Distribuição de folhetos, adesivos, volantes e outros impressos

Em vias públicas e locais não afetados à prestação de serviço público, é livre a distribuição de folhetos, adesivos, volantes e outros impressos, não sendo, pois, necessária autorização do Poder Público ou da Justiça Eleitoral (LE, art. 38, *caput*) para a realização dessa ação.

Esse material há de ser editado sob a responsabilidade do partido, coligação ou candidato, devendo "conter o número de inscrição no Cadastro Nacional de Pessoas Jurídicas (CNPJ) ou o número de inscrição no Cadastro de Pessoas Físicas (CPF) do responsável pela confecção, bem como de quem a contratou, e a respectiva tiragem". Quando for veiculada no impresso "propaganda conjunta de diversos candidatos, os gastos relativos a cada um deles deverão constar na respectiva prestação de contas, ou apenas naquela relativa ao que houver arcado com os custos" (LE, art. 38, *caput*, §§ 1º e 2º).

Quanto ao tamanho, só há expressa regulamentação acerca de *adesivo*, o qual poderá ter "a dimensão máxima de 50 (cinquenta) centímetros por 40 (quarenta) centímetros" (LE, art. 38, § 3º), ou seja, área máxima de 0,2m².

Embora a difusão desses impressos seja livre, só pode ocorrer até as 22 horas do dia anterior ao das eleições (LE, art. 39, § 9º), considerando-se crime sua distribuição no dia do pleito (LE, art. 39, § 5º, III). Além disso, não pode haver distribuição em locais de prestação de serviço público, tal como o interior de repartições públicas, escola (TSE – REspe nº 25.682/MG – *DJ* 14-9-2007, p. 224), universidade (TRE-MG – RE nº 2.117 – PSS 29-9-2008).

Ao julgar o REspe nº 379.823/GO, em 15-10-2015, o TSE, por unanimidade, afirmou a ilicitude da conduta de, na véspera do pleito, *lançar ou derramar santinhos ou panfletos* em locais ou vias públicos. Passou-se, portanto, a se considerar tal evento como propaganda eleitoral irregular violadora do art. 37, *caput*, da LE. Assim, houve mudança de entendimento daquele tribunal, pois o aludido comportamento sempre foi considerado lícito por ausência de específica previsão legal.

11.4.5 Comício, *showmício* e eventos assemelhados

O comício constitui uma das mais tradicionais formas de propaganda eleitoral. Enseja o contato direto do candidato com o eleitor. Pode ocorrer até 48 horas antes do pleito (CE, art. 240, parágrafo único). Sua realização independe de licença da autoridade policial ou judicial. No entanto, é mister que o candidato, partido ou coligação promotora do evento comunique à autoridade policial "em, no mínimo, vinte e quatro horas antes de sua realização, a fim de que esta lhe garanta, segundo a prioridade do aviso, o direito contra quem tencione usar o local no mesmo dia e horário" (LE, art. 39, § 1º). A autoridade deverá se incumbir das providências necessárias à garantia da realização do evento e ao funcionamento do tráfego e dos serviços públicos que eventualmente possam ser afetados.

No comício, a sonorização poderá ser feita por aparelhagem fixa ou trio elétrico, no horário compreendido entre 8 e 24 horas; entretanto, o comício de encerramento da campanha poderá se estender por mais duas horas, devendo encerrar até as 2 horas da madrugada (LE, art. 39, §§ 4º e 10).

Showmício – a teor do § 7º do art. 39 da LE, é proibida a realização de showmício e de evento assemelhado para promoção de candidatos, bem como a apresentação, remunerada ou não, de artistas com a finalidade de animar comício e reunião eleitoral. Por "showmício" e "evento assemelhado" deve-se compreender o evento em que haja divertimento, *entretenimento*, recreação ou mero deleite dos presentes.

11.4.6 Alto-falante, carro de som, minitrio e trio elétrico

O funcionamento de alto-falante ou amplificador de som somente é permitido no período de 8 a 22 horas (LE, art. 39, § 3º). Tais equipamentos podem ser usados até a véspera do dia da eleição. Para que não haja prejuízo ao regular funcionamento de determinados serviços públicos e estorvo aos usuários, proíbe-se sejam instalados e usados em distância inferior a 200 metros:

I – das sedes dos Poderes Executivo e Legislativo da União, dos Estados, do Distrito Federal e dos Municípios, das sedes dos Tribunais Judiciais, e dos quartéis e outros estabelecimentos militares; II – dos hospitais e casas de saúde; III – das escolas, bibliotecas públicas, igrejas e teatros, quando em funcionamento.

No entanto, a exigência dessa distância só tem razão de ser se os órgãos arrolados estiverem em funcionamento; caso contrário, não haveria qualquer prejuízo às atividades neles desenvolvidas.

Carro de som e minitrio – também é permitido o uso de carro de som e minitrio. No período eleitoral, esses veículos seguem pelas ruas das cidades tocando jingles de candidato, anunciando seu número e propostas. Nos termos do art. 39, § 11, da LE:

> Art. 39 [...] § 11. É permitida a circulação de carros de som e minitrios como meio de propaganda eleitoral, desde que observado o limite de oitenta decibéis de nível de pressão sonora, medido a sete metros de distância do veículo, e respeitadas as vedações previstas no § 3º deste artigo, apenas em carreatas, caminhadas e passeatas ou durante reuniões e comícios (incluído pela Lei nº 12.891/2013, com a redação da Lei nº 13.488/2017).

Assim, a realização de propaganda em carros de som e minitrios requer: *i)* a observância do limite de oitenta decibéis de nível de pressão sonora, medido a sete metros de distância do veículo; *ii)* o respeito à distância de 200m de hospitais, escolas etc., conforme estabelece o citado § 3º, art. 39, da LE; *iii)* a utilização desses veículos apenas em "carreatas, caminhadas e passeatas ou durante reuniões e comícios". Por essa última restrição, os carros de som e minitrios não podem circular pelas ruas a qualquer momento, mas apenas serem utilizados em "carreatas, caminhadas e passeatas ou durante reuniões e comícios".

Quanto ao trio elétrico, seu uso em campanhas eleitorais é vedado pelo § 10, art. 39, da LE (incluído pela Lei nº 12.034/2009), sendo, porém, excepcionalmente permitido apenas "para a sonorização de comícios".

As definições de *carro de som, minitrio e trio elétrico encontram-se no* § 12 do art. 39 (incluído pela Lei nº 12.891/2013), que reza:

> Art. 39 [...] § 12. Para efeitos desta Lei, considera-se:
>
> I – carro de som: veículo automotor que usa equipamento de som com potência nominal de amplificação de, no máximo, 10.000 (dez mil) watts;
>
> II – minitrio: veículo automotor que usa equipamento de som com potência nominal de amplificação maior que 10.000 (dez mil) watts e até 20.000 (vinte mil) watts;
>
> III – trio elétrico: veículo automotor que usa equipamento de som com potência nominal de amplificação maior que 20.000 (vinte mil) watts.

11.4.7 Direito de reunião e manifestação coletiva

O art. 5º, XVI, da CF contempla o direito fundamental de reunião, o qual também é previsto no art. XX.1 da Declaração Universal dos Direitos Humanos. Afirma que todos podem reunir-se pacificamente, sem armas, em locais abertos ao público, independentemente de autorização. Por óbvio, estão asseguradas as reuniões e manifestações públicas de caráter político-eleitoral.

No entanto, no dia da eleição, tal direito é atenuado em prol da preservação da paz social. Nesse dia, o art. 39-A, § 1º, da LE veda "[...] até o término do horário de votação, a aglomeração de pessoas portando vestuário padronizado, bem como os instrumentos de propaganda referidos no *caput* [bandeiras, broches, dísticos e adesivos], de modo a caracterizar manifestação coletiva, com ou sem utilização de veículos".

Essa vedação é reforçada pelo § 5º do art. 39 da mesma norma legal, que prevê como crime o uso, no dia da eleição, de alto-falantes e amplificadores de som, a promoção de comício ou carreata, a arregimentação de eleitor, bem como a realização de boca de urna e a divulgação de qualquer espécie de propaganda.

11.4.8 Culto e locais religiosos

A Constituição Federal em seu art. 5º, VI assegura o livre exercício dos cultos religiosos. Esse direito fundamental tem em vista a inadiável necessidade humana de se relacionar com o divino ou sublime. O *culto* traduz um momento em que essa relação se afirma e reforça, pois nele o encontro com Deus se faz presente pelo diálogo. É esse um dos momentos capitais de expressão de fé e afirmação religiosa.

Não se trata, portanto, do momento nem do local apropriados para se realizar propaganda eleitoral. Além do desrespeito às pessoas presentes ao culto, o desvirtuamento do ato religioso em propaganda eleitoral é ilícito.

Ocorre não ser raro que líderes religiosos cedam seus espaços e recursos para promoção de campanhas eleitorais. Há casos em que candidatos comparecem a eventos religiosos e chegam a discursar aos fiéis que lá se encontram presentes.

Por vezes, propaganda eleitoral é intercalada no próprio discurso religioso, em evidente desvio de finalidade do ato.

Há casos, ainda, em que são apostas placas, cartazes ou inscrições no recinto do culto ou em suas adjacências.

Em todas essas situações, pode restar violada a igualdade de chances entre os participantes do certame, o que é agravado quando o ato religioso é disponibilizado na Internet e redes sociais ou transmitido em veículos de comunicação social de massa como o rádio e a televisão.

É verdade que a liberdade fundamental de expressão também abriga religiosos e fiéis e discursos quejandos. O que não se deve, porém, tolerar é o desvio de poder religioso, que eventualmente pode se consubstanciar em abuso de poder econômico.

11.4.9 Caminhada, passeata e carreata

É permitida a realização de caminhada, passeata e carreata em prol de determinada candidatura. Tais eventos podem ser realizados até as 22 horas da véspera do dia das eleições (LE, art. 39, § 9º).

Mas vale observar que o § 5º, I, art. 39 da LE tipifica como crime a promoção, no dia da eleição, de carreata. Embora não haja expressa menção a caminhada e *passeata*, essas duas condutas podem ser compreendidas no tipo do inciso III daquele mesmo § 5º, como crime de divulgação de propaganda no dia da eleição.

11.4.10 Propaganda mediante distribuição de bens ou vantagens

O art. 39, § 6º, da Lei nº 9.504/97 proíbe, na campanha eleitoral, a confecção, utilização, distribuição por comitê, candidato, ou com sua autorização, de camisetas, chaveiros, bonés, canetas, brindes, cestas básicas ou quaisquer outros *bens ou materiais que possam proporcionar vantagem ao eleitor*.

A interpretação *contrario sensu* dessa regra indica ser permitida a distribuição de objetos que não propiciem vantagem ao eleitor. É o caso, *e.g.*, de distribuição de "santinho" com a imagem do candidato. Em certos casos, difícil será afirmar se há ou não *real vantagem* ao eleitor. Imagine-se a distribuição de marcador de página ou de minicalendário em forma de "santinho"; se não se pode negar a vantagem, é preciso convir ser ela insignificante.

Confecção de propaganda pelo próprio eleitor – a restrição estampada no aludido § 6º não pode ir ao ponto de suprimir ou cercear o direito público-subjetivo de livre manifestação de pensamento e opinião, direito esse que ostenta forte matiz nos domínios políticos. Assim, nada impede que simpatizante de certo candidato ultime por conta própria, para seu uso pessoal, propaganda em bem que lhe pertença.

11.4.11 *Telemarketing* eleitoral

Consiste a propaganda eleitoral via *telemarketing* em agentes da campanha de um candidato contatar diretamente eleitores por telefone para lhes pedir voto. Em alguns casos apenas se executa o *jingle* ou uma curta mensagem eletrônica.

A prática ensejou abusos impossíveis de serem controlados ou comprovada a autoria. Por exemplo: adversários de um candidato, em nome deste, contatam eleitores no meio da madrugada; a perturbação do descanso dos eleitores gera forte indisposição para com o suposto responsável pelo contato, prejudicando, portanto, sua candidatura. Trata-se de forma pérfida e antiética de agir.

Tal forma de comunicação eleitoral foi vedada pela Justiça Eleitoral, em qualquer horário. Nesse sentido: TSE – Consultas nº 226-11/DF (*DJe* 2-8-2016, p. 193-194) e nº 20.535/DF (*DJe* 2-8-2016, p. 193-194); Res. nº 23.404/2014, art. 25, § 2º; Res. nº 23.457/2015, art. 27, § 2º. A proibição invoca como fundamento o "respeito à proteção à intimidade e à inviolabilidade de domicílio e objetivando evitar a perturbação do sossego público".

Não se veda, porém, o chamado *telemarketing* receptivo, pois aí o próprio eleitor é quem toma a iniciativa do contato. Isso ocorre, por exemplo, quando o eleitor telefona para o escritório ou comitê político do candidato e nos primeiros momentos ouve mensagem ou o *jingle* de sua campanha.

11.4.12 Mídia escrita

Realçando os valores atinentes às liberdades de comunicação e informação, admite-se que a imprensa escrita – jornal, revista e escritos em geral –, em qualquer época (inclusive durante o processo eleitoral), emita *opinião* favorável a candidato ou pré-candidato. Como se sabe, o jornal e a revista (como pessoa jurídica) se expressam no editorial. Mas não há empeço à manifestação de colunista no espaço que lhe é destinado. Note-se, porém, que a matéria não pode ser paga.

Se for franqueada a emissão de opinião favorável, razão não há para se vedar a crítica negativa ou a opinião desairosa. Elogio e crítica, ainda que cáustica, fazem parte da dialética democrática.

Quanto à *divulgação paga* de propaganda eleitoral, até a antevéspera das eleições é ela permitida. Para se evitar que um candidato ou alguns deles monopolizem esse meio, o art. 43 da LE só permite a reprodução de "até 10 (dez) anúncios de propaganda eleitoral, por veículo, em datas diversas, para cada candidato, no espaço máximo, por edição, de 1/8 (um oitavo) de página de jornal padrão e de 1/4 (um quarto) de página de revista ou tabloide". A averiguação da quantidade de anúncios deve se basear no número de vezes em que a imagem ou o nome do candidato sejam veiculados. Além disso, o anúncio deverá conter, de forma visível, o valor pago pela inserção. A inobservância desses limites sujeita o agente à sanção de multa.

11.4.13 Mídia virtual

O art. 57-C, § 1º, I, da LE veda a veiculação de propaganda eleitoral na Internet em sítio de pessoa jurídica. Entretanto, é certo que a matéria jornalística que aluda a candidato não constitui propriamente "propaganda eleitoral", mas lídima manifestação dos direitos fundamentais de expressão do pensamento, crítica e informação.

Tal qual ocorre com a imprensa escrita, restringe-se na virtual a propaganda eleitoral paga.

Pelo art. 43 da LE, é permitida "a reprodução na Internet do jornal impresso" contendo anúncios de propaganda eleitoral. Logo, só podem ser reproduzidos na Internet anúncios publicados no veículo impresso, dentro dos limites fixados para este, conforme visto linhas atrás.

11.4.14 Rádio e televisão

Dado o poder de difusão e influência que naturalmente ostentam, a televisão e o rádio sempre foram tratados com cautela pelo legislador estatal. Estão presentes em quase todos os lares brasileiros, sendo encontrados nos rincões mais distantes.

Os serviços prestados por tais veículos de comunicação social são concedidos pelo poder público federal, operando as empresas sob o regime de concessão. Estando seus bens afetos à realização de uma finalidade pública, têm natureza de bens públicos por afetação. Por isso, não podem ser empregados em prol de candidaturas. Devem pautar sua atuação pela imparcialidade. Mesmo porque empresas concessionárias ou permissionárias de serviço público não podem efetuar doação direta ou indireta, "em dinheiro ou estimável em dinheiro, inclusive por meio de publicidade de qualquer espécie", a partido ou candidato (LE, art. 24, III; LPP, art. 31, II). Note-se que a exigência de imparcialidade não significa omissão ou ação acrítica da mídia, mas a impossibilidade de se apoiar determinada candidatura na disputa pelo poder estatal.

Com vistas a coibir o uso abusivo dos meios de comunicação em tela e ensejar o acesso de todos os candidatos, estabelece a lei eleitoral minuciosa regulamentação.

As restrições abarcam as emissoras de rádio comunitária, as emissoras de televisão que operam em VHF e UHF, os canais por assinatura, inclusive os que forem de responsabilidade do Poder Público, como a TV Câmara, a TV Senado, as TVs Assembleia, a TV Justiça.

É vedada a propaganda paga, devendo restringir-se ao horário eleitoral gratuito (LE, arts. 36, § 2º, e 44, *caput*).

Nos termos do art. 45, *caput*, da LE, encerrado o prazo para a realização das convenções no ano das eleições – ou seja, a partir de 6 de agosto –, é defeso às emissoras, em sua programação normal e no noticiário:

> I) transmitir, ainda que sob a forma de entrevista jornalística, imagens de realização de pesquisa ou qualquer outro tipo de consulta popular de natureza eleitoral em que seja possível identificar o entrevistado ou em que haja manipulação de dados; II) [vigência suspensa – STF/ADI nº 4.451, j. 2-9-2010 – eis o texto suspenso: "usar trucagem, montagem ou outro recurso de áudio ou vídeo que, de qualquer forma, degradem ou ridicularizem candidato, partido ou coligação, ou produzir ou veicular programa com esse efeito"]; III) veicular propaganda política [a segunda parte desse inciso foi suspensa pelo STF na ADI nº 4.451, j. 2-9-2010 – eis o texto suspenso: "[...] ou difundir opinião favorável ou contrária a candidato, partido, coligação, a seus órgãos ou representantes"]; IV) dar tratamento privilegiado a candidato, partido ou coligação; V) veicular ou divulgar filmes, novelas, minisséries ou qualquer outro programa com alusão ou crítica a candidato ou partido político, mesmo que dissimuladamente, exceto programas jornalísticos ou debates políticos; VI) divulgar nome de programa que se refira a candidato escolhido em convenção, ainda quando preexistente, inclusive se coincidente com o nome do candidato ou com a variação nominal por ele adotada; sendo o nome do programa o mesmo que o do candidato, é proibida sua divulgação, sob pena de cancelamento do respectivo registro.

A emissora que infringir tais vedações sujeita-se à sanção de multa, conforme prevê o § 2º desse mesmo art. 45.

A partir do dia 30 de junho do ano eleitoral, é vedada às emissoras a transmissão de programa apresentado ou comentado por pré-candidato (LE, art. 45, § 1º – com a redação da Lei nº 13.165/2015). Caso o apresentador ou comentador venha a ser escolhido na convenção partidária, a infringência dessa proibição: *i)* sujeita a emissora à sanção de multa; *ii)* acarreta o indeferimento ou cancelamento do registro da candidatura do beneficiário.

Com tais restrições, pretende-se privilegiar os princípios da imparcialidade e da impessoalidade na prestação de serviço público, bem como da isonomia e do equilíbrio entre os participantes do certame, impedindo-se que uns sejam beneficiados em detrimento de outros. Tendo em vista que o rádio e a televisão constituem serviços públicos cuja realização pelo particular depende de concessão do Poder Público, há mister que o concessionário aja com imparcialidade perante os candidatos e as agremiações participantes do certame. Tais mídias

> [...] têm um dever que não se estende à mídia escrita: o dever da imparcialidade ou da equidistância perante os candidatos. Imparcialidade, porém, que não significa ausência de opinião ou de crítica jornalística. Equidistância que apenas veda às emissoras de rádio e televisão encamparem, ou então repudiarem, essa ou aquela candidatura a cargo político-eletivo (STF – ADI nº 4.451/DF – trecho do voto do relator – *DJ* 1º-9-2010).

Afinal, se o poder político emana do povo, é mister que a liberdade do sufrágio seja garantida de forma plena.

11.4.14.1 *Entrevista com candidato*

Apesar de não haver específica previsão legal, é de admitir-se que emissoras realizem *entrevistas* com candidatos. Afinal, se lhes é dado entrevistar pré-candidato (LE, art. 36-A, I) e promover debate entre candidatos (LE, art. 46), não há razão jurídica que as impeça de entrevistar os principais atores do certame. Mesmo porque as eleições constituem fato jornalístico de indiscutível relevo social e a entrevista propicia aos eleitores conhecer melhor os candidatos e as ideias que apoiam. Note-se que a conveniência de realizar a entrevista é da própria emissora, não havendo como lhes impor sua realização. A propósito, já se decidiu:

> [...] não cabe à Justiça Eleitoral impor às emissoras de televisão, ou a qualquer outro veículo de comunicação, a obrigação de entrevistar esta ou aquela pessoa. 4. A possibilidade de tratamento diferenciado para candidatos que se encontram em situações distintas está prevista na própria lei eleitoral, como, por exemplo, na distribuição dos tempos reservados para a propaganda eleitoral gratuita. Agravo a que se nega provimento (TSE – AgR-AC nº 2.787/PA – *DJe* 7-10-2008, p. 13).

Cuidando-se de entrevista com *candidato*, nada impede que haja explícito pedido de voto aos ouvintes e telespectadores. É isso, aliás, que dele se espera.

Observe-se, porém, que na realização de entrevistas se deve sempre procurar respeitar o princípio da igualdade. Para que não haja desequilíbrio e odioso privilégio, o mesmo espaço deve ser franqueado a todos os concorrentes da eleição a que se referir. Os abusos e excessos, bem como o uso indevido dos meios de comunicação social, podem constituir abuso de poder, censurado nos termos da Lei das Inelegibilidades.

11.4.14.2 Debate

O *debate* pode ser compreendido como um encontro face a face entre candidatos concorrentes (normalmente) a cargos do Poder Executivo, em que lhes são feitas perguntas e apresentados temas e problemas diversos para suas apreciações e respostas; sua finalidade primordial é auxiliar a escolha dos eleitores no dia das eleições. O evento é realizado em uma sala ampla, palco ou estúdio, e transmitido pela televisão, rádio, Internet ou redes sociais, sendo objeto de grande interesse do público e larga cobertura da mídia.

À luz da legislação vigente, o art. 46 da LE (com a redação da Lei nº 13.488/2017) faculta às emissoras de rádio e televisão inserir em suas programações normais a realização de *debate* sobre as eleições majoritária ou proporcional. Caso a emissora opte por realizar o debate, o referido dispositivo assegura "a participação de candidatos dos partidos com representação no Congresso Nacional, de, no mínimo, cinco parlamentares", sendo facultada a participação dos demais candidatos cujos partidos não tenham aquela representação mínima no Congresso Nacional. Assim, é garantida a participação de candidatos cujos partidos tenham, por exemplo, 5 Deputados Federais ou 5 Senadores ou 4 Deputados e 1 Senador.

Em geral, as regras do debate são ajustadas em negócio jurídico entabulado entre a emissora interessada e os partidos políticos dos candidatos participantes.

Caso apenas um candidato compareça ao evento, admite-se que o horário reservado à realização de debate seja destinado a entrevistá-lo.

11.4.15 Propaganda gratuita no rádio e na televisão

O art. 17, § 3º, da CF (com a redação da EC nº 97/2017) assegura aos partidos políticos o "acesso gratuito ao rádio e à televisão". Entretanto, esse direito só é concedido a quem cumprir determinados requisitos. Denominados "cláusulas de desempenho", esses requisitos são previstos naquele mesmo dispositivo constitucional e também no art. 3º da EC nº 97/2017.

Assim, se um partido tiver candidatos eleitos, mas seu desempenho for muito fraco e não preencher os referidos requisitos, não terá direito de "acesso gratuito ao rádio e à televisão". Mas nesse caso, o § 5º, do art. 17, da CF (incluído pela EC nº 97/2017) garante ao candidato eleito o mandato conquistado, facultando-lhe, ainda, "a filiação, sem perda do mandato, a outro partido" que tenha atingido os referidos requisitos.

Nos termos dos arts. 47 e 51 da LE (respectivamente com as redações das Leis nº 13.165/2015 e 13.488/2017), as emissoras "reservarão, nos trinta e cinco dias anteriores à antevéspera das eleições", horários destinados à divulgação, em rede e em inserções, da propaganda eleitoral gratuita.

A propaganda eleitoral nos referidos veículos de mídia é gratuita e obrigatória. A gratuidade significa que as agremiações políticas e os candidatos beneficiados *não* têm de ressarcir as emissoras de rádio e televisão pelo uso do espaço. Essa cessão, porém, não é graciosa, pois o art. 99 da LE estabelece o direito das emissoras à "compensação fiscal". Assim, a propaganda eleitoral "gratuita" é sempre custeada pelo erário.

Já pela obrigatoriedade as emissoras têm o dever legal de veiculá-la, sob pena de terem suspensas suas programações normais (LE, art. 56). Contudo, esse dever só abrange os canais abertos que operam em VHF e UHF, inclusive os comunitários (LE, art. 57). Quanto aos fechados ou por assinatura, só há obrigatoriedade para os que se encontram vinculados a entes públicos como o Senado (TV Senado), a Câmara dos Deputados (TV Câmara), as Assembleias Legislativas (TV Assembleia), a Câmara Legislativa do Distrito Federal, as Câmaras Municipais, o Poder Judiciário (TV Justiça).

Nos termos do § 9º, art. 47, da LE (introduzido pela Lei nº 13.165/2015), "as emissoras de rádio sob responsabilidade do Senado Federal e da Câmara dos Deputados instaladas em localidades fora do Distrito Federal são dispensadas da veiculação da propaganda eleitoral gratuita", exceto no pleito de Presidente da República.

Para a efetivação da propaganda, as mídias contendo as gravações devem ser entregues antecipadamente às emissoras.

Quanto à *transmissão* da propaganda, pode ela se dar de duas formas: em rede ou cadeia, e em inserção. Quando feita em *rede*, ficam suspensas as transmissões das emissoras, de sorte que a comunicação vai ao ar simultaneamente em todos os canais. Já na *inserção* a propaganda é intercalada na programação normal da emissora, não havendo simultaneidade na difusão nos diversos veículos integrantes do sistema.

O conteúdo da propaganda deve ligar-se à exposição do candidato perante o eleitorado, de modo a serem difundidas sua imagem, ideias, projetos, propostas e programa, bem como suas posições acerca de temas de interesse da sociedade.

Na produção do programa, deve-se observar a Língua Brasileira de Sinais – Libras – ou a veiculação de legendas, que deverão constar da mídia entregue às emissoras (LE, art. 44, § 1º). Ademais, a Lei Brasileira de Inclusão da Pessoa com Deficiência garante o uso dos seguintes recursos: "I – subtitulação por meio de legenda oculta; II – janela com intérprete da Libras; III – audiodescrição" (Lei nº 13.146/2015, arts. 67 e 76, § 1º). Com isso, viabiliza-se a comunicação com as pessoas portadoras de deficiência.

Há mister que partidos e coligação sejam identificados no programa. Tal exigência visa a conferir transparência às composições políticas que apoiam o candidato.

São vedados na propaganda gratuita no rádio e na tv: *(i)* comunicação de matiz comercial, que promova marca ou produto, ainda que de maneira disfarçada ou subliminar (LE, art. 44, § 2º); *(ii)* mensagem que possa degradar ou ridicularizar candidatos (LE, arts. 51, IV, e 53, § 1º); *(iii)* comunicação ofensiva à honra de candidatos, à moral e aos bons costumes (LE, art. 53, § 2º); *(iv)* transmitir, ainda que sob a forma de entrevista jornalística, imagens de realização de pesquisa ou qualquer outro tipo de consulta popular de natureza eleitoral em que seja possível identificar o entrevistado ou em que haja manipulação de dados (LE, arts. 55 e 45, I); *(v)* programa ou inserção produzido com "montagens, trucagens, computação gráfica, desenhos animados e efeitos especiais" (LE, art. 54, *caput*, parte final – com a redação da Lei n° 13.165/2015); *(vi)* "ofensas ou acusações a adversários, decorrentes de manifestações de terceiros ou de matérias divulgadas pela imprensa" (TSE – Rp n° 165865/DF – PSS 16-10-2014).

11.4.15.1 Sanções por irregularidade na propaganda na tv e no rádio

A Lei n° 9.504/97 previu um sistema próprio de sanção para as condutas infringentes das regras erigidas para a propaganda eleitoral gratuita na televisão e no rádio. Encontram-se sujeitos a penalidades: candidatos, partidos, coligações e emissoras.

Nesse sentido, o § 1° do art. 53 estabelece a "perda do direito à veiculação de propaganda no horário eleitoral gratuito do dia seguinte", caso seja exibida propaganda que possa *degradar* ou *ridicularizar* candidatos. Outrossim, é dado à Justiça Eleitoral impedir "a reapresentação de propaganda ofensiva à honra de candidato, à moral e aos bons costumes" (§ 2°).

Já o § 3° do art. 53-A sanciona o descumprimento das regras que veicula com a perda, para o partido ou a coligação, em seu horário de propaganda gratuita, de "tempo equivalente no horário reservado à propaganda da eleição disputada pelo candidato beneficiado" pela conduta infratora.

Também é prevista sanção pecuniária para exibição de propaganda eleitoral por parte de emissora "não autorizada a funcionar pelo poder competente" (LE, art. 44, § 3°).

Por outro lado, reza o art. 55, parágrafo único, da LE que a violação dos incisos I e II (o inciso II foi suspenso pelo STF na ADI n° 4.451/DF, sessão de 2-9-2010) do art. 45 dessa mesma lei sujeita o partido ou a coligação à "perda de tempo equivalente ao dobro do usado na prática do ilícito, no período do horário gratuito subsequente, dobrada a cada reincidência, devendo o tempo correspondente ser veiculado após o programa dos demais candidatos com a informação de que a não veiculação do programa resulta de infração da lei eleitoral". Esclareça-se que o referido inciso I proíbe "transmitir, ainda que sob a forma de entrevista jornalística, imagens de realização de pesquisa ou qualquer outro tipo de consulta popular de natureza eleitoral em que seja possível identificar o entrevistado ou em que haja manipulação de dados".

Por fim, o art. 56 da Lei n° 9.504/97 prevê sanção à emissora que deixar de cumprir as disposições atinentes à propaganda. Nesse caso, a Justiça Eleitoral poderá determinar a suspensão, por 24 horas, de sua programação normal. No período de suspensão, a Justiça Eleitoral veiculará mensagem de orientação ao eleitor, intercalada, a cada 15 minutos (§ 1°). Em cada reiteração de conduta, o período de suspensão será duplicado (§ 2°).

Para que essas sanções sejam aplicadas, é preciso que o interessado ou o Ministério Público acione a jurisdição eleitoral. Todavia, em determinadas situações, não se pode negar à Justiça Eleitoral a possibilidade de agir de ofício para impedir a veiculação de propaganda manifestamente abusiva e atentatória à ordem pública. Aqui, a atuação da autoridade eleitoral encontra fundamento no poder de polícia. Frise-se, porém, não ser possível, sem provocação da parte legitimada, aplicar sanções como multa, perda de tempo de propaganda ou suspensão da programação da emissora. Nesses casos, impõe-se a instauração de processo jurisdicional, no qual seja assegurado o contraditório e a ampla defesa. O procedimento a ser observado é o do art. 96 da Lei nº 9.504/97.

11.4.16 Internet

É "permitida a propaganda eleitoral na Internet" e redes sociais, sendo livre a "manifestação do pensamento, vedado o anonimato durante a campanha eleitoral" (LE, arts. 57-A e 57-D). À luz dessas diretivas, concluiu o TSE que a "atuação da Justiça Eleitoral deve ser realizada com a menor interferência possível no debate democrático", de sorte que as "manifestações identificadas dos eleitores na Internet, verdadeiros detentores do poder democrático, somente são passíveis de limitação quando ocorrer ofensa à honra de terceiros ou divulgação de fatos sabidamente inverídicos" (TSE – REspe nº 2949/RJ – *DJe* 25-8-2014, p. 172).

O art. 57-C, *caput*, da LE (com a redação da Lei nº 13.488/2017) veda a veiculação na Internet "de qualquer tipo de propaganda eleitoral paga". A exceção a essa regra fica por conta do "impulsionamento de conteúdos".

O *impulsionamento de conteúdos* é estratégia onerosa de ação na Internet (notadamente em redes sociais como Facebook e Instagram) que aumenta o impacto do conteúdo veiculado e estende o seu alcance a maior número de usuários. Trata-se de ação paga (onerosa) que amplia a visibilidade e a exposição do conteúdo veiculado. Nos termos do referido art. 57-C, *caput*, a licitude do impulsionamento requer: *i)* que ele seja "identificado de forma inequívoca como tal"; *ii)* que ele seja "contratado exclusivamente por partidos, coligações e candidatos e seus representantes". Ademais, nos termos do § 3º daquele mesmo dispositivo, o impulsionamento: *iii)* deve "ser contratado diretamente com provedor da aplicação de internet com sede e foro no País, ou de sua filial, sucursal, escritório, estabelecimento ou representante legalmente estabelecido no País"; *iv)* só pode ser empregado "com o fim de promover ou beneficiar candidatos ou suas agremiações".

Essa última restrição (item *iv*) sugere que o impulsionamento não poderia ser contratado para a realização de propaganda negativa, o que parece ofender as liberdades fundamentais de expressão e de informação (CF, art. 5º, IV, IX e XIV).

Quem pode realizar propaganda eleitoral na Internet? Extrai-se do art. 57-B da LE que ela poderá ser realizada por candidato, partido, coligação e "qualquer pessoa natural" ou física. A essa última, porém, a segunda parte da alínea *b*, IV, art. 57-B proíbe a contratação de "impulsionamento de conteúdos." Deveras, o impulsionamento só pode ser "contratado exclusivamente por partidos, coligações e candidatos e seus representantes" (LE, art. 57-C, *caput*).

A propaganda eleitoral só pode ser difundida na Internet "após o dia 15 de agosto do ano da eleição" (LE, art. 57-A), ou seja, a partir do dia 16 daquele mês. Mas a rigidez desse termo inicial é temperada pelo art. 36-A. Por esse dispositivo, é permitida a participação de filiados a partidos políticos ou de pré-candidatos em entrevistas, programas, encontros ou debates na Internet, podendo, inclusive, haver menção à pretensa candidatura, exaltação pessoal, pedido de apoio político, exposição de plataformas e projetos políticos, desde que não haja *explícito* pedido de voto.

No tocante ao marco temporal final, o art. 7º da Lei nº 12.034/2009 permite seja mantida até 24 horas *depois* do dia da eleição a propaganda "veiculada gratuitamente na Internet, no sítio eleitoral, *blog*, sítio interativo ou social, ou outros meios eletrônicos de comunicação do candidato, ou no sítio do partido ou coligação, nas formas previstas no art. 57-B da Lei nº 9.504, de 30 de setembro de 1997". Logo, pode permanecer durante o dia do pleito a propaganda veiculada gratuitamente na Internet ou em redes sociais pelo próprio candidato ou por seu partido. Fora dessas hipóteses, por força do disposto no art. 240, parágrafo único, do Código Eleitoral, a propaganda deve ser retirada até a antevéspera do pleito, isto é, 48 horas antes de seu início.

Note-se, porém, que no dia da eleição não pode haver alteração no conteúdo da propaganda regularmente veiculada por candidatos e partidos na Internet e em redes sociais, devendo ser mantidos os conteúdos publicados anteriormente. E mais: no referido dia também não pode haver impulsionamento de conteúdos na Internet, nem mesmo pelos candidatos e partidos. Essas duas condutas foram tipificadas como crime no art. 39, § 5º, IV, da LE (incluído pela Lei nº 13.488/2017), que assim dispõe: "a publicação de novos conteúdos ou o impulsionamento de conteúdos nas aplicações de internet de que trata o art. 57-B desta Lei, podendo ser mantidos em funcionamento as aplicações e os conteúdos publicados anteriormente". Assim, por exemplo, se candidato tem uma página no Facebook, não é necessário retirá-la no dia da eleição, pois nesse dia ela pode ser mantida – porém, não poderá haver publicação de conteúdos novos, tampouco poderá haver impulsionamento de *posts* já existentes.

O art. 57-B da LE define as formas lícitas de realização de propaganda eleitoral pela Internet. Estabelece esse dispositivo:

> Art. 57-B. A propaganda eleitoral na internet poderá ser realizada nas seguintes formas:
>
> I – em sítio do candidato, com endereço eletrônico comunicado à Justiça Eleitoral e hospedado, direta ou indiretamente, em provedor de serviço de internet estabelecido no País;
>
> II – em sítio do partido ou da coligação, com endereço eletrônico comunicado à Justiça Eleitoral e hospedado, direta ou indiretamente, em provedor de serviço de internet estabelecido no País;
>
> III – por meio de mensagem eletrônica para endereços cadastrados gratuitamente pelo candidato, partido ou coligação;
>
> IV – por meio de *blogs*, redes sociais, sítios de mensagens instantâneas e aplicações de internet assemelhadas cujo conteúdo seja gerado ou editado por:
>
> a) candidatos, partidos ou coligações; ou
>
> b) qualquer pessoa natural, desde que não contrate impulsionamento de conteúdos.

Pelo inciso I é facultado ao candidato manter *site* ou página na Internet. O cadastro do respectivo domínio deverá ser feito junto ao órgão gestor da Internet Brasil, responsável pela distribuição e pelo registro de domínios (www.registro. br). O endereço eletrônico deve ser comunicado à Justiça Eleitoral. O *site* deve ser hospedado, direta ou indiretamente, em empresa provedora de serviço de Internet estabelecida no Brasil. É vedado, pois, que a página do candidato seja hospedada em provedor sediado no exterior.

Pelo inciso II também poderá haver publicidade eleitoral na página do partido ou da coligação. Os respectivos endereços eletrônicos devem ser comunicados à Justiça Eleitoral. Tais sítios devem ser hospedados, direta ou indiretamente, em provedor de serviço de Internet estabelecido no país. Deveras, não teria sentido se a agremiação fosse impedida de divulgar seus candidatos.

Por sua vez, o inciso III permite a divulgação de propaganda por meio de "mensagem eletrônica". Ao aludir a "Internet" e "mensagem eletrônica", o presente dispositivo (art. 57-B, *caput,* e inciso III) abrange não só *e-mail* (correio eletrônico), como também mensagens enviadas por telefone celular ou *smartphone*. Essas últimas são denominadas SMS (*Short Message Service*); trata-se de mensagens de textos curtos, e o envio é feito de forma quase instantânea. Abrange, ainda, plataformas como *WhatsApp* e *Telegram* (que funcionam como "multiplataforma de mensagens instantâneas para *smartphones*"), que, além de mensagens curtas de textos, ainda permitem o envio de imagens, vídeos e mensagens de áudio. Tanto o SMS quanto o *WhatsApp* e o *Telegram* são formas de interação pela Internet, podendo-se dizer que representam uma evolução do *e-mail* e das ferramentas virtuais. São formas lícitas de comunicação porque o art. 57-A da LE permite "a propaganda eleitoral na Internet", sem especificar os meios nem as ferramentas.

As mensagens e imagens devem ser enviadas para endereços cadastrados gratuitamente pelo candidato, partido ou coligação. À agremiação política é dado compartilhar seus cadastros de endereços eletrônicos com seus candidatos. Ademais, por força do art. 57-E (lido *contrario sensu*) pode o candidato lançar mão de cadastros que lhe forem cedidos gratuitamente por terceiros, sejam eles pessoas naturais ou jurídicas, exceto as pessoas e entes arrolados no art. 24 da LE – porque estas são proibidas de fazer qualquer tipo de doação a candidato.

Finalmente, o inciso IV do art. 57-B da LE autoriza a realização de propaganda por meio de *blogs*, redes sociais, sítios de mensagens instantâneas e aplicações de internet assemelhadas, cujo conteúdo seja gerado ou editado por: *a)* candidatos, partidos ou coligações; *b)* qualquer pessoa natural, desde que não contrate impulsionamento de conteúdos. Assim, é lícita a comunicação e a propaganda em *blogs*, sítios de interação como *Twitter* e redes sociais como *Facebook, Instagram, Snapchat* e *Messenger*.

Entre as ferramentas virtuais, incluem-se aparelhos móveis (como *tablets*) e *smartphones*, de sorte que imagens, mensagens, notícias, alertas, esclarecimentos e avisos de caráter eleitoral podem ser enviados por essa mídia; também podem ser disponibilizados aplicativos, programas e materiais para *download*, facultando-se aos destinatários baixar e reenviar conteúdos como textos, jogos, vídeos, áudio e *jingles* de campanha. Têm-se destacado as vantagens da campanha eleitoral por tais aparelhos – a chamada *campanha digital* –, pois neles: *(i)* é alto o índice de absorção de mensagens devido à segmentação do público; *(ii)* as mensagens enviadas são mais lidas que as remetidas por *e-mail*; *(iii)* mesmo quando em deslocamento, os eleitores recebem e podem acessar, visualizar as imagens e ler as mensagens; *(iv)* é imenso o número de pessoas que têm aparelhos móveis e *smartphones*. Por isso, a campanha digital tornou-se uma estratégia eleitoral obrigatória, de primordial importância em qualquer certame político.

Nas redes sociais, também são disponibilizados aplicativos e jogos, alguns dos quais visam auxiliar no voto, notadamente na coleta de informações sobre candidatos.

Por certo, além de tornar o candidato mais conhecido ou mais popular, o uso de tecnologias digitais contribui para estimular diálogos e debates públicos acerca de sua história de vida, suas ações, ideias, projetos e propostas políticas.

Vale salientar que a licitude da propaganda na *web* é condicionada à observância das diretrizes e restrições legais. Entre outras coisas: *(i)* não é admitida a veiculação de conteúdos de cunho eleitoral mediante cadastro de usuário de aplicação de *Internet* com a intenção de falsear identidade (art. 57-B, § 2º); *(ii)* é vedada a utilização de impulsionamento de conteúdos e ferramentas digitais não disponibilizadas pelo provedor da aplicação de *Internet*, ainda que gratuitas, para alterar o teor ou a repercussão de propaganda eleitoral, tanto próprios quanto de terceiros (art. 57-B, § 3º); *(iii)* é proibida a veiculação de propaganda eleitoral em sítios de pessoas jurídicas, ainda que não tenham fim lucrativo (art. 57-C, § 1º, I); *(iv)* é vedada a veiculação de propaganda eleitoral em sítios oficiais e em entidades da Administração Pública direta e indireta (art. 57-C, § 1º, II); *(v)* é proibida a difusão de propaganda anônima (art. 57-D); *(vi)* as pessoas relacionadas no art. 24 da LE não podem ceder nem doar seus cadastros de endereços eletrônicos (art. 57-E, *caput*); *(vii)* é proibida a venda de cadastro de endereços eletrônicos (art. 57-E, § 1º); *(viii)* é vedada a realização de propaganda "atribuindo indevidamente sua autoria a terceiro, inclusive a candidato, partido ou coligação" (art. 57-H).

A infração a alguma dessas regras enseja incidência de multa, a qual pode ser aplicada ao agente e ao candidato beneficiado com o ilícito. Todavia, a apenação do candidato beneficiário é condicionada à demonstração de seu prévio conhecimento. Em certos casos, pode-se cogitar a ocorrência de abuso de poder ensejador de responsabilização eleitoral.

Preocupou-se o legislador com resguardar o cidadão do recebimento de mensagens políticas indesejadas ou inoportunas. Pelo art. 57-G, toda mensagem eletrônica enviada deve "dispor de mecanismo que permita seu descadastramento pelo destinatário". O descadastramento deve ser providenciado no prazo de 48 horas. Presume a lei que, após esse lapso temporal, o descadastramento tenha sido ultimado, pois nova remessa de mensagem sujeitará o agente à sanção de multa.

Conquanto haja liberdade de manifestação do pensamento na *web*, não é esse um ambiente em que tudo pode ser dito e feito impunemente. Eventuais ofensas podem configurar crime eleitoral. Nesse sentido, o Código Eleitoral prevê os delitos de calúnia (CE, art. 324), difamação (CE, art. 325) e injúria (CE, art. 326).

Outrossim, o § 1º do art. 57-H da LE (inserido pela Lei nº 12.891/2013) prevê o crime de "contratação direta ou indireta de grupo de pessoas com a finalidade específica de emitir mensagens ou comentários na Internet para ofender a honra ou denegrir a imagem de candidato, partido ou coligação", o qual é punido com "detenção de 2 (dois) a 4 (quatro) anos e multa de R$ 15.000,00 (quinze mil reais) a R$ 50.000,00 (cinquenta mil reais)". Embora com pena mais branda, as pessoas contratadas para realizar essa atividade também cometem crime, nos termos do § 2º do mesmo artigo.

Advirta-se, porém, que, dadas as características do meio virtual, nem sempre será fácil descobrir o autor de infrações aí cometidas para lhe imputar responsabilidade penal. Mormente porque os tipos penais aludidos exigem a presença de dolo na conduta do agente, não havendo previsão de delito culposo.

Como sanção por ato ilícito, também se pode cogitar a reparação por dano moral, que deve ser buscada perante a Justiça Comum.

E mais: é assegurado *direito de resposta* a candidato, partido ou coligação atingidos por conceito, imagem ou afirmação caluniosa, difamatória, injuriosa ou sabidamente inverídica (LE, art. 58, § 3º, IV).

A empresa provedora de conteúdo e de serviços multimídia que hospeda propaganda política não está imune aos efeitos da Lei Eleitoral. Mas o só fato de hospedar propaganda irregular não implica sua automática responsabilidade. Esta só surge "se a publicação do material for comprovadamente de seu prévio conhecimento" (LE, art. 57-F, parágrafo único). É justa essa solução, pois impossível seria ao provedor conhecer previamente a enorme quantidade de conteúdos em circulação nos *sites* que administra; pode ocorrer, por exemplo, que seja postado num *blog* propaganda irregular sem que o provedor sequer tome conhecimento. Comprovando-se, porém, seu prévio conhecimento, sua responsabilidade é autônoma, decorrendo do só fato de consciente e voluntariamente ter contribuído para a difusão de publicidade política irregular.

Em qualquer caso, sendo o conteúdo da propaganda reconhecido como irregular pela Justiça Eleitoral, esta poderá ordenar sua retirada, sem prejuízo da incidência de outras sanções. Deve a Justiça agir de ofício, já que se trata de matéria situada no âmbito de sua função administrativa, reclamando a atuação do poder de polícia eleitoral.

No entanto, o texto do § 3º, art. 57-D, da LE (incluído pela Lei nº 12.891/2013) sugere que a retirada de "publicações que contenham agressões ou ataques a candidatos em sítios da Internet, inclusive redes sociais", só pode ser determinada se houver *solicitação do ofendido*. Eis o teor desse dispositivo: "Sem prejuízo das sanções civis e criminais aplicáveis ao responsável, a Justiça Eleitoral poderá determinar, *por solicitação do ofendido*, a retirada de publicações que contenham agressões ou ataques a candidatos em sítios da Internet, inclusive redes sociais".

Notadamente no que respeita à propaganda, o provedor de aplicação de Internet tem o dever legal de cumprir a legislação eleitoral. Pelo art. 57-I (com a redação da Lei nº 13.488/2017), a Justiça Eleitoral pode determinar, "no âmbito e nos limites técnicos de cada aplicação de internet, a suspensão do acesso a todo conteúdo veiculado que deixar de cumprir as disposições" da LE; o número de horas de suspensão deve ser definido "proporcionalmente à gravidade da infração cometida em cada caso, observado o limite máximo de vinte e quatro horas". Cada reiteração da conduta implica a duplicação do período de suspensão. Durante a suspensão, os usuários deverão ser informados de que os serviços se encontram temporariamente inoperantes por descumprimento da legislação eleitoral. No caso, a responsabilização do agente só pode ocorrer no âmbito da jurisdição eleitoral (e não no âmbito administrativo, do poder de polícia eleitoral), observado o procedimento do art. 96 da LE.

11.4.17 Página institucional na Internet

É comum órgãos públicos possuírem páginas na Internet em que divulgam fatos e notícias a eles relacionados, bem como disponibilizam serviços à população. Vejam-se, por exemplo, os *sites* da Presidência da República (<www.planalto.gov.br>), do Tribunal Superior Eleitoral (<www.tse.jus.br>), do Supremo Tribunal Federal (<www.stf.jus.br). Tais páginas têm finalidade eminentemente informativa e de orientação social; em certos casos, são imprescindíveis para o regular funcionamento do órgão e acesso a seus serviços. Por isso, não há restrição a sua manutenção durante o período eleitoral.

Entretanto, é proibida a veiculação de propaganda eleitoral em sítios oficiais ou hospedados por órgãos ou entidades da Administração Pública direta ou indireta (LE, art. 57-C, § 1º, II). Note-se que a irregularidade pode aparecer dissimulada e decorrer de omissão do chefe do órgão responsável pela sua postagem. Nesse sentido:

> [...] 3. *In casu*, verifica-se que o texto divulgado em sítio institucional não guarda pertinência com as atribuições do respectivo órgão público e não se insere nos assuntos de interesse político-comunitário, uma vez que debate temas próprios do pleito passado, inclusive com a divulgação de opinião pessoal sobre candidato a vice-presidente da República. 4. Extrai-se da documentação juntada aos autos que a representada chefiava o setor responsável pela manutenção do sítio em que divulgada a propaganda. 5. Não há como isentar de responsabilidade aquele que, se não por atuação sua, ao menos por omissão quanto à diligência que lhe seria exigível por dever de ofício, permite que a propaganda seja divulgada. 6. O controle, a diligência e o poder de decisão são prerrogativas naturais da função de chefia e não há como transferir essa responsabilidade ocupacional a outrem, ainda que se tenha delegado a execução de tarefas. 7. Para fins de caracterização de propaganda eleitoral não se perquire de potencialidade para desequilibrar o pleito. 8. Recurso desprovido (TSE – R-Rp nº 295.549/DF – *DJe* 1º-8-2011, p. 216-217).

E mais: nos três meses que antecedem o pleito, é vedada a realização de publicidade institucional dos atos, programas, obras, serviços e campanhas dos órgãos públicos federais, estaduais ou municipais, ou das respectivas entidades da Administração indireta, salvo em caso de grave e urgente necessidade pública, assim reconhecida pela Justiça Eleitoral (LE, art. 73, VI, *b*).

Assim, conquanto não seja proibida a manutenção de página institucional durante o período eleitoral, nela não pode ser veiculada "propaganda institucional" (TSE – AgR-REspe n° 33.746/PR – *DJe* 24-2-2014) nem qualquer comunicação de teor eleitoral.

11.4.18 Propaganda no dia das eleições

Em princípio, é vedada a realização de propaganda eleitoral no dia do exercício do sufrágio (CE, art. 240, parágrafo único). Nessa data – prescreve o art. 39, § 5°, da LE –, constitui crime punível com detenção e multa: "I – o uso de alto-falantes e am-plificadores de som ou a promoção de comício ou carreata; II – a arregimentação de eleitor ou a propaganda de boca de urna; III – a divulgação de qualquer espécie de propaganda de partidos políticos ou de seus candidatos; IV – a publicação de novos conteúdos ou o impulsionamento de conteúdos nas aplicações de internet de que trata o art. 57-B desta Lei, podendo ser mantidos em funcionamento as aplicações e os conteúdos publicados anteriormente".

A previsão constante do citado inciso III deve ser bem ponderada, sob pena de se chocar com direitos fundamentais sacramentados na Constituição. Com efei-to, a Lei Maior assegura a liberdade de expressão, traduzida em direito subjetivo público de manifestação do pensamento. O direito de opinião constitui *cláusula pétrea*, jamais podendo ser suprimido, sob pena de sucumbir a essência do regime democrático e da liberdade que lhe é inerente. Assim, no dia das eleições deve ser permitida a manifestação individual da preferência do eleitor por partido político ou candidato.

A propósito, dispõe o art. 39-A da LE: "É permitida, no dia das eleições, a ma-nifestação individual e silenciosa da preferência do eleitor por partido político, coligação ou candidato, revelada exclusivamente pelo uso de bandeiras, broches, dísticos e adesivos". O advérbio *exclusivamente* enseja o entendimento de que a manifestação individual e silenciosa do eleitor só pode se dar pelo uso dos objetos que indica, a saber: "bandeiras, broches, dísticos e adesivos", com exclusão de outros meios de expressão. O rol seria *numerus clausus*, não admitindo acréscimos. Nessa ótica, vedado estaria o uso de camisa, camiseta, calça, bermuda, boné ou chapéu contendo pinturas ou inscrições com o nome ou número de candidato. Essa inter-pretação, porém, é claramente inconstitucional, porque fere a liberdade fundamental de expressão e o direito de manifestação livre do pensamento. Ademais, trata-se de interpretação ilógica, porque as vestimentas aludidas poderiam conter *adesivos* com as mesmas inscrições.

Saliente-se que o art. 7° da Lei n° 12.034/2009 excepcionou a "propaganda eleitoral veiculada gratuitamente na Internet, no sítio eleitoral, *blog*, sítio interativo ou social, ou outros meios eletrônicos de comunicação do candidato, ou no sítio do partido ou coligação, nas formas previstas no art. 57-B da Lei n° 9.504, de 30 de setembro de 1997". Logo, no dia do pleito, poderá ser mantida a propaganda que já vinha sendo realizada gratuitamente na Internet pelo candidato (em seu sítio elei-toral, *blog*, sítio interativo ou social, ou outros meios eletrônicos de comunicação), bem como a realizada no sítio de seu partido. Observe-se, porém, que, ante o teor do art. 240, parágrafo único, do CE, a propaganda veiculada em *outros sites* deve ser retirada até a antevéspera do pleito, isto é, 48 horas antes de seu início. Nessa proibição inclui-se a publicidade realizada na imprensa escrita e reproduzida na Internet, conforme prescreve o art. 43 da LE.

Observe-se, ainda, que no dia da eleição não pode haver alteração no conteúdo da propaganda regularmente veiculada por candidatos e partidos na Internet, devendo ser mantidos os conteúdos publicados anteriormente. E mais: no referido dia também não pode haver impulsionamento de conteúdos na Internet. Essas duas condutas foram tipificadas como crime no há pouco transcrito art. 39, § 5º, IV (incluído pela Lei nº 13.488/2017).

11.5 DIREITO DE RESPOSTA

Entre os princípios regentes da propaganda, destacam-se os atinentes às liberdades de expressão e *informação*. É direito dos cidadãos criticar (sobretudo os governantes, que os representam), manifestar opiniões e receber todas as informações (positivas ou negativas) que interessem à escolha política levada a efeito nas eleições. Só assim se poderá exercer o sufrágio com consciência e responsabilidade, elevando-se, portanto, o índice de efetividade democrática.

A propaganda eleitoral tem o sentido de proporcionar aos candidatos oportunidade de expor suas imagens, ideias e projetos, de sorte a convencer os eleitores de que são a melhor opção e captar-lhes o voto. Está claro que não deve ser desvirtuada, tornando-se palco de contendas pessoais, agressões morais ou de difusão de mentiras, fraudes e outras imposturas.

Nesse diapasão, o art. 243, IX, do Código Eleitoral tem como intolerável a propaganda "que caluniar, difamar ou injuriar quaisquer pessoas, bem como órgãos ou entidades que exerçam autoridade pública". Tais condutas foram tipificadas criminalmente nos arts. 324 a 326 do mesmo diploma. Outrossim, além da reparação do dano moral sofrido pelo ofendido (que deve ser buscado na Justiça Comum), o § 3º do aludido dispositivo também assegura "o direito de resposta a quem for injuriado, difamado ou caluniado através da imprensa, rádio, televisão, ou alto-falante, aplicando-se, no que couber, os artigos 90 e 96 da Lei nº 4.117, de 27-8-1962".

Essa mesma matéria é também disciplinada pela Lei nº 9.504/97, cujo art. 58 assevera que a "partir da escolha de candidatos em convenção, é assegurado o direito de resposta a candidato, partido ou coligação atingidos, ainda que de forma indireta, por conceito, imagem ou afirmação caluniosa, difamatória, injuriosa ou sabidamente inverídica, difundidos por qualquer veículo de comunicação social".

A despeito da restrição subjetiva constante do referido art. 58, tem-se que qualquer pessoa – física ou jurídica, de Direito Público ou Privado – pode invocar o direito de resposta, desde que a ofensa ou inverdade seja veiculada no horário de propaganda eleitoral gratuita. Note-se que a amplitude do dispositivo em exame é bem superior à do citado § 3º do art. 243 do Código Eleitoral, porquanto abrange eventos ocorridos em "qualquer veículo de comunicação social", aí incluída a rede mundial de computadores.

O direito de resposta constitui oportunidade conferida ao ofendido para se manifestar. Sua concessão pressupõe a ocorrência de ofensa, ainda que indireta, por conceito, imagem ou afirmação caluniosa, difamatória, injuriosa ou sabidamente inverídica. Nos três primeiros casos, ataca-se a honra pessoal.

Com isso, não se quer silenciar a crítica, pois o Estado Democrático garante a liberdade de manifestação de opinião e crítica. Sobretudo no debate eleitoral, é salutar a crítica endereçada à Administração estatal, aos agentes públicos, aos candidatos e partidos políticos. Mas com isso não se confundem ofensas pessoais dirigidas que possam caracterizar calúnia, difamação ou injúria.

Consiste a calúnia na falsa imputação, a alguém, de fato definido como crime. Já na difamação, atribui-se fato ofensivo à reputação, independentemente de ser falso ou verdadeiro. Por sua vez, na injúria não se imputa fato a outrem, havendo apenas ofensa à dignidade ou ao decoro. Quanto ao último pressuposto, exige-se que a afirmação feita seja "sabidamente inverídica".

Note-se, porém, que esses conceitos "penais" não têm aplicação rígida na esfera eleitoral. Dada a natureza de suas atividades, o código moral seguido pelo político certamente não se identifica com o da pessoa comum em sua faina diuturna. Tanto é que os direitos à privacidade, ao segredo e à intimidade sofrem acentuada redução em sua tela protetiva. Afirmações e apreciações desairosas, que, na vida privada, poderiam ofender a honra objetiva e subjetiva de pessoas, chegando até mesmo a caracterizar crime, perdem esse matiz quando empregadas no debate político-eleitoral. Assim, não são de estranhar assertivas apimentadas, críticas ácidas e contundentes, denúncias constrangedoras, cobranças e questionamentos agudos. Tudo isso insere-se na dialética democrática e, pois, no debate eleitoral.

Na verdade, política e moral constituem esferas distintas, cada qual contando com diferentes critérios de julgamento no que concerne à justiça, correção, bondade e maldade de ações. Nessa perspectiva, uma ação moral pode ser condenada sob o aspecto político e uma ação política pode ser imoral ou amoral.

É oportuno trazer à cola entendimentos expressos pelo TSE:

> [...] A propaganda eleitoral gratuita que, sem ofender nem falsear a verdade, se limita a rememorar fato passado, inclusive informando data e disponibilizando dados que permitem compreender que se trata de acontecimento há muito ocorrido, não autoriza o deferimento de pedido de resposta (TSE – Rp nº 366.217/DF – PSS 26-10-2010).

> [...] A propaganda eleitoral gratuita que se limita a discutir a extensão ou importância de programas oficiais, comparando realizações entre governos, configura mera crítica política, que não autoriza o deferimento de pedido de resposta. [...] (TSE – Rp nº 347691/DF – PSS 19-10-2010).

> [...] Críticas ao desempenho do administrador [...] Não caracteriza ofensa à honra nem enseja direito de resposta a opinião desfavorável de locutor de emissora que se refere ao desempenho do administrador por suas

desvirtudes e equívoco [...] (TSE – AgREspe n° 21711/SP – *DJ*, v. 1, 15-10-2004, p. 94).

[...] Rememorar fatos da história de políticos não constitui ofensa a ensejar direito de resposta. Recurso não conhecido (TSE – REspe n° 20501/PE – PSS 1-10-2002).

I – Expressão que, no trato comum, constitui injúria perde substância quando se leva em conta o ambiente da campanha política, em que ao candidato incumbe potencializar, em seu proveito, as mazelas do adversário. II – Mesmo que se considere montagem a exibição de imagens, não há nela aquela potencialidade degradante ou ridicularizante que a tornaria ilícita (TSE – Rp n° 496/DF – PSS 25-9-2002).

Reproduzindo os representados fatos e declarações publicados em jornal de grande circulação e não contestados ou respondidos pelos representantes, não é possível imputar-lhes nenhuma assertiva caluniosa, injuriosa ou difamatória, punível com o direito de resposta (TSE – AgRp n° 445/DF – PSS 20-9-2002).

[...] A linguagem utilizada, ainda que agressiva, folhetinesca e imprópria, não ultrapassa o limite da crítica contundente. A expressão *candidato dos poderosos* não caracteriza conceito calunioso, difamatório, injurioso ou cabalmente inverídico (Lei n° 9.504/97, art. 58). Agravo improvido (TSE – AgRp n° 487/DF – PSS 19-9-2002).

Cumpre reiterar que a agressão ensejadora de direito de resposta pode ser pulverizada "por qualquer veículo de comunicação social" (LE, art. 58, *in fine*), inclusive a Internet e redes sociais, não se limitando àqueles especificados no art. 243 do Código Eleitoral, isto é, "imprensa rádio, televisão, ou alto-falante". Ademais, não importa que o espaço em que ela foi difundida seja comercial. É que, com a expressão *qualquer veículo de comunicação social* os novos veículos e instrumentos de mídia empregados na propaganda terminam por ser abarcados no conceito legal, sem que para isso se deva proceder a específica mudança legislativa.

O procedimento a ser seguido na demanda em que se postula direito de resposta é o estabelecido no art. 96 da Lei n° 9.504/97.

Fixa a lei o prazo máximo de 72 horas (que é convertido em três dias) da data da formulação do pedido para que a decisão judicial seja prolatada, sendo prevista convocação de juiz auxiliar e até mesmo sanção à autoridade judicial que descumprir prazos (LE, art. 58, §§ 2°, 7° e 9°). Isso faz que os prazos na representação em que se busca direito de resposta situem-se entre os mais rigorosos da legislação eleitoral, o que torna esse procedimento extremamente célere. Quer o legislador que a resposta não venha a destempo, com demora relevante, pois isso contribuiria para perpetuar o agravo cometido pelo agente em detrimento do equilíbrio da disputa.

O prazo para ajuizamento da representação é contado "a partir da veiculação da ofensa" (LE, art. 58, § 1°, *caput*) e varia conforme a mídia em que esta foi perpetrada. O quadro seguinte resume essa matéria:

Local de veiculação da ofensa	Prazo para pedir direito de resposta	Fundamento legal
horário eleitoral gratuito	1 dia	LE, art. 58, § 1º, I.
programação normal de emissora de rádio e televisão	2 dias	LE, art. 58, § 1º, II.
imprensa escrita	3 dias	LE, art. 58, § 1º, III.
Internet, redes sociais	qualquer tempo durante a divulgação do conteúdo, ou em até 3 dias após o fim da veiculação	LE, art. 58, § 1º, IV.

Fonte: elaborado pelo autor.

Uma vez expirados os prazos, decai o ofendido do direito de pleitear resposta ao agravo sofrido ou de retificar a supostamente inverídica informação difundida.

A decisão judicial que concede direito de resposta há de ser certa, devendo fixar precisamente o tempo e o espaço destinados à resposta, o momento de sua veiculação, bem como o que, na propaganda impugnada, deverá ser excluído ou substituído.

Em propaganda realizada na Internet, vale ressaltar que o usuário ofensor deverá não só suportar todos os custos da "resposta do ofendido", como também empregar em sua divulgação "o mesmo impulsionamento de conteúdo eventualmente contratado nos termos referidos no art. 57-C desta Lei e o mesmo veículo, espaço, local, horário, página eletrônica, tamanho, caracteres e outros elementos de realce usados na ofensa" (LE, art. 58, § 3º, IV, *a* – com a redação da Lei nº 13.488/2017).

O não cumprimento integral ou em parte da decisão que conceder a resposta sujeitará o infrator ao pagamento de multa, duplicada em caso de reiteração de conduta, sem prejuízo de responder o agente pelo delito de desobediência, previsto no artigo 347 do Código Eleitoral (LE, art. 58, § 8º). Além disso, pode-se cogitar a suspensão por até 24 horas: *i)* da programação normal de emissora de rádio e televisão (LE, art. 56); *ii)* "do acesso a todo conteúdo veiculado", no caso de Internet (LE, art. 57-I – com a redação da Lei nº 13.488/2017).

11.6 REPRESENTAÇÃO POR INFRAÇÃO DAS REGRAS DE PROPAGANDA ELEITORAL

O descumprimento das regras atinentes à propaganda eleitoral implica o cometimento de ilícito eleitoral, o que enseja a responsabilização e consequente aplicação de sanção ao agente ou beneficiário da conduta ilícita.

Há diversas modalidades de sanção, a exemplo de: *i)* multa (LE, arts. 36, § 3º, 37, § 1º, 39, § 8º, 43, § 2º, 45, § 2º); *ii)* perda de tempo destinado à propaganda eleitoral (LE, art. 45, § 2º, primeira parte, c.c. art. 55, parágrafo único); *iii)* perda do direito à veiculação (LE, art. 53, § 1º); *iv)* impedimento à apresentação de determinados programas (LE, art. 53, § 2°); *v)* suspensão da programação normal da emissora de rádio ou televisão (LE, art. 56); *vi)* suspensão do acesso a conteúdo veiculado na Internet (LE, art. 57-I). São respostas sancionatórias que visam coibir especificamente o desvirtuamento da propaganda. Ademais, dependendo da relevância e amplitude da irregularidade, também se poderá cogitar a ocorrência de abuso de poder econômico ou político, caso em que se declara a inelegibilidade do candidato, bem como a cassação de seu registro e mesmo de seu diploma.

Essas sanções não podem ser aplicadas *ex officio* pela Justiça Eleitoral, mas tão somente mediante provocação de pessoa ou ente legitimado. É que refogem do âmbito meramente administrativo (ou do poder de polícia) dessa Justiça Especializada, situando-se em sua esfera de poder jurisdicional. Incide, pois, o princípio da inércia, pelo qual ao juiz não é dado agir sem provocação: *nemo iudex sine actore.* Nesse diapasão, reza a Súmula n° 18 do TSE: "Conquanto investido de poder de polícia, não tem legitimidade o juiz eleitoral, para, de ofício, instaurar procedimento com a finalidade de impor multa pela veiculação de propaganda eleitoral em desacordo com a Lei n° 9.504/97".

Assim, para serem impostas, deve ser instaurado *processo jurisdicional*, no qual sejam assegurados à parte o contraditório e a ampla defesa. Esse processo se rege pelo procedimento previsto no art. 96 da LE.

No entanto, o art. 96 da Lei n° 9.504/97 não cuida de todos os aspectos da representação em foco. Suas deficiências devem ser supridas pelas disposições atinentes à Ação de Impugnação de Registro de Candidatura (AIRC), eis que, por ser mais dilatado, o rito dessa ação é considerado ordinário na seara eleitoral. Também o Código de Processo Civil é sempre aplicável supletiva e subsidiariamente (CPC, art. 15).

Para as eleições presidenciais e gerais de 2018, estabeleceu-se que a tramitação processual se daria "exclusivamente no Sistema Processo Judicial Eletrônico (PJe)" (TSE – Res. n° 23.547/2017, art. 2°, § 1°). Entretanto, devido à frequente instabilidade do PJe, tem-se questionado a conveniência de sua utilização.

A petição inicial deve qualificar as partes e indiciar os endereços eletrônicos e de citação (CPC, art. 319, II). Ademais, deve relatar fatos, indicando provas, indícios e circunstâncias dos quais se possa inferir a existência do ilícito excogitado. Deve, ainda, ser instruída com "prova da autoria ou do prévio conhecimento do beneficiário", caso este não seja o autor do fato (LE, art. 40-B).

Se a petição inicial for instruída com mídia de áudio ou vídeo, a respectiva degravação deve acompanhá-la.

Uma vez autuada e distribuída ao órgão judicial eleitoral, o representado deverá ser citado, preferencialmente por meio eletrônico, para se defender.

Sobre a prova, em princípio, deve ser pré-constituída, acompanhando a petição inicial e a contestação. Só se realiza audiência de instrução para a produção de provas imprescindíveis que não poderiam acompanhar aqueles atos.

Após a apresentação da defesa ou decorrido o respectivo prazo, o Ministério Público é intimado (pessoalmente ou no endereço eletrônico cadastrado na Justiça Eleitoral) para manifestar-se sobre a causa.

Na sequência, o órgão judicial sentenciará. Da decisão cabe recurso no prazo de um dia.

Nas eleições em que o registro é feito junto aos Tribunais Regional e Superior Eleitoral, a decisão é proferida monocraticamente por juiz ou ministro auxiliar do tribunal. Contra esse ato, caberá o recurso do art. 96, § 8°, da Lei n° 9.504/97.

11.7 QUESTÕES

1. **(2016 – FCC – AL-MS – CONSULTOR DE PROCESSO LEGISLATIVO)** O partido político W celebrou coligações para a eleição majoritária e para a proporcional. Ocorre que os partidos que integram referida coligação possuem dúvida com relação à realização da propaganda eleitoral. Ao consultarem um advogado especializado, descobriram que, de acordo com a Lei n° 9.504/97, na propaganda para eleição majoritária,

   a) cada partido usará apenas sua legenda sob o nome da coligação e, na propaganda para eleição proporcional, a coligação usará, obrigatoriamente, sob sua denominação, as legendas de todos os partidos que a integram.

   b) a coligação poderá, facultativamente, usar, sob sua denominação, as legendas de todos os partidos que a integram e, na propaganda para eleição proporcional, cada partido poderá usar apenas sua legenda sob o nome da coligação.

   c) a coligação usará, obrigatoriamente, sob sua denominação, as legendas de todos os partidos que a integram e, na propaganda para eleição proporcional, cada partido usará apenas sua legenda sob o nome da coligação.

   d) cada partido poderá usar apenas sua legenda sob o nome da coligação e, na propaganda para eleição proporcional, a coligação poderá, facultativamente, usar, sob sua denominação, as legendas de todos os partidos que a integram.

   e) assim como na propaganda para eleição proporcional, a coligação usará, obrigatoriamente, sob sua denominação, as legendas de todos os partidos que a integram.

2. **(2016 – MPE/SC – MPE/SC – PROMOTOR DE JUSTIÇA)** Os partidos políticos serão os responsáveis pela realização da propaganda eleitoral, sendo solidários nos excessos praticados pelos seus candidatos e adeptos. Tal solidariedade, porém, é restrita aos candidatos e aos respectivos partidos, não alcançando outros partidos integrantes de uma mesma coligação.

   Certo.
   Errado.

3. **(2016 – VUNESP – TJ/RJ – JUIZ SUBSTITUTO)** Assinale a alternativa que corretamente discorre sobre aspectos da propaganda eleitoral.

   a) Entende-se como ato de propaganda eleitoral aquele que leva ao conhecimento geral, ainda que de forma dissimulada, a candidatura, mesmo que apenas postulada, a ação política que se pretende desenvolver ou razões que induzam a concluir que o beneficiário é o mais apto ao exercício de função pública.

b) A exaltação das realizações pessoais de determinada pessoa que já foi candidata a mandato eletivo, que se confunde com a ação política a ser desenvolvida e que traduz a ideia de que seja ela a pessoa mais apta para o exercício da função pública, é circunstância que não configura a prática de propaganda eleitoral, nem desvirtuamento do instituto.

c) A realização de prévias partidárias e sua transmissão ao vivo por emissoras de rádio e de televisão, a divulgação dos nomes dos filiados que participarão da disputa e a realização de debates entre os pré-candidatos, não configuram propaganda eleitoral antecipada.

d) A participação de filiados a partidos políticos ou de pré-candidatos em entrevistas, programas, encontros ou debates no rádio, na televisão e na Internet, inclusive com a exposição de plataformas e projetos políticos, ainda que sem pedido explícito de voto, caracteriza propaganda eleitoral antecipada vedada.

e) O candidato que exerce a profissão de cantor não pode permanecer exercendo-a em período eleitoral, mesmo que essa atividade não tenha como finalidade a animação de comício ou reunião eleitoral e que não haja nenhuma alusão à candidatura ou à campanha eleitoral, ainda que em caráter subliminar.

4. **(2017 – CESPE – TRE/PE – ANALISTA JUDICIÁRIO – ÁREA ADMINISTRATIVA)** A respeito das campanhas eleitorais por meio do rádio, da televisão e da Internet, assinale a opção correta.

a) Pessoas jurídicas sem fins lucrativos podem manter nos seus sítios peças de propaganda eleitoral.

b) Não há restrição legal à livre manifestação do pensamento em atividade de campanha eleitoral na Internet.

c) Sindicatos e associações podem ceder o cadastro de seus integrantes a partidos e candidatos para fins de campanha eleitoral na Internet.

d) A lei assegura a participação de todos os partidos que tenham apresentado candidatos nos debates promovidos por redes de televisão.

e) O uso de mensagens eletrônicas na campanha é permitido, desde que essas mensagens contenham dispositivo que permita o descadastramento do destinatário.

Eleições

Dez regras de ouro do eleitor:

I – não deixar de votar;

II – votar de acordo com a própria consciência;

III – saber que pelo voto pode-se mudar o próprio futuro, o da família, o da comunidade, o da nação e até o do mundo;

IV – discutir com familiares e amigos as propostas dos candidatos – pesquisar o que realmente já fizeram de útil;

V – jamais negociar o voto, pois este não é produto nem mercadoria;

VI – votar sempre nas melhores propostas e ideias, devendo reparar se são exequíveis. Um candidato não deve ser escolhido pela sua aparência, simpatia ou pela beleza de seu discurso;

VII – procurar conhecer os candidatos e suas reais intenções, lembrando--se sempre de que "nem tudo que reluz é ouro". Importante saber quem financia a campanha do candidato;

VIII – não se deixar influenciar pelo resultado de pesquisas ou enquetes eleitorais, nem pela "opinião" de veículos de comunicação social;

IX – o voto é um direito sacrossanto de escolher os governantes;

X – estar sempre em dia com a Justiça Eleitoral.

12.1 INTRODUÇÃO

Eleições são conhecidas e praticadas no Brasil desde o período colonial, época em que os habitantes da Colônia periodicamente se organizavam para eleger os administradores das vilas e cidades. As eleições eram indiretas, sendo realizadas de três em três anos por meio de *listas tríplices* elaboradas pelos chamados "homens bons", os quais eram sempre os mais ricos e poderosos.

Findo o período colonial e consolidada a independência do Brasil e o Estado brasileiro, manteve-se a prática eleitoral, agora robustecida pela necessidade de se preencherem os novos postos criados nas instituições políticas nacionais.

Pela Constituição Imperial de 1824, que vigeu até o final do império, as nomeações de Deputados e Senadores para a Assembleia Geral e de Membros dos Conselhos Gerais das Províncias eram feitas por *eleições indiretas* (CI, art. 90).

As *eleições diretas* somente foram introduzidas em 9 de janeiro de 1881, data em que o Imperador Pedro II sancionou o Decreto n° 3.029. Redigida pelo então Deputado Geral Ruy Barbosa e conhecida como Lei Saraiva ou Lei do Censo, essa norma alterou profundamente o sistema político-eleitoral brasileiro. Já em seu primeiro artigo, estabelece: "as nomeações dos Senadores e Deputados para a Assembleia Geral, membros das Assembleias Legislativas Provinciais, e quaisquer autoridades eletivas, serão feitas por eleições diretas, nas quais tomarão parte todos os cidadãos alistados eleitores de conformidade com esta lei".

Posteriormente, o sufrágio direto foi consagrado na primeira Constituição Republicana, de 1891 (arts. 28, 30 e 47), e reiterado nas subsequentes Constituição de 1934 (arts. 2°, 23, 52, § 1°), Constituição de 1946 (arts. 1°, 38, 56, 60, 81), Constituição de 1967 (arts. 1°, § 1°, 30, 41, 43 – exceto para Presidente da República, cuja escolha se dá por sufrágio indireto, exercido por um Colégio Eleitoral nos termos do art. 76).

A vigente Constituição de 1988 reafirma a soberania popular, a qual é exercida pelo voto direto e secreto, com valor igual para todos (CF, arts. 1°, parágrafo único, 14, *caput*, 27, 28, 29, I, 32, §§ 2° e 3°, 45, 46 e 77).

12.2 SOBRE O VOTO

12.2.1 Conceito

O voto é um dos mais importantes instrumentos democráticos, pois enseja o exercício da soberania popular e do sufrágio. Cuida-se do ato pelo qual os cidadãos escolhem os ocupantes dos cargos político-eletivos. Por ele, concretiza-se o processo de manifestação da vontade popular.

Embora expresse um direito público subjetivo, o voto é também um dever cívico e, por isso, é obrigatório para os maiores de 18 anos e menores de 70 anos (CF, art. 14, § 1°, I).

O oposto do voto obrigatório é o facultativo. Neste, o próprio cidadão avalia se vai ou não exercê-lo no dia designado para as eleições.

No sistema eleitoral brasileiro, o voto apresenta as seguintes características: personalidade, obrigatoriedade, liberdade, secreto, direto, periódico, igual.

Personalidade significa que o cidadão só pode votar pessoalmente. É imprescindível que o eleitor se apresente para votar. Não é possível exercer esse direito por procuração, representante ou correspondência.

Obrigatoriedade – conforme salientado, pela *obrigatoriedade,* o cidadão maior de 18 anos e menor de 70 anos é obrigado – obrigação cívica – a comparecer ao local de votação, assinar a lista de comparecimento e votar. O não comparecimento à seção eleitoral no dia do pleito – por se encontrar fora de seu domicílio eleitoral – deve ser justificado no dia da eleição em formulário próprio, ou até sessenta dias depois, sob pena de multa (CE, art. 7°, *caput*; Lei n° 6.091/74, art. 16). Se o eleitor estiver no exterior na data do pleito, esse prazo reduz-se para trinta dias, contados, porém, do retorno ao País.

Dispõe o § 1º, art. 7º, do CE que, "sem a prova de que votou na última eleição, pagou a respectiva multa ou de que se justificou devidamente, não poderá o eleitor":

I – inscrever-se em concurso ou prova para cargo ou função pública, investir-se ou empossar-se neles;

II – receber vencimentos, remuneração, salário ou proventos de função ou emprego público, autárquico ou paraestatal, bem como fundações governamentais, empresas, institutos e sociedades de qualquer natureza, mantidas ou subvencionadas pelo governo ou que exerçam serviço público delegado, correspondentes ao segundo mês subsequente ao da eleição;

III – participar de concorrência pública ou administrativa da União, dos Estados, dos Territórios, do Distrito Federal ou dos Municípios, ou das respectivas autarquias;

IV – obter empréstimos nas autarquias, sociedades de economia mista, caixas econômicas federais ou estaduais, nos institutos e caixas de previdência social, bem como em qualquer estabelecimento de crédito mantido pelo governo, ou de cuja administração este participe, e com essas entidades celebrar contratos;

V – obter passaporte ou carteira de identidade;

VI – renovar matrícula em estabelecimento de ensino oficial ou fiscalizado pelo governo;

VII – praticar qualquer ato para o qual se exija quitação do serviço militar ou imposto de renda.

[...].

Há mais: o eleitor que se abstiver de votar por três vezes consecutivas, não justificar sua ausência às urnas nem recolher a multa imposta terá sua inscrição eleitoral cancelada, perdendo, pois, sua condição de cidadão (CE, art. 7º, § 3º).

Se o eleitor for *portador de deficiência*, é preciso ponderar a eventual dificuldade ou mesmo impossibilidade de exercer o direito de voto. Dadas as circunstâncias em que se encontra, poderá, por si ou por representante, pleitear ao juiz eleitoral "certidão de quitação eleitoral, com prazo de validade indeterminado" (*vide* TSE Res. nos 21.920/2004 e 22.545/2007). Há que se salvaguardar a dignidade da pessoa humana, evitando-se a imposição de ônus demasiado elevado ao detentor de grave deficiência que impossibilite o exercício de suas obrigações eleitorais.

Liberdade significa que se pode escolher livremente entre os partidos políticos e os candidatos que se apresentarem, votar em branco e até mesmo anular o voto. Apesar de haver o dever de comparecimento às eleições e, pois, o dever de votar, todos são livres para escolher ou não um candidato e até anular o voto. À Justiça Eleitoral cumpre propiciar os meios adequados para que essas opções se concretizem. Vê-se, portanto, que a obrigatoriedade do voto é, propriamente, obrigatoriedade de comparecimento à seção eleitoral, já que não fica o eleitor adstrito a emanar sua vontade, isto é, a escolher determinado candidato e nele votar.

Secreto significa que o voto é sigiloso. Seu conteúdo não pode ser revelado pelos órgãos da Justiça Eleitoral. O segredo constitui direito subjetivo público do eleitor. Somente ele, querendo, poderá revelar seu voto, descortinando suas preferências políticas. O sigilo do voto assegura a probidade e a lisura no processo eleitoral, pois evita o suborno, a corrupção do voto, a intimidação do eleitor.

Tão importante é essa garantia que o art. 220, IV, do Código Eleitoral reputa nula a votação "quando preterida formalidade essencial do sigilo dos sufrágios".

No caso da votação feita em urna eletrônica, esta deverá dispor de recursos que, mediante assinatura digital, permitam o registro digital de cada voto e a identificação da urna em que foi registrado, resguardado o anonimato do eleitor; cada voto deverá ser contabilizado individualmente e ter assegurados o sigilo e a inviolabilidade (LE, arts. 59, § 4º, e 61). Entre outros fatores, o sigilo é assegurado pelo uso de sistemas de informática desenvolvidos com exclusividade para a Justiça Eleitoral e por mecanismos específicos da urna, como a autonomia operacional, o não funcionamento em rede, a chave de segurança e a lacração a que é submetida.

A antítese do voto secreto é o voto aberto, a descoberto ou ostensivo, no qual o eleitor é identificado, pois se manifesta verbal e publicamente ou por escrito em cédula nominal. Nesse tipo de voto, a liberdade do votante é restringida, porquanto todos saberão de sua opção. Em tais circunstâncias, o eleitor torna-se alvo fácil de perseguições políticas, infelizmente ainda muito comuns no Brasil contemporâneo.

Direto significa que os cidadãos escolhem os governantes diretamente, não havendo intermediários nesse ato. O voto direto é o que melhor reflete os ideais dos atuais sistemas democráticos, pois confere indiscutível legitimidade aos governantes eleitos.

O *voto indireto* constitui exceção no sistema brasileiro. Dá-se a eleição indireta no caso de vacância dos cargos de Presidente e Vice-Presidente da República nos últimos dois anos do período presidencial. Nesse caso, manda o art. 81, § 1º, da Constituição que a eleição para ambos os cargos seja feita pelo Congresso Nacional trinta dias depois da última vacância. Esse preceito constitucional pode estender-se aos Estados-Membros, Distrito Federal e Municípios, no caso de dupla vacância dos cargos de Governador e Vice-Governador, Prefeito e Vice-Prefeito, desde que tenham editado leis nesse sentido (STF – ADI 3.549/GO – Rel. Min. Carmen Lúcia – *DJ* 31-10-2007, p. 77; ADI-MC 1.057/BA – Rel. Min. Celso de Mello – *DJ* 6-4-2001, p. 65).

Periodicidade significa que o direito de voto deve ser exercido de tempos em tempos. Tal decorre do princípio republicano, que impõe a rotatividade no exercício do poder político. Assim, em intervalos regulares de tempo, os cidadãos devem comparecer às urnas para votar e renovar a representação política.

Igualdade significa que os votos de todos os cidadãos têm valor igual, o mesmo peso, no processo político-eleitoral.

12.2.2 Voto feminino

Embora não fosse proibido nem na Constituição de 1824, nem na de 1891, o voto feminino somente foi expressamente previsto no Decreto nº 21.076, de 24 de fevereiro de 1932, no Governo Provisório de Getúlio Vargas – norma essa que se constitui no primeiro Código Eleitoral brasileiro. Em seu art. 2º, aquela norma definia o eleitor como sendo "o cidadão maior de 21 anos, *sem distinção de sexo*, alistado na forma deste Código".

Deveras, existiam barreiras sociais, econômicas e legais que impediam a plena inclusão feminina na vida política. O Código Civil de 1916, por exemplo, estabelecia em seu art. 6º, II, a incapacidade relativa das mulheres casadas, incapacidade essa suprida pelo marido, que era o "chefe da sociedade conjugal" (CC/1916, arts. 84 e 233).

O voto feminino constitui uma das mais importantes conquistas da democracia brasileira. Mas é preciso destacar que tal conquista não foi resultado da benevolência estatal, mas resultado de longa luta e intenso debate na sociedade e no Parlamento brasileiro.

A história aponta a professora Celina Guimarães Viana como sendo a primeira eleitora do Brasil. Nascida no Rio Grande do Norte, ela requereu sua inclusão no rol de eleitores do município de Mossoró-RN em novembro de 1927. Isso foi possível porque a lei eleitoral daquele Estado dispunha em seu art. 77 que todos os cidadãos poderiam "votar e ser votados, sem distinção de sexos".

12.2.3 Voto eletrônico ou informatizado

A Lei nº 9.504/97 consolidou o sistema de votação eletrônica. Dispõe o art. 59 desse diploma que a votação e a totalização dos votos serão feitas por esse sistema, mas *excepcionalmente* o TSE poderá autorizar a votação pelo sistema convencional, no qual são empregadas cédulas.

A votação eletrônica será feita no número do candidato ou da legenda partidária, devendo o nome e a imagem do candidato e o nome do partido ou a legenda partidária aparecer no painel da urna eletrônica, com a expressão designadora do cargo disputado no masculino ou feminino, conforme o caso (LE, art. 59, § 1º).

A urna eletrônica deverá dispor de recursos que, mediante assinatura digital, permitam o registro digital de cada voto e a identificação da urna em que foi registrado, resguardado o anonimato do eleitor (LE, art. 59, § 4º). Outrossim, deverá contabilizar cada voto, assegurando-lhe o sigilo e a inviolabilidade, garantida ampla fiscalização aos partidos políticos, coligações e candidatos (LE, art. 61). A teor da Resolução TSE nº 22.770/2008 (*DJ* 29-4-2008, p. 10), a urna deve ser "dotada de arquivo denominado Registro Digital do Voto, no qual ficará gravado aleatoriamente cada voto, separado por cargo, em arquivo único". Tal arquivo poderá ser disponibilizado aos interessados para fins de conferência, estatística e auditoria do processo de totalização das eleições. Além de permitir que o voto seja armazenado digitalmente, tal qual expresso pelo cidadão, o *registro digital* torna possível sua recontagem de forma automática.

Importa frisar que a integridade e a autenticidade dos dados e programas empregados no sistema eletrônico de votação são asseguradas por mecanismos como o registro da assinatura digital, tabela de correspondência e votação paralela, verificação com disquetes dos partidos e publicação na Internet dos resumos digitais (TSE – Res. nº 22.723/2008 – *DJ* 14-3-2008, p. 9).

12.2.4   Voto impresso e transparência da urna eletrônica

Uma das críticas mais ácidas dirigidas ao sistema eletrônico brasileiro refere-se à impossibilidade material de se conferir os votos e de se auditar a votação. Em um regime democrático – em que deve imperar a transparência –, é desejável que qualquer cidadão possa averiguar a regularidade das eleições, bem como os procedimentos de contagem e totalização dos votos, sobretudo do seu próprio voto.

Urnas mais modernas foram desenvolvidas, permitindo a conferência do voto pelo eleitor e a realização de auditoria do resultado das eleições. Em um desses modelos, além do registro eletrônico, há também a impressão do voto em um documento.

Alguns afirmam que a impressão do voto imporia retrocesso no sistema eleitoral brasileiro. Isso porque, além do aumento do gasto com a realização das eleições, ele aumentaria o tempo que cada eleitor leva para votar; a demora na finalização do voto implica maior ocorrência de filas e transtornos nos trabalhos desenvolvidos nas seções.

Não obstante isso, a Lei nº 13.165/2015 inseriu na LE o art. 59-A, com o seguinte teor:

> Art. 59-A. No processo de votação eletrônica, a urna imprimirá o registro de cada voto, que será depositado, de forma automática e sem contato manual do eleitor, em local previamente lacrado.
>
> Parágrafo único. O processo de votação não será concluído até que o eleitor confirme a correspondência entre o teor de seu voto e o registro impresso e exibido pela urna eletrônica.

Assim, há expressa previsão na legislação de impressão do voto eletrônico.

Em 5-2-2018 a Procuradoria-Geral da República ajuizou no STF a ADI nº 5.889, em que defende a inconstitucionalidade do citado art. 59-A. Afirma que o voto impresso caminha na contramão da proteção da garantia fundamental do anonimato do voto e significa verdadeiro retrocesso. Ademais, ele traz risco à confiabilidade do sistema eleitoral, fragilizando o nível de segurança e eficácia da expressão da soberania nacional por meio do sufrágio universal. Por isso, segundo a ADI, o dispositivo se põe em linha de colisão com os arts. 1º, II, 14, *caput*, e 37, *caput*, da CF.

12.3   GARANTIAS ELEITORAIS

No Direito Eleitoral, pode-se compreender por *garantia* as técnicas e instrumentos que visem assegurar o exercício do "direito político fundamental" de sufrágio. É esse, afinal, o valor ou direito fundamental a ser salvaguardado.

Há garantias específicas, como o *sigilo do voto, que* impede que os votantes se exponham em razão de suas opções políticas. Outras visam resguardar a situação de eleitores, mesários, fiscais e delegados de partidos, bem como os próprios candidatos.

12.3.1   Garantias de eleitores, mesários, fiscais e candidatos

Pelo art. 234 do Código Eleitoral, "ninguém poderá impedir ou embaraçar o exercício do sufrágio"; sob pena de configurar-se o delito previsto no art. 297 do mesmo código. O que se visa, aqui, é resguardar o livre e pleno exercício da cidadania. O *impedimento* trava ou bloqueia a liberdade do eleitor de agir, no caso, de praticar o ato jurídico-político de votar, o qual não chega a ser realizado. Já o *embaraço* estorva ou atrapalha a concretização desse ato.

O eleitor que sofrer violência, moral ou física, em sua liberdade de votar, ou pelo fato de haver votado, poderá pleitear e obter *salvo-conduto*. Por esse instituto prestigia-se o *jus ambulandi*, isto é, o direito de locomover-se, de ir e vir, podendo o beneficiário transitar livremente, sem risco de detenção ou prisão. A expedição de tal documento é feita pelo juiz eleitoral ou pelo presidente de mesa receptora de votos, sendo certo que sua validade estende-se para o período compreendido entre 72 horas antes até 48 horas depois do pleito (CE, art. 235).

Segundo o art. 235 do CE, no salvo-conduto pode ser cominada prisão de até cinco dias, em caso de desobediência. Essa prisão não possui natureza penal, senão político-administrativa, cujo sentido é garantir a liberdade de sufrágio do eleitor. Resta, porém, saber se essa modalidade de privação da liberdade harmoniza-se com a Constituição Federal. É que o sistema constitucional somente aceita prisão civil (no sentido de não penal) "pelo inadimplemento voluntário e inescusável de obrigação alimentícia" (CF, art. 5º, LXVII; STF, Súmula Vinculante nº 25).

Por outro lado, com vistas a resguardar a liberdade de locomoção do cidadão, prevê a lei hipóteses de *imunidade formal* ou *processual*, pelas quais o seu titular ou beneficiário fica inibido de ser preso ou processado. Nesse sentido, estabelece o art. 236 do Código que "nenhuma autoridade poderá, desde 5 (cinco) dias antes até 48 (quarenta e oito) horas depois do encerramento da eleição, prender ou deter qualquer eleitor". A prisão somente poderá concretizar-se em três hipóteses: *a)* flagrante delito; *b)* sentença criminal condenatória por crime inafiançável; *c)* desrespeito a salvo-conduto. À vista da referida letra *b*, não se exige que a sentença tenha transitado em julgado. Se o réu tiver sido mantido preso cautelarmente durante a instrução processual penal, poderá a sentença condenatória mantê-lo nesse estado; caso tenha respondido ao processo em liberdade, poderá ser preso se os requisitos da prisão preventiva se apresentarem e assim o determinar a sentença condenatória (CPP, art. 387, parágrafo único). Mas, no período indicado, fora dessas situações, fica afastada a possibilidade de prisão temporária, preventiva ou decorrente de sentença de pronúncia.

Quanto a membro de mesa receptora de votos e justificativas, fiscal ou delegado de partido político, durante o exercício de suas funções, só poderá haver detenção ou prisão no caso de flagrante delito (CE, art. 236, § 1º). Note-se que aqui a imunidade é mais ampla, porque a prisão ou detenção só pode ocorrer em situação de flagrante, ficando afastadas as outras duas hipóteses mencionadas nas letras *b* e *c* do parágrafo anterior. Se não estiverem no exercício de suas funções, gozam das mesmas garantias asseguradas aos eleitores em geral.

Também os candidatos gozam da mesma proteção legal conferida a membro de mesa receptora de votos e justificativas, fiscal ou delegado de partido político, de sorte que só podem ser detidos ou presos em caso de flagrante delito (CE, art. 236, § 1º, *in fine*). Mas quanto a eles (candidatos) o período de vedação de prisão vigora desde 15 dias antes das eleições. Dentro desse lapso, só poderão ser detidos ou presos em flagrante delito. Encerradas as eleições, têm direito à mesma garantia deferida aos eleitores, só podendo ser presos – até quarenta e oito horas depois do encerramento da eleição – em flagrante delito, por violação a salvo-conduto ou em virtude de sentença penal condenatória por crime inafiançável.

Em caso de prisão, quando permitida, deverá o detido ser imediatamente conduzido à presença do magistrado competente que, se constatar ilegalidade, a relaxará, ultimando as medidas necessárias para que o coator seja responsabilizado.

12.3.2 Transporte de eleitores

O art. 10 da Lei nº 6.091/74 proíbe "aos candidatos ou órgãos partidários, ou a qualquer pessoa, o fornecimento de transporte ou refeições aos eleitores da zona urbana".

Quanto à *zona rural*, o transporte somente pode ser efetuado pela Justiça Eleitoral. Para tanto, referida Lei faculta a requisição a órgãos públicos (União, Estado ou Município) de veículos e embarcações devidamente abastecidos, exceto os de uso militar e aqueles indispensáveis ao funcionamento de serviço público insuscetível de interrupção, ou seja, os denominados "serviços essenciais".

Sendo insuficientes os disponibilizados por tais órgãos, poderá a Justiça Eleitoral requisitar veículos e embarcações pertencentes a particulares, preferencialmente aqueles destinados à locação. Nesse caso, devem os particulares ser ressarcidos, e indenizados, se houver dano, incidindo o disposto no art. 5º, XXV, da Constituição Federal.

Os percursos do transporte patrocinado pela Justiça Eleitoral serão adrede organizados de modo a atender as localidades situadas a mais de dois quilômetros das mesas receptoras de votos. Devem ser divulgados pelo menos 15 dias antes da data do pleito.

Reza o art. 5º da Lei nº 6.091/74:

> Nenhum veículo ou embarcação poderá fazer transporte de eleitores desde o dia anterior até o posterior à eleição, salvo: I – a serviço da Justiça Eleitoral; II – coletivos de linhas regulares e não fretados; III – de uso individual do proprietário, para o exercício do próprio voto e dos membros de sua família; IV – o serviço normal, sem finalidade eleitoral, de veículos de aluguel não atingidos pela requisição [da Justiça Eleitoral] de que trata o art. 2º.

O transporte de eleitores fora desse esquema constitui crime tipificado no art. 11, III, da aludida norma, ao qual é cominada pena de reclusão, de quatro a seis anos, e pagamento de 200 dias-multa. Note-se que a consumação não exige que os eleitores transportados cheguem ao local de votação, pois esse evento constitui já exaurimento da ação típica.

Situação custosa é a da *carona*. À evidência, estando assegurado na Lei Maior o direito de propriedade (art. 5º, XXII), na qual se insere o uso, não poderia o Legislador

Infraconstitucional proibir as pessoas de usarem seus veículos no dia das eleições, inclusive para dar carona a amigos ou familiares. O que se proíbe – com razão – é a instrumentalização do veículo para o aliciamento de eleitor. Por isso, na jurisprudência, é pacífico o entendimento segundo o qual a perfeição do crime de transporte de eleitores exige a demonstração de *dolo específico* do agente. Esse elemento subjetivo é consubstanciado no fim explícito de aliciamento, na captação de voto, na finalidade de impedir ou embaraçar o exercício do direito de sufrágio, ou, enfim, na obtenção de qualquer proveito ou vantagem eleitoral em razão da carona.

> Agravo Regimental. Recurso Especial. Transporte de Eleitores. Dolo Específico. Não Comprovação. Lei n° 6.091/74, arts. 5° e 11. Código Eleitoral, art. 302. Para a configuração do crime previsto no art. 11, III, da Lei n° 6.091/74, há a necessidade de o transporte ser praticado com o fim explícito de aliciar eleitores. Precedentes. Agravo a que se nega provimento (TSE – REspe n° 21.641/PI – *DJ* 5-8-2005, p. 252).
>
> [...] 1. Para aplicação das penas previstas na Lei n° 6.091/74, art. 11, impõe-se a constatação da existência do dolo específico, consistente no aliciamento de eleitores em prol de partido ou candidato. 2. Precedentes. 3. Recurso não conhecido (TSE – REspe n° 15.499/PE – *DJ* 17-12-99, p. 171).

12.3.3   Oferta de alimentos a eleitores

O citado art. 10 da Lei n° 6.091/74 também veda "o fornecimento de refeições aos eleitores da zona urbana".

Na *zona rural*, sendo imprescindível, em face da absoluta carência de recursos de eleitores, somente à Justiça Eleitoral é dado distribuir-lhes alimentos.

12.3.4   Restrição de acesso ao local de votação

No dia em que as eleições se realizam, é vedado à força pública (forças armadas, polícia militar, bombeiro militar, polícia civil, guarda civil) ingressar no edifício em que funcionar mesa receptora de votos, ou permanecer a menos de 100 metros da seção eleitoral. Somente pode ingressar nesse recinto por solicitação de juiz eleitoral ou presidente de mesa receptora de votos (CE, arts. 141 e 238).

Ressalva-se, por óbvio, o ingresso de policiais e militares às seções eleitorais para exercer o direito de sufrágio, o que se dará individualmente.

A regra em apreço tem em vista evitar que os eleitores sejam intimidados com a presença ostensiva da força pública nos locais de votação.

12.3.5   Prioridade postal

Com vistas a assegurar a regularidade das campanhas eleitorais e a eficácia do pleito, o art. 239 do Código Eleitoral confere aos partidos políticos "prioridade postal durante os 60 (sessenta) dias anteriores à realização das eleições, para remessa de material de propaganda de seus candidatos registrados". O descumprimento dessa regra foi erigido como crime pelo art. 338 do mesmo diploma.

12.3.6 Lei seca

Não é raro algumas autoridades decretarem "lei seca" no dia do pleito, proibindo o comércio de bebidas alcoólicas.

Todavia, essa restrição não consta em lei. É oportuno, pois, recordar o princípio da legalidade inscrito no art. 5º, II, da Constituição, segundo o qual "ninguém será obrigado a fazer ou deixar de fazer alguma coisa senão em virtude de lei".

Por igual, vender ou consumir bebida alcoólica no dia das eleições não é conduta definida como crime. É fato atípico. Nem se argumente que em algumas localidades é o juiz eleitoral ou mesmo a autoridade policial quem edita ato administrativo (portaria) restringindo a venda e o consumo de bebidas alcoólicas, porquanto somente ao legislador é dado fazê-lo, ainda assim por lei.

12.4 PREPARAÇÃO PARA AS ELEIÇÕES

Antes do dia marcado para o pleito, a Justiça Eleitoral promove intenso trabalho de organização e preparação. Sem isso, impossível seria lograr-se êxito nas eleições. Entre outras providências preliminares, desenvolve e prepara os sistemas de informática a serem empregados, fixa os locais de votação, constitui as mesas receptoras de votos e justificativas, prepara as urnas, o material de votação e de justificativas etc.

As eleições são inteiramente baseadas em sistemas de informática. Há, pois, a necessidade de serem desenvolvidos programas específicos, o que é feito pelo TSE ou por terceiros, sob sua encomenda. Entre outros, pode-se aludir ao sistema de candidaturas, de horário eleitoral, de totalização, de gerenciamento, de votação, de justificativa eleitoral, de apuração, de divulgação de resultados, de prestação de contas. Tais sistemas somente podem ser instalados em equipamentos da Justiça Eleitoral, sendo vedada a utilização de outros.

A votação se dá nas seções eleitorais. Por isso, é importante que estas não se distanciem muito do local de residência dos eleitores. Isso evita grandes deslocamentos no dia do pleito, facilita o exercício do sufrágio, contribui para a boa ordem dos trabalhos eleitorais e atenua os incidentes. Nas zonas rurais, também dificulta a prática ilícita de transporte ilegal de eleitores.

Prevê a lei a criação de seções eleitorais em vilas e povoados, assim como nos estabelecimentos de internação coletiva, onde haja pelo menos cinquenta eleitores (CE, art. 136).

Também se prevê a criação de seções especiais em penitenciárias, cadeias públicas e unidades de internação de adolescentes, a fim de que *presos provisórios* e adolescentes internados (maiores de 16 anos) tenham assegurado o direito de voto, caso em que é permitida a presença de força policial e de agente penitenciário a menos de 100 metros do local de votação. O exercício do sufrágio nesses estabelecimentos pressupõe o anterior alistamento ou a prévia transferência dos eleitores interessados para as seções eleitorais neles instaladas. Tendo em vista que o eleitor se vincula à seção em que se encontra inscrito, se porventura os que se habilitarem para votar em tais seções não mais estiverem presos ou recolhidos no dia do pleito, não poderão votar em outro local, nem mesmo nas seções em que estavam inscritos originariamente. Nesse caso, se não quiserem ou não puderem comparecer, deverão apresentar justificativa. Note-se que o preso condenado definitivamente encontra-se com seus direitos políticos suspensos, não podendo votar.

Em atenção a eleitores portadores de deficiência, o art. 29, *a, i,* da Convenção Internacional sobre os Direitos das Pessoas com Deficiência – CIDPD de 2007 (promulgada pelo Decreto n° 6.949/2009) prevê a garantia de que as instalações para votação sejam apropriadas e acessíveis. Essa garantia é reiterada no art. 76, § 1°, I, da Lei n° 13.146/2015, que ainda veda "a instalação de seções eleitorais exclusivas para a pessoa com deficiência". Pretende-se que tais eleitores exerçam seus direitos políticos em igualdade de condições com as demais pessoas, sem que sofram nenhuma espécie de discriminação. Nesse sentido, dispõe o § 6°-A do art. 135 do CE (com a redação da Lei n° 13.146/2015):

> Os Tribunais Regionais Eleitorais deverão, a cada eleição, expedir instruções aos Juízes Eleitorais para orientá-los na escolha dos locais de votação, de maneira a garantir acessibilidade para o eleitor com deficiência ou com mobilidade reduzida, inclusive em seu entorno e nos sistemas de transporte que lhe dão acesso.

Ademais, o art. 32 da Resolução TSE n° 21.633/2004 determina a criação de seções eleitorais especiais destinadas a eleitores com necessidades especiais. Tais seções deverão ser implantadas em local de fácil acesso, com estacionamento próximo e instalações, inclusive sanitárias, que atendam às normas técnicas (ABNT NBR 9050).

A escolha do local de votação deve sempre recair em edifícios públicos, somente se recorrendo aos particulares em casos excepcionais, ou seja, se faltarem aqueles em número e condições adequadas.

A cada seção corresponde uma mesa receptora de votos, podendo haver agregação de seções com vistas à racionalização dos trabalhos, desde que tal providência não acarrete prejuízos.

Prevê-se igualmente a criação de mesas receptoras de justificativas de votos.

A mesa receptora de votos é constituída por um presidente, um primeiro e um segundo mesários, dois secretários e um suplente. Tem sido facultada aos Tribunais Regionais a dispensa do segundo secretário e do suplente. Os componentes da mesa devem ser escolhidos preferencialmente entre os eleitores da própria seção eleitoral, e, entre estes, os diplomados em escola superior, professores e serventuários da Justiça.

Nos termos do art. 120, § 1°, do Código Eleitoral, estão impedidos de compor mesa receptora de votos: "I – os candidatos e seus parentes, ainda que por afinidade, até o segundo grau, inclusive, e bem como o cônjuge; II – os membros de diretórios de partido político, desde que exerçam função executiva; III – as autoridades e os agentes policiais, bem como os funcionários no desempenho de cargos de confiança do Executivo; IV – os que pertencerem ao serviço eleitoral". A esse rol o art. 63, § 2°, da LE acresceu "os menores de dezoito anos". Também não é possível que a mesma mesa seja integrada por parentes em qualquer grau e servidores da mesma repartição pública ou empresa privada, salvo – quanto aos servidores – se estiverem lotados em dependências diversas.

As nomeações de mesários são feitas pelo juiz eleitoral. Os nomeados devem ser intimados, por via postal ou por outro meio eficaz, para constituírem as mesas receptoras de votos e de justificativas no dia, horário e lugares designados (CE, art. 120, § 3°).

O art. 124 do Código estabelece sanção de multa para o membro de mesa receptora que, sem justa causa, não comparecer ao local, no dia e hora determinados. Sendo o faltoso servidor público ou autárquico, a pena será de suspensão de até 15 dias (§ 2°). Deixando a mesa receptora de funcionar, tais sanções serão aplicadas em dobro. As sanções também serão duplicadas no caso de abandono dos trabalhos sem justa causa.

Todo o material de votação – inclusive as urnas devidamente preparadas – deverá ser encaminhado às respectivas zonas eleitorais, onde os juízes providenciarão para que seja enviado aos presidentes das mesas receptoras. Se estes não o receberem em até 48 horas antes da votação, deverão diligenciar para que cheguem em tempo útil (CE, art. 133, § 2°).

12.5 PREPARAÇÃO PARA A VOTAÇÃO

Às 7 horas do dia marcado para a votação, os membros das mesas receptoras já devem encontrar-se em suas respectivas seções eleitorais, cumprindo-lhes verificar se o material remetido pelo juiz eleitoral e as urnas encontram-se em ordem, bem como se estão presentes fiscais dos partidos políticos e das coligações (CE, art. 142).

É necessário que haja sempre alguém que responda pela ordem e regularidade dos trabalhos levados a efeito na seção. Por isso, sendo o caso, os mesários deverão substituir o presidente. Conforme dispõe o art. 123, § 1°, do CE, o presidente da mesa deve estar presente ao ato de abertura e de encerramento das atividades, salvo por motivo de força maior; nesse caso, deverá comunicar o impedimento aos mesários e secretários pelo menos 24 horas antes da abertura dos trabalhos, ou imediatamente se o impedimento se der dentro do horário previsto para a votação. Se não comparecer até as 7h30min, assumirá a presidência o primeiro mesário e, na sua falta ou impedimento, o segundo mesário, um dos secretários ou o suplente. Diante da ausência de integrantes da mesa, faculta-se ao presidente nomear-lhes substitutos *ad hoc*, escolhendo entre os eleitores presentes.

O presidente da mesa é a autoridade incumbida de zelar pelo bom andamento dos trabalhos de votação na respectiva seção. Para cumprir sua missão, detém poder de polícia, sendo-lhe facultado dispor da força pública necessária para manter a ordem, devendo, porém, comunicar ao juiz eleitoral as ocorrências cujas soluções dele dependam. Entre outras providências, compete-lhe verificar as credenciais dos fiscais dos partidos políticos e coligações, adotar os procedimentos para emissão do relatório *zerésima* antes do início dos trabalhos, autorizar os eleitores a votar ou a justificar, resolver as dificuldades ou dúvidas que ocorrerem, receber as impugnações dos fiscais dos partidos políticos e coligações concernentes à identidade do eleitor, zelar pela preservação de todo material recebido, encerrar a votação com adoção das providências de estilo, e, por fim, remeter à Junta Eleitoral a mídia gravada pela urna eletrônica acondicionada em embalagem própria, além do boletim de urna, relatórios, ata e demais documentos.

Aos mesários cabe identificar o eleitor e entregar-lhe o comprovante de votação ou de justificativa, conferir o preenchimento dos requerimentos de justificativa eleitoral e dar o recibo, bem como cumprir as demais obrigações que lhes forem atribuídas.

Já os secretários têm a atribuição de: *a)* distribuir aos eleitores, às 17 horas, as senhas de entrada, previamente rubricadas ou carimbadas, segundo a ordem numérica; *b)* lavrar a ata da mesa receptora, preenchendo o modelo aprovado pelo TSE, para o que irão anotando, durante os trabalhos, as ocorrências que se verificarem; *c)* cumprir as demais obrigações que lhes forem atribuídas.

Impende registrar que os integrantes de mesa receptora serão dispensados de seus respectivos trabalhos, pelo dobro dos dias de convocação, "mediante declaração expedida pela Justiça Eleitoral, sem prejuízo do salário, vencimento ou qualquer outra vantagem" (LE, art. 98).

Ademais, os serviços prestados à Justiça Eleitoral são classificados como de relevância pública, constituindo critério de desempate para efeito de promoção de servidor público que não integre os quadros da Justiça Eleitoral (CE, art. 379).

12.6 VOTAÇÃO

A votação inicia-se às 8 horas e encerra-se até às 17 horas, se não houver eleitores presentes (CE, arts. 143 e 144).

Havendo fila no momento do encerramento, o presidente da mesa receptora fará entregar senhas aos presentes, convidando-os a exibir seus títulos ou documentos de identificação para que sejam admitidos a votar (CE, art. 153). Somente os que receberem essas senhas poderão votar após as 17 horas.

No interior da seção, é defeso aos membros da mesa receptora de votos usar vestimentas ou objetos que contenham propaganda política, já que se encontram a serviço da Justiça Eleitoral. Quanto aos fiscais, permite-se apenas o uso de crachás com a sigla de seus respectivos partidos – afinal, é a serviço destes que se encontram –, sendo proibido o porte ou uso de qualquer objeto que contenha propaganda eleitoral de candidato, bem como o uso de vestuário padronizado (LE, art. 39-A, §§ 2º e 3º).

Por sua vez, o eleitor poderá ingressar na seção ostentando propaganda dos candidatos que apoia, desde que o faça de maneira "individual e silenciosa", conforme preconiza o art. 39-A, *caput*, da LE.

É vedado o ingresso na cabina de votação com aparelho de telefonia celular, máquina fotográfica, instrumento de radiocomunicação, filmadora ou equipamento congênere (LE, art. 91-A, parágrafo único). Justifica-se a restrição na necessidade de se resguardar o sigilo e a liberdade do sufrágio, impedindo que se documente o voto por meio de fotografia ou filmagem. Em outros termos, quer-se prevenir a negociação do voto.

Fiscalização da votação – durante todo o período de votação, admite-se ampla fiscalização das atividades, o que poderá ser feito não só pelo Ministério Público, como também pelos partidos políticos, desde que não se atrapalhe a rotina da votação nem se viole o sigilo do voto.

Cada partido ou coligação poderá credenciar previamente, no máximo, dois fiscais por seção eleitoral (LE, art. 65, § 4º). A escolha não poderá recair em menores de 18 anos; as credenciais serão expedidas pelos próprios partidos, devendo o nome da pessoa autorizada a expedi-las ser registrado na Justiça Eleitoral. Não poderá servir como fiscal de partido integrante de mesa receptora de votos ou justificação.

Preferências para votar – terão preferência para votar as pessoas que se encontrarem envolvidas com o processo eleitoral, a saber, candidatos, juízes e seus auxiliares e servidores da Justiça Eleitoral, membros do Ministério Público que estejam no exercício de função eleitoral e os policiais militares em serviço.

Também terão prioridade os eleitores maiores de 60 anos, os enfermos, os portadores de deficiência e as mulheres grávidas e lactantes (CE, art. 143, § 2º).

Identificação do eleitor – conforme dispõe o art. 62 da LE, só serão admitidos a votar os eleitores cujos nomes estiverem incluídos no respectivo caderno de votação e no cadastro de eleitores da seção em que comparecerem, constante da urna. Mas tem sido admitido a votar o eleitor cujo nome não figure no caderno de votação, desde que os seus dados estejam no cadastro de eleitores constante da urna.

Ao comparecer à seção para votar, deve o eleitor exibir *documento oficial* contendo sua imagem, não sendo necessário que apresente o título eleitoral (LE, art. 91-A; STF – ADI nº 4.467/DF, j. 29 e 30-10-2010). Entre os documentos oficiais admitidos destacam-se: carteira de identidade ou funcional, certificado de reservista, carteira de trabalho, carteira nacional de habilitação (desde que contenha foto), Documento Nacional de Identidade (DNI). Esse último foi criado pela Lei nº 13.444/2017, goza de "fé pública e validade em todo o território nacional" e pode, inclusive, "substituir o título de eleitor" (art. 8º, *caput*, § 4º). Note-se que certidões de nascimento e casamento não são admitidas como prova de identidade no ato de votar, porque destituídas de fotografia.

> Foram desenvolvidas tecnologias visando à implantação de um sistema de reconhecimento biométrico do eleitor, pelo qual a identificação é feita pelas digitais. A finalidade é assegurar a segurança, lisura e legitimidade do voto, evitando-se fraudes. Esse sistema já se encontra implantado em diversos municípios. O art. 5º, § 5º, da Lei nº 12.034/2009 dispõe sobre essa matéria, permitindo o uso de identificação do eleitor por sua biometria "desde que a máquina de identificar não tenha nenhuma conexão com a urna eletrônica".

Havendo dúvida insuperável quanto à identidade do votante, ainda que porte título ou outro documento de identificação, deverá o fato ser registrado em ata. Se, apesar da dúvida, for ele admitido a votar, os fiscais de partido ou outro eleitor poderão formular impugnação verbal, devendo ser solicitada a presença imediata do juiz eleitoral para decisão. Note-se, porém, que a presença do juiz nem sempre será possível; pense-se, por exemplo, em uma zona eleitoral integrada por diversos Municípios, com várias seções eleitorais.

Desistência de votar – se, após ser identificado, o eleitor desistir de votar, não terá direito ao respectivo comprovante. Todavia, até antes do encerramento dos trabalhos, poderá retornar à seção e exercer seu direito de sufrágio.

Desistência de prosseguir na votação já iniciada – se o eleitor desistir de prosseguir na votação já iniciada, quando já confirmado pelo menos um voto, o presidente da mesa deverá solicitar-lhe que a conclua. Perseverando na recusa, os votos faltantes serão considerados nulos, sendo entregue ao eleitor o respectivo comprovante de votação.

Eleitor analfabeto – ao eleitor analfabeto faculta-se o uso de instrumentos que lhe auxiliem a votar, apesar de o teclado da urna eletrônica ser confeccionado de maneira a facilitar-lhe o voto.

Eleitor portador de deficiência – deve-se garantir ao portador de deficiência que os procedimentos, materiais e equipamentos para votação sejam "apropriados, acessíveis e de fácil compreensão e uso" (Convenção Internacional sobre os Direitos das Pessoas com Deficiência – CIDPD – promulgada pelo Decreto n° 6.949/2009, art. 29, *a*, *i*; Lei n° 13.146/2015, art. 76, § 1°, I), de maneira que ele exerça os direitos políticos em igualdade de condições com as demais pessoas, sem sofrer nenhuma espécie de discriminação.

No entanto, há que se ponderar eventual dificuldade – às vezes, impossibilidade – para que o eleitor portador de deficiência possa, por si só, praticar o ato de votar. Nesse caso, poderia contar com a ajuda de outrem? A resposta positiva implicaria violação ao princípio do sigilo do voto, mas a resposta negativa impossibilitaria o próprio voto. A esse respeito, o art. 29, *a*, *iii*, da aludida CIDPD prevê a "Garantia da livre expressão de vontade das pessoas com deficiência como eleitores e, para tanto, sempre que necessário e a seu pedido, permissão para que elas sejam auxiliadas na votação por uma pessoa de sua escolha". Essa garantia é reiterada no art. 76, § 1°, IV, da Lei n° 13.146/2015. Enfrentando o problema, o TSE assentou na Resolução n° 21.819/2004:

> O direito ao voto e o direito ao sigilo do voto são princípios estabelecidos na Constituição da República; entretanto, o segundo não pode existir sem o primeiro. Por isso, ao compatibilizar esses princípios, creio que há de prevalecer – na comprovada impossibilidade da observância de ambos – o primeiro, expressão maior da cidadania. Isso considerado, proponho sejam estabelecidos os seguintes critérios:
>
> o eleitor com necessidades especiais poderá, para votar, contar com o auxílio necessário, ainda que não o tenha requerido antecipadamente ao juiz eleitoral e/ou ainda que não esteja inscrito em seção eleitoral especial;
>
> o presidente de mesa de seção eleitoral, verificando ser imprescindível que eleitor com necessidades especiais conte com o auxílio de pessoa de sua confiança para exercer o direito de voto, estará autorizado a permitir

o ingresso dessa segunda pessoa, junto com o eleitor, na cabine eleitoral, sendo que ela poderá, inclusive, digitar os números na urna eletrônica;

a pessoa que ajudará o eleitor com necessidades especiais não poderá estar a serviço da Justiça Eleitoral, de partido político ou de candidato.

Resulta que o eleitor portador de deficiência, para votar, poderá contar com o auxílio de pessoa de sua confiança, ainda que não o tenha requerido antecipadamente ao juiz eleitoral. Permite-se que tal pessoa ingresse junto com ele na cabine de votação, podendo, inclusive, digitar os números na urna. Note-se, porém, que o assistente não poderá estar a serviço da Justiça Eleitoral, de partido político ou de coligação.

Votação no exterior – quanto a brasileiros residentes no exterior, dispõe o art. 225 do CE que nas eleições "para presidente e vice-presidente da República poderá votar o eleitor que se encontrar no exterior". A Constituição Federal em vigor alterou a disciplina dessa matéria, tornando *obrigatórios* o alistamento e o voto dos brasileiros residentes no exterior, porque, a teor de seu art. 14, § 1º, I, o alistamento e o voto são facultativos apenas para analfabetos, maiores de 70 anos e maiores de 16 e menores de 18 anos. As seções eleitorais são organizadas nas sedes das embaixadas e dos consulados gerais, desde que na circunscrição haja um mínimo de trinta eleitores inscritos. Saliente-se que só é permitido votar no exterior brasileiro que lá residir e encontrar-se devidamente alistado. É que o eleitor só pode votar na seção eleitoral em que se encontra inscrito. Tanto a votação, quanto a apuração, devem observar o horário local. Concluída a apuração, o chefe da missão diplomática deve enviar o resultado ao TRE do Distrito Federal, podendo utilizar fac-símile ou correio eletrônico. Posteriormente, todo o material da eleição deve ser remetido por mala diplomática.

Voto em trânsito – o art. 233-A do CE (com a redação da Lei nº 13.165/2015) trata do *voto em trânsito*. Os eleitores que estiverem em trânsito no território nacional poderão votar "em urnas especialmente instaladas nas capitais e nos Municípios com mais de cem mil eleitores".

São previstas duas situações. Na primeira, no dia do pleito, o eleitor estará *fora da unidade da federação de seu domicílio eleitoral* – nesse caso, somente poderá votar em trânsito para Presidente da República. Na segunda situação, no dia do pleito, o eleitor estará em trânsito *dentro da unidade da federação de seu domicílio eleitoral* – nesse caso, além de Presidente da República, também poderá votar em trânsito para Governador, Senador, Deputado Federal, Deputado Estadual e Deputado Distrital. De igual modo, poderão votar em trânsito membros das Forças Armadas, integrantes dos órgãos de segurança pública, guardas municipais, desde que estejam em serviço no dia das eleições.

Para que o voto em trânsito seja viabilizado, mister será que o interessado se habilite com antecedência "de até quarenta e cinco dias da data marcada para a eleição" (o que pode ser feito em qualquer Cartório Eleitoral do país), indicando o local em que pretende votar. Com a habilitação, seu nome será excluído da urna eletrônica instalada na seção eleitoral em que se encontra inscrito, sendo incluído na seção destinada ao voto em trânsito na cidade indicada. Desde que habilitado para votar em trânsito, não poderá o eleitor exercer o direito de sufrágio em sua seção originária, já que seu nome não figurará na urna aí instalada. Caso não compareça para votar, deverá justificar a ausência.

Na hipótese de voto em trânsito apenas para a eleição presidencial, fica o eleitor dispensado de votar nas demais eleições que se realizam simultaneamente com aquela. É que o voto em trânsito em si já traduz o cumprimento dos deveres político-eleitorais.

Falha da urna eletrônica – na hipótese de falha da urna eletrônica durante a votação, adotar-se-ão procedimentos de contingência. Num primeiro momento, deve o mesário desligá-la, religá-la e reiniciar a votação. Se permanecer a falha, será convocada uma equipe técnica designada pelo juiz eleitoral para averiguar o problema e tentar solucioná-lo. Permanecendo defeituosa a máquina, deve-se providenciar sua substituição por "urna de contingência" ou reserva. Se também essa apresentar defeito que impeça seu funcionamento regular, proceder-se-á, excepcionalmente, à votação por cédulas (LE, art. 59), seguindo-se o procedimento traçado nos arts. 83 a 89 da Lei n° 9.504/97.

De qualquer sorte, é diminuto o número de urnas eletrônicas que apresentam falhas insuperáveis durante a votação – nas eleições gerais e presidenciais de 2010, em todo o Brasil isso ocorreu em apenas 0,05% do total de urnas usadas no primeiro turno, sendo que em apenas seis seções houve votação nominal.

12.7 QUESTÕES

1. **(2015 – IESES – TRE/MA – ANALISTA JUDICIÁRIO)** Sobre as mesas receptoras assinale a alternativa correta.
    a) Em caso de ausência do presidente da mesa não podem os demais mesários substituí-lo.
    b) Compete ao presidente da mesa receptora distribuir aos eleitores as senhas de entrada previamente rubricadas ou carimbadas segundo a respectiva ordem numérica.
    c) A cada circunscrição eleitoral corresponde uma mesa receptora de votos.
    d) Não podem ser nomeados presidentes e mesários os membros de diretórios de partidos que estejam no exercício de função executiva.

2. **(2015 – AOCP – TRE/AC- ANALISTA JUDICIÁRIO)** Os partidos e coligações têm o direito de fiscalizar todas as fases do processo de votação, apuração e processamento eletrônico da totalização dos resultados. Referente ao assunto, é correto afirmar que
    a) no dia da eleição será realizada, por amostragem, auditoria de verificação do funcionamento das urnas eletrônicas, através de votação paralela, na presença dos fiscais dos partidos e coligações.
    b) cada partido ou coligação tem direito a indicar ao credenciamento para a Justiça Eleitoral, no máximo, cinco fiscais por seção eleitoral.
    c) não é permitido que um fiscal seja nomeado para mais de uma Seção Eleitoral.

d) os partidos e coligações têm direito a acompanhar determinadas etapas da eleição, mas estão impedidos de contratar empresas externas de auditoria de sistemas.

e) os boletins de urna serão entregues aos partidos e coligações pela Justiça Eleitoral, ficando proibido o contato entre os fiscais e delegados de partido e o Presidente da Mesa Receptora.

3. **(2015 – VUNESP – MPE/SP – ANALISTA DE PROMOTORIA)** No dia do pleito eleitoral, por vezes, verifica-se o fornecimento, a contratação ou o oferecimento gratuito de transporte a eleitores, sendo correto afirmar que

a) é irregularidade eleitoral, inclusive capitulada como crime eleitoral, respondendo pelo crime quem fornece o transporte.

b) é permitida ao partido político a contratação ou o oferecimento de transporte a eleitores que residam fora da zona eleitoral.

c) é permitida ao partido político a contratação ou o oferecimento de transporte a eleitores que residam dentro do próprio município, inclusive da zona rural para a área urbana, sendo vedado entre municípios diferentes com a contratação de ônibus.

d) é permitida ao partido político a contratação ou o oferecimento de transporte a eleitores que residam em municípios limítrofes, somente da zona rural para a área urbana.

e) são permitidos, após a Constituição Federal de 1988, com fundamento na liberdade de locomoção.

4. **(2015 – FCC – TJ/PR – JUIZ SUBSTITUTO)** Entre os atos preparatórios à votação, destaca-se a constituição das Mesas Receptoras de Votos. Segundo a disciplina normativa que rege sua composição

a) admite-se a participação, como integrantes da mesma Mesa, de eleitores que tenham relação de parentesco.

b) a nomeação dos membros da Mesa deve recair preferencialmente sobre eleitores da própria seção eleitoral e, dentre estes, sobre diplomados em escola superior, professores e serventuários da Justiça.

c) é cabível sua redução numérica, mediante dispensa devidamente concedida pelo Tribunal Regional Eleitoral competente, para, no mínimo, dois membros.

d) devem ser nomeados, para cada Mesa, um presidente, um primeiro e um segundo mesários, três secretários e dois suplentes.

e) admite-se a participação, como mesários, de eleitores menores de dezoito anos, diversamente do que permitido para Mesas Receptoras de Justificativas.

5. **(2015 – FCC – TJ/GO – JUIZ SUBSTITUTO)** Iniciados os trabalhos de votação, caso ocorra, em determinada seção eleitoral, falha na urna que impeça a continuidade da votação eletrônica antes que o segundo eleitor conclua seu voto, esgotados os procedimentos de contingência previstos na legislação

a) será considerado nulo o voto do segundo eleitor, entregando-se-lhe o comprovante de votação, com o registro dessa ocorrência na ata.

b) deverá o segundo eleitor iniciar novamente o processo de votação, em outra urna ou em cédulas, considerando-se insubsistentes os votos para os cargos por ele sufragados na urna danificada, mantida a votação do primeiro eleitor.

c) deverá o primeiro eleitor votar novamente, em outra urna ou em cédulas, sendo o voto sufragado na urna danificada considerado insubsistente.

d) caberá à Mesa Receptora de Votos dispensar a presença do primeiro eleitor logo após verificar o adequado armazenamento de seu voto no cartão de memória da urna danificada, bem como a viabilidade de sua transmissão.

e) deverá o segundo eleitor retomar o processo de votação, em outra urna ou em cédulas, assinalando votos somente para os cargos por ele não sufragados na urna danificada, mantida a votação do primeiro eleitor.

Apuração dos votos e proclamação dos resultados

13.1 APURAÇÃO E TOTALIZAÇÃO DOS VOTOS

Encerrada a votação, o presidente da mesa receptora de votos e/ou justificativas, utilizando senha própria, deve inserir na urna um comando específico para que ela realize a apuração e emita o respectivo Boletim de Urna – BU.

O encerramento da apuração da seção se dá com a emissão do respectivo boletim de urna e com a geração da mídia com os resultados.

O BU é prova bastante do resultado apurado. Trata-se de relatório impresso por equipamento acoplado à urna, contendo dados como: data da eleição; identificação do Município, da zona e seção eleitorais; data e horário de encerramento da votação; código de identificação da urna; número de eleitores aptos; número de votantes por seção; a votação individual de cada candidato; os votos para cada legenda partidária; os votos nulos; os votos em branco; a soma geral dos votos (CE, art. 179, II).

Se por quaisquer razões não for possível que o BU seja emitido na própria seção eleitoral, deverá sê-lo pela Junta Eleitoral (CE, arts. 40, III, e 179), que, para tanto, se valerá dos sistemas de votação, de recuperação de dados ou de apuração.

O BU pode ser impugnado pelo interessado mediante recurso à Junta Eleitoral.

Esse documento deve ser assinado pelo presidente da mesa e, se presentes, por fiscais dos partidos políticos e membro do Ministério Público. Uma via é afixada em local visível na seção, dando publicidade ao resultado. Três vias devem ser encaminhadas, juntamente com a ata da seção, ao cartório eleitoral. Uma outra via é entregue aos fiscais dos partidos políticos que estiverem presentes.

A não expedição de BU imediatamente após o encerramento da votação constitui o crime previsto no art. 313 do Código Eleitoral.

Logo após a impressão do BU, uma mídia (já assinada digitalmente) contendo o resultado é gravada de forma criptografada. Posteriormente, ela é enviada ao servidor central (situado no TRE e TSE) onde, primeiramente, é verificada a sua assinatura digital; se essa for válida, estará garantido que aquele resultado foi gerado pela urna eletrônica que foi preparada para aquela seção eleitoral, isto é, garante-se a integridade e a autenticidade do resultado. Após a verificação da assinatura digital, o BU é decifrado e seus dados integrados no sistema de totalização das eleições.

Reunidos os dados de todas as seções eleitorais, são os votos totalizados, passando-se à proclamação dos resultados. Antes, porém, deve-se aguardar o decurso dos prazos para que os candidatos, partidos, coligações ou Ministério Público examinem toda a documentação pertinente à eleição e apresentem reclamações, se for o caso.

13.2 PROCLAMAÇÃO DOS RESULTADOS DAS ELEIÇÕES

Nas eleições realizadas pelo sistema majoritário, será considerado eleito o candidato a Presidente da República, a Governador e a Prefeito, assim como seus respectivos candidatos a vice, que obtiver a *maioria absoluta* de votos, não computados os votos em branco e os votos nulos.

Se nenhum candidato alcançar maioria absoluta na primeira votação, será realizado segundo turno, ao qual concorrerão os dois candidatos mais votados, considerando-se eleito aquele que obtiver a maioria dos votos válidos.

Observe-se, porém, que nas eleições municipais só haverá segundo turno em Municípios com mais de duzentos mil eleitores (CF, arts. 28, *caput*, 29, II, e 77, §§ 2º e 3º). É que nos Municípios com *menos* de duzentos mil eleitores a maioria exigida é simples.

Para o Senado, tem-se como eleito o candidato que obtiver maioria simples dos votos, assim como os dois suplentes com ele registrados (apesar de não serem votados, e, muitas vezes, sequer conhecidos). Ocorrendo empate, qualificar-se-á o mais idoso (CF, arts. 46, *caput*, e 77, § 5º).

Quanto às eleições realizadas pelo sistema proporcional, o resultado depende da apuração dos quocientes eleitoral e partidário, da votação nominal (= individual) mínima de 10% do quociente eleitoral, e do cálculo da distribuição das sobras eleitorais. À vista desses números, têm-se como eleitos os candidatos – a Deputado Federal, Deputado Distrital, Deputado Estadual e Vereador – mais votados de cada partido, na ordem decrescente da lista de votação nominal. Ou seja: o mais votado figura em primeiro lugar na lista e assim sucessivamente. O princípio a ser observado aqui é o atinente à *lista aberta*.

Nesse sistema, os candidatos que, apesar de terem recebido votos, não forem eleitos, entram na categoria de suplentes – e na definição dos suplentes "não há exigência de votação nominal mínima" de 10% do quociente eleitoral (CE, art. 112, parágrafo único – com a redação da Lei nº 13.165/2015).

Nas eleições presidenciais, compete ao Tribunal Superior Eleitoral proclamar os resultados.

Nas eleições gerais (federais e estaduais), a proclamação é feita pelo Tribunal Regional Eleitoral.

Já nas municipais, os resultados são proclamados pelo juiz eleitoral que presidir a Junta Eleitoral.

A proclamação pode ser alterada *ex officio* diante da ocorrência de erro material ou em razão do posterior julgamento de processos em curso na altura do pleito.

Suponha-se que, proclamados os resultados, sobrevenha julgamento de recurso interposto em ação de impugnação de registro de candidatura – AIRC, reformando decisão que na instância *a quo* deferiu o pedido de registro em eleição proporcional. Nesse caso, far-se-á nova proclamação de resultados e, conforme o caso, outro candidato deverá ser proclamado eleito, diplomado e investido no mandato em caráter definitivo.

Cumpre observar que, embora feita formalmente, não há previsão de recurso específico para atacar o ato de "proclamação dos eleitos".

13.3 QUESTÕES

1. **(2014 – FCC – MPE/PA – PROMOTOR DE JUSTIÇA)** Sobre o processo de votação e de totalização dos votos mediante o uso de sistema eletrônico, considere as seguintes afirmativas:

    I. Considera-se nulo o voto que venha a ser o único registrado na urna eletrônica, em virtude do comparecimento de apenas um eleitor à seção eleitoral, pois prevalece, no caso, a garantia constitucional do voto secreto.

    II. A falha na urna eletrônica, que impede a continuidade da votação antes que o segundo eleitor conclua seu voto, autoriza considerar insubsistente o voto já emitido pelo primeiro eleitor.

    III. Caso ocorra, após as dezessete horas do dia do pleito, defeito na urna eletrônica que impeça a continuidade da votação e falte apenas o voto de um eleitor presente na seção, a votação será encerrada sem o voto desse eleitor, entregando-se-lhe o comprovante de votação, com o registro dessa ocorrência na ata.

    IV. Não havendo êxito nos procedimentos de contingência adotados em razão de falha na urna eletrônica, a votação terá continuidade mediante o uso de cédulas, sendo cabível, a qualquer tempo, a retomada do sistema eletrônico caso nova urna devidamente lacrada seja providenciada pela Justiça Eleitoral.

    Está correto o que se afirma APENAS em
    a) II e III.
    b) I e III.
    c) I e IV.
    d) III e IV.
    e) II e IV.

2. **(2014 – FUNDEP – TJ/MG – JUIZ)** Sobre a apuração das eleições, assinale a alternativa INCORRETA.

    a) A apuração compete às Juntas Eleitorais, no tocante às eleições realizadas na zona sob sua jurisdição; aos Tribunais Regionais, a referente às eleições para governador, vice-governador, senador, deputado federal e estadual, de acordo com os resultados parciais enviados pelas Juntas Eleitorais; ao Tribunal Superior

Eleitoral nas eleições para presidente e vice-presidente da República, pelos resultados parciais remetidos pelos Tribunais Regionais.

b) Podem e devem fiscalizar a apuração os partidos políticos e coligações, por meio de seus fiscais e delegados, devidamente credenciados, os candidatos, que são fiscais natos, e o Ministério Público, fiscal da lei eleitoral sempre.

c) À medida que os votos forem sendo apurados, poderão os fiscais e delegados de partido, assim como os candidatos, apresentar impugnações que serão decididas de plano pela Junta. Todavia, ainda que não tenha havido impugnação perante a Junta Eleitoral, no ato da apuração, contra as nulidades arguidas, poderão os interessados apresentar recursos.

d) A lei indica a competência para proceder à publicação dos resultados finais dos pleitos, a saber: nas eleições municipais, é da Junta Eleitoral; nas eleições gerais, do TRE, e, nas eleições presidenciais, do TSE.

3. **(2015 – FCC – TRE/SE – TÉCNICO JUDICIÁRIO – ÁREA ADMINISTRATIVA)** Durante os trabalhos de apuração, o partido político Alpha impugnou a contagem de votos de determinada urna. A resolução dessa impugnação compete

a) ao Juiz Eleitoral.

b) à Junta Eleitoral.

c) ao Tribunal Regional Eleitoral.

d) ao Tribunal Superior Eleitoral.

e) ao Ministério Público Eleitoral.

Diplomação

14.1 CARACTERIZAÇÃO DA DIPLOMAÇÃO

A diplomação constitui a derradeira fase do processo eleitoral. Nela são sacramentados os resultados das eleições. Trata-se de ato formal, pelo qual os eleitos são oficialmente credenciados e habilitados a se investirem nos mandatos político--eletivos para os quais foram escolhidos. A posse e o exercício nos cargos se dão posteriormente, fugindo da alçada da Justiça Eleitoral.

Realiza-se em sessão especialmente designada, na qual todos os eleitos são individualmente diplomados. Não é necessário que o diplomado compareça pessoalmente ao ato, podendo receber o diploma por representante ou mesmo retirá-lo posteriormente.

No mesmo ato, são também diplomados suplentes (CE, art. 215, meio), ainda que não entrem no exercício de mandato. Todavia, por conveniência administrativa, na cerimônia de diplomação poderá a Justiça Eleitoral restringir a entrega de diplomas apenas aos eleitos, facultando aos suplentes requererem os seus em outra oportunidade. Em sentido diverso, porém igualmente restritivo, asseverou a Corte Superior que a diplomação "deve ocorrer até a terceira colocação, facultando-se aos demais suplentes o direito de solicitarem, a qualquer tempo, os respectivos diplomas" (TSE – Res. nº 23.097/2009 – *DJe* 21-9-2009, p. 31).

Em princípio, a sessão de diplomação deve ser realizada na sede da Junta ou do Tribunal Eleitoral. Contudo, se tais locais não comportarem, nada impede seja levada a efeito em outro mais apropriado, de preferência amplo e de fácil acesso, de modo que os parentes, amigos e apoiadores dos eleitos possam comparecer para acompanhá-la, e, sobretudo, prestigiar os novos mandatários nesse momento especial de suas vidas.

Conquanto os juízes e Tribunais eleitorais tenham liberdade para fixar a data, não podem exceder a constante do calendário estabelecido por Resolução emanada do Tribunal Superior Eleitoral.

O diploma simboliza a vitória no pleito. É o título ou certificado oficialmente conferido pela Justiça Eleitoral ao vencedor. Apresenta caráter meramente declaratório, pois não constitui a fonte de onde emana o direito de o eleito exercer mandato político-representativo. Na verdade, essa fonte não é outra senão a vontade do povo externada nas urnas. O diploma apenas evidencia que o rito e as formalidades estabelecidas foram atendidos, estando o eleito legitimado ao exercício do poder estatal.

Entre outros dados, desse documento devem constar o nome do candidato, a legenda sob a qual concorreu, isoladamente ou em coligação, o cargo para o qual foi eleito ou a sua classificação como suplente (CE, art. 215, parágrafo único).

Nas eleições presidenciais, os diplomas de Presidente e Vice-Presidente da República são expedidos pelo Tribunal Superior Eleitoral e assinados pelo presidente desse sodalício.

Nas eleições federais e estaduais, os diplomas de Governador e Vice-Governador, Senador, Deputado Federal, Deputado Distrital, Deputado Estadual e respectivos suplentes são expedidos pelos Tribunais Regionais Eleitorais, sendo subscritos pelos respectivos presidentes.

Já nas eleições municipais, os diplomas de Prefeito, Vice-Prefeito, Vereador e suplentes são expedidos pela Junta Eleitoral, sendo assinados pelo juiz eleitoral que a presidir.

Conforme prescreve o art. 218 do Código, a diplomação de militar deverá ser comunicada imediatamente à autoridade a que estiver subordinado. A razão dessa comunicação prende-se ao disposto no art. 14, § 8º, II, da Constituição, pelo qual o militar que contar mais de dez anos de serviço será agregado pela autoridade superior e, se eleito, passará automaticamente, no ato da diplomação, para a inatividade.

A diplomação constitui marco importante para diversas situações. Salvo alguns recursos e ações eleitorais que seguirão em andamento – ou que serão iniciados posteriormente –, demarca o fim da jurisdição eleitoral, porquanto os problemas decorrentes do exercício do mandato encontram-se afetos à jurisdição comum. É também o marco final para o ajuizamento de ações eleitorais típicas, tais como: *a)* prevista no art. 22 da LC nº 64/90; *b)* a por captação ilícita de sufrágio (LE, 41-A, § 3º); *c)* a por conduta vedada (LE, art. 73, § 12).

Por outro lado, é *a partir* da diplomação que tem início a contagem dos prazos para ingresso de Recurso Contra Expedição de Diploma (RCED), Ação de Impugnação Judicial Eleitoral (AIME) e Ação por Captação e Gasto Ilícito de Recursos de Campanha (LE, art. 30-A).

Por igual, é a diplomação referência primordial no âmbito do Estatuto Parlamentar. Com efeito, a partir dela passam a vigorar:

i) o *foro privilegiado ou por prerrogativa de função*, pois, conforme reza o § 1º do art. 53 da CF, "os Deputados e Senadores, desde a expedição do diploma, serão submetidos a julgamento perante o Supremo Tribunal Federal";

ii) a *imunidade formal*, pois, *(ii.1)*, conforme estabelece o § 2º do art. 53 da CF, "desde a expedição do diploma, os membros do Congresso Nacional não poderão ser presos, salvo em flagrante de crime inafiançável. Nesse caso, os autos serão remetidos dentro de vinte e quatro horas à Casa respectiva, para que, pelo voto da maioria de seus membros, resolva sobre a prisão"; e *(ii.2)* também o § 3º: "Recebida a denúncia contra o Senador ou Deputado, por crime ocorrido após a diplomação, o Supremo Tribunal Federal dará ciência à Casa respectiva, que, por iniciativa de partido político nela representado e pelo voto da maioria de seus membros, poderá, até a decisão final, sustar o andamento da ação";

iii) *vedações* a Deputados e Senadores, que, por força do art. 54, I, da CF, não poderão: "I – desde a expedição do diploma: *a)* firmar ou manter contrato com pessoa jurídica de direito público, autarquia, empresa pública, socie-dade de economia mista ou empresa concessionária de serviço público, salvo quando o contrato obedecer a cláusulas uniformes; *b)* aceitar ou exercer cargo, função ou emprego remunerado, inclusive os de que sejam demissíveis *ad nutum*, nas entidades constantes da alínea anterior".

14.2 DIPLOMAÇÃO DE CANDIDATO COM PEDIDO DE REGISTRO *SUB JUDICE*

Com a diplomação, o eleito é legitimado ao exercício do mandato público para o qual concorreu. Presume-se que o processo eleitoral tenha transcorrido em boa ordem e que o rito e as formalidades legais tenham sido observados. Mas essa presunção é relativa. Por razões diversas, pode ocorrer que o pedido de registro de candidatura do eleito encontre-se *sub judice* quando do pleito. Surge, então, o problema de saber se ele deve ou não ser diplomado se vencer as eleições.

Há duas situações a serem consideradas. Apesar de a matéria encontrar-se *sub judice*, é certo que no dia do pleito ou o pedido de registro encontrava-se deferido ou indeferido na instância originária. Em ambas as situações, a validade e a eficácia dos votos atribuídos ao candidato é subordinada a uma condição, qual seja: a de que o pedido de registro seja deferido pela instância superior.

Candidato que concorre com o pedido de registro deferido – nesse caso, embora o candidato eleito tenha disputado o certame *sub judice*, o fez com seu pedido de registro deferido. O deferimento do registro pela Justiça Eleitoral induz o sentimento de *confiança* no eleitor, confiança de que a situação do candidato é regular e a opção por ele não será vã, mas válida e eficaz. Por isso, poderá ser diplomado e investido no mandato enquanto a questão envolvendo sua candidatura não for definitiva-mente resolvida pelo Tribunal Eleitoral. Tanto a diplomação quanto a investidura se dão sob a *condição resolutiva* de o deferimento do registro ser mantido na instância final; caso contrário serão desfeitas em razão da não implementação desse evento futuro e incerto.

Assim, se o deferimento inicial do registro for mantido na instância *ad quem*, transitando em julgado a decisão final, nenhum problema se apresentará, pois em qualquer caso os votos serão válidos. Nesse caso, o candidato consolida seu direito à diplomação, permanecendo no exercício do mandato.

No entanto, se ao final – após o dia do pleito – a decisão inicial concessiva do registro for reformada, vindo esse a ser indeferido, o diploma será declarado nulo, o que implica a desinvestidura do cargo e, pois, o afastamento de seu exercício.

Nesse último caso – na hipótese de pleito majoritário –, novas eleições deverão ser realizadas por força do disposto no art. 224, § 3º, do CE (com a redação da Lei nº 13.165/2015).

Candidato que concorre com o pedido de registro indeferido – na segunda situação aventada, o candidato concorre ao pleito com o pedido de registro de candidatura *indeferido*, tendo recorrido à instância *ad quem* para lograr a reforma da decisão e o consequente deferimento de sua candidatura.

Vale observar que, com a informatização das eleições, o sistema de apuração e totalização permite que os votos a candidato com pedido de registro indeferido, mas ainda *sub judice*, sejam computados separadamente dos demais.

Posto que indeferido o registro, poderá o candidato prosseguir em sua campanha, praticando todos os atos a ela inerentes, inclusive arrecadar recursos e realizar propaganda eleitoral, além de ter seu nome mantido na urna eletrônica; também se submete aos deveres que a condição de candidato lhe impõe, tal como a prestação de contas e a expedição de recibos eleitorais.

No entanto, se eleito, em princípio, não poderia ser diplomado, porque disputou o certame sem registro. Aqui a eleição do candidato submete-se a uma *condição suspensiva*, ficando a própria diplomação e posterior investidura na dependência de o registro de candidatura ser deferido na instância final da Justiça Eleitoral. Esse risco foi assumido pelo candidato e seu partido. Não cabe o argumento de que o candidato venceu as eleições, devendo-se respeitar a *soberania das urnas* enquanto a matéria é apreciada pela Justiça. Além de esse princípio não ser absoluto (pois um mandato pode ser cassado por razões diversas), não se pode afirmar tenha havido estrita observância do *procedimento legal*, que impõe o registro do candidato. Por outro lado, eventual concessão de efeito suspensivo ao recurso aviado contra a decisão de indeferimento do registro não possui o condão de conferir registro a quem não o tem. A realização da democracia exige sempre a observância dos procedimentos democraticamente traçados.

Essa interpretação pacificou-se na jurisprudência:

> [...] 1. O Tribunal, por intermédio da Res.-TSE nº 22.992/2009, entendeu incabível a diplomação de candidato com registro indeferido, não incidindo, na espécie, o disposto no artigo 15 da Lei Complementar nº 64/90 (TSE – AMS nº 4.240/BA – *DJe* 16-10-2009, p. 18).

A esse respeito, foi enfático o art. 226, *caput*, da Res. TSE nº 23.399/2013: "Não poderá ser diplomado nas eleições majoritárias ou proporcionais o candidato que estiver com o seu registro indeferido, ainda que *sub judice*". Regra idêntica a essa também consta da Res. TSE nº 23.456/2015 (art. 171) e da Res. TSE nº 23.554/2018 (art. 251).

14.3 QUESTÕES

1. **(2015 – PGR – PGR – PROCURADOR DA REPÚBLICA)** Rejeitadas as contas de candidato majoritário por irregularidades graves,

    a) ele não poderá ser diplomado.

    b) a diplomação ficará suspensa até que as omissões na prestação de contas sejam supridas.

c) ser-lhe-á aplicada multa proporcional ao importe das irregularidades.

d) não haverá aplicação de qualquer medida ou sanção, exceto eventual proposição de representação do artigo 30-A da Lei 9.504/97.

2. **(2014 – PUC/PR – TJ/PR – JUIZ SUBSTITUTO)** José Afrânio se candidata a deputado federal pelo Estado do Paraná. Registra sua candidatura no dia 03 de julho, cuja eleição ocorre no dia 07 de outubro. O resultado que o declarou eleito é divulgado em 10 de outubro e José é diplomado em 15 de dezembro. Em 01 de janeiro do ano seguinte, José Afrânio, se dizendo representante do povo, faz duras críticas ao governo a que fará oposição, acusando o governador reeleito pela prática de diversos crimes. O governador em resposta diz que processará e pedirá a prisão de José pelas acusações que fez sem a devida prova. Em 01 de fevereiro do ano seguinte, José Afrânio toma posse como deputado federal e diz que está acobertado pela imunidade parlamentar e que podia se manifestar desde a época da eleição. Diante destas circunstâncias, é CORRETO afirmar que:

a) a imunidade parlamentear de José se iniciou no dia 03 de julho, por ocasião de seu registro de candidatura.

b) a imunidade parlamentar de José se iniciou o dia 10 de outubro, por ocasião da divulgação do resultado da eleição.

c) a imunidade parlamentar de José se iniciou no dia 01 de fevereiro do ano seguinte, por ocasião de sua posse.

d) a imunidade parlamentar de José se iniciou no dia 15 de dezembro, por ocasião de sua diplomação.

3. **(2014 – FMP CONCURSOS – TJ/MT – JUIZ)** Tendo presente que a diplomação dos candidatos eleitos é um ato administrativo oriundo de um órgão jurisdicional, identifique qual é a natureza jurídica do Recurso Contra a Expedição de Diploma – RCED, previsto no art. 262 do Código Eleitoral:

a) ação declaratória de nulidade de ato administrativo.

b) ação civil mandamental de rito sumário documental.

c) recurso eleitoral.

d) recurso de apelação.

e) ação constitutiva negativa de ato administrativo.

4. **(2011 – FCC – MPE/CE – PROMOTOR DE JUSTIÇA)** O candidato a prefeito eleito, assim como o seu vice, receberá diploma assinado pela autoridade judiciária competente. Sobre a expedição do diploma é correto afirmar:

a) Para os prefeitos das capitais será expedido pelo Presidente do Tribunal Superior Eleitoral.

b) Enquanto o Tribunal Superior não decidir o recurso interposto contra a expedição do diploma, poderá o diplomado exercer o mandato em toda a sua plenitude.

c) Para os prefeitos das capitais será expedido pelo Presidente do Tribunal Regional Eleitoral, não havendo previsão de recurso contra sua expedição.

d) Admite recurso com efeito suspensivo se demonstrado abuso de poder econômico no curso da campanha ou em prestação de contas.

e) Pode ter sua expedição suspensa pela propositura de ação penal por crime doloso cometido anteriormente ao registro da candidatura.

5. **(2011 – TJ/PR – TJ/PR – JUIZ)** Das assertivas abaixo, assinale a única CORRETA:

a) Em face da obrigatoriedade do comparecimento às urnas nos pleitos eleitorais, o alistamento eleitoral é *ex officio*.

b) A diplomação é ato administrativo da Justiça Eleitoral, que atesta que um determinado candidato obteve os votos necessários para alcançar o mandato eletivo ou a suplência.

c) Embora conte com um corpo próprio de funcionários, não há magistrados e membros do Ministério Público exclusivos, atuando nos feitos eleitorais juízes e procuradores federais.

d) Os membros dos Tribunais Regionais Eleitorais e do Tribunal Superior Eleitoral contam com as prerrogativas da magistratura garantidas constitucionalmente, sendo inamovíveis e vitalícios.

Ilícitos eleitorais

15.1 NOÇÃO DE ILÍCITO

O ilícito compreende a ação humana caracterizada por não se harmonizar com o Direito, ferindo-o. Os efeitos jurídicos produzidos por ele não são queridos nem buscados pelo seu autor, que sofre, consequentemente, a repulsa legal veiculada na sanção. Veja-se o caso da lesão corporal dolosa. O autor quer praticá-la, dirigindo sua vontade para que se consume a agressão. Esse comportamento é ilícito, anti-jurídico, porquanto existem no sistema jurídico princípios e regras que o proíbem. Estabelece-se, pois, um conflito imediato entre o comportamento concretizado na realidade e o Direito. Em virtude disso, os efeitos queridos pelo agente – consistentes na produção da lesão – não são salvaguardados pelo ordenamento jurídico, que, ao contrário, impõe-lhe sanções ou respostas sancionatórias.

Note-se que uma ação não é considerada ilícita simplesmente por transgredir o ordenamento legal, em seu aspecto lógico-formal, mas essencialmente por ferir um bem ou um interesse juridicamente reconhecidos e protegidos. De modo que o ilícito não atenta somente contra o Direito, como sistema formal de normas de conduta, mas, sobretudo, contra os valores em que ele, o Direito, encontra-se arrimado.

Essa perspectiva concreta, material, é mais consentânea com o nosso sistema jurídico, que tem a eticidade, a dignidade e a solidariedade como alguns de seus fundamentos (CF, arts. 1º, III, e 3º, I).

O ilícito forma uma categoria geral do Direito. Trata-se de uma estrutura ou modelo abstrato cuja racionalidade pode ser levada a qualquer disciplina jurídica. Assim, tem-se o ilícito civil, o penal, o tributário, o eleitoral etc.

15.2 ILÍCITO ELEITORAL

O ilícito eleitoral apresenta os seguintes elementos gerais: *a)* ação/conduta abusiva; *b)* resultado; *c)* relação causal ou imputacional; *d)* ilicitude ou antijuridicidade.

A ação ou conduta não expressa necessariamente um comportamento único e individualizado, podendo simbolizar a síntese de um complexo de atos. Tais atos podem expressar diversas ações ou omissões.

O resultado não é necessariamente natural, podendo ser meramente normativo, traduzindo ferimento ao bem ou interesse protegido pela norma eleitoral. Ressalte--se que, no Direito Eleitoral, o resultado não apresenta caráter patrimonial, como ocorre no Direito Privado. Antes, malfere bens e interesses político-coletivos, difusos (no sentido de que diz respeito a todos indistintamente), preciosos ao adequado funcionamento das instituições e do regime democrático e à normalidade da vida político-social, tais como a legitimidade do exercício do poder político, a higidez do pleito, a veraz representatividade, a sinceridade dos votos, a confiança no sistema de votação etc. Desnecessário dizer que esses bens não são apreciáveis economicamente.

A ilicitude ou antijuridicidade da conduta diz respeito à sua não conformação ao sistema jurídico, que as repudia.

Por fim, tem-se o nexo causal, entendido como o liame existente entre a conduta e o resultado, este traduzido na lesão ao bem ou interesse juridicamente tutelado. Embora se fale em "relação causal", esse vínculo é lógico-jurídico, não material ou físico; cuida-se de relação imputacional em que um resultado é atribuído ou imputado a pessoa ou ente, que por ele deverá responder no âmbito do ordenamento eleitoral.

Como categoria superior, o ilícito eleitoral possui diversas espécies. Estas são expressamente previstas na legislação, podendo ser agrupadas sob referida categoria.

Na sequência, serão tratadas algumas dessas espécies, a saber: *i)* abuso de poder; *ii)* captação ou gasto ilícito de recursos em campanha eleitoral; *iii)* captação ilícita de sufrágio; *iv)* conduta vedada.

15.3 ABUSO DE PODER

15.3.1 Conceito de abuso de poder

O vocábulo *abuso* (do latim *abusu*: *ab + usu*) diz respeito a "mau uso", "uso errado", "desbordamento do uso", "ultrapassagem dos limites do uso normal", "exorbitância", "excesso", "uso inadequado" ou "nocivo". Haverá abuso sempre que, em um contexto amplo, o poder – não importa sua origem ou natureza – for manejado com vistas à concretização de ações irrazoáveis, anormais, inusitadas ou mesmo injustificáveis diante das circunstâncias que se apresentarem e, sobretudo, ante os princípios e valores agasalhados no ordenamento jurídico. Por conta do abuso, ultrapassa-se o padrão normal de comportamento, realizando-se condutas que não guardam relação lógica com o que normalmente ocorreria ou se esperaria que ocorresse. A análise da razoabilidade da conduta e a ponderação de seus motivos e finalidades oferecem importantes vetores para a apreciação e o julgamento do evento; razoável, com efeito, é o que está em consonância com a razão.

Já a palavra *poder*, na esfera política, é compreendida como a capacidade de condicionar ou determinar o comportamento alheio. Isso se dá por meio de influência exercida na mente humana, resultando na alteração da maneira como sentimos, agimos, pensamos e percebemos as coisas, tanto no plano individual quanto no coletivo.

No *Direito Eleitoral, o abuso de poder consiste* no mau uso de direito, situação ou posição jurídicas com vistas a exercer indevida e ilegítima influência em dada eleição. Para caracterizá-lo, fundamental é a presença de uma conduta em desconformidade com o Direito (que não se limita à lei), podendo ou não haver desnaturamento dos institutos jurídicos envolvidos. No mais das vezes, há a realização de ações ilícitas ou anormais, denotando mau uso de uma situação ou posição jurídicas ou mau uso de bens e recursos detidos pelo agente ou beneficiário ou a eles disponibilizados, isso sempre com o objetivo de influir indevidamente em determinado pleito eleitoral.

Note-se que o conceito jurídico de abuso de poder é indeterminado, fluido e aberto; sua delimitação semântica só pode ser feita na prática, diante das circunstâncias que o evento apresentar. Portanto, em geral, somente as peculiaridades do caso concreto é que permitirão ao intérprete afirmar se esta ou aquela situação real configura ou não abuso de poder.

Para que ocorra abuso de poder, é necessário que se tenha em mira processo eleitoral futuro ou que já se encontre em marcha. Ausente qualquer matiz eleitoral no evento considerado, não há como caracterizá-lo.

Impende encarecer o quanto o abuso de poder é daninho ao processo eleitoral. O pleito em que se instala resulta corrompido, maculado, pois impede que a vontade genuína do eleitor se manifeste nas urnas. Isso contribui para a formação de representação política inautêntica, mendaz. Daí a necessidade de se dotar o Direito Eleitoral de instrumental adequado para refrear eficazmente o uso abusivo do poder nas eleições, antes e durante o período de campanha. Do contrário, jamais se logrará a autenticidade representativa.

Por isso mesmo, o abuso de poder é reprimido no art. 22, XIV, da LC nº 64/90, podendo ensejar: *i)* inelegibilidade por oito anos; *ii)* cassação do registro de candidatura do candidato beneficiado; *iii)* cassação do diploma do candidato beneficiado.

15.3.2 Abuso de poder econômico

O *abuso de poder econômico* é compreendido como a concretização de ações que denotem mau uso de situações jurídicas ou direitos e, pois, de recursos patrimoniais detidos, controlados ou disponibilizados ao agente. Essas ações não são razoáveis nem normais à vista do contexto em que ocorrem, revelando a existência de exorbitância, desbordamento ou excesso no exercício dos respectivos direitos e no emprego de recursos.

É necessário que a conduta abusiva tenha em vista processo eleitoral futuro ou em curso. Normalmente, ocorre durante o período de campanha, embora também possa ocorrer antes de seu início. Ausente esse liame, não há como caracterizar o abuso, já que o patrimônio, em regra, é disponível.

Por igual, se não se puder valorar economicamente a relação jurídica e a conduta consideradas, obviamente não se poderá falar em uso abusivo de poder econômico, já que faltaria a atuação desse fator.

A corrupção econômica nas eleições tem como corolário a corrupção no exercício do mandato assim conquistado. É intuitivo que os financiadores não vertem seus fundos para campanhas eleitorais apenas por altruísmo ou elevada consciência cívica, antes o fazem com vistas a conquistar espaço e influência nas instâncias decisórias do Estado, bem como abrir a porta para futuros e lucrativos contratos.

O abuso de poder econômico tanto pode decorrer do emprego abusivo de recursos patrimoniais, como do mau uso de meios de comunicação social. Estará configurado, entre outras coisas, sempre que houver oferta ou doação, a eleitores, de bens, produtos ou serviços diversos, como atendimento médico, hospitalar, dentário, estético, fornecimento de remédios, próteses, gasolina, cestas básicas, roupas, calçados, materiais de construção. Também caracteriza abuso de poder econômico o emprego, na campanha, de recursos de origem ilícita (como "caixa dois"), ilicitamente arrecadados, não declarados à Justiça Eleitoral, e, ainda, a realização de gastos que superem a estimativa apresentada por ocasião do registro.

15.3.3   Abuso de poder político

Político é vocábulo derivado de *polis*, que significa cidade, Estado. O poder político, consequentemente, refere-se ao poder estatal. Trata-se do supremo poder numa sociedade organizada, a ele subordinando-se todos os demais. Corporifica-se na figura do Estado, penetrando no interior da Administração Pública. Pode encontrar-se concentrado ou descentralizado mediante transferência de atribuições para órgãos locais, pessoas físicas ou jurídicas.

Dada sua natureza essencialmente abstrata, o Estado fala, ouve, vê e age por intermédio de seus agentes, que, naturalmente, ocupam posições destacadas na comunidade, porquanto suas atividades terminam por beneficiá-la direta ou indiretamente.

Os exercentes de funções estatais são genericamente denominados *agentes públicos*. O art. 73, § 1º, da LE oferece definição clara de agente público, assim reputando

> quem exerce, ainda que transitoriamente ou sem remuneração, por eleição, nomeação, designação, contratação ou qualquer outra forma de investidura ou vínculo, mandato, cargo, emprego ou função nos órgãos ou entidades da administração pública direta, indireta, ou fundacional.

Ao realizarem seus misteres, os agentes públicos devem sempre guardar obediência aos princípios constitucionais regentes de suas atividades, nomeadamente os previstos no art. 37 da Constituição, entre os quais avultam: legalidade, impessoalidade, moralidade, publicidade, eficiência, licitação e concurso público. A ação administrativo-estatal deve necessariamente pautar-se pelo atendimento do *interesse público*.

É intuitivo que a máquina administrativa não pode ser colocada a serviço de candidaturas no processo eleitoral, já que isso desvirtuaria completamente a ação estatal, além de desequilibrar o pleito – ferindo de morte a isonomia que deve permear as campanhas e imperar entre os candidatos – e fustigar o princípio republicano, que repudia tratamento privilegiado a pessoas ou classes sociais.

No Brasil, é público e notório que agentes públicos se valem de suas posições para beneficiar candidaturas. Desde sua fundação, sempre houve intenso uso da máquina administrativa estatal: ora são as incessantes (e por vezes inúteis) propagandas institucionais (cujo real sentido é, quase sempre, promover o agente político), ora são as obras públicas sempre intensificadas em anos eleitorais e suas monótonas cerimônias de inauguração, ora são os acordos e as trocas de favores impublicáveis, mas sempre envolvendo o apoio da Administração Pública, ora é o aparelho do Estado desviado de sua finalidade precípua e posto a serviço de um fim pessoal, ora são oportunísticas transferências de recursos de um a outros entes federados.

Ante sua elasticidade, o conceito em foco pode ser preenchido por fatos ou situações tão variados quanto os seguintes: uso, doação ou disponibilização de bens e serviços públicos, desvirtuamento de propaganda institucional, manipulação de programas sociais, contratação ilícita de pessoal ou serviços, ameaça de demissão ou transferência de servidor público, convênios urdidos entre entes federativos estipulando a transferência de recursos às vésperas do pleito.

Não só por ação se pode abusar do poder político, como também por omissão.

Segundo assentou o TSE: *(i)* o abuso de poder político é "condenável por afetar a legitimidade e normalidade dos pleitos e, também, por violar o princípio da isonomia entre os concorrentes, amplamente assegurado na Constituição da República" (TSE – ARO n° 718/DF – *DJ* 17-6-2005); *(ii)* "Caracteriza-se o abuso de poder quando demonstrado que o ato da Administração, aparentemente regular e benéfico à população, teve como objetivo imediato o favorecimento de algum candidato" (TSE – REspe n° 25.074/RS – *DJ* 28-10-2005).

15.3.4   Abuso de poder político-econômico

De modo geral, os fatos que caracterizam abuso de poder político não se confundem com os que denotam abuso de poder econômico. Em tese, tais formas de abuso de poder são independentes entre si, de sorte que uma pode ocorrer sem que a outra se apresente.

Mas em numerosos casos as duas figuras andam juntas. Esse fenômeno bem pode ser designado como abuso de poder "político-econômico". Aqui, o mau uso de poder político é acompanhado pelo econômico, estando ambos inexoravelmente unidos. Essa modalidade de abuso de poder tem sido reconhecida pela jurisprudência. A ver:

> [...] 3. O abuso de poder econômico entrelaçado com o abuso de poder político pode ser objeto de Ação de Impugnação de Mandato Eletivo (AIME), porquanto abusa do poder econômico o candidato que despende recursos patrimoniais, públicos ou privados, dos quais detém o controle ou a gestão em contexto revelador de desbordamento ou excesso no emprego desses recursos em seu favorecimento eleitoral. Precedentes: REspe n° 28.581/MG, de minha relatoria, *DJe* de 23-9-2008; REspe n° 28.040/BA, Rel. Min. Ayres Britto, *DJ* de 1°-7-2008 [...] (TSE – AAI n° 11.708/MG – *DJe* 15-4-2010, p. 18-19).

Em Estado historicamente patrimonialista como o brasileiro, onde o fisiologismo é prática corriqueira e a máquina estatal é posta abertamente a serviço de candidaturas, em que a elite e o poder econômico sempre dependeram do político e dos recursos do erário, não se pode ignorar o consórcio de abusos em apreço. O Estado brasileiro, aliás, é fruto de uma empresa: a empresa colonial da Coroa Portuguesa.

15.3.5 Sanção por abuso de poder

As sanções por abuso de poder se aplicam tanto ao autor do fato abusivo, quanto aos beneficiários do ilícito – isto é, aos candidatos que se beneficiaram do abuso de poder. São previstas no art. 22, XIV, da LC n° 64/90, consistindo em: *i)* inelegibilidade para as eleições a se realizarem nos 8 (oito) anos subsequentes à eleição em que se verificou; *ii)* cassação do registro do candidato; *iii)* cassação do diploma do candidato. Isso, sem prejuízo de responsabilização "disciplinar", administrativa e penal.

Não se pode esquecer que o art. 1°, I, alíneas *d* e *h*, da LC n° 64/90 também prevê a inelegibilidade absoluta, por oito anos contados das eleições, dos que tenham contra sua pessoa demanda julgada procedente pela Justiça Eleitoral por abuso do poder econômico ou político.

15.4 CAPTAÇÃO OU GASTO ILÍCITO DE RECURSOS PARA FINS ELEITORAIS – LE, ART. 30-A

15.4.1 Caracterização da captação ou gasto ilícito de recursos para fins eleitorais

A captação ou gasto ilícito de recursos para fins eleitorais é previsto no art. 30-A da Lei n° 9.504/97. Esse ilícito é fruto da minirreforma eleitoral que se seguiu ao acirrado debate desencadeado pelo lastimável episódio que ficou conhecido como "mensalão", no qual muitos parlamentares foram acusados de "vender" seus votos para apoiar o governo em votações de realizadas no Congresso Nacional. Reza o dispositivo em exame:

> Art. 30-A. Qualquer partido político ou coligação poderá representar à Justiça Eleitoral, no prazo de 15 (quinze) dias da diplomação, relatando fatos e indicando provas, e pedir a abertura de investigação judicial para apurar condutas em desacordo com as normas desta Lei, relativas à arrecadação e gastos de recursos.
>
> § 1° Na apuração de que trata este artigo, aplicar-se-á o procedimento previsto no art. 22 da Lei Complementar n° 64, de 18 de maio de 1990, no que couber.
>
> § 2° Comprovados captação ou gastos ilícitos de recursos, para fins eleitorais, será negado diploma ao candidato, ou cassado, se já houver sido outorgado.
>
> § 3° O prazo de recurso contra decisões proferidas em representações propostas com base neste artigo será de 3 (três) dias, a contar da data da publicação do julgamento no Diário Oficial.

Duas são as condutas ilícitas previstas nesse dispositivo, notadamente da parte final de seu *caput* c.c. § 2º. A primeira conduta consiste em captar ilicitamente recursos durante a campanha eleitoral. A *captação ilícita* remete tanto à fonte quanto à forma de obtenção de recursos. Assim, abrange não só o recebimento de recursos de fontes proibidas e vedadas (ex.: entidade estrangeira – *vide* art. 24 da LE), como também sua obtenção *de modo ilícito*, embora aqui a fonte seja legal. Exemplo desse último caso são os recursos lícitos na origem, porém obtidos à margem do sistema legal de controle, que compõem o que se tem denominado "caixa dois" de campanha.

Por sua vez, a segunda conduta refere-se a gastar ilicitamente recursos durante a campanha. Não importa se a fonte do recurso gasto é lícita ou ilícita, porque o relevante é que o gasto seja ilícito ou tenha sido realizado para suportar evento ilícito de campanha. Ex.1: embora o recurso seja lícito, foi gasto com a realização de *showmício*, evento proibido pelo art. 39, § 7º, da LE. Ex.2: panfletos pagos com recurso emanado de fonte proibida (LE, art. 24, doação de pessoa jurídica) ou que não poderia ser gasto na campanha (ex.: recurso de origem não identificada – LE, art. 24, § 4º).

O bem jurídico protegido pela regra em comento é a lisura da campanha eleitoral. *Arbor ex fructu cognoscitur*, pelo fruto se conhece a árvore. Se a campanha é alimentada com recursos de fontes proibidas ou obtidos de modo ilícito ou, ainda, realiza gastos não tolerados, ela mesma acaba por contaminar-se, tornando-se ilícita. De campanha ilícita jamais poderá nascer mandato legítimo, pois árvore malsã não produz senão frutos doentios.

Também é tutelada a igualdade que deve imperar no certame. A afronta a esse princípio fica evidente, por exemplo, quando se compara uma campanha em que houve emprego de dinheiro oriundo de "caixa dois" ou de fonte proibida e outra que se pautou pela observância da legislação. Em virtude do ilícito aporte pecuniário, a primeira contou com mais recursos, oportunidades e instrumentos não cogitados na outra. Evidente, então, que os participantes não tiveram as mesmas chances de vitória.

15.4.2 Sanção por captação ou gasto ilícito de recursos para fins eleitorais

As sanções pelo ilícito eleitoral em exame estão previstas no § 2º, art. 30-A, da LE, consistindo em: *i)* negativa de expedição de diploma ao candidato; *ii)* cassação do diploma se já houver sido outorgado. Além disso, há ainda: *iii)* a invalidação dos votos dados ao candidato; e *iv)* a inelegibilidade prevista no art. 1º, I, *j*, da LC nº 64/90, que constitui efeito reflexo ou secundário da decisão judicial que aplica as sanções referidas nos itens *i* e *ii*.

15.5 CAPTAÇÃO ILÍCITA DE SUFRÁGIO

15.5.1 Caracterização da captação ilícita de sufrágio

A captação ilícita de sufrágio é prevista no art. 41-A da Lei nº 9.504/97:

> Art. 41-A. Ressalvado o disposto no art. 26 e seus incisos, constitui captação de sufrágio, vedada por esta Lei, o candidato doar, oferecer, prometer,

ou entregar, ao eleitor, com o fim de obter-lhe o voto, bem ou vantagem pessoal de qualquer natureza, inclusive emprego ou função pública, desde o registro da candidatura até o dia da eleição, inclusive, sob pena de multa de mil a cinquenta mil Ufir, e cassação do registro ou do diploma, observado o procedimento previsto no art. 22 da Lei Complementar nº 64, de 18 de maio de 1990.

§ 1º Para a caracterização da conduta ilícita, é desnecessário o pedido explícito de votos, bastando a evidência do dolo, consistente no especial fim de agir.

§ 2º As sanções previstas no *caput* aplicam-se contra quem praticar atos de violência ou grave ameaça a pessoa, com o fim de obter-lhe o voto.

§ 3º A representação contra as condutas vedadas no *caput* poderá ser ajuizada até a data da diplomação.

§ 4º O prazo de recurso contra decisões proferidas com base neste artigo será de 3 (três) dias, a contar da data da publicação do julgamento no Diário Oficial.

O *caput* desse dispositivo foi incluído na Lei das Eleições pela Lei nº 9.840/99; posteriormente, a Lei nº 12.034/2009 acrescentou-lhe os §§ 1º a 4º. É fruto de projeto de iniciativa popular, no qual se empenharam entidades civis como a Conferência Nacional dos Bispos do Brasil (CNBB), a Ordem dos Advogados do Brasil (OAB), a Central Única dos Trabalhadores (CUT), a Associação dos Juízes para a Democracia (AJD), entre outras. A intenção era estabelecer regra rígida e expedita, que resgatasse a ética no processo eleitoral, de sorte a prevalecer sempre a lisura.

Constitui truísmo afirmar que os votos devem ser captados licitamente, dentro das regras do jogo democrático, ou seja, por meio de propaganda eleitoral, do teor e da seriedade dos projetos e das propostas apresentados, dos debates públicos, da história dos partidos e dos candidatos, bem como de suas realizações. Condenam-se, portanto, as práticas malsãs e fraudulentas, que afastam a lisura da disputa e viciam a vontade popular manifestada nas urnas.

A *captação ilícita de sufrágio* denota a ocorrência de *ilícito eleitoral ofensivo à livre vontade do eleitor*. Eis o bem jurídico tutelado: a liberdade do eleitor de votar conforme os ditames de sua própria consciência. Mais: é a liberdade de o eleitor formar sua *vontade de votar* livremente, escolhendo quem bem entender para o governo.

Por isso, estará configurado o ilícito sempre que a eleitor for oferecido, prometido ou entregue bem ou vantagem com o fim de obter-lhe o voto (art. 41-A, *caput*). Também ocorrerá na hipótese de coação, isto é, prática de "atos de violência ou grave ameaça a pessoa, com o fim de obter-lhe o voto" (art. 41-A, § 2º). Assim, a causa da conduta inquinada deve estar diretamente relacionada ao voto. Eis os requisitos para sua configuração:

i) realização de uma das condutas típicas, a saber: (1) doar, oferecer, prometer ou entregar (2) bem ou vantagem pessoal (3) a eleitor, (4) ou contra ele praticar violência ou grave ameaça;

ii) fim especial de agir, consistente na obtenção do voto do eleitor;

iii) ocorrência do fato durante o período eleitoral.

A captação ilícita de sufrágio pode ser dividida em duas modalidades: compra de voto e coação eleitoral.

15.5.2 Compra de voto

A expressão "compra de voto" é aqui empregada em sentido amplo, denotando o ato de doar, oferecer, prometer ou entregar bem ou vantagem pessoal a eleitor.

À consideração de que o bem jurídico tutelado pelo art. 41-A da LE é a livre vontade do eleitor, tem-se entendido que a compra "de um único voto é suficiente para configurar captação ilícita de sufrágio" (TSE – REspe n° 54542/SP – *DJe* 18-10-2016, p. 85-86).

O fato deve ser evidenciado de maneira inequívoca. Mas não é preciso que haja "pedido expresso de voto" por parte do candidato. Tal exigência, além de não constar na regra legal em apreço, certamente acarretaria seu esvaziamento, tornando-a inócua. Quanto a isso, o § 1° do art. 41-A da LE é claro ao dispor: "Para a caracterização da conduta ilícita, é desnecessário o pedido explícito de votos, bastando a evidência do dolo, consistente no especial fim de agir". Admite-se que o "fim de obter" (e não o pedido expresso de) votos – dolo específico ou fim especial de agir, na linguagem do Direito Penal – resulte das circunstâncias do evento, sendo deduzido do contexto em que ocorreu, mormente do comportamento e das relações dos envolvidos. É nesse sentido a exegese que o TSE vem emprestando a essa questão, conforme evidenciam os seguintes julgados: REspe n° 25.146/RJ – *DJ* 20-4-2006, p. 124; RO n° 773/RR – DJ 6-5-2005, p. 150; RO n° 777/AP – *DJ* 28-4-2006, p. 140.

Embora o dispositivo em exame se destine a "candidato" (TSE – AAI n° 212-84/SE – *DJe* 15-10-2014), não é imperioso que a ação ilícita seja levada a efeito pelo candidato, ele mesmo. Poderá ser realizada de forma mediata, por interposta pessoa, já que se entende como "desnecessário que o ato de compra de votos tenha sido praticado diretamente pelo candidato, mostrando-se suficiente que, evidenciado o benefício, haja participado de qualquer forma ou com ele consentido [...]" (TSE – REspe n° 21.792/MG – *DJ*, 21-10-2005, p. 99). É, pois, suficiente que a participação do candidato beneficiado seja *indireta*, havendo de sua parte "explícita anuência" (TSE – REspe n° 21.327/MG – *DJ* 31-8-2006, p. 125). Assim, não se exige que sua vontade seja manifestada de forma expressa, podendo sê-lo tacitamente, desde que evidente. Basta, na verdade, "seu consentimento com o ato ilegal" (TSE – AgRO n° 903/PA – *DJ* 7-8-2006, p. 136), ou, ainda, seu "conhecimento ou mesmo a ciência dos fatos que resultaram na prática do ilícito eleitoral, elementos esses que devem ser aferidos diante do respectivo contexto fático" (TSE – RO n° 2.098/RO – *DJe* 4-8-2009, p. 103).

Mas, para que um fato seja imputado ao candidato e este, em consequência, seja eleitoralmente responsabilizado, há mister que se demonstre a existência de liame entre o seu agir e o aludido fato; essa conexão pode decorrer até mesmo de omissão, de modo que a culpa (em sentido amplo) do candidato deve ser evidenciada, pois, se isso não ocorrer, sua responsabilização se fundará em mera presunção. Nessa linha de pensamento:

> [...] 5. A desnecessidade de comprovação da ação direta do candidato para a caracterização da hipótese prevista no art. 41-A da Lei nº 9.504/97 não significa dizer que a sua participação mediata não tenha que ser provada. Por se tratar de situação em que a ação ou anuência se dá pela via reflexa, é essencial que a prova demonstre claramente a participação indireta, ou, ao menos, a anuência do candidato em relação aos fatos apurados. 6. A afinidade política ou a simples condição de correligionária não podem acarretar automaticamente a corresponsabilidade do candidato pela prática da captação ilícita de sufrágio, sob pena de se transmudar a responsabilidade subjetiva em objetiva. Recursos especiais providos para reformar o acórdão regional (TSE – REspe nº 603-69/MS – *DJe* 15-8-2014).

O beneficiário da ação do candidato deve ser *eleitor*. Do contrário, não ostentando cidadania ativa, por qualquer razão (inclusive em virtude de suspensão de direitos políticos), a hipótese legal não se perfaz, permanecendo no campo moral. Mesmo porque não haveria qualquer perigo ou ameaça ao bem jurídico tutelado, que, no caso, é a *liberdade de voto*.

Não é mister que o eleitor – ou eleitores – beneficiado ou a quem a promessa foi endereçada seja identificado nominalmente. Nesse sentido:

> [...] Captação de sufrágio do art. 41-A da Lei nº 9.504/97. [...] 1. Na linha da jurisprudência desta Corte, estando comprovado que houve captação vedada de sufrágio, não é necessário estejam identificados nominalmente os eleitores que receberam a benesse em troca de voto, bastando para a caracterização do ilícito a solicitação do voto e a promessa ou entrega de bem ou vantagem pessoal de qualquer natureza [...] (TSE – REspe nº 25.256/RS – *DJ* 5-5-2006, p. 151).

Às vezes, é o próprio eleitor que se insinua ao candidato, solicitando-lhe bem ou vantagem para entregar-lhe o voto. Embora essa conduta seja tipificada como crime de corrupção eleitoral passiva no art. 299 do Código Eleitoral, não é prevista no art. 41-A da LE. O que denota ilicitude na captação do voto é a iniciativa do candidato, não a do eleitor, porquanto é a liberdade deste que se visa resguardar. Todavia, se o candidato aceder à solicitação, tem-se como caracterizado o ilícito em apreço.

O objeto ou o fim da ação ilícita devem ser o voto do cidadão. Por isso, não se configura a captação ilícita de sufrágio se outra for a causa da ação inquinada, pois nessa hipótese estaria ausente o requisito atinente ao condicionamento da entrega da vantagem ao voto. Há jurisprudência nesse sentido:

> 1. Na espécie, das circunstâncias fáticas delineadas no acórdão regional, depreende-se que o recebimento da vantagem – materializada na distri-

buição gratuita de bebidas – foi condicionado à permissão de colagem do adesivo de campanha, e não à obtenção do voto. 2. Não há como enquadrar a conduta imputada aos recorrentes no ilícito previsto no art. 41-A da Lei das Eleições, porquanto não restou demonstrado o especial fim de agir consistente no condicionamento da entrega da vantagem ao voto do eleitor. 3. Recursos especiais providos. (TSE – REspe n° 63.949/SP – *DJe* t. 23, 3-2-2015, p. 86-87).

De igual modo, se a dádiva tiver em vista a viabilização de atos de campanha como carreata, comício, reunião (e não propriamente beneficiar eleitor), já se entendeu na jurisprudência que o fato não chega a concretizar a hipótese prevista no art. 41-A da LE, a ver:

> 1. Para a caracterização da captação ilícita de sufrágio, é necessário que o oferecimento de bens ou vantagens seja condicionado à obtenção do voto. A distribuição de camisetas com símbolo partidário para utilização durante passeata ou carreata não se amolda ao ilícito previsto no art. 41-A da Lei n° 9.504/97. [...] 3. Recurso especial provido (TSE – REspe n° 26674/MS – *DJe*, t. 47, 11-3-2014, p. 31).

> 1. O entendimento desta Corte firmou-se no sentido de que a prática de distribuição de combustível a eleitores, visando à participação em carreata, somente configurará captação ilícita de sufrágio se houver, conjuntamente, pedido explícito ou implícito de votos. Precedentes. [...] (TSE – AgR-AI n° 11.434/RJ – *DJe*, t. 29, 11-2-2014, p. 36-37).

> Doação de combustível – Campanha eleitoral *versus* captação de votos. A doação de combustível visando à presença em comício e ao apoio à campanha eleitoral não consubstancia, por si só, captação vedada pelo artigo 41-A da Lei n° 9.504/97. [...] (TSE – REspe n° 40.920/PI – *DJe*, t. 227, 27-11-2012, p. 13).

> Recurso contra expedição de diploma. Eleições 2006. Captação ilícita de sufrágio (art. 41-A da Lei n° 9.504/97). Descaraterização. Deputado Estadual. Candidato. Oferecimento. Comida. Bebida. 1. Para a caracterização da captação ilícita de sufrágio, é necessário que o oferecimento de bens ou vantagens seja condicionado à obtenção do voto, o que não ficou comprovado nos autos. 2. A simples realização de eventos, ainda que com a oferta de comida e bebida, no qual esteja presente o candidato, não caracteriza, por si só, a captação ilícita de sufrágio, embora seja vedada a realização de propaganda eleitoral por meio de oferecimento de dádiva ou vantagem de qualquer natureza. 3. É certo que o art. 41-A da Lei n° 9.504/97 não faz distinção entre a natureza social ou econômica dos eleitores beneficiados ou entre a qualidade ou valor da benesse oferecida. Ocorre que a conduta imputada ao recorrido é insuficiente para a caracterização do ilícito eleitoral. 4. Recurso ordinário não provido (TSE – RCED n° 761/SP – *DJe* 24-3-2010, p. 37).

A *compra de apoio político de candidato concorrente*, ainda que implique desistência da candidatura, não constitui captação ilícita de voto. Assim: o "disposto no artigo 41-A da Lei n° 9.504/97 não apanha acordo, ainda que a envolver pecúnia, para certo candidato formalizar desistência da disputa" (TSE – AgR-REspe n° 54.178/AL – *DJe*, t. 230, 30-11-2012, p. 6).

Entretanto, cumpre ressaltar que a *compra de apoio político de candidato concorrente* pode configurar abuso de poder econômico sob a ótica dos arts. 19 e 22, XIV, da LC n° 64/90. Segundo o TSE, a "negociação de apoio político, mediante o oferecimento de vantagens com conteúdo econômico, configura a prática de abuso do poder econômico, constituindo conduta grave, pois exorbita do comportamento esperado daquele que disputa um mandato eletivo e que deveria fazê-lo de forma equilibrada em relação aos demais concorrentes" (TSE – AgR-REspe n° 25.952/RS – *DJe* 14-8-2015). Em igual sentido: TSE – REspe n° 19.847/RS – *DJe* 4-3-2015.

Do ângulo material, o bem ou a vantagem pode ser de qualquer tipo. O que importa é que propicie benefício ao eleitor. Assim, pode constituir-se dos mais variados produtos ou serviços, como atendimento médico, hospitalar, dentário, estético, concessão de crédito, perdão de débito, fornecimento de dinheiro, medicamento, prótese, combustível, cesta básica, roupa, calçado, material de construção, transporte, emprego, cargo ou função públicos.

Quanto à natureza, o bem ou a vantagem há de ser "pessoal", ainda que a oferta seja pública ou coletiva. Deve referir-se à prestação situada na esfera privada do eleitor, de sorte a carrear-lhe benefício individual. Mas a exegese dessa cláusula é algo alargada, podendo o proveito ou a dádiva ser endereçado a pessoa ligada ao eleitor. Assim, por exemplo, se candidato fizer promessa – em troca de voto – de fornecer material de construção a parente ou familiar de alguém, estará configurada a situação fática prevista no art. 41-A da LE. O benefício aí é indireto.

A promessa de implementação, manutenção ou conclusão de serviço ou obra públicos não caracteriza o ilícito em exame. Situa-se, antes, na explanação do plano de governo, caso eleito o candidato. Entretanto, poderá configurá-lo se for feita a determinados membros da comunidade, de sorte a carrear-lhes proveito individual, já que a pluralidade de destinatários "não desfigura a prática da ilicitude [...]" (TSE – REspe n° 21.120/ES – *DJ*, v. 1, 17-10-2003, p. 132). Somente a análise das circunstâncias do caso concreto é que permitirá distinguir uma situação da outra.

Certo é que a promessa ou oferta deve ser específica e endereçada a alguém ou a um grupo determinado de eleitores, pois, se for genérica ou vaga, não se encaixa na moldura do art. 41-A da LE. Nesse caso, mais se assemelha a "promessa de campanha", feita de forma geral e indiscriminada, sem aptidão para corromper ou vincular os destinatários.

Apesar de o presente ilícito ter ficado conhecido como *compra de voto*, não é preciso que o bem ou a vantagem sejam efetivamente entregues ou gozados pelo destinatário. Basta que sejam *oferecidos* ou simplesmente *prometidos*. Fazendo-se analogia com o Direito Penal, pode-se dizer que o tipo legal é de natureza formal, sendo certo que sua perfeição se dá com a só *promessa* ou *oferta*, ainda que não haja aceitação por parte do destinatário. A entrega concreta, efetiva, real, configura mero exaurimento da ação ilícita anteriormente consumada.

Por igual, não é necessária a demonstração de que o eleitor votou efetivamente no candidato. Mesmo porque, ante o sigilo do voto, tal prova é impossível de ser produzida. Conforme tem entendido o TSE: "[...] presume-se o objetivo de obter voto, sendo desnecessária a prova visando a demonstrar tal resultado. Presume-se o que normalmente ocorre, sendo excepcional a solidariedade no campo econômico, a filantropia" (TSE – REspe n° 25.146/RJ – *DJ* 20-4-2006, p. 124). A presunção aí tem caráter absoluto.

Está claro no texto do art. 41-A da LE que a conduta só se torna juridicamente relevante se ocorrer no curso do processo eleitoral, isto é, entre a data designada para a formulação do pedido de registro de candidaturas e as eleições. Com efeito, a captação é de "sufrágio", sendo realizada por "candidato" em relação a "eleitor".

15.5.3   Coação eleitoral

A *coação eleitoral* é prevista no § 2°, art. 41-A, da LE.

Consiste a coação na violência, física ou moral, exercida contra alguém para compeli-lo a praticar ato contrário à sua vontade. Sua prática impede a livre e espontânea expressão do querer, de sorte que a declaração de vontade externada sob sua influência é maculada e corrompida.

A coação de que cogita o legislador eleitoral é do tipo moral, psicológica ou relativa (*vis compulsiva*); dadas as formalidades e peculiaridades do ato de votar, impossível seria a ocorrência de *vis absoluta* ou física. Nessa última, há constrangimento físico, corporal, ficando o coacto totalmente privado de manifestar sua vontade; ocorreria, *e.g.*, se alguém dominasse o eleitor na hora de votar e, tomando sua mão à força, digitasse o número do candidato na urna eletrônica. Mas isso, por óbvio, é impossível. Diferentemente, na *vis compulsiva* o agressor atua sobre o campo psicológico da vítima, agredindo-lhe, dirigindo-lhe ameaça iminente e grave. Sua intenção é fomentar a insegurança, o medo, o temor. Tais sentimentos instalam-se na consciência do coacto, provocando-lhe tensão, estresse, insegurança e, em certos casos, pânico. Isso para que ele vote no candidato apontado pelo coator. Assim, nessa espécie de coação, fica livre o coacto para decidir: curvar-se à ameaça ou deixar de votar no candidato indicado, assumindo, em tal caso, o risco de sofrer o mal propalado.

Para a configuração prática da *coação eleitoral*, mister será ponderar as circunstâncias e a natureza do ato do coator. Pela dicção legal, é preciso que haja *violência* ou *grave ameaça*. Assim, deve a coação ser grave, incutindo no coacto justificável receio ou temor de que, se não votar no candidato apontado, a ameaça se cumprirá. Não é qualquer ameaça que a configura, mas sim aquela que cause abalo, como, *e.g.*, o assassinato ou o sequestro de alguém, a exposição a escândalo, a destruição de coisas, a divulgação de informações que possam comprometer a vítima em seu círculo social, familiar ou de trabalho, a demissão ou a transferência de servidor público. Ameaças vagas, indefinidas, de impossível concretização, proferidas em tom jocoso ou para serem cumpridas em futuro muito distante não caracterizam coação eleitoral, por não se revestirem da necessária gravidade ou seriedade.

Outrossim, não é preciso que a violência ou a grave ameaça se concretizem no plano fático. Para a configuração de ilícita captação de sufrágio na modalidade em apreço, basta que haja ameaça, pois o tipo legal é de natureza formal. Registre-se, porém, que a concretização da violência ou grave ameaça contra a pessoa de eleitor, além de ensejar o presente ilícito eleitoral, também constitui ilícito civil e criminal.

Ressalte-se ser desnecessária a demonstração de que o eleitor tenha efetivamente votado no candidato beneficiado pelo ilícito constrangimento.

Sob o aspecto temporal, deve a coação ser realizada durante o processo eleitoral. Fora desse interregno, o evento não teria qualquer sentido na seara eleitoral, porque sequer se poderia falar na existência de candidato, tampouco na possibilidade de o eleitor votar.

Ao dizer que a coação deve ser dirigida contra "a pessoa, com o fim de obter-lhe o voto", a regra legal em comento deixa transparecer que a violência ou grave ameaça devem endereçar-se à *pessoa* do eleitor. Por tratar-se de regra protetiva, a interpretação não deve ser restritiva. Divisam-se na ideia de *pessoa* duas esferas: uma existencial, na qual são enfeixados os direitos de personalidade, e outra patrimonial, na qual se situa o patrimônio. Assim, a violência ou a grave ameaça podem igualmente dirigir-se à família ou aos bens da vítima (CC, art. 151), pois esses interesses estão imediatamente ligados a ela, podendo, eventualmente, forçá-la a emitir declaração de vontade em desacordo com seu real e verdadeiro querer.

15.5.4 Consumação da captação ilícita de sufrágio

Considerando que o bem jurídico que se visa salvaguardar é a liberdade do eleitor, para a perfeição da captação ilícita de sufrágio não é necessário que o evento afete ou comprometa a normalidade ou a legitimidade das eleições. Uma só ocorrência já é bastante para configurar o ilícito. Não é, pois, necessário que haja desequilíbrio das eleições em seu conjunto. É nesse sentido o remansoso entendimento jurisprudencial:

> [...] IV – Prática de conduta vedada pelo art. 41-A da Lei nº 9.504/97, acrescentado pelo art. 1º da Lei nº 9.840/99: compra de votos. Há, nos autos, depoimentos de eleitoras, prestados em juízo, que atestam a compra de votos. V – Para a configuração do ilícito inscrito no art. 41-A da Lei nº 9.504/97, acrescentado pela Lei nº 9.840/99, não é necessária a aferição da potencialidade de o fato desequilibrar a disputa eleitoral [...] (TSE – REspe nº 21.264/AP – *DJ* 11-6-2004, p. 94).

> [...] II – Desnecessária para a caracterização da captação de sufrágio a demonstração do nexo de causalidade entre a conduta ilegal e o resultado do pleito. Todavia, se a Corte Regional julgou que não houve o ilícito, para se alterar esse entendimento seria necessário o reexame da prova, o que é vedado em sede de recurso especial (Súmulas nºs 279/STF e 7/STJ) (TSE – REspe nº 21.324/MG – *DJ* 16-4-2004, p. 183).

15.5.5 Sanção por captação ilícita de sufrágio

As sanções por captação ilícita de sufrágio são previstas no art. 41-A, *caput*, da LE, consistindo em: *i)* multa pecuniária; *ii)* cassação do registro do candidato;

iii) cassação do diploma do eleito. Além disso, há ainda: *iv)* a invalidação dos votos dados ao candidato; e *v)* a inelegibilidade prevista no art. 1º, I, *j*, da LC nº 64/90, que constitui efeito reflexo ou secundário da decisão judicial que aplica as sanções referidas nos itens *ii* e *iii*.

15.6 CONDUTAS VEDADAS A AGENTES PÚBLICOS

15.6.1 Caracterização das condutas vedadas

As *condutas vedadas encontram-se* arroladas nos arts. 73 a 78 da Lei nº 9.504/97. Trata-se de *numerus clausus*, não se admitindo acréscimo no elenco legal. Sobretudo em razão de seu caráter sancionatório, as regras em apreço não podem ser interpretadas extensiva ou ampliativamente, de modo a abarcar situações não normatizadas.

As condutas elencadas "são proibidas aos agentes públicos, servidores ou não" (LE, art. 73). Assim, sob o aspecto subjetivo, a conduta inquinada deve ser realizada por *agente público*. Este termo é tecnicamente empregado para designar os exercentes de funções estatais. Abrange os chamados agentes políticos, servidores públicos, militares, e particulares que colaboram com o Estado, como mesários da Justiça Eleitoral e jurados no Tribunal do Júri. Agente público – diz o art. 73, § 1º, da LE – é "quem exerce, ainda que transitoriamente ou sem remuneração, por eleição, nomeação, designação, contratação ou qualquer outra forma de investidura ou vínculo, mandato, cargo, emprego ou função nos órgãos ou entidades da administração pública direta, indireta, ou fundacional".

Quanto ao bem jurídico protegido pela regra em exame, é "a igualdade de oportunidades entre candidatos nos pleitos eleitorais" (LE, art. 73, *caput*). Trata-se, então, da tutelar a igualdade de chances entre candidatos e respectivos partidos políticos nas campanhas que desenvolvem. Haveria desigualdade se a Administração estatal fosse desviada da realização de seus misteres para auxiliar a campanha de um dos concorrentes, em odiosa afronta aos princípios da moralidade e impessoalidade. Portanto, o que se combate é o desequilíbrio patrocinado com recursos do erário – de dinheiro público, oriundo da cobrança de pesados tributos. Daí a ilicitude da distorção provocada por essa situação, que a um só tempo agride a probidade administrativa, a moralidade pública e a igualdade no pleito.

Tendo em vista que o bem jurídico protegido é a igualdade no certame, a isonomia nas disputas, não se exige que as condutas proibidas ostentem aptidão ou potencialidade para desequilibrar o pleito, feri-lo ou alterar seu resultado (TSE – AgR-REspe nº 59030/TO – *DJe*, t. 222, 24-11-2015, p. 190-191; TSE – AgR-REspe nº 20280/RJ – *DJe* 1-7-2015, p. 5).

Ademais, é desnecessária a demonstração do concreto comprometimento ou do dano efetivo às eleições, já que a "só prática da conduta vedada estabelece presunção objetiva da desigualdade" (TSE – Ag. nº 4.246/MS – *DJ* 16-9-2005, p. 171). Basta, portanto, que se demonstre a mera realização do ato ilícito (TSE – AgR-REspe nº 20871/RS – *DJe*, t. 149, 6-8-2015, p. 53-54; TSE – REspe nº 45060/MG – *DJe*, t. 203, 22-10-2013, p. 55-56).

O que se impõe para a perfeição da conduta vedada é que, além de ser típico e subsumir-se a seu respectivo conceito legal, o evento considerado tenha aptidão para lesionar o bem jurídico protegido, no caso, a *igualdade na disputa*, e não propriamente as eleições como um todo ou os seus resultados. Assim, não chega a configurar o ilícito em tela hipóteses cerebrinas de lesão, bem como condutas irrelevantes ou inócuas relativamente ao ferimento do bem jurídico salvaguardado. Não chegam a ser ações tipicamente relevantes eventos como o envio de um único documento por aparelho de fac-símile instalado em repartição pública, o uso de um clipe, de uma caneta, de um envelope de correspondência. É que nesses casos nenhuma lesão poderia ocorrer ao bem jurídico tutelado. Em outros termos, para usar a linguagem do Direito Penal, embora possa haver tipicidade formal (no sentido de abstrata subsunção de uma conduta à regra ou tipo legal), não há a necessária tipicidade material ou substancial. Se tais exemplos patenteiam ou não *ilícitos administrativos*, isso deve ser considerado em outra seara. Não por outra razão, tem-se entendido ser necessário que haja razoabilidade no enquadramento dos fatos às hipóteses legais de conduta vedada, bem como "que o uso da máquina pública foi capaz de atingir o bem protegido pela referida norma" (TSE – AgR-REspe n° 79734/RS – *DJe*, t. 211, 9-11-2015, p. 79) ou que o evento considerado apresente "capacidade concreta para comprometer a igualdade do pleito" (TSE – AREspe n° 25.758/SP – *DJ* 11-4-2007, p. 199) ou que tenha grandeza que *justifique* a sanção que se pretende impor (TSE – AgR-RO n° 505393/DF – *DJe*, t. 9, 12-6-2013, p. 62).

No que concerne à sanção, há que se realizar juízo de proporcionalidade quando de sua aplicação. O fato de uma conduta se enquadrar como vedada a agente estatal não significa que sempre e necessariamente leve à cassação de diploma. Na verdade, a sanção deve ser ponderada em função da lesão perpetrada ao bem jurídico. Assim, uma conduta vedada pode ser sancionada com multa, com a só determinação de cessação ou mesmo com a invalidação do ato inquinado. Veja-se nesse sentido:

> [...] 2. Com base na compreensão da reserva legal proporcional, nem toda conduta vedada e nem todo abuso do poder político acarretam a automática cassação de registro ou de diploma, competindo à Justiça Eleitoral exercer um juízo de proporcionalidade entre a conduta praticada e a sanção a ser imposta. [...] (TSE – REspe n° 33.645/SC – *DJe*, t. 73, 17-4-2015, p. 45-46).

> [...] 4. A penalidade pela prática de conduta vedada deve ser proporcional à sua gravidade. Na espécie, a cassação do diploma e a multa de 80.000 (oitenta mil) UFIR são desproporcionais, pois a autorização de propaganda institucional em período vedado não resultou em comprometimento relevante da igualdade entre os candidatos. 5. Recurso especial eleitoral parcialmente provido para afastar a sanção de inelegibilidade, excluir a cassação do diploma dos recorrentes e reduzir a multa para 20.000 (vinte mil) UFIR (TSE – REspe n° 7832-05/RJ – *DJe* 6-8-2014).

A seguir, far-se-á breve apresentação de cada qual das condutas vedadas.

15.6.2   Ceder ou usar de bens públicos – art. 73, I

O art. 73, I, da LE proíbe: "ceder ou usar, em benefício de candidato, partido político ou coligação, bens móveis ou imóveis pertencentes à administração direta ou indireta da União, dos Estados, do Distrito Federal, dos Territórios e dos Municípios, ressalvada a realização de convenção partidária".

O dispositivo em apreço tem por objeto apenas bens públicos *móveis e imóveis*, não abrangendo *serviços*. Estes podem ser enquadrados no inciso II do mesmo art. 73. Entendem-se por móveis as coisas suscetíveis de movimento próprio, ou de remoção por força alheia, sem alteração de sua substância ou destinação econômico-social. Já os imóveis são coisas que não se podem transportar de um para outro lugar sem destruição.

A presente restrição de cessão e uso atinge somente os bens empregados na realização de serviço público, isto é, os de uso especial e dominicais (CC, art. 99, II e III), bem como os por afetação. Isso em razão de serem empregados pela Administração Pública para o cumprimento de seus misteres. Assim, por exemplo, os edifícios em que se instalam serviços públicos (como delegacias, repartições fiscais, de saúde, museus, galerias, escolas, postos de atendimento), equipamentos, materiais, copiadoras, computadores, mesas e veículos. Por óbvio, a cessão ou o uso de tais bens em campanha política pode comprometer a realização do serviço a que se encontram ligados, além de a eles vincular a imagem do candidato ou da agremiação, o que carrearia a estes evidente benefício em detrimento do equilíbrio do certame.

O mesmo não ocorre com os *bens de uso comum do povo (CC, art. 99, I)*. Como tais, consideram-se as coisas que podem ser usadas livremente por qualquer pessoa, sem distinção de nacionalidade. Entram nessa categoria: rios, mares, praias, espaço aéreo, estradas, ruas, avenidas, praças, bancos de praças, parques. Pelo uso e gozo desses bens, em princípio, nada se exige, nem pagamento, nem autorização de autoridade, sendo desnecessárias quaisquer formalidades. As restrições que podem existir dizem respeito à *destinação* do bem e à *normalidade* do uso. Assim, qualquer candidato ou partido político pode fazer uso de tais bens na campanha eleitoral. O que se proíbe é o privilégio conferido a um candidato ou agremiação em detrimento de outros, porquanto isso provoca desequilíbrio imoral e odioso na disputa.

Nos termos do § 2º, art. 73, da LE a vedação contida no enfocado inciso I

> não se aplica ao uso, em campanha, de transporte oficial pelo Presidente da República, obedecido o disposto no art. 76, nem ao uso, em campanha, pelos candidatos a reeleição de Presidente e Vice-Presidente da República, Governador e Vice-Governador de Estado e do Distrito Federal, Prefeito e Vice-Prefeito, de suas residências oficiais para realização de contatos, encontros e reuniões pertinentes à própria campanha, desde que não tenham caráter de ato público.

Observe-se que, ao cuidar de *transporte oficial*, em sua primeira parte, o citado § 2º faz expressa menção ao Presidente da República, a significar que tal privilégio só a ele é concedido. Entretanto, ao tratar do uso de *residência oficial*, já na segunda parte, o dispositivo faz referência, além do Presidente, também ao "Vice-Presidente da República, Governador e Vice-Governador de Estado e do Distrito Federal, Prefeito e Vice-Prefeito". O ideal é que bens e serviços públicos jamais pudessem ser usados em campanhas eleitorais, pois isso confere ao detentor de cargo público-eletivo inequívoca vantagem na disputa pelo poder, além de provocar confusão entre os patrimônios público e privado.

Quanto ao transporte oficial, há mister que as despesas sejam ressarcidas aos cofres públicos. Nesse sentido, o art. 76 da LE estabelece que o "ressarcimento das despesas com o uso de transporte oficial pelo Presidente da República e sua comitiva em campanha eleitoral será de responsabilidade do partido político ou coligação a que esteja vinculado". O ressarcimento terá por base o tipo de transporte usado e a respectiva tarifa de mercado cobrada no trecho correspondente; no caso do avião presidencial, o ressarcimento "corresponderá ao aluguel de uma aeronave de propulsão a jato do tipo táxi aéreo" (§ 1º). A falta de ressarcimento rende ensejo a representação a ser aviada pelo Ministério Público perante a Justiça Eleitoral; a teor do § 4º do aludido art. 76, os infratores poderão sofrer "pena de multa correspondente ao dobro das despesas, duplicada a cada reiteração de conduta".

Sobre o momento relevante para a ocorrência da conduta vedada pelo art. 73, I, da LE, não há expressa previsão legal. A esse respeito, formaram-se duas correntes jurisprudenciais. Para a primeira, malgrado a ausência de previsão expressa em lei, a conduta em apreço só é vedada se "praticada durante o período eleitoral, nos três meses que antecedem o pleito" (TSE – REspe nº 98924/MG – *DJe*, t. 38, 24-2-2014, p. 25). Argumenta-se que (1) somente nesse período se poderia falar em "candidato" e também que (2) as normas que restringem direitos devem ser interpretadas estritamente. Esses dois argumentos se afiguram equivocados. O primeiro faz leitura parcial do inciso I, esquecendo-se de que a cessão também pode ocorrer para "partido político", e isso a qualquer tempo. O segundo é meramente retórico e decorativo – afinal, qual direito estaria sendo restringido?

Corretamente, tem prevalecido na jurisprudência a segunda corrente. Para esta, a vedação expressa no art. 73, I, da LE incide a qualquer tempo, não estando restrita à limitação temporal de três meses antes do pleito, podendo "configurar-se mesmo antes do pedido de registro de candidatura, ou seja, anteriormente ao denominado período eleitoral" (TSE – RO nº 643257/SP – *DJe*, t. 81, 2-5-2012, p. 129). Em igual sentido, *vide*: TSE – REspe nº 26838/AM – *DJe*, t. 94, 20-5-2015, p. 148-149. Tem-se que, se o legislador não restringiu (nem expressa nem implicitamente) o período de incidência da vedação da conduta, não poderá o intérprete fazê-lo. Esse argumento é reforçado pelo fato de o legislador ter expressamente estabelecido restrições temporais em outros incisos do mesmo art. 73, a exemplo dos incisos V ("nos três meses que o antecedem e até a posse dos eleitos"), VI ("nos três meses que antecedem o pleito") e VII ("no primeiro semestre do ano de eleição").

15.6.3 Usar materiais ou serviços públicos – art. 73, II

O art. 73, II, da LE veda ao agente público: "usar materiais ou serviços, custeados pelos Governos ou Casas Legislativas, que excedam as prerrogativas consignadas nos regimentos e normas dos órgãos que integram".

Resulta do dispositivo em foco não ser, em princípio, proibida a utilização de materiais ou serviços "custeados pelos Governos ou Casas Legislativas". A proibição refere-se apenas à utilização que exceder "as prerrogativas consignadas nos regimentos e normas dos órgãos que integram". Institui-se, assim, um espaço em que é lícita a utilização em campanha de materiais ou serviços, custeados pelos cofres públicos.

O dispositivo em apreço não resiste a uma análise de constitucionalidade, sobretudo à luz dos princípios republicano, da moralidade pública e da isonomia; é que os candidatos que não detêm mandato não têm acesso a essa quota de materiais e serviços.

Quanto ao momento de sua ocorrência, prevalece o entendimento segundo o qual a vedação descrita no art. 73, II, da LE incide a qualquer tempo, pois, conforme proclamado na jurisprudência, ela "não está restrita à limitação temporal de três meses antes do pleito" (TSE – Rp nº 318846/DF – *DJe*, t. 91, 12-5-2016, p. 75), podendo, portanto, "configurar-se mesmo antes do pedido de registro de candidatura" (TSE – REspe nº 26838/AM – *DJe*, t. 94, 20-5-2015, p. 148-149).

15.6.4 Ceder ou usar servidor público para comitê de campanha eleitoral – art. 73, III

Pelo art. 73, III, da LE, é defeso

> ceder servidor público ou empregado da administração direta ou indireta federal, estadual ou municipal do Poder Executivo, ou usar de seus serviços, para comitês de campanha eleitoral de candidato, partido político ou coligação, durante o horário de expediente normal, salvo se o servidor ou empregado estiver licenciado.

Note-se que a regra em apreço não impede que servidor público por vontade própria engaje-se em campanha eletiva. Sua qualidade funcional não lhe subtrai a cidadania, nem o direito de participar do processo político-eleitoral, inclusive colaborando com os candidatos e partidos que lhe pareçam simpáticos. Todavia, deve o servidor guardar discrição. Não poderá atuar em prol de candidatura "durante o horário de expediente normal", muito menos na repartição em que desempenha as funções de seu cargo, tampouco poderá ser cedido pelo ente a que se encontra vinculado. A vedação alcança os servidores de todas as categorias, inclusive os ocupantes de cargos comissionados.

É ressalvado expressamente o servidor ou empregado licenciado. Por igual razão, não há óbice legal para que servidor em gozo de férias remuneradas possa trabalhar em comitê eleitoral.

Sobre o momento relevante para a ocorrência da conduta vedada pelo art. 73, III, da LE, tem-se que ela só pode ocorrer durante o período eleitoral, entre o registro de candidatura e as eleições. Apesar de não haver expressa previsão legal impondo restrição temporal, essa pode ser deduzida do próprio texto do inciso III. Isso porque a cessão ou disponibilização de agente público é feita "para comitês de campanha eleitoral", e esses comitês só são instalados naquele período do processo eleitoral, ou seja, durante a campanha. Portanto, a restrição temporal de que aqui se cogita é posta implicitamente no inciso III pelo próprio legislador.

15.6.5   Usar de forma promocional bens ou serviços públicos – art. 73, IV

O art. 73, IV, da LE veda ao agente público "fazer ou permitir uso promocional em favor de candidato, partido político ou coligação, de distribuição gratuita de bens e serviços de caráter social custeados ou subvencionados pelo Poder Público". Sua interpretação deve ser feita em conjunto com o § 10 do mesmo art. 73, que, de forma autônoma, proíbe, no ano em que se realizar eleição,

> a distribuição gratuita de bens, valores ou benefícios por parte da Administração Pública, exceto nos casos de calamidade pública, de estado de emergência ou de programas sociais autorizados em lei e já em execução orçamentária no exercício anterior, casos em que o Ministério Público poderá promover o acompanhamento de sua execução financeira e administrativa.

Destarte, em ano eleitoral, a Administração Pública só pode distribuir gratuitamente bens, valores ou benefícios se ocorrer alguma das exceções especificadas no citado § 10.

Não se deve confundir essas duas hipóteses legais. Para a configuração do vertente inciso IV, é preciso que o agente use "distribuição gratuita de bens e serviços" em prol de candidato. Aqui não se trata de reprimir a distribuição em si mesma, mas sim o uso promocional e eleitoreiro que dela se faça. Não se exige que durante o período eleitoral o programa social antes implantado seja abolido, ou tenha interrompida ou suspensa sua execução. Relevante para a caracterização da figura em exame é o desvirtuamento do sentido da própria distribuição, a sua colocação a serviço de candidatura, enfim, o seu uso político-promocional.

A respeito do momento relevante para a ocorrência da conduta vedada pelo art. 73, IV, da LE, não há expressa previsão legal. No entanto, é razoável o entendimento segundo o qual a vedação desse inciso incide a qualquer tempo, não estando restrita à limitação temporal de três meses antes do pleito, podendo, pois, configurar-se anteriormente ao pedido de registro de candidatura. Isso porque o legislador não restringiu expressamente o período de incidência da vedação da conduta em exame (como o fez, *e.g.*, nos incisos V, VI e VII do mesmo art. 73 da LE), tampouco tal restrição pode ser deduzida do texto do inciso IV (como ocorre com o inciso III). Não poderia, então, o intérprete impor tal restrição.

15.6.6   Nomear, admitir, transferir ou dispensar servidor público – art. 73, V

Pelo art. 73, V, da LE é proibido

> nomear, contratar ou de qualquer forma admitir, demitir sem justa causa, suprimir ou readaptar vantagens ou por outros meios dificultar ou

impedir o exercício funcional e, ainda, *ex officio*, remover, transferir ou exonerar servidor público, na circunscrição do pleito, nos três meses que o antecedem e até a posse dos eleitos, sob pena de nulidade de pleno direito, ressalvados: *a)* a nomeação ou exoneração de cargos em comissão e designação ou dispensa de funções de confiança; *b)* a nomeação para cargos do Poder Judiciário, do Ministério Público, dos Tribunais ou Conselhos de Contas e dos órgãos da Presidência da República; *c)* a nomeação dos aprovados em concursos públicos homologados até o início daquele prazo; *d)* a nomeação ou contratação necessária à instalação ou ao funcionamento inadiável de serviços públicos essenciais, com prévia e expressa autorização do Chefe do Poder Executivo; *e)* a transferência ou remoção *ex officio* de militares, policiais civis e de agentes penitenciários.

O art. 73, V, da LE refere-se apenas a servidor público, não afetando outras categorias integrantes do gênero *agente público* (como os agentes políticos e os particulares em colaboração com o Estado).

Por servidor público compreendem-se as pessoas físicas que prestam serviço ao Estado, com ele mantendo vínculo laboral e remunerado, abrangendo: (a) *servidores estatutários* ou *funcionários públicos* – sujeitam-se ao regime jurídico estatutário e ocupam cargo público; (b) *empregados públicos* – submetem-se ao regime da legislação trabalhista (CLT) e ocupam emprego público; (c) *servidores temporários* – são contratados por tempo determinado para atender necessidade temporária de excepcional interesse público, nos termos do art. 37, IX, da Constituição Federal; submetem-se a regime jurídico especial, pois exercem função sem vinculação a cargo ou emprego.

Assim, essas três subcategorias são abrangidas pela vedação em foco. O que se visa é impedir que servidores públicos sejam pressionados para apoiar ou não determinada candidatura, usados, portanto, como massa de manobra, ou que sofram perseguição político-ideológica.

Note-se que as condutas elencadas no art. 73, V, só se tornam relevantes se ocorrerem na circunscrição do pleito e durante o período especificado, isto é, nos três meses que o antecedem até a posse dos eleitos.

15.6.7 Transferir voluntariamente recursos – art. 73, VI, *a*

O art. 73, VI, *a*, da LE proíbe,

> nos três meses que antecedem o pleito: realizar transferência voluntária de recursos da União aos Estados e Municípios, e dos Estados aos Municípios, sob pena de nulidade de pleno direito, ressalvados os recursos destinados a cumprir obrigação formal preexistente para execução de obra ou serviço em andamento e com cronograma prefixado, e os destinados a atender situações de emergência e de calamidade pública.

Sobretudo em períodos eleitorais, não é incomum o desvirtuamento de transferências de recursos entre os entes federativos, as quais são transformadas em autênticas *alavancas eleitorais* para determinados grupos políticos. É precisamente esse desvirtuamento que se quis combater com a regra em análise.

Por óbvio, não se obstaculizam repasses constitucionais regulares, como aqueles atinentes ao Fundo de Participação do Estado (FPE) e ao Fundo de Participação do Município (FPM), que visam realizar a política de repartição de receitas tributárias implantada nos arts. 157 e ss. da Constituição. Ainda porque os entes federados têm direito de recebê-los. O mesmo se pode dizer quanto às verbas pecuniárias transferidas por determinação legal, como são as do Sistema Único de Saúde (SUS) ou do Fundo de Desenvolvimento da Educação Básica (Fundeb).

Tampouco se proíbe a transferência de recursos "destinados a cumprir obrigação formal preexistente para execução de obra ou serviço em andamento e com cronograma prefixado". Nesse caso, certamente foi firmado convênio, que exigiu a apresentação de projeto e cronograma de execução física da obra ou do serviço; foi concluída licitação e assinado contrato administrativo com o vencedor do certame. Não seria razoável que a obra fosse suspensa ou paralisada durante o período eleitoral, o que, aliás, poderia até acarretar danos quando de seu reinício.

Além disso, não há impedimento à ultimação de repasses "destinados a atender situações de emergência e de calamidade pública". Nesse caso, há mister que tais situações estejam devidamente caracterizadas.

Na verdade, o que se veda no trimestre anterior ao pleito é a entrega voluntária de recursos, sem causa anterior àquele período ou motivo relevante que a justifique. Nesse diapasão, nesse sentido: "À União e aos estados é vedada a transferência voluntária de recursos até que ocorram as eleições municipais, ainda que resultantes de convênio ou outra obrigação preexistente, quando não se destinem à execução de obras ou serviços já iniciados fisicamente [...]" (TSE – REspe nº 25324/RJ – *DJ* 17-2-2006, p. 126).

15.6.8 Autorizar publicidade institucional – art. 73, VI, *b*

O art. 73, VI, *b*, da LE veda a agente público:

> VI – nos três meses que antecedem o pleito: [...] *b)* com exceção da propaganda de produtos e serviços que tenham concorrência no mercado, autorizar publicidade institucional dos atos, programas, obras, serviços e campanhas dos órgãos públicos federais, estaduais ou municipais, ou das respectivas entidades da administração indireta, salvo em caso de grave e urgente necessidade pública, assim reconhecida pela Justiça Eleitoral.

A propaganda institucional deve ser realizada para divulgar de forma honesta, verídica e objetiva atos, programas, obras, serviços e campanhas dos órgãos da Administração Pública, sempre se tendo em vista a transparência da gestão estatal e o dever de bem informar a população. Deve ostentar caráter educativo, informativo e de orientação social. Ademais, há mister seja custeada com recursos públicos e autorizada por agente estatal. Fora desses marcos, não há que se falar em *propaganda* ou *publicidade institucional*.

Nos três meses anteriores ao pleito, é proibido o agente público *autorizar* esse tipo de propaganda, salvo em caso de grave e urgente necessidade pública, assim reconhecida pela Justiça Eleitoral.

Na proibição *não* está incluída a publicidade de produtos e serviços que tenham concorrência no mercado.

A conduta é vedada ainda que a publicidade institucional não tenha caráter eleitoreiro, ou seja, mesmo que não vise a beneficiar determinada candidatura.

Para a configuração do ilícito, é irrelevante o veículo em que a publicidade é divulgada, abarcando, portanto, quaisquer mídias, inclusive Internet e redes sociais. Nesse sentido: *i)* sítio eletrônico oficial do governo (TSE – AgR-RO n° 111594/CE – *DJe* 8-11-2016); *ii)* sítio eletrônico da prefeitura (TSE – AgR-REspe n° 33746/PR – *DJe*, t. 38, 24-2-2014, p. 28-29); *iii)* página oficial do governo no *Facebook*, *Twitter* ou rede social de cadastro e acesso gratuito (TSE – AgR-REspe n° 142269/PR – *DJe*, t. 55, 20-3-2015, p. 60-61; AgR-REspe n° 142184/PR – *DJe*, t. 193, 9-10-2015, p. 108).

A vedação aplica-se apenas aos agentes públicos das esferas administrativas cujos cargos estejam em disputa na eleição. Assim, não há impedimento para que Prefeito autorize a realização de propaganda institucional nos três meses anteriores a pleito estadual, federal ou presidencial. Do mesmo modo, nada obsta que Governador de Estado autorize propaganda no trimestre que anteceder eleições municipais.

Conquanto o elemento nuclear do tipo em apreço seja expresso pelo verbo *autorizar*, relevante para a caracterização do ilícito é a efetiva veiculação da propaganda institucional. Destarte, não importa que a autorização tenha sido dada em momento anterior ao período vedado, pois é a exibição que acarreta desequilíbrio insanável na disputa. É nesse sentido a exegese tranquila da jurisprudência, que entende que, para configurar-se "a conduta vedada no art. 73, VI, *b*, da Lei n° 9.504/97, basta a veiculação da propaganda institucional nos três meses anteriores ao pleito, independentemente de a autorização ter sido concedida ou não nesse período" (TSE – REspe n° 25.096/MG – *DJ* 16-9-2005, p. 173), sendo, ainda, "irrelevante que a peça publicitária tenha sido [...] afixada em momento anterior" ao período vedado e aí permanecido (TSE – AgR-REspe n° 164177/GO – *DJe* 13-5-2016, p. 74; TSE – AgR-REspe n° 328385/GO – *DJe* 3-3-2016, p. 101; TSE – AgR-REspe n° 167807/GO – *DJe* 4-2-2016; TSE – AgR-REspe n° 61872/MG – *DJe*, t. 202, 27-10-2014, p. 54-55).

Note-se, porém, que, para os propósitos aqui tratados, nenhuma relevância terá a prévia autorização se a propaganda não vier a ser veiculada.

Ante o princípio da hierarquia na Administração, não é razoável se entender que a propaganda em questão possa ser levada a efeito sem o conhecimento e a concordância – ainda que tácita – do dirigente maior da entidade, principalmente porque invariavelmente ela o beneficia de forma direta ou indireta. Ademais, não se pode olvidar que o chefe de Poder ou dirigente de órgão tem sempre responsabilidade na delegação e fiscalização dos agentes que lhes são subordinados, podendo-se falar em *culpa in eligendo* ou *culpa in vigilando*. Em tal quadro, acertadamente, firmou-se o entendimento de que:

> [...] 4. O Chefe do Poder Executivo, na condição de titular do órgão em que veiculada a publicidade institucional em período vedado, é por ela respon-

sável, haja vista que era sua atribuição zelar pelo conteúdo divulgado na página eletrônica oficial do Governo do Estado. Precedentes: AgR-REspe 500-33/SP, Rel. Min. João Otávio de Noronha, *DJe* 23.9.2014; e AgR-REspe 355-90/SP, Rel. Min. Arnaldo Versiani, *DJe* 24-5-2010. [...] (TSE – AgR-RO nº 111594/CE – *DJe* 8-11-2016).

[...] 3. Para a configuração do ilícito previsto no art. 73, VI, *b*, da Lei nº 9.504/97, é desnecessária a existência de provas de que o chefe do Poder Executivo tenha autorizado a publicidade institucional divulgada no período vedado, uma vez que dela auferiram benefícios os candidatos aos cargos de governador e vice-governador, em campanha de reeleição, evidenciando-se, das premissas do acórdão recorrido, o conhecimento do fato apurado. Precedentes: REspe nº 334-59, Rel. Min. Henrique Neves da Silva, *DJe* de 27.5.2015; AgR-REspe nº 590-30, Rel. Min. Luciana Lóssio, *DJe* de 24.11.2015; REspe nº 408-71, red. para o acórdão Min. Marco Aurélio, *DJe* de 11-10-2013; e AgR-REspe nº 355-90, Rel. Min. Arnaldo Versiani, *DJe* de 24-5-2010. [...] (TSE – AgR-REspe nº 147854/DF – *DJe*, t. 33, 18-2-2016, p. 79).

Daí a possibilidade de responsabilização do dirigente do órgão em que a propaganda for indevidamente veiculada. Nesse sentido, assentou o TSE que "o agente público titular do órgão em que veiculada a publicidade institucional em período vedado deve ser por ela responsabilizado" (TSE – REspe nº 119473/CE – *DJe* 5-9-2016).

Segundo se entendeu na jurisprudência, não caracteriza a conduta vedada em exame: (a) "a divulgação, em *Diário Oficial do Município*, de atos meramente administrativos, sem referência a nome nem divulgação de imagem do candidato à reeleição [...]" (TSE – AgREspe nº 25086/SP – *DJ* 2-12-2005, p. 97); (b) "propaganda comercial no exterior, em língua estrangeira, para promoção de produtos e serviços brasileiros internacionalmente" (TSE – Res. nº 21.086, de 2-5-2002); (c) "solenidade de descerramento de placa inaugural com nome do chefe do Executivo local" (TSE – AAg nº 4592/SP – *DJ* 9-12-2005, p. 142).

E quanto a placas que permanecem afixadas em obras públicas durante o período de vedação legal? Conforme interpretação firmada pela Corte Superior Eleitoral no julgamento do RRp nº 57/DF, de 13 de agosto de 1998, admite-se a permanência delas, desde que "não constem expressões que possam identificar autoridades, servidores ou administrações cujos dirigentes estejam em campanha eleitoral". Ou seja: admite-se a manutenção de placas desde que não haja enaltecimento de candidato nem se lhe carreiem benefícios político-eleitorais.

15.6.9 Fazer pronunciamento em cadeia de rádio e televisão – art. 73, VI, *c*

Pelo art. 73, VI, *c*, da LE, ao agente público é proibido: "VI – nos três meses que antecedem o pleito: [...] *c*) fazer pronunciamento em cadeia de rádio e televisão, fora do horário eleitoral gratuito, salvo quando, a critério da Justiça Eleitoral, tratar-se de matéria urgente, relevante e característica das funções de governo".

Há duas formas de transmissão de programas políticos no rádio e na televisão: em cadeia ou bloco, e em inserções. Caracteriza-se a *cadeia* por suspender a programação normal das emissoras, de sorte que a mensagem vai ao ar em todos os canais simultaneamente. Diferentemente, as *inserções* são intercalações feitas na programação normal das emissoras, não havendo simultaneidade em suas transmissões; cada emissora as levará ao ar em momentos distintos, conforme sua própria conveniência.

O dispositivo em exame é categórico ao proibir agentes públicos de realizar pronunciamento em *cadeia de rádio e televisão*, nada dizendo quanto à *inserção. Todavia essa última também é vedada.* Se o art. 73, VI, *b*, da LE proíbe a realização de *propaganda institucional* e a alínea *c*, do mesmo artigo, veda o pronunciamento em cadeia, por óbvio, igualmente não é lícito o pronunciamento oficial na forma de inserção. Submete-se esta às mesmas restrições do pronunciamento em cadeia, ou seja, deve ser autorizada pela Justiça Eleitoral e versar somente acerca de "matéria urgente, relevante e característica das funções de governo".

A vedação legal abrange apenas os agentes públicos das esferas administrativas cujos cargos estejam em disputa na eleição. Assim, não há impedimento para que o Presidente da República faça pronunciamento em cadeia no trimestre que anteceder eleições municipais.

15.6.10 Distribuir gratuitamente bens, valores ou benefícios – art. 73, §§ 10 e 11

O art. 73, § 10, da LE (acrescido pela Lei nº 11.300/2006) estabelece que:

> No ano em que se realizar eleição, fica proibida a distribuição gratuita de bens, valores ou benefícios por parte da Administração Pública, exceto nos casos de calamidade pública, de estado de emergência ou de programas sociais autorizados em lei e já em execução orçamentária no exercício anterior, casos em que o Ministério Público poderá promover o acompanhamento de sua execução financeira e administrativa.

Está clara nessa regra a proibição de distribuição de quaisquer bens. Segundo se tem entendido, para a configuração da presente conduta vedada "não é preciso demonstrar caráter eleitoreiro ou promoção pessoal do agente público, bastando a prática do ato ilícito. [...]" (TSE – AgR-REspe nº 36026/BA – *DJe*, t. 84, 5-5-2011, p. 47). Note-se, porém, que o fato deve ser considerado à luz do princípio da proporcionalidade.

Em ano eleitoral, a Administração Pública só pode distribuir gratuitamente bens, valores ou benefícios se ocorrer alguma das hipóteses legais especificadas, a saber: *i)* calamidade pública, *ii)* estado de emergência ou *iii)* existência de programas sociais autorizados em lei e já em execução orçamentária no exercício anterior. Ainda assim, o art. 73, IV, da LE veda o uso político-promocional dessa distribuição, que deve ocorrer de maneira normal e costumeira, sem que o ato seja desvirtuado de sua finalidade estritamente assistencial.

A última das hipóteses permissivas pressupõe a existência de política pública específica, prevista em lei e em execução desde o exercício anterior, ou seja, já antes do ano eleitoral. Quer-se evitar a manipulação dos eleitores pelo uso de programas oportunistas, que, apenas para atender circunstâncias políticas do momento, lançam mão do infortúnio alheio como tática deplorável para obtenção de sucesso nas urnas.

Não há clareza no texto legal quanto ao alcance da vedação. A proibição de distribuição atinge simultaneamente a Administração Pública federal, estadual e municipal, ou somente a da circunscrição do pleito? Ao que parece, a restrição só incide na circunscrição do pleito. Não fosse assim, de dois em dois anos as ações estatais concernentes à assistência social, em todo o País, ficariam parcialmente paralisadas durante todo o ano eleitoral, o que não é razoável.

Execução de programas sociais por entidades vinculadas a candidatos – dispõe o art. 73, § 11, da LE (acrescido pela Lei nº 12.034/2009): "Nos anos eleitorais, os programas sociais de que trata o § 10 não poderão ser executados por entidade nominalmente vinculada a candidato ou por esse mantida".

No entanto, se a entidade assistencial for presidida por parente de candidato, entendeu a Corte Superior que a "assinatura de convênio e o repasse de recursos públicos" a ela "não caracteriza, por si só, infração às normas previstas no art. 73, §§ 10 e 11, da Lei nº 9.504/97. [...]" (TSE – AgR-RO nº 505393/DF – *DJe*, t. 9, 12-6-2013, p. 62).

15.6.11 Infringir o § 1º do art. 37 da CF (publicidade) – art. 74

Reza o art. 74 da LE: "Configura abuso de autoridade, para os fins do disposto no art. 22 da Lei Complementar nº 64, de 18 de maio de 1990, a infringência do disposto no § 1º do art. 37 da Constituição Federal, ficando o responsável, se candidato, sujeito ao cancelamento do registro ou do diploma".

Sobre a publicidade e a transparência pública, afirmou o ex-juiz da Suprema Corte americana Louis Brandeis (1856-1941) que "A luz do Sol é o melhor desinfetante" (*sunlight is said to be the best of disinfectants*).

A Constituição brasileira insculpiu o princípio da publicidade e transparência pública em seu art. 37. Com o fito de conter abusos, o § 1º desse dispositivo estabeleceu: "A publicidade dos atos, programas, obras, serviços e campanhas dos órgãos públicos deverá ter caráter educativo, informativo ou de orientação social, dela não podendo constar nomes, símbolos ou imagens que caracterizem promoção pessoal de autoridades ou servidores públicos".

Lamentavelmente, tais valores e princípios são amiúde desprezados por governantes, que insistem em perpetrar práticas ilícitas de promoção pessoal, mas sempre às expensas dos elevados impostos extorquidos do povo. Enquanto se gasta pouco com publicidade de cunho *informativo, educativo* ou de *orientação social*, causa espécie a enormidade de dinheiro público despendido com a promoção de banalidades, com obras que nem sequer foram iniciadas ou que seguem inacabadas, com serviços inócuos ou de pouca expressão social, enfim, com mensagens vazias ou sem relevo que indiretamente não fazem outra coisa senão promover aquele que as autorizou, todas criminosamente batizadas de publicidade institucional e custeadas pelo erário.

Esse tipo de publicidade tem igualmente servido à lavagem de dinheiro, ao desvio de recursos públicos e financiamento da corrupção. Para o corrupto, o desvio de dinheiro público via contrato publicitário é por demais proveitoso. Diferentemente do que ocorre na realização de obra ou serviço, a inexecução daquele tipo de contrato praticamente não deixa rastro. Afinal, quem se lembrará de algumas entre milhares de peças diuturnamente exibidas nos veículos de comunicação? E quem dirá com certeza sobre as que, embora regiamente pagas, jamais foram exibidas?

Pelo art. 74 da LE, a infringência do citado § 1º do art. 37 da Constituição sujeita o responsável, se candidato, ao cancelamento do registro e, se eleito, à perda do diploma, bem como à inelegibilidade (LC nº 64/90, art. 1º, I, *j*).

O dispositivo em exame não faz referência ao período em que a propaganda institucional ilícita é veiculada. Se a infringência ao § 1º, art. 37, da Constituição ocorrer fora do período eleitoral, deve o fato ser apurado e julgado em conformidade com a Lei de Improbidade Administrativa (Lei nº 8.429/92), sendo competente a Justiça Comum. No entanto, poderá o fato ser conhecido (em ação eleitoral própria) pela Justiça Eleitoral, sobretudo se ocorrer no período de campanha, pois a esta compete "apreciar a conduta de promoção pessoal do governante em publicidade institucional da administração (art. 74 da Lei nº 9.504/97, c.c. o art. 37, § 1º, CF) [...]" (TSE – Ag. nº 4.246/MS – *DJ* 16-9-2005, p. 171).

15.6.12 Realizar despesas excessivas com propaganda institucional – art. 73, VII

O art. 73, VII, da LE proíbe

> realizar, no primeiro semestre do ano de eleição, despesas com publicidade dos órgãos públicos federais, estaduais ou municipais, ou das respectivas entidades da administração indireta, que excedam a média dos gastos no primeiro semestre dos três últimos anos que antecedem o pleito;

A redação desse dispositivo foi dada pela Lei nº 13.165/2015.

Foi visto que o art. 73, VI, *b*, da LE proíbe a realização de propaganda institucional no trimestre anterior ao pleito (que compreende os meses de julho, agosto e setembro), salvo em caso de grave e urgente necessidade pública, assim reconhecida pela Justiça Eleitoral.

O presente inciso VII tem em mira o período anterior a esse trimestre, compreendendo o primeiro semestre do ano eleitoral, o que corresponde aos meses de janeiro a junho.

Nesse semestre, é proibida a realização de despesas com publicidade dos órgãos públicos federais, estaduais ou municipais, ou das respectivas entidades da Administração indireta, "que excedam a média dos gastos no primeiro semestre dos três últimos anos que antecedem o pleito".

Visa-se refrear gastos excessivos ou desproporcionais com a realização de publicidade por órgãos públicos em ano eleitoral, procurando mantê-los dentro da média dos respectivos semestres anteriores.

Acolheu-se, portanto, o critério da *média semestral* de gastos, em detrimento das médias mensal e anual.

Para se calcular a média semestral, basta dividir por três o montante dos gastos havidos nos três primeiros semestres dos anos anteriores.

Um ponto a ser esclarecido na regra em comento diz respeito à definição do ato relevante para a caracterização da conduta vedada. O texto legal emprega as expressões "realizar despesas" e "gastos". Mas qual é o exato significado dessas expressões? Certamente não significam *empenho*, pois esse é apenas uma previsão de despesa no orçamento público; o só *empenho* da despesa não implica a realização da obrigação a ele vinculada, podendo aquele ato vir a ser desfeito posteriormente. Tampouco podem significar *pagamento*, pois este depende da existência de disponibilidade financeira no órgão; de sorte que, embora a parte contratada cumpra a obrigação, esta pode não ser adimplida pelo órgão público contratante. Assim, o inciso VII do art. 73 da LE só pode se referir às *despesas liquidadas*, ou seja, às obrigações já adimplidas pela parte contratada, a qual tem direito subjetivo ao pagamento. Deveras, a liquidação implica o reconhecimento oficial de que a prestação obrigacional foi realizada, ou seja, de que os bens foram entregues e o serviço contratado devidamente prestado.

Destarte, as "despesas" e "gastos" a serem considerados na regra enfocada são aqueles *liquidados*, ainda que as respectivas obrigações não tenham sido adimplidas ou pagas ao credor pelo órgão contratante.

Havendo excesso abusivo de despesas com publicidade institucional, exsurge a responsabilidade do agente político. Essa responsabilidade independe de que ele seja o ordenador da respectiva despesa ou o subscritor do contrato de publicidade. O benefício decorrente da irregularidade em apreço é presumido de forma absoluta. Isso porque "a estratégia dessa espécie de propaganda cabe sempre ao chefe do Executivo, mesmo que este possa delegar os atos de sua execução a determinado órgão de seu governo" (TSE – REspe nº 21.307/GO – *DJ* v. 1, 6-2-2004, p. 146).

15.6.13 Fazer revisão geral de remuneração de servidores – art. 73, VIII

Pelo art. 73, VIII, da LE é defeso ao agente público: "fazer, na circunscrição do pleito, revisão geral da remuneração dos servidores públicos que exceda a recomposição da perda de seu poder aquisitivo ao longo do ano da eleição, a partir do início do prazo estabelecido no art. 7º desta Lei e até a posse dos eleitos".

O que se proíbe é a revisão geral da remuneração dos servidores públicos, na circunscrição do pleito, que exceda a recomposição da perda do poder aquisitivo apurada ao longo do ano da eleição. Veda-se, portanto, a concessão de aumento real da remuneração dos servidores. É irrelevante o motivo alegado para a concessão do aumento, tampouco é importante a intenção de corrigir injustiças, distorções remuneratórias verificadas em anos anteriores ao da eleição, ou mesmo a necessidade de valorização profissional de determinadas carreiras. A regra legal é imperativa.

Sobre o termo inicial da vedação da conduta, não há clareza no dispositivo legal. Em sua parte final, o enfocado inciso VIII, do art. 7º, apenas estabelece que a vedação deve ocorrer "a partir do início do prazo estabelecido no art. 7º desta Lei e até a posse dos eleitos".

Ocorre que o referido art. 7º situa-se no capítulo da Lei Eleitoral que trata das "Convenções para a Escolha de Candidatos". Isso levou ao entendimento de que a proibição vigora desde a data marcada para as convenções partidárias – isto é, a partir de 20 de julho do ano das eleições – até a posse dos eleitos.

Entretanto, não é esse o entendimento do TSE, que, tomando por base o § 1°, do referido art. 7°, tem fixado o termo inicial da vedação em "até cento e oitenta dias antes das eleições". Nesse sentido:

> Art. 62. (...) VIII – fazer, na circunscrição do pleito, revisão geral da remu-neração dos servidores públicos que exceda a recomposição da perda de seu poder aquisitivo ao longo do ano da eleição, a partir de 5 de abril de 2016 até a posse dos eleitos (Res. TSE n° 23.457/2015).
>
> De igual modo: Res. TSE n° 23.370/2011, art. 50, VIII.

Optou a jurisprudência pelo maior prazo, talvez por confiar que assim melhor se atende ao interesse público.

Cumpre ainda salientar que a vedação em apreço só vigora na circunscrição do pleito. Assim, em princípio não há impedimento para que Governador faça re-visão geral da remuneração dos servidores públicos estaduais em ano de eleições municipais, ou que Prefeito conceda aumento real da remuneração dos servidores municipais em ano de eleições estaduais ou federais.

15.6.14 Contratar *show* artístico para inauguração de obra – art. 75

Dispõe o art. 75 da LE: "nos três meses que antecederem as eleições, na realiza-ção de inaugurações é vedada a contratação de *shows* artísticos pagos com recursos públicos".

A Lei n° 12.034/2009 acrescentou um parágrafo único a esse dispositivo, deter-minando que seu descumprimento sujeita o candidato beneficiado, agente público ou não, "à cassação do registro ou do diploma", sem prejuízo da suspensão imediata do ato. Há, ainda, a incidência reflexa da inelegibilidade prevista no art. 1°, I, *j*, da LC n° 64/90. A conduta do agente público também pode ser enquadrada como ato de improbidade administrativa, conforme previsão constante dos arts. 10 e 11 da Lei n° 8.429/92.

15.6.15 Comparecer a inauguração de obra pública – art. 77

Dispõe o art. 77 da LE (com a redação da Lei n° 12.034/2009): "É proibido a qualquer candidato comparecer, nos 3 (três) meses que precedem o pleito, a inau-gurações de obras públicas".

A vedação em tela é de comparecimento a inauguração de obra *pública*, não de obra *privada*, ainda que esta tenha recebido recursos públicos (TSE – REspe n° 18212/RS – j. 3-10-2017.

A *obra pública* é definida no art. 6°, I, da Lei de Licitações (Lei n° 8.666/93) como sendo "toda construção, reforma, fabricação, recuperação ou ampliação, realizada por execução direta ou indireta".

A *ratio* desse art. 77 é impedir o uso da máquina estatal em favor de candidatura, sendo prestigiadas a impessoalidade e a moralidade na Administração Pública. Quer-se impedir que obras públicas sejam desvirtuadas em prol de candidatos.

O comando legal dirige-se a qualquer candidato, sendo irrelevante que seja titular de mandato eletivo, exerça ou tenha exercido cargo ou função na Administração Pública. E mais: não se restringe a candidatos a cargos do Poder Executivo, como ocorria antes da mudança procedida pala Lei nº 12.034/2009, abarcando igualmente candidatos ao Poder Legislativo.

O termo *comparecer*, no léxico, significa aparecer ou apresentar-se em determinado lugar. A qualidade de *espectador* ou *comparecente* não deve ser confundida com a de *participante*. Enquanto o espectador é mera testemunha do evento, o participante ali está para exercer uma função: ou presidirá o encontro, ou discursará, ou comporá a mesa de autoridades, enfim, estará no centro das atenções de todos os presentes. No texto do referido art. 77 as duas situações são equiparadas.

Tal equiparação também já foi acolhida na jurisprudência. Confira-se: (a) "A mera presença de candidato a cargo do Poder Executivo na inauguração de escola atrai a aplicação do art. 77 da Lei nº 9.504/97, sendo irrelevante não ter realizado explicitamente atos de campanha. 2. Recurso conhecido e provido" (TSE – REspe nº 19.743/SP – *DJ*, v. 1, 13-12-2002, p. 212); (b) "É irrelevante, para a caracterização da conduta, se o candidato compareceu como mero espectador ou se teve posição de destaque na solenidade. Recurso conhecido e provido" (TSE – REspe nº 19.404/RS – *DJ* 1-2-2002, p. 249).

Resta saber se a restrição imposta no dispositivo em tela não fere o princípio de liberdade previsto no art. 5º, *caput*, da Lei Maior. É que, por se tratar de obra pública, realizada e inaugurada em local público, cujo acesso é facultado a qualquer pessoa, em princípio nada poderia impedir que candidatos comparecessem ao evento como meros espectadores e cidadãos.

15.6.16 Sanção por conduta vedada

As sanções para as condutas vedadas a agentes públicos são previstas nos §§ 4º e 5º do art. 73, bem como nos arts. 74, 75, parágrafo único, 76, § 4º, e 77, parágrafo único, todos da Lei nº 9.504/97, consistindo em: *i)* suspensão da conduta vedada, quando for o caso; *ii)* multa pecuniária; *iii)* cassação ou cancelamento do registro de candidatura; *iv)* cassação ou cancelamento do diploma do candidato eleito. Além disso, há ainda: *v)* a invalidação dos votos dados ao candidato; e *vi)* a inelegibilidade prevista no art. 1º, I, *j*, da LC nº 64/90, que constitui efeito reflexo ou secundário da decisão judicial que aplica as sanções referidas nos itens *iii* e *iv supra*.

Quanto à sanção pecuniária: *a)* se houver reincidência, pode ser duplicada a cada nova ocorrência (LE, art. 73, § 6º); *b)* pode ser aplicada a agentes públicos, partidos, coligações e candidatos (LE, art. 73, § 8º); *c)* na distribuição dos recursos do Fundo Partidário oriundos de multa, deverão ser excluídas as agremiações beneficiadas pelos atos que a motivaram (LE, art. 73, § 9º) – assim, o partido beneficiado pelo ilícito (e, pois, sancionado pela sua prática) não recebe de volta parcela do valor da multa que recolheu.

A aplicação de tais sanções dar-se-á sem prejuízo de outras de caráter constitucional, administrativo ou disciplinar, e penal.

Vale salientar a incidência nessa seara do princípio da *proporcionalidade*. Por esse princípio, a sanção deve ser condizente com a gravidade da conduta e, pois, com a magnitude da lesão. A proporcionalidade opera concretamente na fixação da sanção, seja no aspecto qualitativo, seja no quantitativo. Consequentemente, sendo a irregularidade muito pouco expressiva para lesar o bem jurídico tutelado – isto é, a igualdade de oportunidades no pleito –, em vez de se cassar o registro ou o diploma, bem se pode optar pela multa. E mesmo na dosagem desta deve haver moderação. Afinal, a *justiça* é princípio supremo de qualquer ordenamento jurídico, e, no Brasil, constitui objetivo fundamental inscrito no art. 3°, I, da Constituição Federal.

15.7 QUESTÕES

1. **(2017 – CESPE – DPU – DEFENSOR PÚBLICO FEDERAL)** Julgue o seguinte item, acerca das regras relativas ao processo eleitoral previstas na legislação competente.

   As sanções previstas na lei para o caso de condutas vedadas nas campanhas eleitorais atingem exclusivamente os agentes públicos responsáveis por elas.
   Certo.
   Errado.

2. **(2017 – FGV – ALERJ – PROCURADOR)** Determinado deputado estadual pretende que seus assessores, detentores de cargos comissionados em seu gabinete, participem de campanha eleitoral em favor de aliado político, candidato a prefeito.

   Sobre a questão, é correto afirmar que esses assessores:
   a) podem participar da campanha somente em comitês, vedada sua participação em comícios e passeatas.
   b) podem participar de atos de campanha, desde que fora do horário de expediente.
   c) não podem participar de atos de campanha, uma vez que são servidores comissionados.
   d) podem participar da campanha, desde que se desincompatibilizem com antecedência mínima de três meses do início da propaganda.
   e) não podem participar de atos de campanha de candidato majoritário, uma vez que são comissionados por detentor de cargo proporcional.

3. **(2017 – FGV – ALERJ – PROCURADOR)** Candidato que oferece vantagem econômica a eleitor para obter seu voto está sujeito à cassação de seu registro desde que o fato:
   a) tenha ocorrido entre a convenção que delibera por sua candidatura e o dia da eleição.

b) tenha ocorrido nos três meses que antecedem o pleito.

c) tenha se tornado público durante o ano eleitoral.

d) tenha ocorrido entre o dia do registro e a data da eleição.

e) tenha ocorrido antes do trânsito em julgado do pedido de registro de sua candidatura.

4. **(2016 – MPE/SC – MPE/SC – PROMOTOR DE JUSTIÇA)** Segundo a Lei n. 9.504/97 (Lei das Eleições), no ano em que se realizar eleição fica proibida a distribuição gratuita de bens, valores ou benefícios por parte da Administração Pública, exceto nos casos de calamidade pública, de estado de emergência ou de programas sociais autorizados em lei e já em execução orçamentária no exercício anterior, casos em que o Ministério Público poderá promover o acompanhamento de sua execução financeira e administrativa.

Certo.

Errado.

5. **(2016 – VUNESP – CÂMARA DE MARÍLIA – SP – PROCURADOR JURÍDICO)** Assinale a alternativa correta quanto às condutas vedadas aos agentes públicos em campanhas eleitorais.

a) É proibida ao agente público a cessão de servidor público ou empregado da Administração direta ou indireta federal, estadual ou municipal do Poder Executivo para comitês de campanha eleitoral de candidato, partido político ou coligação, durante o horário de expediente normal, salvo se o servidor ou empregado estiver licenciado.

b) É proibido a qualquer candidato comparecer, nos 6 (seis) meses que precedem o pleito, a inaugurações de obras públicas.

c) O ressarcimento das despesas com o uso de transporte oficial pelo Prefeito e Presidente da Câmara Municipal em campanha eleitoral será de responsabilidade do partido político ou coligação a que estejam vinculados.

d) Os agentes públicos que sofrerem sanções decorrentes de condutas vedadas em campanhas eleitorais, nos termos do art. 73 e seguintes da Lei nº 9.504/97, não poderão ser responsabilizados, também, por improbidade administrativa, uma vez que estaria ocorrendo a punição *bis in idem*.

e) A contratação de *shows* artísticos durante o processo eleitoral é permitida apenas na hipótese de realização de inauguração a ser paga com recurso público e em até dois meses antes do pleito eleitoral.

Responsabilidade eleitoral

16.1 CARACTERIZAÇÃO DA RESPONSABILIDADE ELEITORAL

Compreende-se por responsabilidade o princípio que faz atuar a sanção no mundo jurídico em razão da ocorrência de fato ou evento ilícito ou, ainda, com vistas a assegurar certos bens ou valores entendidos como fundamentais pelo consenso social. Trata-se de instituto central em qualquer ordenamento jurídico, constituindo uma das formas jurídicas de controle presente em toda organização social.

Vale registar que a responsabilidade nem sempre deriva de fato ilícito. Há situações excepcionais em que o fato se encontra em plena harmonia com o Direito, mas, apesar disso, enseja a responsabilidade de seu autor ou de seu beneficiário. Em tais casos, a ação do agente é lícita, porém o resultado que dela decorre é injusto e ilícito. A ênfase, aqui, é dada no resultado, e não na ação do agente. Não importa, nesse caso, se a conduta que desencadeou o resultado harmonize-se com o Direito, mas sim que houve um resultado ilícito, socialmente reprovado.

Como não poderia deixar de ser, o instituto da responsabilidade jurídica tem fundamento constitucional. Em contextos diversos, a Constituição emprega o vocábulo "responsabilidade" cerca de quarenta vezes. Já em seu preâmbulo, a Constituição assegura a igualdade e a justiça como valores supremos, e em seu art. 1º, III, assenta a dignidade da pessoa humana como fundamento da República Federativa do Brasil, valores esses indissociáveis da ideia de responsabilidade. Em diversas passagens, o texto constitucional faz expressa referência ao instituto da responsabilidade, como, *e.g.*, no art. 5º, V, que assegura "indenização por dano material, moral ou à imagem"; no art. 24, VIII, que reconhece a "responsabilidade por dano ao meio ambiente, ao consumidor, a bens e direitos de valor artístico, estético, histórico, turístico e paisagístico"; no art. 37, § 6º, que estabelece a responsabilidade objetiva das "pessoas jurídicas de direito público e as de direito privado prestadoras de serviços públicos"; nos arts. 85 e 86 que estabelecem o regime de responsabilidade do presidente da República. A bem ver, até mesmo no art. 14, § 10, da Lei Maior apresenta-se a ideia de responsabilidade, na medida em que prevê a impugnação de mandato com fundamento em "abuso do poder econômico, corrupção ou fraude".

Se no Direito Privado a responsabilidade tem por finalidade a reparação do dano sofrido pela vítima, no Penal tem em vista a prevenção de novas práticas infracionais (prevenção geral) e a ressocialização do autor do crime (prevenção especial). Já no Direito Eleitoral a responsabilidade visa ao controle das eleições e da investidura político-eleitoral, a fim de que as eleições sejam legítimas, o voto seja autêntico e sincero, e a representatividade real e verdadeira. Ademais, não se pode negar à responsabilidade eleitoral uma função preventiva, de intimidação social, desestimuladora da realização de condutas ilícitas – aí se lhe pode reconhecer igualmente um papel didático ou de educação para a democracia.

No que concerne ao fundamento, atualmente a responsabilidade é compreendida em duas vertentes, a saber: subjetiva e objetiva. Enquanto naquela a culpa subjetiva é fator decisivo, nesta é já irrelevante. Com efeito, na responsabilidade objetiva não se discute se houve ou não culpa; importante é a proteção do bem jurídico violado. Em geral, o Direito brasileiro tem experimentado expressivo alargamento da responsabilidade objetiva. Tanto que se pode asseverar existir, hoje, um sistema dualista, com acentuada inclinação para a responsabilidade objetiva. É esse o princípio em vigor no Direito Público, conforme dispõe o art. 37, § 6º, da Constituição Federal, ao adotar expressamente a teoria do risco administrativo.

No Direito Eleitoral vigora um sistema peculiar de responsabilidade, não havendo uma teoria compreensiva de todas as situações. A presença ou não de culpa (em sentido amplo) nem sempre será determinante para a afirmação da responsabilidade e consequente imposição de sanção jurídica.

Há casos em que se impõe a presença de culpa (em sentido amplo). Por exemplo: na hipótese de captação ilícita de sufrágio, prevista no art. 41-A da LE, impõe-se a presença de dolo (= consciência do fato e vontade de realizá-lo) na conduta do agente para a caracterização do ilícito. Quando menos, exige-se a demonstração de um liame entre ação ou inação do candidato e o fato apontado como captação ilícita de sufrágio.

Mas em certas situações admite-se a *presunção da culpa*. E esta não é incompatível com o Direito; ao contrário, embasa-se em procedimentos técnicos largamente empregados na imputação de responsabilidade. Nesse sentido, destacam-se mecanismos como a *culpa in re ipsa, i.e.,* divisada nas próprias circunstâncias que cercam o evento lesivo ou mesmo na impossibilidade de o beneficiário ignorá-lo. Aqui, a afirmação da culpa é extraída do óbvio: se houve resultado lesivo ao bem jurídico, é porque a culpa de alguém se fez presente, seja em razão de um agir, seja de um não agir. E normalmente esse *alguém* é o próprio beneficiário do ilícito, a quem toca a prova de circunstância exonerativa. Em destaque, ainda, a *culpa in eligendo*, que decorre do dever de bem escolher prepostos e representantes (em alguns casos denominados "cabos eleitorais") para a prática de atos. Também é de se destacar a *culpa contra a legalidade,* pela qual é presumida a culpa do agente que infringe as regras jurídicas em vigor. A culpa, aí, resulta da infringência da norma.

Para exemplificar presunções dessa natureza, cite-se a responsabilidade decorrente da conduta vedada prevista no art. 73, VI, *b*, da Lei nº 9.504/97, que proíbe a agente público, nos três meses que antecedem o pleito, "autorizar publicidade institucional". Nesse caso, para fins de responsabilização do agente público que dirige a unidade ou o órgão público, presume-se a autorização da propaganda e seu custeio pelo erário. Deveras, ante o princípio da hierarquia na Administração, não é razoável se entender que a propaganda institucional em questão possa ser levada a efeito sem o conhecimento e a concordância – ainda que tácita – do dirigente maior da entidade, principalmente porque invariavelmente ela o beneficia de forma direta ou indireta. Ademais, não se pode olvidar que o chefe de Poder ou dirigente de órgão tem sempre responsabilidade na delegação e fiscalização dos agentes que lhes são subordinados, podendo-se falar em *culpa in eligendo* e em *culpa in vigilando*.

Por isso, acertadamente, firmou-se na jurisprudência eleitoral o entendimento de que o "chefe do Poder Executivo, na condição de titular do órgão em que veiculada a publicidade institucional em período vedado, é por ela responsável" (TSE – AgR-RO nº 111594/CE – *DJe* 8-11-2016), de sorte que, para a configuração do ilícito previsto no art. 73, VI, *b*, da Lei nº 9.504/97, não é necessário provar que o titular do Poder Executivo "tenha autorizado a publicidade institucional divulgada no período veda-do, uma vez que dela auferiram benefícios os candidatos aos cargos de governador e vice-governador, em campanha de reeleição, evidenciando-se, das premissas do acórdão recorrido, o conhecimento do fato apurado" (TSE – AgR-REspe nº 147854/DF – *DJe*, t. 33, 18-2-2016, p. 79). E mais: "o agente público titular do órgão em que veiculada a publicidade institucional em período vedado deve ser por ela responsa-bilizado" (TSE – REspe nº 119473/CE – *DJe* 5-9-2016).

De outro lado, há casos em que o instituto da responsabilidade está compro-metido essencialmente com a efetiva proteção dos bens jurídicos tutelados, a saber: lisura e normalidade do pleito, legitimidade dos resultados, sinceridade das eleições, representatividade do eleito. Como exemplo, cite-se o abuso de poder previsto nos arts. 19 e 22, XIV, da LC nº 64/90, e no art. 14, §§ 10 e 11, da Constituição Federal. Pouco importa, aí, a perquirição de aspectos psicológicos dos infratores e beneficiá-rios da conduta ilícita. Ademais, nem sempre é necessário haver real ferimento aos bens e interesses protegidos, bastando a *potencialidade* ou o *risco* do dano – ainda porque, quando a conduta ilícita visa a influenciar o voto, o segredo de que este é revestido impossibilita averiguar se ela efetiva e realmente o influenciou. Relevante é demonstrar a existência objetiva de fatos denotadores de abuso de poder, de abuso dos meios de comunicação social, corrupção ou fraude. É que, quando presentes, esses eventos comprometem de modo indelével as eleições em si mesmas, porque ferem os princípios e valores que as informam.

Em tais situações, a responsabilidade eleitoral se funda antes no efeito (= lesão ao bem tutelado) que na causa (ação ilícita). Isso porque nessa seara sua missão pri-mordial é salvaguardar a lisura e a normalidade do processo eleitoral, a higidez do pleito, a isonomia das candidaturas, a veraz representatividade. O estado atual da civilização e do modo civilizado de vida em sociedade, a afirmação da democracia e a vivência dos valores constitucionais exigem que a ocupação dos postos político--governamentais se dê de forma lícita, honesta, autêntica, devendo o povo, exercendo sua liberdade, realmente manifestar sua vontade e determinar o rumo de sua história e de sua vida coletiva, ou seja, se autogovernar.

Nesse contexto, a *responsabilidade eleitoral* harmoniza-se com a contemporânea noção de *risco*. O discurso do risco liga-se à ideia de colocação em perigo de um bem ou interesse valorizados na sociedade. Impõem-se determinadas condutas (positivas ou negativas) a fim de que um evento lesivo não se apresente. A responsabilidade se funda na realização dessas condutas, notadamente nos indevidos benefícios ou prejuízos que elas proporcionaram (ou teriam proporcionado) a determinada candidatura.

A responsabilidade jurídico-eleitoral deve sempre ser afirmada pelo Estado-jurisdição, no bojo de regular processo judicial – até porque o Estado detém o monopólio da jurisdição. O processo é necessário e indispensável.

Para tanto, dispõe o Direito Eleitoral de vários instrumentos processuais cuja finalidade precípua consiste em reprimir ilícitos e o uso abusivo dos poderes econômico e político. Visam nomeadamente a responsabilização quer seja dos agentes infratores, quer seja dos candidatos e partidos beneficiários do ilícito. Destacam-se entre eles: *(i)* ação de investigação judicial eleitoral – AIJE, fundada nos arts. 19 e 22, XIV, ambos da LC nº 64/90; *(ii)* ação por captação ou emprego ilícitos de recurso de campanha, fundada no art. 30-A da LE; *(iii)* ação por *captação ilícita de sufrágio*, fulcrada no art. 41-A da LE; *(iv)* ação por *conduta vedada*, prevista nos arts. 73 e ss. da LE; *(v)* ação de impugnação de mandato eletivo – AIME, contemplada no art. 14, §§ 10 e 11, da CF; *(vi)* ação criminal (de natureza pública incondicionada) em razão da prática do ilícito de corrupção eleitoral, prevista no art. 299 do Código Eleitoral.

Importa frisar que, se a responsabilização e a consequente imposição de sanção visam proteger os bens juridicamente tutelados pelo Direito Eleitoral, também têm o sentido de prevenção, de sorte a se desestimular a prática de condutas ilícitas.

16.2 QUESTÕES

1   Julgue a seguinte proposição:

A responsabilidade eleitoral nem sempre requer a presença de dolo ou culpa na conduta do agente, podendo ser reconhecida a partir da lesão a bens jurídicos como normalidade do processo eleitoral e legitimidade das eleições.

Certa.

Errada.

2.   Sobre a responsabilidade eleitoral, é correto afirmar:

a)   o instituto da responsabilidade não existe no Direito Eleitoral, pois no ordenamento jurídico brasileiro só se pode falar em responsabilidade civil.

b)   no Direito Eleitoral, só é possível declarar a responsabilidade da pessoa que age dolosamente, isto é, com consciência e vontade de prejudicar um candidato.

c)   a afirmação da responsabilidade eleitoral requer a instauração de processo, em que seja assegurado ao candidato contraditório e ampla defesa.

d)   o juiz eleitoral pode instaurar *ex officio* processo com vistas à responsabilização de candidato por abuso de poder econômico.

Perda de mandato
e eleição suplementar

17.1 EXTINÇÃO DE MANDATO ELETIVO

No regime democrático-republicano, o mandato eletivo tem como característica fundamental a temporalidade. Nasce, portanto, com prazo certo para ser exercido. Vencido o termo final, dá-se sua automática extinção.

Mas antes dessa natural extinção, o mandato pode encerrar-se por outras causas, tais como *morte, renúncia e impedimento (impeachment) do titular*.

Algumas causas de extinção de mandato relacionam-se a eventos ocorridos durante o processo eleitoral – por isso, podem ser denominadas *causas eleitorais*.

Por mais ágil que seja, não é possível à Justiça Eleitoral conhecer e julgar todas as demandas que lhe são endereçadas durante um processo eleitoral. Muitas são julgadas após a diplomação e investidura dos eleitos e, pois, já durante o exercício do mandato. Em tal caso, a manutenção do mandato pelo réu é condicionada ao resultado do processo contencioso nas ações e recursos eleitorais pendentes de julgamento.

Entre as causas eleitorais ensejadoras da extinção do mandato, destacam-se as decorrentes: *1)* de decisão judicial que acarrete a cassação do registro, da diplomação ou do próprio mandato em razão da ocorrência de ilícito eleitoral; *2)* de indeferimento do pedido ou requerimento de registro de candidatura (indeferimento do RRC).

17.1.1 Cassação de registro/diploma/mandato decorrente de ilícito eleitoral e invalidação da votação

A votação é *anulável* (*vide* art. 222 c.c. 237 do CE) sempre que houver nas eleições a prática de ilícito eleitoral consubstanciado em abuso de poder econômico ou político (= de autoridade), emprego de processo de propaganda vedada, corrupção, fraude, captação ilícita de sufrágio, conduta vedada, bem como captação ou gasto ilícito de recurso na campanha.

A anulabilidade decorre da presunção de que a ocorrência desses ilícitos é bastante para macular o pleito. A presunção em tela tem caráter absoluto, pois não admite prova em contrário.

Diante disso, à vista da causa de pedir posta em ação de impugnação de mandado eletivo – AIME (CF, art. 14, §§ 10 e 11), ação de investigação judicial eleitoral

– AIJE (LC n° 64/90, arts. 19 e 22, XIV), ações eleitorais fundadas nos arts. 30-A, 41-A e 73, § 5°, 74, 75, parágrafo único, e 77, parágrafo único, todos da Lei n° 9.504/97, a só procedência do pedido acarreta a invalidação dos votos – e da votação – dados aos beneficiários do evento ilícito.

A invalidação da votação é consequência automática da decisão judicial que declara a ocorrência do ilícito e cassa o registro, diploma ou mandato. Por isso, para que esse efeito invalidante se apresente, sequer é "necessária a provocação da parte interessada nesse sentido" (TSE – AAg n° 8.055/MG – *DJe* 23-9-2008, p. 18-19), independendo, ainda, de expressa declaração judicial, "pois a anulação dos votos é efeito secundário da [decisão de] cassação do mandato, haja vista o liame indissolúvel entre o mandato eletivo e o voto" (TSE – AREspe n° 28.500/SP – *DJ* 8-8-2008, p. 47-48).

Em razão do efeito expansivo da anulação, os atos posteriores que estejam causalmente ligados ao invalidado são atingidos. Consequentemente, a invalidação da votação em determinado pleito pode implicar a insubsistência do registro, da diplomação e dos mandatos dos eleitos. Note-se, porém, que, apesar disso, os atos praticados no período anterior à anulação são válidos e eficazes perante o ordenamento jurídico.

17.1.2 Indeferimento de registro de candidatura e invalidação da votação

Nulos são os votos dados a candidato cujo registro de candidatura haja sido indeferido pela Justiça Eleitoral. A nulidade funda-se na ausência de registro de candidatura no momento do pleito.

Se a decisão de indeferimento do registro transitar em julgado antes da preparação das urnas eletrônicas e o candidato nelas não tiver seu nome incluído, o problema da validade dos votos sequer chega a se apresentar. É que não existirão votos a serem computados, pois impossível será votar no candidato uma vez que seu nome não figurará na urna eletrônica.

No entanto, importa cogitar da validade dos votos quando o pedido de registro de candidatura estiver *sub judice* no dia do pleito. O pedido de registro poderá estar *sub judice:* 1) porque foi indeferido e houve recurso do candidato interessado; 2) porque foi deferido e houve recurso de algum colegitimado (candidato, partido político, Ministério Público).

Nesses dois casos, embora o candidato esteja *sub judice,* tem direito subjetivo de participar efetivamente da campanha. Poderá, então, praticar todos os atos a ela inerentes, inclusive abrir conta bancária, arrecadar recursos, utilizar o horário eleitoral gratuito no rádio e na televisão, usar a Internet e as redes sociais para apresentar-se aos eleitores e difundir seus projetos e propostas, bem como ter seu nome inserido na urna eletrônica. Assume, por outro lado, os deveres e responsabilidades inerentes a todo candidato.

Conforme prescreve o art. 16-A da Lei n° 9.504/97, a validade dos votos atribuídos a candidato *sub judice* é condicionada ao deferimento de seu registro na superior instância da Justiça Eleitoral. Portanto, a validade e a eficácia dos votos ficam submetidas a uma condição, consistente no resultado do julgamento do recurso interposto no tribunal.

Podem-se figurar as seguintes situações:

i) o candidato teve seu pedido de registro originariamente *deferido*, mas antes do pleito essa decisão é reformada no TRE que indefere o pedido de registro; concorre, pois, *sem* registro. Se o indeferimento for mantido no TSE, os votos dados ao candidato são nulos para todos os efeitos. Caso contrário, se o TSE der provimento ao recurso do candidato e *deferir* o pedido de registro, os votos respectivos serão válidos;

ii) o candidato teve seu pedido de registro originariamente *indeferido*, tendo concorrido *sem* registro. Sendo negado provimento ao seu recurso visando ao deferimento do pedido de registro (mantido, pois, o indeferimento nas instâncias superiores), os votos atribuídos ao candidato serão nulos. Caso contrário, sendo provido o recurso do candidato, válidos serão os votos;

iii) o candidato teve seu pedido de registro originariamente *deferido* e *concorreu com registro*, mas houve recurso contra essa decisão, no qual se busca o indeferimento do registro. Por óbvio, se o recurso for improvido e o deferimento do registro for mantido na superior instância, os votos dados ao candidato são válidos para todos os efeitos. Caso contrário, sendo reformada a decisão *a quo* e *indeferido* o registro, os votos são: *(iii.a)* totalmente inválidos para a eleição majoritária; e, *(iii.b)* parcialmente inválidos para a eleição proporcional, sendo, neste caso, computados apenas para o partido para compor o quociente partidário.

Note-se que a validade dos votos resulta sempre da decisão da instância final que defere ou mantém o registro de candidatura. A insubsistência do registro impede que os votos gerem *plenos* efeitos, ficando comprometidos a diplomação e o próprio mandato.

No entanto, nas eleições proporcionais, se o candidato concorrer com o registro deferido, os votos que receber são apenas parcialmente nulos, pois são válidos para a legenda (LE, art. 16-A, parágrafo único; CE, art. 175, § 4º). Essa peculiaridade das eleições proporcionais se funda na natureza dúplice ou binária do voto. Ao votar em um candidato, o eleitor também escolhe o seu partido; de sorte que o voto proporcional destina-se ao candidato e à agremiação ou coligação. Conquanto possa votar só no partido (voto de legenda), ao eleitor não é dado votar separadamente no candidato *e* no partido. Se o candidato concorre com seu pedido de registro *deferido*, é porque houve ato formal da Justiça Eleitoral deferindo-o. E desse ato irradiam diversos – e válidos, frise-se – efeitos jurídicos; entre outros, pode-se aludir à confiança despertada no eleitor. Assim, fazem os eleitores uma opção válida e legítima ao escolherem tal candidato e seu partido.

Nesse sentido, dispôs o parágrafo único do art. 181 da Res. TSE nº 23.399/2013, *in verbis*: "Art. 181. [...] Na eleição proporcional, os votos dados a candidatos com registro deferido na data do pleito e indeferido posteriormente serão computados para a legenda (Código Eleitoral, art. 175, § 4º, e Lei nº 9.504/97, art. 16-A, parágrafo único)". Essa mesma regra foi reiterada na Res. TSE nº 23.456/2015 (art. 144, parágrafo único), e na Res. TSE nº 23.554/2018 (art. 218, I).

17.2 ELEIÇÃO SUPLEMENTAR, INVALIDAÇÃO DE VOTOS – O ART. 224 DO CE

17.2.1 O art. 224 do Código Eleitoral

O art. 224 do CE foi alterado pela Lei n° 13.165/2015, a qual lhe acresceu os §§ 3° e 4°. Eis o seu inteiro teor:

> Art. 224. Se a *nulidade* atingir a mais de metade dos votos do país nas eleições presidenciais, do Estado nas eleições federais e estaduais ou do município nas eleições municipais, julgar-se-ão prejudicadas as demais votações e o Tribunal marcará dia para nova eleição dentro do prazo de 20 (vinte) a 40 (quarenta) dias.
>
> § 1° Se o Tribunal Regional na área de sua competência, deixar de cumprir o disposto neste artigo, o Procurador Regional levará o fato ao conhecimento do Procurador-Geral, que providenciará junto ao Tribunal Superior para que seja marcada imediatamente nova eleição.
>
> § 2° Ocorrendo qualquer dos casos previstos neste capítulo o Ministério Público promoverá, imediatamente a punição dos culpados.
>
> § 3° A decisão da Justiça Eleitoral que importe o indeferimento do registro, a cassação do diploma ou a perda do mandato de candidato eleito em pleito majoritário acarreta, após o trânsito em julgado, a realização de novas eleições, independentemente do número de votos anulados.
>
> § 4° A eleição a que se refere o § 3° correrá a expensas da Justiça Eleitoral e será:
>
> I – indireta, se a vacância do cargo ocorrer a menos de seis meses do final do mandato;
>
> II – direta, nos demais casos.

Registre-se que contra esses §§ 3° e 4° foram propostas no Supremo Tribunal Federal as ações diretas de inconstitucionalidade – ADIs n° 5.525/DF e 5.619/DF, as quais foram julgadas conjuntamente nas sessões plenárias de 7 e 8 de março de 2018.

A análise do referido art. 224 revela a existência de dois regimes distintos quanto aos efeitos da invalidação de votos. O primeiro – descrito no *caput* – afigura-se como regra geral nessa matéria, não sendo apontadas as causas da invalidação: as causas são indeterminadas *a priori*. Aqui, portanto, a invalidação de votos pode decorrer de quaisquer causas – excetuando-se as arroladas no § 3° daquele mesmo dispositivo.

O segundo regime – veiculado nos novos §§ 3° e 4° – regula os efeitos da invalidação de votos decorrente especificamente das causas que arrola, a saber: "indeferimento do registro, a cassação do diploma ou a perda do mandato de candidato eleito em pleito majoritário".

Como se trata de regimes jurídicos diferentes – um geral e outro especial –, não há contradição entre eles. Do ponto de vista lógico, apresentam uma relação do tipo gênero-espécie, devendo, portanto, ser conciliados.

Esses dois regimes serão expostos nos subitens seguintes.

17.2.1.1 O regime geral do *caput* do art. 224 do CE

Extrai-se do *caput* do art. 224 do CE que novas eleições deverão ser convocadas e realizadas sempre que a invalidação atingir mais da metade dos votos válidos "do país nas eleições presidenciais, do Estado nas eleições federais e estaduais ou do município nas eleições municipais".

Não foi apontada a *causa* da invalidação dos votos, podendo-se, portanto, cogitar de qualquer causa – exceto as expressamente previstas no § 3º do mesmo dispositivo legal, que por ele são regidas.

A eleição presidencial é a única realizada em nível nacional. As eleições federais (para senador e deputado federal) e estaduais (para governador e deputado estadual/distrital) são realizadas no âmbito dos Estados e do Distrito Federal. Por fim, as eleições municipais (para prefeito e vereador) são ultimadas no âmbito dos municípios.

As eleições para presidente da República, governador, prefeito e senador regem-se pelo sistema majoritário. Já as eleições para deputado federal, deputado estadual e vereador seguem o sistema proporcional.

Se a invalidação atingir *mais da metade* dos votos válidos (isto é: a maioria absoluta, consubstanciada no primeiro número inteiro de votos superior à metade), a eleição, em si mesma, como ato complexo, poderá ser atingida. Por força do efeito expansivo inerente à invalidade, a desconstituição da votação a impede de produzir seus efeitos próprios e regulares, tornando insubsistente a eleição. Como resultado, são igualmente fulminados os diplomas e os mandatos dela resultantes, impondo-se a realização de nova eleição.

O novo pleito deve ser designado pelo Tribunal dentro do prazo de vinte a quarenta dias a partir de quando a respectiva decisão judicial se tornar definitiva.

Essa solução funda-se em princípios capitais como legitimidade e higidez da eleição, representatividade e legitimidade do eleito para o exercício do poder político-estatal.

E se forem invalidados *menos* da metade dos votos? A hipótese do *caput* do art. 224 do CE tem por pressuposto a invalidação de mais da metade dos votos. Se a invalidação atingir *menos* da metade, obviamente aquele requisito não será atendido, de sorte que as eleições subsistirão, sendo *mutatis mutandis* mantidos os seus resultados, porquanto não serão julgadas "prejudicadas as demais votações".

Nessa hipótese – na eleição majoritária –, se forem cassados os diplomas ou os mandatos dos integrantes da chapa (titular e vice) que venceu o pleito, poderão ser diplomados e investidos nos mandatos os membros da chapa que ficou em segundo lugar.

17.2.1.2 O regime especial do § 3º do art. 224 do CE

O § 3º do art. 224 do CE tem por objetivo específico regular os efeitos da invalidação de votos decorrente de perda de diploma ou mandato de candidato eleito em pleito *majoritário*. Portanto, sua incidência restringe-se às eleições para presidente da República, governador, prefeito e senador.

Diferentemente do que ocorre com o *caput* do art. 224, o § 3º determina as causas relevantes para sua incidência, que são as seguintes: *i)* indeferimento de pedido de registro de candidatura; *ii)* cassação de diploma; *iii)* perda de mandato. Ante a determinação da presente cláusula legal, para que ela tenha aplicação, é preciso que ocorra uma das hipóteses especificadas.

A primeira causa se apresenta em processo de registro de candidatura ou em sua impugnação (ação de impugnação de registro de candidatura – AIRC), quando o pedido de registro somente vem a ser definitivamente apreciado – e negado – após as eleições, tendo o candidato sido eleito. Aqui, o candidato seguiu *sub judice* no processo eleitoral e ao final logrou ser eleito.

> Note-se ser diversa a situação de *cassação* do registro – a qual não deve ser confundida com o referido "indeferimento de pedido de registro de candidatura". A *cassação* pressupõe o anterior e definitivo deferimento do pedido de registro, sendo consequência da procedência do pedido em ações eleitorais como as fundadas no art. 22, XIV, da LC nº 64/90 e nos arts. 41-A e 73, § 5º, da LE. Ao final, sendo o candidato eleito e confirmada a *cassação* de seu registro naquelas ações, pode-se aventar duas soluções para o problema: *i)* interpretar-se extensivamente o termo "indeferimento" na expressão "indeferimento de pedido de registro de candidatura", para nele incluir a hipótese de "*cassação* de registro"; *ii)* aplicar-se o *caput* do art. 224 à hipótese de "*cassação* de registro", já que ele constitui regra geral aplicável aos casos não especificados em seu § 3º. Do ponto de vista lógico-sistemático, essa última se afigura melhor solução, porque é evidente que o aludido § 3º, art. 224, do CE não tratou expressamente da hipótese de *cassação* de registro.

As duas outras causas relevantes para a incidência do § 3º, art. 224, do CE (cassação do diploma e perda do mandato) se apresentam no âmbito das ações eleitorais em que se discute a ocorrência de ilícitos eleitorais (AIJE, AIME, ações dos arts. 30-A, 41-A e 73 da LE), bem como no RCED (CE, art. 262 do CE – "inelegibilidade superveniente ou de natureza constitucional e de falta de condição de elegibilidade"). De ver-se que a cassação do diploma acarreta a perda do mandato, pois constitui sua condição de validade.

Em todas as hipóteses do § 3º, art. 224, do CE há invalidação da votação e da respectiva eleição. A invalidação constitui efeito da decisão judicial que indefere o pedido de registro, cassa o diploma ou o mandato.

Consequentemente, novo pleito deverá ser realizado em substituição ao invalidado.

A realização de nova eleição será sempre necessária, independentemente da quantidade de votos invalidados. Ao contrário do que ocorre com o *caput* do art. 224, é irrelevante que a invalidação afete mais ou menos da metade dos votos válidos apurados. Não há aqui, portanto, espaço para assunção do segundo colocado no pleito.

Assim, conforme decidido pelo Supremo Tribunal Federal na ADI nº 5.619/DF (j. em 7 e 8 de março de 2018), novas eleições devem ser realizadas ainda que se trate de eleição majoritária regida pelo princípio de maioria simples, tal como ocorre nas eleições para prefeito em município com menos de 200 mil eleitores (CF, art. 29, II).

Trânsito em julgado da decisão – o citado § 3º prevê expressamente que a eleição suplementar só pode ser realizada "após o trânsito em julgado" da decisão da Justiça Eleitoral. Entretanto, ao julgar a ADI nº 5.525/DF, em 7 e 8 de março de 2018, o Supremo Tribunal Federal declarou "a inconstitucionalidade da locução 'após o trânsito em julgado' prevista no § 3º do art. 224 do Código Eleitoral".

Com isso, tão logo publicada a "decisão da Justiça Eleitoral", poder-se-á executá--la e, pois, realizar-se nova eleição. Mas a qual decisão se poderá atribuir esse efeito: a da instância ordinária ou extraordinária? A decisão de Tribunal Regional ou do Tribunal Superior? A decisão prolatada nos embargos de declaração? O aludido § 3º, art. 224, do CE não esclarece tais dúvidas, pois fala genericamente em "decisão da Justiça Eleitoral". Afigura-se razoável o entendimento de que a decisão em apreço refere-se à última emanada da Justiça Eleitoral, ou melhor, à decisão proferida pelo Tribunal Superior Eleitoral em sede de embargos de declaração.

Anteriormente ao julgamento da referida ADI nº 5525/DF, no âmbito do controle incidental ou difuso de constitucionalidade, ao julgar o ED-REspe nº 13925/RS em 28-11-2016, o TSE já havia declarado a inconstitucionalidade daquela expressão "após o trânsito em julgado". Argumentou-se que ela viola a soberania popular, a garantia fundamental da prestação jurisdicional célere, a independência dos poderes e a legitimidade exigida para o exercício da representação popular.

Nesse mesmo julgado, firmou o TSE a seguinte tese:

> Se o trânsito em julgado não ocorrer antes, ressalvada a hipótese de concessão de tutela de urgência, a execução da decisão judicial e a convocação das novas eleições devem ocorrer, em regra:
>
> 1. Após a análise do feito pelo Tribunal Superior Eleitoral, no caso dos processos de registro de candidatura (LC nº 64/1990, art. 3º e seguintes) em que haja o indeferimento do registro do candidato mais votado (CE, art. 224, § 3º) ou dos candidatos cuja soma de votos ultrapasse 50% (CE, art. 224, *caput*); e
>
> 2. Após a análise do feito pelas instâncias ordinárias, nos casos de cassação do registro, do diploma ou do mandato, em decorrência de ilícitos eleitorais apurados sob o rito do art. 22 da Lei Complementar nº 64/1990 ou em ação de impugnação de mandato eletivo.

Observe-se, porém, que tal entendimento pode gerar graves problemas. Suponha-se que em eleição municipal o TRE confirme sentença de cassação do diploma/mandato dos candidatos eleitos para os cargos de prefeito e vice-prefeito. O recurso cabível contra o acórdão do Regional é o especial, que é privado de efeito suspensivo. Se não houver concessão de tutela de urgência suspendendo os efeitos do acórdão ou conferindo efeito suspensivo ao recurso especial (e mais tarde ao recurso extraordinário), a decisão colegiada já poderá ser executada, realizando-se, pois, nova eleição. Concluído o pleito suplementar e eleito novo prefeito e vice-prefeito para o município, problema não haverá se o acórdão do TRE vier a ser confirmado no TSE e, depois, no Supremo Tribunal Federal. Todavia, se aquele acórdão não for confirmado nas instâncias excepcionais (TSE e STF), haverá dois prefeitos legitimamente eleitos para o mesmo município e na mesma legislatura, o que se afigura absurdo.

Prazo para realização da eleição suplementar – a norma legal em exame não especifica o prazo dentro do qual a nova eleição deve ser ultimada. Por analogia, pode-se pensar no prazo de vinte a quarenta dias previsto na parte final do *caput* do art. 224, lapso esse que deve ser contado a partir do trânsito em julgado da decisão.

Também aqui se prestigiam relevantes princípios, como a legitimidade e higidez da eleição, representatividade e legitimidade do eleito para o exercício do poder político-estatal, bem como o princípio da maioria (que repele a possibilidade de a minoria assumir o poder estatal).

Mandato de Senador – as hipóteses do vertente § 3º aplicam-se à perda de mandato de senador.

Com efeito, esse dispositivo trata expressamente da perda de mandato de candidato eleito em "pleito majoritário". A eleição senatorial tem natureza majoritária. Logo, a literalidade do preceito legal indica sua aplicação ao mandato senatorial.

Note-se que a eleição de senador ocorre em chapa, a qual é formada por um titular e suplente. A perda do mandato do titular em razão de indeferimento do registro de candidatura, cassação de diploma ou mandato reflete sobre toda a chapa, fulminando não só o mandato do titular, como também a suplência. Não se poderia conceber que a chapa disputasse o pleito acéfala, ainda que essa acefalia viesse a se materializar depois do pleito. De maneira que a perda do mandato do titular da chapa pelas assinaladas causas eleitorais não autoriza a assunção do mandato pelo suplente.

Vale registrar que, nos termos do art. 56, § 2º, da Constituição: "ocorrendo vaga e não havendo suplente, far-se-á eleição para preenchê-la se faltarem mais de quinze meses para o término do mandato". Mas esse dispositivo regula a vacância do cargo de Senador e respectivos suplentes durante o exercício do mandato, por razões diversas, que nada têm a ver com o processo eleitoral. Esse dispositivo pressupõe que a diplomação e a investidura dos integrantes da chapa no cargo de Senador tenham se dado regularmente.

17.2.2 Eleição suplementar: novo processo eleitoral ou mera renovação do escrutínio anterior?

A determinação de realização de nova eleição implica o implemento de novo processo eleitoral, com escolha de candidatos, registro de candidatura, campanha eleitoral, propaganda, votação, apuração, proclamação dos resultados e diplomação.

Não se trata de mera renovação do escrutínio anterior. Se assim fosse, os envolvidos – eleitores e candidatos – deveriam ser os mesmos. Mas assim não ocorre. O corpo eleitoral da circunscrição do pleito pode sofrer relevantes alterações em razão do ingresso de novos eleitores; isso sucederá, *e.g.*, se houver novas inscrições eleitorais originárias, transferências (desde que atendido o lapso do art. 91 da LE), ou mesmo em função de cancelamentos e exclusões. Cuida-se, pois, de realização de nova eleição, embora de natureza suplementar.

Dada a excepcionalidade do pleito suplementar, os prazos e outras formalidades devem ser adaptados, já que foram concebidos para a realização de eleições normais, preparadas com larga antecedência pela Justiça Eleitoral.

Há, porém, prazos que não podem ser diminuídos nem suprimidos, a exemplo da filiação partidária por seis meses antes do pleito (LE, art. 9º, com a redação da Lei nº 13.488/2017).

Cuidando-se de nova eleição, todos os que preencherem os requisitos legais e regulamentares poderão concorrer. Assim, poderá se candidatar o cidadão que teve seu pedido de registro de candidatura indeferido no pleito anterior (que foi invalidado), bem como o membro do Poder Legislativo que tiver assumido interinamente a chefia do Poder Executivo (AREspe n° 35.555/AL – *DJe* 18-9-2009, p. 15). Relevante é apenas que os requisitos estabelecidos para o novo pleito sejam satisfeitos.

Não se admite, porém, a candidatura do mandatário cassado, responsável pela invalidação do pleito anterior. Nesse sentido: TSE – REspe n° 19878/MS – PSS 10-9-2002; TSE – MS n° 3413/GO – *DJ* 19-6-2006, p. 59.

Observe-se que o partido pelo qual o causador da invalidação concorreu poderá participar do novo pleito. Nesse sentido: (TSE – REspe n° 31696/PE – *DJe* 1-8-2013, p. 166). Esse entendimento tem contra si o fato de que quase sempre o candidato não age sozinho, senão em conjunto com sua agremiação. Uma vez demonstrada sua participação no evento, as ideias de justiça e coerência exigem que também o partido seja responsabilizado e de algum modo sancionado.

O cônjuge e parentes do mandatário cassado podem concorrer ao pleito suplementar. Para tanto, já entendeu o TSE ser preciso observar o prazo de afastamento de seis meses previsto no art. 14, § 7°, da Constituição (*vide* REspe n° 303157/PI – PSS 11-11-2010). Foi repelida, nessa hipótese, a possibilidade de mitigação do prazo de afastamento do cassado. Argumentou-se com a necessidade de se preservar o equilíbrio e a isonomia durante a disputa eleitoral, prevenir o uso da máquina administrativa em prol de familiar do mandatário afastado, bem como evitar a perpetuação de um mesmo grupo familiar no poder estatal.

No tocante à situação de quem tiver assumido provisoriamente o lugar do mandatário cassado (normalmente, o presidente do Poder Legislativo), tem-se que: *i)* incidem as inelegibilidades reflexas em relação a seus cônjuge e parentes. Para que estes se candidatem, deverá o exercente se afastar do prazo estabelecido na norma regente da eleição suplementar; nesse caso, não parece justa nem viável a exigência do prazo de seis meses estabelecido no art. 14, § 7°, da Constituição; *ii)* para que o próprio exercente se candidate, não precisará se desincompatibilizar, afastando-se do exercício das funções em que se encontra provisoriamente investido, mas, se eleito, em princípio, não poderá disputar a reeleição.

17.2.3   Eleição suplementar direta e indireta

Ocorrendo vacância – por causa eleitoral – dos cargos de titular e de vice do Poder Executivo (*i.e.*, dupla vacância), impõe-se a realização de eleição suplementar para provê-los. Essa eleição poderá ser direta ou indireta.

No caso de presidente e vice da República, incide o regime jurídico previsto no artigo 81, *caput*, e § 1°, da Constituição Federal (*vide* ADI n° 5525/DF, j. 7 e 8 de março de 2018), segundo o qual, o provimento dos cargos de presidente e vice da República se dará por eleição: *i)* direta, se a dupla vacância ocorrer nos dois primeiros anos do período presidencial; *ii)* indireta, pelo Congresso Nacional, se a dupla vacância ocorrer nos dois últimos anos daquele período.

Já para a sucessão dos demais cargos majoritários do Poder Executivo (governador, prefeito e respectivos vices), na hipótese de ocorrer dupla vacância determinada por *causa eleitoral*, aplica-se a disciplina do § 4°, art. 224, do CE (incluído pela Lei no 13.165/2015), segundo o qual a eleição correrá às expensas da Justiça Eleitoral e será: "I – indireta, se a vacância do cargo ocorrer a menos de seis meses do final do mandato; II – direta, nos demais casos."

Quando cabível, a eleição indireta ocorre no âmbito do Poder Legislativo, sendo eleitores os integrantes desse Poder. Aqui, o processo eleitoral é simplificado, devendo ser observado o rito traçado na respectiva norma de regência. Dentro do possível, é preciso haver consonância com as normas que disciplinam o processo eleitoral, contemplando-se suas principais fases, como registro de candidatura, campanha e propaganda, realização de escrutínio, proclamação do resultado e diplomação.

Ao julgar a ADI nº 4.298/TO, em 7 de outubro de 2009, o pleno do Supremo Tribunal Federal assentou que, dada a excepcionalidade da situação, o voto dos parlamentares deve ser aberto, já que o eleitor "tem o direito de saber como vota seu representante". Essa exegese se harmoniza com o sentido da EC nº 76/2013, que alterou o § 2º do art. 55 e o § 4º do art. 66 da CF para abolir a votação secreta nos casos de perda de mandato de Deputado ou Senador e de apreciação de veto.

Independentemente de ser direta ou indireta a eleição, certo é que os eleitos apenas complementam o período restante dos mandatos cassados.

17.3 QUESTÕES

1. Julgue a seguinte proposição:

A decisão da Justiça Eleitoral que determina a perda do mandato de prefeito eleito com 62% dos votos válidos, em razão de ter havido compra de votos, acarreta a realização de novas eleições.

Certa.

Errada.

2. Assinale a alternativa incorreta:

a) Sendo cassados os mandatos do governador e do vice-governador a menos de seis meses do final do mandato, os referidos cargos deverão ser preenchidos mediante eleição indireta.

b) Determinada a realização de nova eleição para prefeito e vice-prefeito em um município, dela não poderá participar o mandatário cassado, responsável pela invalidação do pleito anterior.

c) Determinada a realização de nova eleição para prefeito e vice-prefeito em um município, dela poderá participar o mandatário cassado, responsável pela invalidação do pleito anterior, pois sua exclusão do pleito suplementar implica violação de sua cidadania passiva, direito político fundamental garantido na Constituição da República.

d) Cassado o mandato de Deputado Estadual, em razão da comprovação de compra de votos, não será realizada nova eleição, sendo o parlamentar substituído pelo respectivo suplente.

Parte II
Processo jurisdicional eleitoral

Processo contencioso eleitoral

18.1 AÇÕES ELEITORAIS

18.1.1 Caracterização das ações eleitorais

A ação é compreendida como direito constitucional fundamental e abstrato. Se o Estado reserva para si o monopólio da jurisdição, não é possível excluir "da apreciação do Poder Judiciário lesão ou ameaça a direito" ou a qualquer situação juridicamente protegida (CF, art. 5°, XXXV; CPC, art. 3°), de sorte que as pessoas gozam do direito fundamental de ajuizar demanda e obter um pronunciamento oficial do Estado-juiz sobre a pretensão deduzida, ainda que tal pronunciamento seja para negá-la.

O Direito Processual Eleitoral contempla várias ações, entre as quais destacam--se as seguintes:

Nome da ação	Fundamento legal	Objeto	Bem tutelado
ação de impugnação de mandato eletivo – AIME	CF, art. 14, §§ 10 e 11	cassação de mandato	legitimidade e normalidade das eleições
ação de impugnação de pedido de registro de candidatura – AIRC	LC n° 64/90, arts. 2° até 16	declaração de inelegibilidade, negativa ou cassação de registro, cassação do diploma	probidade administrativa, moralidade para o exercício de mandato, normalidade e legitimidade das eleições (CF, art. 14, § 9°)
ação por abuso de poder – AIJE	LC n° 64/90, arts. 19 e 22	cassação de registro ou diploma e inelegibilidade por oito anos	legitimidade, normalidade e sinceridade das eleições
ação por captação ou uso ilícito de recurso para fins eleitorais	LE, art. 30-A	negação de diploma ou sua cassação	higidez da campanha e igualdade na disputa
ação por captação ilícita de sufrágio	LE, art. 41-A	cassação de registro ou diploma e multa	liberdade do eleitor

Nome da ação	Fundamento legal	Objeto	Bem tutelado
ação por conduta vedada	LE, arts. 73, 74, 75, 77	cassação de registro ou diploma e multa	igualdade de chances na disputa e moralidade administrativa
recurso (= ação) contra expedição de diploma – RCED	CE, art. 262	cassação de diploma	probidade administrativa, moralidade para exercício de mandato, normalidade e legitimidade das eleições (CF, art. 14, § 9º)
ação (= representação) por não cumprimento da Lei nº 9.504/97 (ex.: propaganda ilícita)	LE, art. 96	multa, perda de tempo destinado à propaganda etc.	igualdade de chances dos candidatos, normalidade do pleito etc.

Fonte: elaborado pelo autor.

Além dessas, vale destacar a ação penal por crime eleitoral, a qual tem natureza pública incondicionada.

O termo *representação* é comumente empregado no Direito Processual Eleitoral como sinônimo de ação. Esse uso é especialmente comum no caso de ações fundadas na Lei nº 9.504/97, quando, então, se diz "'representação' por propaganda eleitoral ilícita".

No entanto, tecnicamente o vocábulo *representação* traduz o ato escrito dirigido a órgão da Justiça Eleitoral, no qual se postula providência jurisdicional – e, pois, a atuação da lei – em razão da ocorrência de fato ilícito. O direito de representar é emanação imediata do direito constitucional de ação, que é público, subjetivo e abstrato, segundo a teoria em voga.

Frequente, ainda, é o uso do vocábulo *reclamação*. Mas a reclamação do Direito Eleitoral não tem natureza de ação, e sim de mera medida administrativa. Trata-se de notícia de ato supostamente irregular praticado por alguma entidade, agente ou órgão da Justiça Eleitoral, na qual se pede a adoção de providência. Ostenta ela caráter correcional, não sendo vocacionada à provocação da jurisdição eleitoral. À guisa de exemplo, cite-se o disposto nos arts. 22, I, *f*, e 29, I, *f*, do Código Eleitoral que preveem a competência respectivamente do TSE e dos TREs para conhecerem "*reclamações* relativas a obrigações impostas por lei aos partidos políticos, quanto à sua contabilidade e à apuração da origem dos seus recursos". Cite-se, também, o § 1º, art. 4º da Res. TSE nº 22.624/2007, segundo o qual a reclamação tem "como objeto ato de servidor da Justiça Eleitoral". E, ainda, o disposto no art. 188 da Res. TSE nº 23.456/2015, que reza: "Poderá o candidato, o partido político, a coligação ou o Ministério Público *reclamar* ao Tribunal Regional Eleitoral contra o Juiz Eleitoral que descumprir as disposições desta resolução ou der causa a seu descumprimento [...]".

Mas a *reclamação* também se reporta ao instituto previsto nos arts. 102, I, *l*, e 105, I, *f*, da Constituição, que preveem respectivamente a competência originária do STF e do STJ para processarem e julgarem "a reclamação para a preservação de sua competência e garantia da autoridade de suas decisões". Sobre isso, dispõe o art. 988 do CPC : "Caberá reclamação da parte interessada ou do Ministério Público para: I – preservar a competência do tribunal; II – garantir a autoridade das decisões do tribunal; III – garantir a observância de enunciado de súmula vinculante e de decisão do Supremo Tribunal Federal em controle concentrado de constitucionalidade; IV – garantir a observância de acórdão proferido em julgamento de incidente de resolução de demandas repetitivas ou de incidente de assunção de competência; [...]". Nesse caso, quanto à natureza jurídica, trata-se de ação. Conquanto nem a Constituição nem o CPC façam alusão aos tribunais eleitorais, por analogia e semelhança de situações, não se vislumbra óbice a que – nas hipóteses dos incisos I e II do citado art. 988 – a *reclamação* enfocada seja neles manejada.

À vista da teoria da tríplice identidade (*tria eadem*), as ações se identificam por três elementos, a saber: partes, pedido e causa de pedir. São esses os elementos que as distinguem entre si. Por óbvio, a diversidade de causa de pedir e pedido também assinala a diferença de efeitos.

Excetuando-se o RCED e a AIRC, nas demais ações assinaladas a causa de pedir é sempre um ilícito eleitoral. Por isso, é preciso que se faça detida análise do caso concreto a fim de se identificar o tipo de ação a ser ajuizada, bem como o seu fundamento, a pretensão a ser deduzida e a providência (= tutela jurisdicional) a ser almejada.

É muito importante a adequada descrição dos fatos que comporão a causa de pedir. Isso porque no processo jurisdicional eleitoral a congruência ou correlação da sentença é feita não em relação ao pedido formulado na petição inicial (como ocorre no Processo Civil comum – CPC, art. 492), mas sim em relação à *causa de pedir*. De maneira que no processo jurisdicional eleitoral a correlação se estabelece entre os *fatos narrados* na petição inicial e o conteúdo da decisão judicial que aprecia o mérito da causa. Dos fatos descritos decorrerá a aplicação, pelo órgão judicial, das sanções previstas em lei, ainda que não pedidas ou pedidas de forma insuficiente na petição inicial.

A esse respeito, há muito firmou-se na jurisprudência o entendimento de que, na seara eleitoral, os "limites do pedido são demarcados pela *ratio petendi* substancial, vale dizer, segundo os fatos imputados à parte passiva" (TSE – Ag. nº 3.066/MS – *DJ*, v. 1, 17-5-2002, p. 146). Por isso, "em sede de investigação judicial, uma vez apresentado, delimitado e reconhecido o abuso, cabe ao juiz aplicar a sanção mais adequada à circunstância", independentemente do pedido formulado na petição inicial (TSE – REspe nº 52.183/RJ – *DJe*, t. 77, 24-4-2015, p. 102). Em igual sentido: TSE – AgR-REspe nº 955.973.845/CE – *DJe* 25-3-2011, p. 50; TSE – REspe nº 257.271/BA – *DJe* 10-5-2011, p. 40. Tal entendimento foi consagrado na Súmula TSE nº 62, *verbis*:

> Os limites do pedido são demarcados pelos fatos imputados na inicial, dos quais a parte se defende, e não pela capitulação legal atribuída pelo autor.

18.1.2 Cúmulo de ações

Considerando-se que um mesmo evento ilícito pode ferir distintos bens jurídicos, não há óbice a que se acumulem em um só processo pedidos atinentes a cada qual dos bens jurídicos violados. Para tanto, é preciso que os pedidos sejam compatíveis entre si, que o mesmo juízo seja competente para conhecer e decidir de todos os pedidos e, ainda, que o procedimento seja adequado para todos os pedidos cumulados (CPC, art. 327, § 1º).

Assim, pode-se cogitar a ocorrência de ilícito consubstanciado em uma conduta vedada que, de um lado, afete a legitimidade e a normalidade das eleições e, de outro, fira a igualdade da disputa. Naquele caso, incidem os arts. 19 e 22, XIV, ambos da LC nº 64/90, ao passo que este se rege pelo disposto no art. 73 e ss. da LE. No sentido do texto:

> [...] 2. Em princípio, o desatendimento às regras de arrecadação e gastos de campanha se enquadra no art. 30-A da Lei das Eleições. Isso, contudo, não anula a possibilidade de os fatos serem, também, examinados na forma dos arts. 19 e 22 da Lei Complementar nº 64/90, quando o excesso das irregularidades e seu montante estão aptos a demonstrar a existência de abuso do poder econômico. [...] (TSE – REspe nº 13068/RS – *DJe* 4-9-2013).

Note-se que esse cúmulo de pedidos só pode ocorrer em eleições municipais. É que, em eleições presidenciais, federais e estaduais, há divisão de competência entre o corregedor eleitoral e os juízes auxiliares. Assim, para as demandas fundadas nos arts. 19 e 22, XIV, competente para o processamento do feito é o corregedor eleitoral, ao passo que para as estribadas nos arts. 30-A, 41-A e 73 e ss. da Lei nº 9.504/97, a competência é dos juízes auxiliares. Tratando-se de competência funcional e em razão da matéria e, pois, absoluta, não pode ser alterada nem prorrogada, sob pena de nulidade. Em tal caso, havendo cúmulo de pedidos na petição inicial, impõe-se o desmembramento do feito.

18.1.3 Reunião de ações conexas

Sempre que houver conexão, impor-se-á a reunião de processos (CPC, art. 55, § 1º). Isso independentemente de os autores das ações conexas serem a mesma ou diferentes pessoas ou entidades. A esse respeito, o art. 96-B da LE (introduzido pela Lei nº 13.165/2015) determina que sejam "reunidas para julgamento comum as ações eleitorais propostas por partes diversas sobre o mesmo fato".

Havendo conexão, a competência é fixada por *prevenção*, sendo competente para apreciar todas as demandas "o juiz ou relator que tiver recebido a primeira" delas.

Se em um dos processos conexos já houver decisão apreciando o mérito da causa, duas situações se apresentam: *i)* se a decisão não transitou em julgado, ao respectivo processo será apensado o outro, "figurando a parte como litisconsorte no feito principal" (LE, art. 96-B, § 2º); *ii)* tendo havido trânsito em julgado, impor-se-á a extinção do outro processo sem apreciação do mérito (LE, art. 96-B, § 3º; CPC, art. 485, V) – nesse caso, não haverá apensamento, mas extinção do processo conexo.

Como exemplo, figure-se eleição municipal em que os fatos que embasam ação fundada nos arts. 19 e 22, XIV, da LC nº 64/90 são idênticos aos que fundamentam ação por captação ilícita de sufrágio (LE, art. 41-A) ou conduta vedada (LE, art. 73).

Nesse caso, havendo conexão de ações pela causa de pedir, devem os respectivos processos ser reunidos para decisão conjunta.

18.2 PROCESSO JURISDICIONAL ELEITORAL

O Estado detém o monopólio da jurisdição, por isso ela é una e inafastável (CF, art. 5º, XXXV) – e também necessária no caso de atuação da norma eleitoral e consequente responsabilização de pessoas e entidades.

O Direito Processual tem por objeto o exercício do poder jurisdicional do Estado. Jurisdição, do latim *juris + dictio*, significa literalmente *dizer o Direito*. Trata-se da função do Estado em que este, considerando a incidência da norma jurídica, aprecia e delibera – de forma definitiva – sobre os fatos, as situações e os conflitos que lhe são submetidos.

O processo constitui legítimo instrumento de exercício do poder estatal. Por ele são tutelados direitos, notadamente os fundamentais. Denota a ideia de caminhar adiante (*processus*), partindo-se de um ato inicial até o provimento final.

No Estado Democrático de Direito, o processo encontra-se comprometido com a entrega de uma tutela jurisdicional justa. É legitimado pela participação equânime dos sujeitos nele envolvidos – o que se dá pela sua estrutura essencialmente *dialética* (em que a tese se contrapõe à antítese, seguindo-se, então, a síntese ou conclusão), pela observância do contraditório, pela justa, equilibrada e proporcional oportunidade de efetiva participação das partes na formação do conteúdo do provimento jurisdicional final.

Trata-se de fenômeno estruturalmente dialético, dinâmico, racionalmente ordenado, formado por atos que se sucedem no tempo e legalmente disciplinados, no qual se encontram assegurados o contraditório, a ampla defesa e a efetiva participação dos sujeitos envolvidos na relação.

Fala-se em dimensões interna e externa do processo, coincidindo esta última com o procedimento. Em sua dimensão externa, visível, o processo constitui uma sequência de atos que se encontram interligados e coordenados com vistas à prestação da tutela jurisdicional. Diferentemente, em sua dimensão interna, o processo expressa uma relação de Direito Público entre as partes e o juiz.

Tem-se, pois, por *processo jurisdicional eleitoral* o regulado por um conjunto de normas em unidade sistemática que disciplinam o conhecimento e justo julgamento da pretensão veiculada na petição inicial e submetida à tutela jurisdicional. Seu modelo deve harmonizar-se com o *processo jurisdicional constitucional*, no qual se destaca o princípio fundamental do *due process of law* e seus consectários.

Observe-se que na seara eleitoral não se pode propriamente falar na existência de *pretensão material resistida* (= lide), pelo menos no mesmo sentido com que se fala no Processo Civil comum. Isso porque, no Direito Eleitoral, ao réu não é dado *sponte sua* satisfazer a vontade (ou melhor: a pretensão material) do autor fora do âmbito do processo. Na verdade, a atuação da norma eleitoral se dá necessariamente no e pelo processo. Este constitui instrumento necessário para a responsabilização e imposição de sanções em razão da prática de ilícitos eleitorais.

18.3 PROCEDIMENTOS ELEITORAIS

No Direito Processual Eleitoral há pelo menos cinco procedimentos que merecem destaque: dois na LC nº 64/90, dois na Lei nº 9.504/97 e um no Código Eleitoral. Excetuam-se, aqui, os procedimentos pertinentes à matéria criminal.

Na LC nº 64/90, o primeiro procedimento é delineado nos arts. 2º a 16, enquanto o segundo é previsto no art. 22 daquela lei. Embora não haja diferença essencial entre eles, o primeiro é considerado ordinário por ser um pouco mais dilatado, ao passo que o segundo é reputado sumário. Assim, por exemplo, enquanto no primeiro o prazo para a defesa é de sete dias (art. 4º), no segundo esse prazo é de cinco dias (art. 22, I, *a*, *in fine*).

O procedimento previsto nos arts. 2º a 16 aplica-se a duas importantes ações eleitorais, a saber:

i)   ação de impugnação de pedido de registro de candidatura – AIRC;
ii) ação de impugnação de mandato eletivo – AIME.

Já o procedimento previsto no art. 22 aplica-se às seguintes ações eleitorais:

i)   ação de investigação judicial eleitoral por abuso de poder;
ii)   ação por captação ou uso ilícito de recursos para fins eleitorais (LE, art. 30-A);
iii) ação por captação ilícita de sufrágio (LE, art. 41-A);
iv)   ação por conduta vedada (LE, arts. 73, 74, 75, 77).

Na Lei nº 9.504/97, o primeiro procedimento é previsto no art. 96 e aplica-se às "reclamações ou representações" relativas ao seu descumprimento, "salvo disposição específica em contrário". Significa dizer que, se houver descumprimento dessa lei, o procedimento a ser seguido para a responsabilização do agente e/ou beneficiário do ilícito é o desenhado naquele dispositivo – salvo se houver expressa previsão de outro procedimento (como ocorre nos arts. 30-A, parágrafo único, 41-A, *caput*, 73, § 12 – que preveem o rito do art. 22 da LC nº 64/90). Assim, por exemplo, é esse o procedimento aplicável às situações de propaganda eleitoral ilícita. O segundo procedimento é previsto no art. 58, referindo-se ao direito de resposta.

Por fim, no Código Eleitoral é previsto o procedimento para o RCED (recurso/ação contra expedição de diploma), que segue o rito especial extraído do art. 270 daquele diploma legal.

Em todos esses casos, o Código de Processo Civil é sempre aplicável "supletiva e subsidiariamente", nos termos da expressa previsão contida em seu art. 15.

18.4 O PROCEDIMENTO DO ART. 22 DA LC Nº 64/90

O procedimento previsto no art. 22 da LC nº 64/90 é certamente um dos mais importantes do processo contencioso eleitoral, pois é referência para relevantes ações eleitorais.

Em linhas gerais, nas eleições municipais, esse rito pode ser assim sumariado:

> petição inicial → deferimento *in limine* de tutela cautelar incidental suspendendo o ato questionado → contestação (5 dias da citação) → manifestação do Ministério Público (quando não for o autor) → julgamento antecipado do mérito; extinção do processo sem julgamento do mérito → fase probatória (5 dias para produção de prova testemunhal e outras) → diligências (3 dias para produção de outras provas; pode haver nova audiência) → alegações finais ou memoriais (2 dias – prazo comum) → manifestação do Ministério Público (2 dias – se não for o autor) → sentença (3 dias) → recurso eleitoral ao TRE (3 dias) → recurso especial ao TSE (3 dias) → recurso extraordinário ao STF (3 dias).

Nas eleições federais e estaduais, esse esquema sofre alteração após as alegações finais ou memoriais, já que toda a instrução processual é feita pela Corregedoria Regional, estando a competência para julgamento afeta ao órgão colegiado do TRE. Assim, tem-se:

> → alegações finais ou memoriais (2 dias – prazo comum) → relatório do Corregedor Regional (3 dias) → vista ao Procurador Regional Eleitoral (2 dias, se não for o autor) → inclusão do feito em pauta → julgamento pelo colegiado do TRE → recurso ordinário ao TSE (3 dias) → recurso extraordinário ao STF (3 dias).

Já nas eleições presidenciais, há diminuta alteração nesse último desenho. A ver:

> → relatório do Corregedor-Geral (3 dias) → vista ao Procurador-Geral Eleitoral (2 dias) → inclusão do feito em pauta → julgamento pelo órgão colegiado do TSE → recurso extraordinário ao STF (3 dias).

Vale observar que no rito em apreço não é prevista uma fase especificamente voltada ao saneamento e organização do processo, tal como preconizado no art. 357 do CPC.

18.5 ASPECTOS RELEVANTES DO PROCEDIMENTO DO ART. 22 DA LC Nº 64/90

18.5.1 Prazos processuais

Os atos processuais devem ser realizados nos prazos prescritos em lei (CPC/2015, art. 218, *caput*), sob pena de ocorrer preclusão temporal e, pois, a perda da oportunidade de praticá-los.

Em todo prazo divisam-se três marcos referenciais: *i)* o início ou termo inicial (*dies a quo*); *ii)* o fim ou termo final (*dies ad quem*); *iii)* o curso ou fluxo do prazo (o tempo em que o prazo corre).

Há diversidade de regramento dos prazos processuais conforme se esteja no período eleitoral (compreendido entre o registro de candidatura e a diplomação dos eleitos) ou fora dele, isto é, no período não eleitoral. A premência da realização das eleições justifica tal diferenciação.

Durante o período eleitoral os prazos são contínuos e peremptórios, correm em cartório ou secretaria, não se suspendendo aos sábados, domingos e feriados. Sobre isso, *vide* LC n° 64/90, art. 16; Res. TSE n° 23.478/2016, art. 7°, § 1°; Res. TSE n° 23.398/2013, art. 41; Res. TSE n° 23.367/2011, art. 5°.

Fora do período eleitoral, afigura-se razoável considerar a incidência do art. 219 do CPC, segundo o qual:"Na contagem de prazo em dias, estabelecido por lei ou pelo juiz, computar-se-ão somente os dias úteis". De sorte que, na contagem do prazo, deve-se computar apenas os dias úteis, *excluindo-se os não úteis*.

Entretanto, essa solução não foi abonada pelo TSE, conforme se depreende do *caput* do art. 7° da Res. n° 23.478/2016, *in verbis*:"O disposto no art. 219 do Novo Código de Processo Civil não se aplica aos feitos eleitorais". Como fundamento, invoca-se a suposta "incompatibilidade entre a previsão contida no art. 219 do CPC/2015 e o princípio da celeridade, inerente aos feitos que tramitam na Justiça Eleitoral" (TSE – REspe n° 8427/AM – *DJe* 5-5-2017, p. 66). Em igual sentido, veja-se: TSE – REspe n° 4461/SP – *DJe* 26-10-2016, p. 29. A regra expressa no referido art. 7° tem caráter absoluto, pois nenhuma distinção é feita.

No entanto, é manifesto o equívoco de tal vedação. Os prazos processuais eleitorais são curtos, de sorte que a aplicação do citado art. 219 não traria real prejuízo para a celeridade da tramitação dos processos *fora do período eleitoral*. Dada a inexistência de razão jurídica suficiente para justificar referida vedação, poder-se-ia mesmo falar em ofensa à garantia fundamental do devido processo legal ou do processo justo (CF, art. 5°, LIV), já que há restrição à atuação processual das partes em afronta à expressa disposição legal.

Por outro lado, a peremptória determinação de não incidência do art. 219 do CPC/2015 aos processos eleitorais que não correm no período eleitoral gera um *vácuo normativo* acerca da regência do curso ou fluxo do prazo. Afinal, como será o *curso* dos prazos nos processos eleitorais? Contínuo (como previa o art. 184, *caput*, do revogado CPC/73 e como consta do art. 798 do CPP)? Só corre nos dias úteis (como prevê o art. 219 do CPC/2015)? Olvidou-se que o art. 15 do novo CPC expressamente determina sua aplicação supletiva e subsidiária "aos processos eleitorais", exceto se houver norma específica.

Ante a inexistência na legislação eleitoral de regra própria que disponha sobre o curso ou fluxo dos prazos aos processos que tramitam no período não eleitoral, deve-se aplicar o art. 219, por força do art. 15 do CPC/2015.

Contagem de prazo – aos prazos contados em dia – fora do período eleitoral –, incide o art. 224 do CPC (Res. TSE n° 23.478/2016, art. 7°, § 2°). Vale transcrever o teor daquele dispositivo:

> Art. 224. Salvo disposição em contrário, os prazos serão contados excluindo o dia do começo e incluindo o dia do vencimento.

§ 1º Os dias do começo e do vencimento do prazo serão protraídos para o primeiro dia útil seguinte, se coincidirem com dia em que o expediente forense for encerrado antes ou iniciado depois da hora normal ou houver indisponibilidade da comunicação eletrônica.

§ 2º Considera-se como data de publicação o primeiro dia útil seguinte ao da disponibilização da informação no *Diário da Justiça eletrônico*.

§ 3º A contagem do prazo terá início no primeiro dia útil que seguir ao da publicação.

Prazos inaplicáveis ao processo eleitoral – alguns prazos previstos no CPC não são aplicáveis ao processo jurisdicional eleitoral. Dentre eles, citem-se:

i) os arts. 180, 183, 186 e 229 do CPC, que duplicam os prazos, respectivamente, do Ministério Público, da Advocacia Pública, da Defensoria Pública e de litisconsortes com diferentes procuradores de distintos escritórios.

ii) o prazo de trinta dias previsto no art. 178 do CPC, para que o Ministério Público intervenha no processo "como fiscal da ordem jurídica nas hipóteses previstas em lei ou na Constituição Federal".

iii) os prazos recursais, pois no processo eleitoral os recursos têm prazo especial. Em geral, o recurso deve ser interposto no prazo de três dias, nos termos do art. 258 do Código Eleitoral. Mas, excepcionalmente, o prazo será de 24 horas (que é convertido em um dia) para as situações reguladas no art. 96, § 8º, da Lei nº 9.504/97.

Por outro lado, prazos há que não são aplicáveis apenas durante o período eleitoral – mas são aplicáveis fora desse período. Como exemplo, cite-se o art. 234, § 2º, do CPC, que prevê o prazo de três dias para que o advogado da parte, após ser intimado, restitua os autos retirados com vista do cartório ou da secretaria. Nesse sentido, dispõe o art. 9º da Res. TSE nº 23.478/2016, *in verbis*: "Durante o período previsto no calendário eleitoral (Lei Complementar nº 64/90) não se aplica o prazo previsto no artigo 234, § 2º, do Novo Código de Processo Civil (três dias), podendo a autoridade judiciária determinar a imediata busca e apreensão dos autos se, intimado, o advogado não os devolver".

Suspensão de prazos processuais – durante o período eleitoral, não há suspensão de prazos processuais. Isso porque os prazos "são peremptórios e contínuos [...] não se suspendem aos sábados, domingos e feriados" (LC nº 64/90, art. 16).

Fora desse período, porém, pode haver suspensão de prazos processuais.

O art. 220 do CPC/2015 traz uma regra geral de suspensão:

Art. 220. Suspende-se o curso do prazo processual nos dias compreendidos entre 20 de dezembro e 20 de janeiro, inclusive.

§ 1º Ressalvadas as férias individuais e os feriados instituídos por lei, os juízes, os membros do Ministério Público, da Defensoria Pública e da Advocacia Pública e os auxiliares da Justiça exercerão suas atribuições durante o período previsto no *caput*.

§ 2º Durante a suspensão do prazo, não se realizarão audiências nem sessões de julgamento.

Segundo o art. 10 da Res. TSE nº 23.478/2016, esse dispositivo "aplica-se no âmbito dos cartórios eleitorais e dos tribunais regionais eleitorais".

Note-se que não se trata de "férias" para os agentes públicos envolvidos nos processos eleitorais, mas apenas de suspensão dos prazos processuais.

18.5.2 Intimação de partes, procuradores e Ministério Público

Sempre que a decisão for publicada em audiência ou sessão do tribunal, nesse mesmo ato dá-se a intimação das partes.

Segundo o artigo 270 do CPC, as intimações devem se realizar por meio eletrônico. Não sendo isso possível, poderá ser feita por publicação do ato no órgão oficial (CPC, art. 272). Esse órgão é o *Diário de Justiça Eletrônico* (*DJe*), sendo por ele que as intimações de atos judiciais são normalmente realizadas.

E se for inviável a intimação por meio eletrônico e pelo *Diário de Justiça Eletrônico*? Nessa hipótese, reza o art. 273 do CPC que a intimação poderá ser realizada: *i)* pessoalmente, se a parte tiver domicílio na sede do juízo; *ii)* por carta registrada, com aviso de recebimento, quando a parte for domiciliada fora da sede do juízo.

Durante o período eleitoral (situado entre o registro de candidatura e a diplomação), o art. 96-A da LE permite a realização de intimação a *candidato* por meio de aparelho de fac-símile. Nesse caso, a intimação deverá ser encaminhada exclusivamente "na linha telefônica por ele previamente cadastrada, por ocasião do preenchimento do requerimento de registro de candidatura".

Ademais, faculta a lei a realização de intimação por *edital eletrônico ou mural eletrônico*, o qual deve ser publicado na página da Justiça Eleitoral na Internet. A esse respeito, dispõe o art. 94, § 5º, da LE (incluído pela Lei nº 13.165/2015):

> Nos Tribunais Eleitorais, os advogados dos candidatos ou dos partidos e coligações serão intimados para os feitos que não versem sobre a cassação do registro ou do diploma de que trata esta Lei por meio da publicação de edital eletrônico publicado na página do respectivo Tribunal na internet, iniciando-se a contagem do prazo no dia seguinte ao da divulgação.

Extrai-se desse dispositivo que, nos feitos que *não* versarem "sobre a cassação do registro ou do diploma" de que trata a Lei nº 9.504/97 (ex.: representação por propaganda eleitoral irregular), as intimações dos advogados poderão ocorrer "por meio da publicação de edital eletrônico publicado na página do respectivo Tribunal na internet".

Sendo a intimação feita por mural eletrônico, inicia-se "a contagem do prazo no dia seguinte ao da divulgação". Desconsidera-se, portanto, o dia da veiculação do mural.

Embora haja exceções, o Ministério Público goza da prerrogativa processual de "receber intimação pessoalmente nos autos em qualquer processo e grau de jurisdição nos feitos em que tiver que oficiar" (LC n° 75/93, art. 18, II, *h*). Não há nisso privilégio, senão prerrogativa funcional, que, ao fim e ao cabo, reverte em benefício da sociedade em nome da qual atua, e, enfim, do Estado Democrático de Direito. Demais disso, a lógica que preside a atuação do Ministério Público é completamente diferente da observada pelos particulares.

No entanto, no processo eletrônico não existem autos físicos e toda a tramitação processual se dá eletronicamente. Nesse caso, é natural que a intimação do órgão do *Parquet* se dê eletronicamente.

18.5.3   Início do processo

Com o protocolo da petição inicial na Justiça Eleitoral, "considera-se proposta a ação" (CPC, art. 312). É esse, portanto, o marco inicial do processo.

18.5.4   Petição inicial

A petição inicial segue o padrão do art. 319 do CPC. Deve indicar o órgão jurisdicional a que se dirige, a qualificação e o domicílio do réu, o pedido e seus fundamentos fático-jurídicos (= causa de pedir) e requerimento de citação.

Além disso, a petição deve especificar as provas com que se pretende demonstrar a verdade dos fatos alegados. A esse respeito, o art. 22, *caput*, da LC n° 64/90 expressamente determina que o autor desde logo indique as "provas, indícios e circunstâncias" com que pretende demonstrar os fatos que afirma.

Portanto, quaisquer meios de prova poderão ser requeridos, quer sejam típicos (*i.e.*, regulados em lei), quer sejam atípicos e "moralmente legítimos" (CPC, art. 369), de sorte que pode ser postulada a produção de prova testemunhal, documental, ata notarial, pericial etc.

No tocante à prova testemunhal, o rol de testemunhas deve ser apresentado juntamente com a petição inicial, sob pena de preclusão. Nesse sentido:

> Pelo rito do art. 22 da Lei Complementar n° 64/90, a apresentação do rol de testemunhas deve ocorrer no momento da inicial ajuizada pelo representante e da defesa protocolada pelo representado [...] (TSE – Ac. n° 26.148 – *DJ* 23-8-2006, p. 110).

Nos termos do inciso V, art. 22, LC n° 64/90, o número máximo de testemunhas que se admite é seis. Aplica-se aqui a parte final do § 6°, art. 357, do CPC, pelo que a parte poderá arrolar até três testemunhas "no máximo, para a prova de cada fato". Diante disso, quando forem oferecidas mais de três testemunhas para a prova de um mesmo fato, poderão as restantes ser dispensadas pelo juiz. O § 7° daquele dispositivo do Código – igualmente aplicável ao procedimento em exame – permite ao juiz "limitar o número de testemunhas levando em conta a complexidade da causa e dos fatos individualmente considerados". A complexidade da causa também permite ao juiz deferir a oitiva de mais de seis testemunhas, sob pena de se ferirem a ideia de processo justo e o direito de prova.

Quanto à prova documental, é preciso que a inicial seja instruída com os *documentos indispensáveis* para demonstrar a existência dos fatos constitutivos do pedido, sob pena de ser indeferida (CPC, arts. 320 e 321). Em outras palavras, deve haver *justa causa para* a ação, de sorte que a prova inaugural deve justificar a instauração do processo. Só se admite a juntada posterior de documentos novos, assim entendidos: *a)* os indisponíveis ou inexistentes quando do ajuizamento da demanda; *b)* os "que se tornaram conhecidos" posteriormente àquele ato (CPC, art. 435, parágrafo único); *c)* os pertinentes a *fatos* novos, ou seja, fatos ocorridos posteriormente; *d)* para contrapor documento cuja juntada aos autos foi deferida.

Nada impede que a petição inicial venha estribada em elementos de informação colhidos em inquérito policial ou inquérito civil público, este instaurado e conduzido pelo Ministério Público. Se a qualquer candidato ou partido é permitido – por conta própria e sem vinculação a qualquer critério legal claro e objetivo – coligir elementos de prova e ingressar com a demanda, é incompreensível que isso igualmente não possa ser feito pelo Ministério Público, defensor que é dos interesses públicos e da sociedade. Na ótica processual, o valor dos elementos enfeixados em tais procedimentos é meramente informativo. Destinam-se tão somente a subsidiar a propositura da demanda, de maneira que ela tenha justa causa e não seja temerária. O que se proíbe é que a sentença judicial se louve em elementos informativos que não tenham passado pelo crivo do contraditório e, pois, pelo debate processual.

O autor tem o ônus de providenciar tantas cópias da inicial e dos documentos que a instruírem quantos forem os réus, porquanto estes, ao serem citados, deverão receber uma via para que possam defender-se amplamente da imputação.

Não havendo condenação em sucumbência nos feitos eleitorais, é desnecessário que na inicial conste o valor da causa. Este, aliás, é sempre inestimável, já que as causas eleitorais não têm cunho patrimonial.

Ausente requisito legal ou nas hipóteses elencadas no art. 330 do CPC, poderá a inicial ser rejeitada de plano, extinguindo-se o processo já em seu limiar (CPC, arts. 354, 485, I). Nesse caso, cabe recurso ao Tribunal Eleitoral. Nas eleições municipais, o recurso é o eleitoral (CE, art. 258) que deve ser endereçado ao TRE, nas demais eleições, pode-se cogitar o agravo interno (CPC, art. 1.021) dirigido ao órgão colegiado do próprio tribunal. Sendo interposto recurso, poderá o juiz se retratar da decisão. Não havendo retratação, o réu deverá ser citado "para responder ao recurso" (CPC, art. 331).

18.5.5   Pedido e causa de pedir

O pedido dependerá do tipo de ação que se exerce. Assim:

Nome da ação	Pedido
ação por abuso de poder – AIJE (LC nº 64/90, arts. 19 e 22)	cassação de registro ou diploma e inelegibilidade por oito anos
ação por captação ou uso ilícito de recurso para fins eleitorais (LE, art. 30-A)	negação de diploma ou sua cassação
ação por captação ilícita de sufrágio (LE, art. 41-A)	cassação de registro ou diploma e multa
ação por conduta vedada (LE, arts. 73, 74, 75, 77)	cassação de registro ou diploma e multa

Fonte: elaborado pelo autor.

Observe-se que a sanção de inelegibilidade só é objeto da AIJE por abuso de poder (LC n° 64/90, art. 22, XIV). Nas demais ações, sua imposição é consequência – efeito secundário ou externo – da decisão de cassação do registro ou do diploma, o que se dá por força da regra de extensão prevista na alínea *j*, I, art. 1°, da LC n° 64/90. Por isso, nessas ações não é necessário que a petição inicial contenha pedido de inelegibilidade.

A causa de pedir assenta-se nos fatos em que o pedido é estribado. São fatos, portanto, juridicamente qualificados. Nas referidas ações, esses fatos consubstanciam--se ilícitos eleitorais.

Aditamento e alteração posterior da causa de pedir – extrai-se do art. 329 do CPC que pode haver aditamento ou modificação da causa de pedir: *i)* antes da citação do réu, por exclusiva vontade do autor; *ii)* após a citação e antes do saneamento do processo, desde que o réu consinta, assegurando-se o contraditório e a ampla defesa; *iii)* depois do saneamento do processo, desde que o réu consinta ou que haja acordo entre as partes (CPC, art. 190), e também que haja contraditório e ampla defesa em relação aos novos fatos.

A possibilidade de alteração da imputação fática (= causa de pedir) é também contemplada no Código de Processo Penal, cujo art. 384 dispõe sobre a *mutatio libelli*.

Saliente-se que o aditamento ou a mudança da causa de pedir requer a iniciativa da parte ou do órgão do Ministério Público que atuar no processo como fiscal da ordem jurídica. Ao juiz não é dada tal iniciativa, não podendo agir de ofício, sob pena de violação do princípio da demanda ou dispositivo, e, ainda, comprometimento de sua imparcialidade para julgar a causa.

Note-se, porém, que é preciso verificar se relativamente às alterações ou ao "novo fato" que se pretende agregar à causa de pedir não se operou a decadência nem a prescrição, pois é sempre necessário que a demanda ainda possa ser ajuizada utilmente. Por óbvio, não se poderia admitir o aditamento ou a modificação da causa de pedir se a ação eleitoral já não pode mais ser exercida quer seja pela ocorrência de decadência, quer seja pela prescrição.

18.5.6 Partes

O polo ativo da relação processual pode ser ocupado por partido político, coliga-ção, candidato, pré-candidato e Ministério Público. Por pré-candidato compreende--se quem foi escolhido em convenção, mas que ainda não teve o pedido de registro deferido pela Justiça Eleitoral. Se o pedido de registro for indeferido, não há falar em legitimidade *ad causam* ativa.

Confere-se legitimidade aos personagens do processo eleitoral, independen-temente do proveito *imediato* que possam vir a colher. Prevalece o interesse público na coibição de condutas que afetem a lisura do pleito. Assim, não se exige que autor--candidato tenha disputado a mesma eleição do réu, ou que nela tenha logrado êxito.

Não se admite a legitimidade *ad causam* do cidadão, que, todavia, poderá dar notícia do fato ao Órgão do Ministério Público, ao juiz eleitoral ou ao Corregedor Eleitoral, para que providenciem o que for de direito.

O órgão legitimado da agremiação política é o mesmo encarregado de requerer os registros de candidatura de seus filiados. Destarte, em eleição federal ou estadual, o diretório municipal não detém legitimidade para ajuizar a ação em tela.

O partido integrante de coligação não ostenta legitimidade para agir sozinho. Nesse sentido: "[...] A coligação aperfeiçoa-se com o acordo de vontade das agremiações políticas envolvidas e com a homologação deste pela Justiça Eleitoral. A partir de tal acordo, considera-se que os partidos estão coligados. O partido coligado não possui legitimidade para, isoladamente, propor Investigação Judicial" (TSE – REspe n° 25.015/SP – *DJ* 30-9-2005, p. 122). Entretanto, se a coligação for constituída só para o pleito majoritário, a agremiação mantém intacta sua legitimidade quanto ao proporcional, e vice-versa.

Por se cuidar de atuação judicial, é necessário que as partes estejam representadas por advogado, preenchendo, assim, o requisito atinente à capacidade postulatória.

> [...] "A jurisprudência da Corte tem firme entendimento no sentido de a imprescindibilidade da representação ser assinada por advogado regularmente inscrito na Ordem, sob pena de ser o feito extinto sem julgamento do mérito, por violação do art. 133 da Constituição Federal. (REspe n° 19.526/MG, *DJ* 8-2-2002)" (TSE – REspe n° 21562/BA – *DJ* 8-10-2004, p. 98).

No período eleitoral, faculta-se ao advogado arquivar procuração na secretaria judicial, tornando dispensável a juntada desse instrumento em cada processo que atuar, desde que iniciado até a data da publicação do resultado da eleição. Nesse caso, cumpre à secretaria certificar nos autos que o instrumento do mandato encontra-se devidamente acautelado.

Inexistindo procuração nos autos, incide a regra do art. 76 do CPC, pelo qual deverá o juiz suspender o processo e marcar prazo razoável para ser sanado o defeito. Não sendo cumprido o despacho dentro do lapso assinalado, se a providência couber: *a)* ao autor, será extinto o processo; *b)* ao réu, reputar-se-á revel; *c)* ao terceiro, dependendo do polo em que se encontre, será considerado revel ou excluído do processo.

No polo passivo, em geral, pode figurar candidato, pré-candidato e também qualquer pessoa física que haja contribuído para a prática abusiva, sem se excluírem autoridades públicas.

Quanto a pessoa jurídica (e, pois, partido político), só seria viável sua presença no polo passivo se houvesse previsão de multa para o ilícito eleitoral debatido no processo. Nesse sentido:

> O partido político não é litisconsorte passivo necessário em ações que visem à cassação de diploma (Súmula TSE n° 40).

> [...] Pessoas jurídicas não podem figurar no polo passivo de investigação judicial eleitoral, de cujo julgamento, quando procedente a representação, decorre declaração de inelegibilidade ou cassação do registro do candidato diretamente beneficiado, consoante firme jurisprudência do Tribunal Superior Eleitoral [...] (TSE – Rp n° 373 – *DJ* 26-8-2005, p. 173).

> [...] 3 – Ilegitimidade passiva da coligação. Acolhida. São legitimados para figurar no polo passivo da relação processual os candidatos beneficiados pela prática ilícita e qualquer pessoa, candidato ou não, que atue para beneficiar algum candidato. Exclusão da coligação da relação processual [...] (TRE-MG – Ac. nº 281/2005 – *DJMG* 20-5-2005, p. 95; *RDJ* 13:45).

Isso, porém, não significa que o partido do candidato-réu não possa ingressar no feito para assisti-lo. É intuitivo seu interesse de que a sentença lhe seja favorável. A assistência em tela é de natureza simples, não sendo admitida a litisconsorcial ou qualificada. Esta, conforme prevê o art. 124 do CPC, pressupõe que a sentença possa influir na relação jurídica existente entre o assistente e o adversário do assistido, o que, por óbvio, não é possível em AIJE.

Ao ingressar no processo, o assistente recebe-o no estágio em que se encontrar, podendo praticar todos os atos processuais, inclusive requerer e produzir provas e recorrer da decisão judicial. Entretanto, não é permitido atuar em sentido manifestamente contrário aos interesses da parte principal, bem como praticar ato dispositivo.

Litisconsórcio passivo é perfeitamente admitido nas ações eleitorais. Quanto à sua formação, a depender das circunstâncias, ele poderá ser facultativo ou necessário.

Será facultativo quando não for imperioso que o candidato seja acionado conjuntamente com outras pessoas. Exemplo: na AIJE fundada em *abuso de poder econômico*, entende-se como facultativo o litisconsórcio passivo entre o réu-candidato e as pessoas que eventualmente hajam contribuído para a prática do evento ilícito. Nesse sentido:

> [...] 2. A AIJE não exige a formação de litisconsórcio passivo necessário entre o beneficiado e aqueles que contribuíram para a realização da conduta abusiva. Precedentes [...] (TSE – AgR-AI nº 1.307-34/MG – *DJe* 25-4-2011, p. 51).

> [...] II – O inciso XIV do art. 22 da LC nº 64/90 não exige a formação de litisconsórcio passivo necessário entre o representado e aqueles que contribuíram com a realização do abuso (TSE – RO nº 722/PR, de 15-6-2004 – *DJ* 20-8-2004, p. 125).

Diferentemente, será necessário o litisconsórcio sempre que em sua formação for obrigatório que outras pessoas sejam acionadas conjuntamente com o candidato-réu. Como exemplo, tome-se a AIJE fundada em *abuso de poder político*; a jurisprudência passou a exigir a formação de litisconsórcio passivo necessário entre o candidato-réu beneficiado e o agente público responsável por abuso de poder político. Confira-se:

> 1. Até as Eleições de 2014, a jurisprudência do Tribunal Superior Eleitoral se firmou no sentido de não ser necessária a formação de litisconsórcio passivo necessário entre o candidato beneficiado e o responsável pela prática do *abuso de poder político*. Esse entendimento, a teor do que já decidido para as representações que versam sobre condutas vedadas, merece ser reformado para os pleitos seguintes. [...] 3. Firma-se o entendimento, a

ser aplicado a partir das Eleições de 2016, no sentido da obrigatoriedade do litisconsórcio passivo nas ações de investigação judicial eleitoral que apontem a prática de abuso do poder político, as quais devem ser propostas contra os candidatos beneficiados e também contra os agentes públicos envolvidos nos fatos ou nas omissões a serem apurados. [...] (TSE – REspe nº 84356/MG – *DJe* 2-9-2016, p. 73-74).

[...] 3. No julgamento do Recurso Especial nº 843-56, concluído em 21.6.2016, ficou consignado que o novo entendimento deste Tribunal sobre a necessidade de formação do litisconsórcio passivo, na ação de investigação judicial eleitoral fundada no art. 22 da Lei Complementar nº 64/90, somente será aplicado a partir das Eleições de 2016, em face do princípio da segurança jurídica e da regra do art. 16 da Constituição da República. [...] (TSE – REspe nº 76440/MG – *DJe* 8-9-2016, p. 61-62).

Todavia, à luz do ordenamento jurídico pátrio, não parece razoável a exigência de litisconsórcio passivo *necessário* nessa hipótese. Conforme dispõe o art. 114 do CPC: "O litisconsórcio será necessário por disposição de lei ou quando, pela natureza da relação jurídica controvertida, a eficácia da sentença depender da citação de todos que devam ser litisconsortes". Ora, para a hipótese em apreço, não há previsão legal de litisconsórcio. Tampouco se pode falar na existência de "relação jurídica controvertida" entre o autor do evento ilícito e os candidatos por este beneficiados. E mais: "a eficácia da sentença" de procedência do pedido prolatada contra o beneficiário do abuso de poder político não depende "da citação de todos que devam ser litisconsortes", ou seja, da citação do autor do abuso.

De qualquer forma, nas duas situações assinaladas, o litisconsórcio (facultativo ou necessário) será simples. Isso porque a pretensão posta na petição inicial não é necessariamente decidida de maneira homogênea ou uniforme para todos os litisconsortes. Com efeito, a sanção atinente à cassação de registro ou diploma só pode ser aplicada a candidato, restando aos não candidatos a aplicação de sanção de inelegibilidade e multa conforme o caso.

A par disso, põe-se também a questão da necessidade de formação de litisconsórcio entre integrantes de uma mesma chapa em eleições majoritárias.

Deveras, pacificou-se na jurisprudência o entendimento que afirma ser sempre necessária a formação de litisconsórcio passivo entre titular e vice na chapa para o Executivo ou entre candidato a Senador e respectivos suplentes. Aqui, o litisconsórcio é do tipo *unitário necessário*. Não sendo promovida a citação do vice dentro do prazo para ajuizamento da ação, haverá nulidade na constituição da relação processual, o que pode ensejar a extinção do processo (CPC, arts. 115, I e parágrafo único, 312 e 487, II).

18.5.7 Prazo para ajuizamento

O quadro seguinte resume os prazos para ajuizamento das principais ações eleitorais:

Nome da ação	Prazo para ajuizamento
ação de impugnação de mandato eletivo – AIME (CF, art. 14, §§ 10 e 11)	15 dias contados da diplomação
ação por abuso de poder – AIJE (LC nº 64/90, arts. 19 e 22)	desde as convenções partidárias até a diplomação dos eleitos
ação por captação ou uso ilícito de recurso para fins eleitorais (LE, art. 30-A)	até 15 (quinze) dias da diplomação
ação por captação ilícita de sufrágio (LE, art. 41-A)	a partir da formalização do pedido de registro de candidatura
ação por conduta vedada (LE, arts. 73, 74, 75, 77)	a partir da formalização do pedido de registro de candidatura

Fonte: elaborado pelo autor.

Ultrapassado o prazo, a parte legitimada decai do direito de ingressar com a ação, não mais podendo ajuizá-la. Essa solução afina-se com o princípio da segurança jurídica. Visa impedir a ocorrência de demandas oportunistas, em épocas já recuadas da data do pleito, bem como obstar que as discussões a respeito dos acontecimentos em torno das eleições fiquem eternamente pendentes, o que carrearia instabilidade ao exercício dos mandatos.

18.5.8   Desistência da ação

Não se há negar a predominância de relevante interesse público nas ações eleitorais. Encontram-se em jogo a imagem e a credibilidade do sistema eleitoral, em relação ao qual nenhuma suspeita pode pairar. Indiscutivelmente, a eleição é a mais importante forma de expressão da soberania popular. Por isso mesmo, a *vox populi* deve encontrar ambiente seguro e confiável para manifestar-se, de sorte que a legitimidade dos mandatos daí saídos seja inconteste.

Se é assim, qualquer fato que possa desequilibrar o pleito ou carrear-lhe a pecha de ilegítimo ostenta relevante interesse público em sua apuração e em seu esclarecimento. Cuidando-se de legitimidade das eleições, não se pode transigir com meias verdades.

Diante disso, uma vez ajuizada uma ação eleitoral, é dado ao autor dela *desistir*? Não parece razoável fazer que o representante prossiga com demanda em relação à qual já não tem interesse. O CPC prevê a possibilidade de desistência em seu art. 485, § 5º, desde que seja "apresentada até a sentença".

Por outro lado, o interesse público e indisponível que se apresenta não recomenda a extinção do processo *tout court*, pelo simples querer das partes. Assim, temos que, admitida a desistência, se for aceita pela parte contrária (CPC, art. 485, VIII e § 4º), deve o Ministério Público assumir o polo ativo da relação processual.

Apesar de não existir específica previsão legal nos domínios da legislação eleitoral, há situações – previstas em lei – em que o Ministério Público deve assumir a titularidade da demanda. Por exemplo: o art. 976, § 2º, do CPC determina que o *Parquet* assuma a titularidade do incidente de resolução de demandas repetitivas "em caso de desistência ou de abandono" por parte do autor. Outro exemplo: dispõe o art. 9º da Lei nº 4.717/65 (Lei de Ação Popular) que, se o autor popular desistir da ação ou provocar a extinção do processo, ficará assegurado ao representante do Ministério Público dar-lhe seguimento. Nos dois exemplos, prevalece o interesse público consistente em dar-se prosseguimento à demanda, de sorte que, no Eleitoral, hão de preponderar os valores e princípios altamente significativos para o Estado Democrático de Direito, como são a lisura e a legitimidade do processo eleitoral.

> [...] 2. A atual jurisprudência desta Corte Superior tem se posicionado no sentido de não ser admissível desistência de recurso que versa sobre matéria de ordem pública [...] O bem maior a ser tutelado pela Justiça Eleitoral é a vontade popular, e não a de um único cidadão [...] (TSE – REspe nº 25094/GO – *DJ* 7-10-2005, p. 126).
>
> [...] Não procede o argumento de que não é admitida a desistência no âmbito da Justiça Eleitoral. É permitido às partes desistirem, cabendo eventual intervenção do Ministério Público, caso se trate de matéria de ordem pública [...] (TSE – AAg-REspe nº 4.484/PI – *DJ* 26-3-2004, p. 121 – trecho do voto do relator).
>
> [...] a ação de impugnação de mandato eletivo destina-se à tutela do interesse público, uma vez que tem a missão constitucional de impedir que atos de abuso do poder, corrupção ou fraude contaminem a eleição, tornando ilegítimos os mandatos assim obtidos. [...] trata-se de matéria sobre a qual não se admite desistência ou composição das partes (TSE – RO nº 104/RO – *DJ*, v. 1, 29-9-2000, p. 168 – extraído do voto do relator).

18.5.9 Competência

A competência do órgão judicial é pressuposto processual relacionado ao desenvolvimento válido do processo. Divide-se a competência em absoluta e relativa. A primeira é fundada na matéria, na pessoa ou na função, sendo inderrogável por convenção das partes (CPC, art. 62). Já a relativa refere-se ao valor e ao território, podendo ser modificada pela vontade das partes ou por prorrogação decorrente de conexão ou continência (CPC, art. 54).

A competência para conhecer e julgar ações eleitorais é de natureza absoluta quer seja em razão da matéria, que é especializada, quer seja em razão da função – escalonamento e natureza das eleições.

Assim: *i)* nas eleições presidenciais, a demanda deve ser ajuizada no Tribunal Superior Eleitoral; *ii)* nas eleições federais, estaduais e distritais (DF) deve a demanda ser ajuizada no respectivo Tribunal Regional Eleitoral; *iii)* por fim, nas eleições municipais deve ser ajuizada perante o juiz eleitoral.

Cuidando-se de AIJE por abuso de poder, a distribuição da petição inicial é vinculada à Corregedoria Regional ou Geral Eleitoral conforme o caso (LC nº 64/90, art. 22, *caput*, I). Mas o julgamento é feito pela Corte Superior, à qual o Corregedor apresenta relatório após o encerramento da instrução processual (LC nº 64/90, art. 22, XII).

Diferentemente, se não se tratar de AIJE por abuso de poder, a distribuição da petição inicial nos tribunais eleitorais deverá ser feita a juiz auxiliar (LE, art. 96, § 3º).

Cumpre ressaltar que – salvo em matéria criminal – inexiste, nos domínios eleitorais, "foro por prerrogativa de função". Destarte, nas eleições municipais, a competência para as ações eleitorais segue sendo do juiz eleitoral, apesar de o representado receber diploma de Prefeito. Nas federais e estaduais, a competência permanece afeta ao Tribunal Regional, a despeito de o representado ter sido diplomado Governador, Senador ou Deputado Federal. Nesse sentido:

> Membro do Congresso Nacional. Representação fundada na Lei Complementar nº 64/90 (art. 22), para efeito de apuração de alegado abuso de poder econômico supostamente decorrente de excesso praticado na efetivação de doação eleitoral (Lei nº 9.504/97, arts. 23, § 3º, e 81, § 2º, e Resolução TSE nº 23.217/2010, art. 16, § 4º). Quebra de sigilo bancário do parlamentar federal decretada pela Justiça Eleitoral. Possibilidade. Investigação judicial eleitoral (LC 64/90, art. 22, XIV). Natureza. Doutrina. Precedentes. Procedimento que se destina a impor sanções de Direito Eleitoral, desvestidas de natureza criminal. Inocorrência, em tal hipótese, de usurpação da competência penal originária do Supremo Tribunal Federal, eis que inexistente prerrogativa de foro "ratione muneris", em tema de investigação judicial eleitoral. Reclamação a que se nega seguimento (STF – decisão monocrática na Rcl. nº 13.286/RN – Rel. Min. Celso de Mello – *DJe* nº 42, 28-2-2012 – Disponível em: <http://www.stf.jus.br/portal/processo/verProcessoAndamento.asp?incidente=4197909>. Acesso em: 29 fev. 2012).

18.5.10 Tutela provisória de urgência e de evidência

A tutela provisória de urgência pode ser antecipada ou cautelar.

Tutela antecipada – aqui é concedida desde logo a tutela jurisdicional do direito ou da situação jurídica material pleiteada. Nos termos do art. 300, *caput*, do CPC, são requisitos para a concessão da antecipação da tutela: *a)* probabilidade do direito alegado – que deve ser compreendido como *fumus boni juris*; *b)* perigo de dano – que deve ser compreendido como *periculum in mora*; *c)* inexistência de *perigo de irreversibilidade dos efeitos da decisão* (§ 3º).

Nas ações eleitorais, não é viável a antecipação da tutela jurisdicional em situações como as seguintes:

i)   para cassação de registro de candidatura, porque ela impediria o candidato-réu de prosseguir em sua campanha e ser votado. Ao final do processo, se o pedido posto na petição inicial for julgado improcedente, o dano advindo àquele que, por decisão antecipatória do mérito, ficou privado de concorrer ao pleito será certamente irreparável, irreversível, o que contraria o disposto no § 3º do art. 300 do CPC: "A tutela de urgência de natureza antecipada não será concedida quando houver perigo de irreversibilidade dos efeitos da decisão".

ii) para a instituição de inelegibilidade, já que, na dicção do inciso XIV, art. 22, da LC nº 64/90, ela é cominada "para as eleições a se realizarem nos 8 (oito) anos subsequentes à eleição em que se verificou".

iii) para a cassação de diploma *antes* da proclamação dos resultados das eleições, porque ainda não se sabe se o representado será ou não eleito e, pois, se terá direito de ser diplomado. Ora, se o réu não for proclamado eleito, a decisão antecipatória do provimento final revelar-se-ia totalmente inócua.

No entanto, parece viável a antecipação da tutela relativamente à cassação de diploma se o respectivo pedido for julgado depois da proclamação dos resultados das eleições. Nesse caso, o julgamento deve emanar de órgão colegiado. Como fundamento, pode-se cogitar o direito difuso de não ser expedido diploma obtido por meios espúrios, o que fatalmente levará ao exercício ilegítimo de mandato eletivo, ainda que temporariamente. Se, de um lado, é incontestável a soberania das urnas, de outro, há que se ponderar o direito político difuso relativamente ao exercício de mandato somente por quem o tenha alcançado legitimamente, com observância das regras e dos procedimentos legais.

Tutela inibitória – no âmbito da tutela antecipada, afigura-se possível a concessão de tutela preventiva ou inibitória no procedimento do art. 22 da LC nº 64/90. Dadas as circunstâncias, é possível que se imponha ao réu a abstenção ou não continuação de determinada conduta ilícita ou que se impeça a consumação de dano à candidatura ou campanha política da vítima.

Tutela provisória de urgência cautelar – esse tipo de tutela é admitida no procedimento em apreço. Sua finalidade é conservar determinado bem ou situação jurídica a fim de que, ao final, em cognição exauriente, a pretensão do autor possa ser devidamente satisfeita se o mérito da causa for julgado procedente.

O fundamento da tutela cautelar encontra-se no Livro V da Parte Geral do CPC, notadamente em seu art. 300 que requer a presença de "elementos que evidenciem a probabilidade do direito e o perigo de dano ou o risco ao resultado útil do processo", que respectivamente devem ser compreendidos como *fumus boni iuris* e o *periculum in mora*. O pleito cautelar poderá ser deduzido de forma antecedente (CPC, arts. 305-309) à ação principal, ou incidentalmente, no corpo desta. Ademais, poderá o pedido ser concedido liminarmente (CPC, art. 300, § 2º).

O art. 22, I, *b*, da LC nº 64/90 autoriza expressamente o manejo de tutela cautelar. Com efeito, impõe ao órgão judicial que, ao despachar a exordial, determine "que se suspenda o ato que deu motivo à representação, quando for relevante o fundamento e do ato impugnado puder resultar a ineficiência da medida, caso seja julgada procedente".

Vale ressaltar que pela via da tutela cautelar não se pode desfazer o registro do candidato representado, tampouco constituir inelegibilidade.

Tutela de evidência – trata-se de espécie de tutela provisória (que não é de urgência), encontrando-se prevista no art. 311 do CPC. Por ela, diante da manifesta verossimilhança ou do alto grau de probabilidade do direito ou da situação jurídica afirmada pelo autor, desde logo autoriza-se o juízo, em cognição sumária, a conceder a tutela jurisdicional pleiteada.

Essa tutela encontra fundamento na evidência do direito, e não na urgência ou no *periculum in mora*. Tanto assim que o *caput* do art. 311 do CPC afirma que ela será concedida "independentemente da demonstração de perigo de dano ou de risco ao resultado útil do processo", isto é, independentemente de *periculum in mora*.

As hipóteses que permitem a concessão da tutela em exame encontram-se elencadas nos incisos do art. 311 do CPC, valendo destacar as seguintes: "I – ficar caracterizado o abuso do direito de defesa ou o manifesto propósito protelatório da parte; [...] IV – a petição inicial for instruída com prova documental suficiente dos fatos constitutivos do direito do autor, a que o réu não oponha prova capaz de gerar dúvida razoável. [...]". Ao autor cumpre evidenciar esses pressupostos mediante prova documental juntada à petição inicial.

No entanto, nas ações eleitorais não se afigura possível a concessão de tutela de evidência. Isso porque ela é baseada em cognição sumária. Como visto, nas ações eleitorais a procedência do mérito da causa implica a cassação de registro, diploma ou constituição de inelegibilidade do réu, sanções essas que requerem cognição exauriente. Para imposição de tais sanções, é sempre necessário seguir-se o rito processual em todas as suas fases, pois a observância da forma constitui garantia inarredável decorrente do devido processo legal.

18.5.11 Citação do réu

Citação é o ato de chamamento do réu a juízo para defender-se.

Em geral, o termo *notificação* é também empregado com esse mesmo sentido.

Quanto à forma, deve ser pessoal. Sobre isso, o art. 22, I, alínea *a*, da LC n° 64/90 estabelece que, ao ser notificado do conteúdo da petição, deve o réu receber "a segunda via apresentada pelo representante com as cópias dos documentos" que a acompanharem.

A ausência de citação pela forma legal é causa de nulidade. Todavia, no sistema eleitoral – por disposição expressa do art. 219 do CE –, vige o princípio *pas de nullité sans grief*, ou seja, não se declara nulidade de um ato sem que dele resulte prejuízo. É a consagração da instrumentalidade das formas, presente também nos processos civil e penal. Com efeito, o art. 277 do CPC estabelece: "Quando a lei prescrever determinada forma, o juiz considerará válido o ato se, realizado de outro modo, lhe alcançar a finalidade". Por outro lado, dispõe o art. 282, § 1°, desse diploma: "O ato não será repetido nem sua falta será suprida quando não prejudicar a parte". Exige--se, pois, a demonstração de prejuízo.

Saliente-se que a falta de citação é suprida pelo comparecimento espontâneo do réu a juízo (CPC, art. 239, § 1°).

Na jurisprudência, o TSE já entendeu que, a despeito da ausência de citação *pessoal* do réu, a defesa apresentada pelo partido/coligação pela qual concorre supre a nulidade daí resultante, não havendo, de resto, prejuízo a justificar a anulação do processo. A ver:

[...] 1. Embora a citação do candidato na investigação judicial não tenha sido procedida de forma pessoal, conforme estabelece a Lei de Inelegibilidades, não há que se falar em prejuízo se a coligação que o representa apresentou sua defesa. 2. Opostos embargos de declaração pelo representado no Tribunal Regional, deveria ter sido suscitada eventual nulidade, caso assim entendesse, sendo que a desistência desses embargos não o desobrigou dessa arguição, tornando-se a questão preclusa. Embargos rejeitados (TSE – ERgRO nº 688/SC – *DJ* 17-9-2004, p. 177).

Feita a citação, determina o inciso IV do art. 22 da LC nº 64/90 que a secretaria junte "aos autos cópia autêntica do ofício endereçado ao representado, bem como a prova da entrega ou da sua recusa em aceitá-la ou dar recibo".

18.5.12 Defesa

Uma vez citado ou notificado, o réu tem o prazo de cinco dias para se defender. Nessa oportunidade, deve deduzir toda a matéria de defesa (princípio da eventualidade), expondo as razões de fato e de direito com que rechaça a imputação feita na petição inicial. Em preliminar, qualquer dos temas elencados no art. 337 do CPC poderá ser levantado.

A contestação deve especificar todas as provas com que se pretende demonstrar a verdade dos fatos alegados. Nesse sentido, a alínea *a*, I, art. 22, da LC nº 64/90 prevê expressamente que o réu "ofereça ampla defesa", exemplificando com a "juntada de documentos e rol de testemunhas". Obviamente, se o réu tem a garantia de ampla defesa, "com os meios e recursos a ela inerentes" (CF, art. 5º, LV), poderá requerer a produção de quaisquer provas que entender pertinentes para a comprovação de suas alegações, independentemente de serem ou não previstas em lei. Portanto, quaisquer meios de prova poderão ser pleiteados pela defesa, quer sejam típicos (*i.e.*, regulados em lei), quer sejam atípicos e "moralmente legítimos" (CPC, art. 369), de sorte que pode ser postulada a produção de prova testemunhal, documental, ata notarial, pericial etc.

Quanto à prova testemunhal, extrai-se da alínea *a*, I, art. 22, da LC nº 64/90 que a contestação deve trazer o rol de testemunhas, sob pena de incidir a preclusão temporal. Nos termos do inciso V, art. 22, LC nº 64/90, o número máximo de testemunhas que se admite é seis. Aplica-se aqui a parte final do § 6º do art. 357 do CPC, pelo que a parte poderá arrolar até três testemunhas "no máximo, para a prova de cada fato". Diante disso, quando forem oferecidas mais de três testemunhas para a prova de um mesmo fato, poderão as restantes ser dispensadas pelo juiz. O § 7º daquele dispositivo do Código – igualmente aplicável ao procedimento em exame – permite ao juiz "limitar o número de testemunhas levando em conta a complexidade da causa e dos fatos individualmente considerados". A complexidade da causa também permite ao juiz deferir a oitiva de mais de seis testemunhas, sob pena de se ferirem a ideia de processo justo e o direito de prova.

Sobre a prova documental, da alínea *a*, I, art. 22, da LC nº 64/90 também se extrai a necessidade de a peça defensiva ser instruída com os *documentos indispensáveis* para demonstrar a existência dos fatos arguidos. Com efeito, só é admissível a juntada ulterior de documentos novos. Por outro lado, se os documentos indicados estiverem em poder de terceiros, aí incluídas repartições públicas, tendo sido negado acesso a eles, deverá o representado requerer ao juiz da causa que os requisite.

Caso a contestação seja acompanhada de documentos, deve o juiz abrir vista dos autos ao autor para manifestar-se sobre eles (CPC, art. 437). É essa uma exigência do contraditório efetivo (CPC, arts. 9º e 10), que veda a surpresa e possibilita à parte atuar no sentido de influenciar efetivamente no convencimento do juiz e consequentemente no conteúdo da decisão judicial.

Arguição de incompetência – de acordo com o CPC de 2015, tanto a incompetência relativa, quanto a absoluta devem ser questionadas em *preliminar* de contestação (CPC, arts. 64, 65 e 337, II).

Nas ações eleitorais a competência é sempre absoluta, seja em razão da matéria *(que é especializada, pois atribuída à Justiça Eleitoral pela Constituição), seja em razão da* função (a competência é afeta ao órgão e instância responsável pela realização da eleição).

Presunção de veracidade – a matéria objeto das ações eleitorais é de ordem pública, e, pois, indisponível. Assim, não incide a presunção de veracidade dos fatos articulados na exordial se o réu, citado na forma legal: *i)* não apresentar contestação e tornar-se revel; *ii)* na contestação apresentada, não se manifestar "precisamente sobre as alegações de fato constantes da petição inicial" (CPC, arts. 240, 341, 344, 345, II).

Portanto, são inaplicáveis a presunção de veracidade, decorrente da não impugnação específica dos fatos alegados pelo autor, e a confissão ficta. Deveras, a procedência de ação eleitoral requer sempre a apresentação de prova irrefragável dos fatos em que se baseia.

Reconvenção – a reconvenção, em princípio, não se apresenta incompatível com o procedimento em exame. Como se sabe, esse instituto possui natureza de ação judicial na qual o réu (reconvinte) deduz pretensão própria contra o autor (reconvindo). O CPC admite a ampliação subjetiva da reconvenção em seu art. 343, §§ 3º e 4º, de modo que ela também pode ser proposta: *i)* pelo réu contra terceiro; *ii)* pelo réu em litisconsórcio com terceiro. Uma vez manejada, amplia-se o objeto processual, pois no mesmo processo são acumuladas a ação e a reconvenção, sendo a petição desta distribuída por dependência. Ambas as causas devem ser decididas na mesma sentença. O art. 343, *caput*, do CPC condiciona o cabimento da reconvenção à existência de conexão entre esta e "a ação principal ou com o fundamento da defesa". Evidentemente, também é preciso que o juiz seja competente para ambas as ações e que haja compatibilidade de ritos.

Realmente, não é difícil imaginar uma AIJE em que o reconvinte negue a autoria do evento abusivo, atribuindo-a ao reconvindo e, por isso mesmo, pugne pela cassação de seu registro ou diploma e a decretação de sua inelegibilidade.

Há, porém, uma limitação insuperável para a reconvenção. É que, sendo certo que as ações eleitorais devem ser ajuizadas em prazos rigorosos, tal modalidade de defesa sofre igualmente essa restrição temporal. Do contrário, estar-se-ia admitindo o ajuizamento de ação eleitoral fora do prazo legal.

18.5.13 Extinção do processo sem resolução do mérito

Apresentada a defesa e colhida a manifestação do Ministério Público, poderá o juiz, sendo o caso, extinguir o processo sem resolver o mérito, nos termos do art. 354 c.c. art. 485 do CPC. Merecem destaque as hipóteses previstas nos incisos IV a VI desse último dispositivo, a saber: *iv)* "ausência de pressupostos de constituição e de desenvolvimento válido e regular do processo"; *v)* "existência de perempção, de litispendência ou de coisa julgada"; *vi)* "ausência de legitimidade ou de interesse processual".

18.5.14 Julgamento antecipado do mérito

Em tese, não há impedimento ao julgamento antecipado do mérito nas ações eleitorais. Por esse instituto, deverá o juiz conhecer diretamente do pedido, proferindo sentença com resolução do mérito, quando não houver necessidade de produção de outras provas (CPC, art. 355, I). Antes, porém, deve ser ouvido o Ministério Público, que funciona no processo como fiscal da ordem jurídica. Suponha-se que as partes não tenham requerido a oitiva de testemunhas, sendo certo que a documentação levada aos autos é bastante para embasar julgamento seguro. Nesse caso, inútil seria o prosseguimento do feito, impondo-se desde logo a solução da causa, haja vista haver provas suficientes nos autos.

Note-se que, se o contestante juntar documentos, sobre eles deverá o autor ter a oportunidade de se manifestar, máxime se a sentença concluísse pela improcedência do pedido exordial, caso em que estaria irremediavelmente maculada. Evidente aí o ferimento ao devido processo legal e ao contraditório, conforme prevê o art. 5º, LV, da Constituição.

No entanto, cumpre frisar que o julgamento antecipado só é admissível se não implicar cerceamento de defesa ou supressão da oportunidade de a parte demonstrar plenamente sua tese e, com isso, influir no conteúdo da decisão judicial. Se o fato arguido é controvertido, relevante e pertinente para o deslinde da questão ao juiz não é dado indeferir a produção da prova; o indeferimento significaria afronta ao devido processo legal.

A decisão que julga antecipadamente o mérito o faz com base em cognição exauriente, havendo, pois, extinção do processo com julgamento do mérito.

18.5.15 Provas

Para a responsabilização eleitoral e, pois, aplicação de sanções como inelegibilidade, cassação de registro, diploma ou mandato, o ilícito eleitoral deve ser adequadamente demonstrado nos autos do processo. As provas devem ser seguras, produzidas validamente sob a égide de um processo justo e democrático (*due process of law*), respeitados o contraditório e a ampla defesa. Afinal, trata-se de grave restrição imposta ao exercício de direito político fundamental.

O direito à prova tem fundamento constitucional. Pode ser extraído diretamente do art. 5º da Constituição, cujo inciso LV assegura o contraditório e a ampla defesa em processo judicial ou administrativo "com os meios e recursos a ela inerentes", e cujo inciso LIV garante o devido processo legal. No plano infraconstitucional, o art. 369 do CPC proclama que

> As partes têm o direito de empregar todos os meios legais, bem como os moralmente legítimos, ainda que não especificados neste Código, para provar a verdade dos fatos em que se funda o pedido ou a defesa e influir eficazmente na convicção do juiz.

De ver-se que o contraditório deixou de traduzir o mero direito formal de dizer e contradizer, passando a significar a garantia de se poder participar efetivamente do processo e influir na convicção do juiz e, consequentemente, no conteúdo da decisão judicial. Isso pressupõe a possibilidade de realização de uma argumentação jurídica sólida, edificada em provas adequadas dos fatos arguidos para embasá-la.

O sistema de provas estabelecido no CPC é inteiramente aplicável no Direito Processual Eleitoral. Há, porém, peculiaridades próprias desse ramo do Direito, de maneira que se houver conflito entre disposições do CPC e de normas eleitorais, estas prevalecem ante a incidência do princípio da especialidade.

Por prova, compreende-se a atividade realizada pelas partes e pelo órgão judicial com vistas à reconstrução histórica dos fatos debatidos no processo. Seu objeto é a demonstração das alegações de fatos formuladas pelas partes, especialmente na petição inicial e na contestação.

Distinguem-se a fonte, o meio, os elementos e o resultado da prova. *Fonte de prova* é tudo que apresenta aptidão ou idoneidade para evidenciar um fato relevante debatido do processo; trata-se da coisa ou pessoa de onde emana a prova. A fonte é externa e anterior ao processo. Exemplo: uma pessoa que viu um acontecimento. *Meio de prova* é a técnica ou instrumento pelo qual se leva ao processo a fonte da prova; por essa técnica, são fixados ou introduzidos no processo elementos úteis para a formação do convencimento do órgão judicial e, pois, de sua decisão. Exemplo: depoimento de testemunha, documento, perícia. *Elemento de prova* é o dado ou informação extraído da fonte da prova. *Resultado probatório* traduz a valoração ou a conclusão do juiz a respeito da prova.

Prova não se confunde com elemento de informação. Diferentemente deste, a prova é sempre produzida em um processo judicial, sob o contraditório. Assim, sem que exista esse crivo processual, o que se tem são meros elementos informativos, e não propriamente prova. A relevância dessa distinção está em que a decisão judicial que julga o mérito da causa deve se basear em provas regularmente produzidas no processo. Observe-se, porém, que a prova pode ser colhida ou produzida antes da instauração do processo; isso ocorre em um procedimento denominado "produção antecipada de prova", previsto nos arts. 381 a 383 do CPC.

Podem-se apontar três caracteres básicos na prova, devendo ser admissível, pertinente e concludente. A *admissibilidade* consiste em não ser a prova vedada por lei e apresentar valor jurídico para demonstrar o fato alegado. Sendo prevista forma especial, ela deverá igualmente ser especial. A *pertinência* refere-se à circunstância de a prova ser própria ou adequada para demonstrar o fato *probando*. Deve existir correlação entre ela e o evento que se pretende evidenciar. Ou melhor: a prova deve desvelar fatos que se relacionem com a questão discutida. Assim, *e.g.*, se o que se pretende evidenciar é a distribuição de dinheiro, a realização de perícia médica será de todo impertinente. Por fim, a *concludência* da prova significa que ela deve ser útil para o esclarecimento dos fatos discutidos, sem margem razoável de dúvida no espírito do intérprete.

A regra geral é a liberdade. Todos os meios legais, bem como os moralmente legítimos – ainda que não especificados em lei – são hábeis para demonstrar a verdade das alegações dos fatos em que se funda o pedido ou a defesa, influindo na convicção do juiz (CPC, art. 369) e, portanto, no conteúdo da decisão judicial.

Em razão de sua relevância, o próprio legislador entendeu por bem regular alguns meios de prova, chamados meios típicos, a saber: ata notarial (art. 384), depoimento pessoal (arts. 385-388), confissão (arts. 389-395), documental (arts. 405-441), testemunhal (arts. 442-463), pericial (arts. 464-480) e inspeção judicial (arts. 481-484).

Não obstante, outros meios de prova não regulados em lei (por isso chamados meios atípicos) poderão ser admitidos desde que, como visto, não sejam ilegais ou moralmente ilegítimos.

No âmbito do procedimento ora em exame, o art. 22 da LC nº 64/90 não alude expressamente a todos os citados meios típicos de prova. Mas isso não significa que *a priori* tenha excluído algum deles quando cabível. Tanto é assim que o *caput* daquele dispositivo estabelece genericamente que a parte indique "provas"; e, ainda, seu inciso VI determina que o juiz proceda "a todas as diligências que determinar, *ex officio* ou a requerimento das partes". Ademais, qualquer meio *atípico* de prova pode ser admitido no processo, desde que não seja ilegal ou moralmente ilegítimo. Deve-se, ainda, lembrar que as partes têm direito de produzir prova acerca dos fatos que alegam, sendo esse direito emanação constitucional do processo justo.

Fases do procedimento probatório – o procedimento probatório é normalmente dividido em quatro fases, a saber: requerimento, admissão, produção e valoração. O *requerimento* corresponde à primeira fase, na qual a parte pleiteia a produção da prova com que pretende demonstrar suas alegações fáticas e, com isso, influenciar no conteúdo da decisão judicial.

A *admissão* é a fase em que o juiz analisa o cabimento da prova cuja produção foi requerida pela parte, para, então, deferi-la ou indeferi-la. Essa decisão tem natureza interlocutória. Deve ser indeferida a produção de prova impertinente, irrelevante, inadequada, protelatória ou ilícita. A propósito, o parágrafo único do art. 370 do CPC fala em indeferimento de "diligências inúteis ou meramente protelatórias", devendo a decisão ser fundamentada. Outrossim, o requerimento de prova que facilmente pode ser obtida pela parte interessada deve igualmente ser indeferido, pois é dela o ônus de demonstrar o alegado. O concurso do órgão judicial só deve ser reclamado se houver dificuldade razoável ou mesmo impossibilidade de a parte obter pessoalmente a informação ou o documento pretendidos.

Uma vez admitida, deverá a prova ser produzida. A *produção* é em geral realizada em audiência de instrução. Entretanto, há provas que são produzidas antes da audiência. Por exemplo: a prova documental é produzida com a juntada aos autos do documento, o que ocorre antes mesmo de sua admissão; no caso, há coincidência entre as fases de requerimento e produção.

Por fim, produzida a prova, será ela valorada. A *valoração* se dá quando da prolação da sentença. No âmbito da valoração, cumpre salientar que as provas não possuem valor predeterminado, tampouco hierarquia entre si; desde que o juiz fundamente adequada e coerentemente sua decisão, poderá se convencer a partir de qualquer delas. É isso, aliás, corolário do princípio da persuasão racional do juiz, o qual é acolhido em nosso sistema processual (CPC, art. 371).

Ônus da prova – regra, o ônus da prova pertence a quem alega o fato. Ao autor – reza o art. 373 do CPC – incumbe o ônus de provar o "fato constitutivo de seu direito", enquanto ao réu incumbe provar a "existência de fato impeditivo, modificativo ou extintivo do direito do autor".

Note-se, porém, que nas ações eleitorais o autor não alega fato constitutivo de "seu direito", pois não há que se falar em "direito subjetivo" material do autor a ser satisfeito ou tutelado pela via jurisdicional. O que há, em geral, é a imputação de fatos tidos por ilícitos (= ilícitos eleitorais), em relação aos quais se postula a atuação da lei e a consequente responsabilização. A pretensão do autor a ser satisfeita não é de ordem material, mas sim de natureza processual.

O § 1º do referido art. 373 prevê a possibilidade de "o juiz atribuir o ônus da prova de modo diverso". Isso poderá ocorrer: *i)* nos casos previstos em lei; *ii)* diante de peculiaridades da causa relacionadas à impossibilidade ou à excessiva dificuldade de a parte cumprir o encargo nos termos do *caput* do referido dispositivo; *iii)* à maior facilidade de obtenção da prova do fato contrário. A decisão deve ser fundamentada, e "não pode gerar situação em que a desincumbência do encargo pela parte seja impossível ou excessivamente difícil" (§ 2º).

Por outro lado, a teor do art. 374 do CPC, não dependem de prova os fatos: "I – notórios; II – afirmados por uma parte e confessados pela parte contrária; III – admitidos, no processo, como incontroversos; IV – em cujo favor milita presunção legal de existência ou de veracidade".

Não obstante, cumpre ressaltar que na seara eleitoral o fato alegado pelo autor deve sempre ser devidamente provado. Nem a confissão nem a qualidade de ser incontroverso afastam a necessidade de sua adequada demonstração no processo. É que nessa seara há predomínio do interesse público. A propósito, dispõe o art. 392 do CPC que não tem validade "a admissão, em juízo, de fatos relativos a direitos indisponíveis".

Poderes instrutórios do juiz – de modo geral, ao juiz é permitido determinar *ex officio* a produção das provas que entender úteis ou necessárias para a formação de seu convencimento. Essa permissão encontra fundamento na ideia de ser o processo instrumento de direito público, pelo qual o Estado-juiz aplica uma norma jurídica às situações que lhe são submetidas. A intenção é que o juiz determine a produção de prova com vistas a otimizar sua decisão e, com isso, aproximá-la da ideia de justiça do caso concreto, e não para beneficiar ou prejudicar uma das partes.

No âmbito do CPC, o art. 370 confere ao juiz poderes para *de ofício*, independentemente de requerimento das partes, "determinar as provas necessárias ao julgamento do mérito". Isso poderá ocorrer quando, concluída a audiência instrutória, os fatos debatidos no processo não estiverem devidamente esclarecidos.

Em igual sentido, o art. 22, VI, da LC nº 64/90 prevê expressamente que o juiz, de ofício, possa determinar a produção de provas que entender necessárias para a formação de sua convicção.

Informações colhidas em procedimentos instaurados pelo Ministério Público – para embasar suas ações, o Ministério Público conta com dois importantes instrumentos administrativos, a saber: o inquérito civil (IC) e o procedimento administrativo (PP).

Nos termos do art. 105-A da LE: "Em matéria eleitoral, não são aplicáveis os procedimentos previstos na Lei nº 7.347, de 24 de julho de 1985". Essa lei trata da ação civil pública – ACP – e do inquérito civil – IC.

Uma interpretação gramatical e isolada desse dispositivo poderia levar à conclusão de que o IC não poderia ser utilizado nos domínios do Eleitoral.

No entanto, tal leitura não é autorizada pela Constituição Federal, porque sem aqueles instrumentos o *Parquet* ficaria impedido de agir e de cumprir seu papel constitucional. É irracional que a Constituição tenha prescrito uma finalidade ao Ministério Público sem autorizar os meios necessários para atingi-lo. Afinal, o objetivo dos referidos instrumentos é apenas ensejar a reunião de elementos de informação para subsidiar a atuação séria e prudente do *Parquet* perante a jurisdição, de sorte que suas ações sejam devidamente fundamentadas e justificadas.

Assim, embora afirme a constitucionalidade do citado art. 105-A da LE, a jurisprudência interpreta-o à luz do art. 127 da Constituição. É admitida a busca de informações pelo Ministério Público tanto por meio de procedimento administrativo *eleitoral* (PPE), quanto por inquérito civil público; mas esse último com a condição de não ser utilizado exclusivamente para fins eleitorais. Nos dois casos, o procedimento é instaurado e presidido por órgão de execução do Ministério Público. Confira-se:

> 1. Conforme delineado na decisão agravada, no julgamento do REspe nº 545-88/MG, da relatoria do e. Min. João Otávio de Noronha, foi reafirmada, por maioria, a constitucionalidade do art. 105-A da Lei nº 9.504/97, admitindo-se, contudo, a realização de atos de investigação pelo Ministério Público, desde que não se utilizasse do inquérito civil exclusivamente com fins eleitorais. Evolução da jurisprudência com ressalva do meu ponto de vista. 2. A instauração de Procedimento Preparatório Eleitoral (PPE) é lícita e não ofende o art. 105-A da Lei 9.504/97 (AgR-REspe nº 131483, Rel. Min. Herman Benjamin, *DJe* de 11-3-2016). 3. Há diferença essencial entre o inquérito civil e o PPE, especialmente em relação à sede normativa, à forma de arquivamento, ao prazo de duração e ao objeto de cada um desses procedimentos investigativos. 4. O poder investigativo do Ministério Público materializado por meio das PPEs deverá observar os mesmos parâmetros fixados pelo Supremo Tribunal Federal ao julgar o RE nº 5937-27 como destacado anteriormente. 5. Agravo regimental desprovido (TSE – AgR-REspe nº 5477/MS – *DJe*, t. 92, 12-5-2017, p. 28-29).

1. O art. 105-A da Lei 9.504/97 que veda na seara eleitoral adoção de procedimentos contidos na Lei 7.347/85 deve ser interpretado conforme o art. 127 da CF/88, no qual se atribui ao Ministério Público prerrogativa de defesa da ordem jurídica, do regime democrático e de interesses sociais individuais indisponíveis, e o art. 129, III, que prevê inquérito civil e ação civil pública para proteger interesses difusos e coletivos. Precedente: REspe 545-88/MG, julgado em 8-9-2015. 2. Consequentemente, a instauração de procedimento preparatório eleitoral (PPE) é lícita e não ofende o art. 105-A da Lei 9.504/97. [...] (TSE – AgR-REspe n° 131483/PI – *DJe* 11-3-2016, p. 110).

[...] 2. A interpretação do art. 105-A da Lei 9.504/97 pretendida pelo recorrente no sentido de que as provas produzidas em inquérito civil público instaurado pelo Ministério Público Eleitoral seriam ilícitas não merece prosperar, nos termos da diversidade de fundamentos adotados pelos membros desta Corte Superior, a saber: [...] 2.2. Ao art. 105-A da Lei 9.504/97 deve ser dada interpretação conforme a Constituição Federal para que se reconheça, no que tange ao inquérito civil público, a impossibilidade de sua instauração para apuração apenas de ilícitos eleitorais, sem prejuízo de: i) ser adotado o Procedimento Preparatório Eleitoral já previsto pelo Procurador-Geral da República; ou ii) serem aproveitados para propositura de ações eleitorais elementos que estejam contidos em inquéritos civis públicos que tenham sido devidamente instaurados, para os fins previstos na Constituição e na Lei 7.347/85 (Ministros Henrique Neves e Gilmar Mendes). 2.3. O art. 105-A da Lei 9.504/97 é inconstitucional, pois: i) o art. 127 da CF/88 atribuiu expressamente ao *Parquet* a prerrogativa de tutela de defesa da ordem jurídica, do regime democrático e dos interesses sociais individuais indisponíveis, de modo que a defesa da higidez da competição eleitoral e dos bens jurídicos salvaguardados pelo ordenamento jurídico eleitoral se situa no espectro constitucional de suas atribuições; ii) a restrição do exercício de funções institucionais pelo Ministério Público viola o art. 129, III, da CF/88, dispositivo que prevê o inquérito civil e a ação civil pública para a proteção de interesses difusos e coletivos; iii) houve evidente abuso do exercício do poder de legislar ao se afastar, em matéria eleitoral, os procedimentos da Lei 7.347/85 sob a justificativa de que estes poderiam vir a prejudicar a campanha eleitoral e a atuação política de candidatos (Ministros Luiz Fux e Maria Thereza de Assis Moura). *Decisão*: O Tribunal, por unanimidade, desproveu o recurso, por fundamentos diversos, nos termos dos votos individualmente proferidos (TSE – REspe n° 54588/MG – *DJe* 4-11-2015, p. 15).

Exportação de informação colhida em inquérito policial e inquérito civil público – é possível a exportação para processo eleitoral de *elemento de informação* regularmente colhido em inquérito policial ou inquérito civil público. Note-se que aqui não se trata de prova em sentido técnico, pois sua "produção" não se deu perante órgão judicial, sob contraditório. Nesse sentido: STF – Inq-QO-QO n° 2.424/RJ – Rel. Min. Cezar Peluso – *DJ* 24-8-2007; STF – RMS n° 24.956/DF – Rel. Min. Marco Aurélio

– *DJ* 18-11-2005, p. 11; STJ – MS n° 9.850 – Rel. Min. José Arnaldo da Fonseca – *DJ* 9-5-2005, p. 293. E mais:

> [...] 6. É possível a utilização em AIJE de prova (interceptação telefônica) produzida legalmente em procedimento investigatório criminal. [...] (TSE – REspe n° 65225/GO – *DJe* 2-5-2016, p. 54).
>
> [...] 2.1. Nulidade absoluta do processo. Inexistência. Licitude da prova. A nulidade absoluta do processo, por ilegitimidade da prova, deve ser rejeitada porque: a) a prova, produzida na intimidade de investigação, realizada em conjunto pelo Ministério Público Federal, Polícia Federal e Receita Federal, é legítima e passível de ser compartilhada; b) essa prova, quando licitamente rompida a intimidade das ligações telefônicas por ordem judicial, fundamentada no permissivo constitucional, pode ser utilizada por outros órgãos do Estado para instruir procedimentos diversos; c) o direito à privacidade de informações não é absoluto nem ilimitado, mormente quando se contrapõe à tutela de interesse coletivo previsto pela Constituição Federal [...] (TSE – RO n° 1.596/MG – *DJe* 16-3-2009, p. 26-27).

De qualquer forma, é importante que na origem o elemento probatório considerado tenha sido regularmente colhido. Na verdade, sua eficácia reside em sua força persuasiva e não propriamente na fonte de onde emana, daí a necessidade de haver licitude em sua colheita.

Sigilo de comunicação – sobre o sigilo de comunicação, há que se recordar o disposto no art. 5°, XII, da Constituição, que reza: "é inviolável o sigilo da correspondência e das comunicações telegráficas, de dados e das comunicações telefônicas, salvo, no último caso, por ordem judicial, nas hipóteses e na forma que a lei estabelecer para fins de investigação criminal ou instrução processual penal".

Inviolável é o sigilo da correspondência e das comunicações telegráficas. Mas a inviolabilidade só se patenteia no trajeto ou percurso da correspondência e do telegrama. O que se resguarda é a segurança do processo de comunicação, ou seja, a certeza de que a carta enviada chegará ao seu destino. Uma vez entregue ao destinatário, tal inviolabilidade deixa de subsistir. Estando na posse do destinatário, a carta e o telegrama são documentos como quaisquer outros, recebendo o mesmo tratamento a esses conferidos.

Quanto ao sigilo de dados e telefônico, por se tratar de comunicações instantâneas, a Constituição autoriza a quebra do sigilo durante a comunicação. É preciso, porém, que a quebra do sigilo ocorra "por ordem judicial, nas hipóteses e na forma que a lei estabelecer para fins de investigação criminal ou instrução processual penal".

Assim, não é possível haver quebra de sigilo de dados ou telefônico para fins de instrução de processo contencioso eleitoral. É irrelevante que a quebra se dê por ordem judicial, pois a Constituição é clara ao autorizá-la tão somente "para fins de investigação criminal ou instrução processual penal". Assim, mesmo que haja autorização judicial a prova será ilícita.

Contudo, uma vez quebrado o sigilo no âmbito criminal, os elementos de prova daí resultantes poderão ser empregados no processo eleitoral, desde que haja decisão do juízo criminal autorizando o compartilhamento.

Excepcionalmente, a *gravação telefônica* é tida como lícita. Como tal compreende-se o registro da conversa efetuado por um dos interlocutores sem o conhecimento do outro. Cuidando-se de prova obtida licitamente, pode ser usada em processo eleitoral. Nesse sentido, veja-se: TSE – AgREspe 28.062/MG – *DJ* 6-5-2008, p. 14.

Captação ambiental de sons e imagens – no caso de *captação ambiental*, não se aplica a regra inscrita no referido art. 5°, XII, da Constituição, cujo objeto é garantir o direito à intimidade por meio do resguardo da "inviolabilidade das correspondências e das comunicações telegráficas, de dados e das comunicações telefônicas". Entretanto, apesar de não haver *sigilo* a se resguardar nessa hipótese, há que se atentar para a proteção constitucional conferida à privacidade e intimidade (CF, art. 5°, X). A violação desses direitos fundamentais pode ensejar a ilicitude da prova assim obtida.

Sempre que a captação de imagens e sons for realizada em ambiente público ou cujo acesso é franqueado ao público, lícita será a prova assim obtida. Isso porque em espaço público não há que se falar em proteção da privacidade nem da intimidade.

Problemas surgem quando se tratar de ambiente privado, de acesso privativo, pois aí pode haver violação à privacidade e à intimidade das pessoas.

No trato dessa questão há três situações a serem consideradas, a saber: *i) gravação ambiental* – nesse caso, um dos interlocutores capta imagens e/ou sons no ambiente em que se encontra presente em interação com outras pessoas. A gravação é realizada no próprio local, por um dos interlocutores, sem o conhecimento dos outros; *ii) escuta ambiental* – a captação é feita por terceiro *com* o conhecimento de um dos interlocutores presentes no local; o terceiro atua como *longa manus* de um dos interlocutores; *iii) interceptação ambiental* – a captação é feita por terceiro *sem* o conhecimento de qualquer um dos interlocutores, caracterizando-se, pois, como clandestina.

No primeiro caso – gravação ambiental –, a prova é considerada lícita pelo Supremo Tribunal Federal, como evidenciam os seguintes julgados: STF – AI 666459 AgR/SP – 1ª T. – Rel. Min. Ricardo Lewandowski – *DJe* 152, 30-11-2007; STF – RHC n° 125.319 AgR/CE – 2ª T. – Rel. Min. Teori Zavascki – *DJe* 39, 2-3-2015. No mesmo sentido orienta-se a jurisprudência do Superior Tribunal de Justiça, confira-se: STJ – Ap n° 693/PA – Corte Especial – Rel. Min. Raul Araújo – *DJe* 4-8-2015; STJ – RHC n° 31.356/PI – 6ª T. – Rel. Min. Maria Thereza de Assis Moura – *DJe* 24-3-2014.

Ainda que tais precedentes tenham sido formados na seara criminal, não há razão para não serem aplicados aos processos eleitorais *não* penais (como é o caso da AIJE), pois aqui também há de prevalecer sempre o interesse público. Nos processos eleitorais – como nos criminais – o que invariavelmente está em jogo é o interesse público. E conforme bem adverte a jurisprudência do STJ: "as garantias constitucionais não podem servir para proteger atividades ilícitas ou criminosas, sob pena de inversão de valores jurídicos" (STJ – HC n° 222.818/MS – 5ª T. – Rel. Min. Gurgel de Faria – *DJe* 25-11-2014).

Esse mesmo entendimento também já vigorou de forma indiscriminada no Tribunal Superior Eleitoral, o qual afirmava que "lícita é a prova resultante de gravação ambiente" (TSE – AgR-REspe n° 54.178/AL – *DJe*, t. 230, 30-11-2012, p. 6).

No entanto, em julgados posteriores, o TSE passou a restringi-lo, afrontando, pois, a pacífica jurisprudência do STF. Assim é que, no âmbito do TSE, tem prevalecido a orientação de que a gravação ambiental só é lícita quando realizada: *i)* em local público; *ii)* em local privado cujo acesso seja franqueado ao público; *iii)* com autorização judicial. Fora dessas hipóteses, entende-se como ilícita a gravação ambiental por violar o direito fundamental à privacidade e intimidade.

> [...] 2. Diálogos travados em ambiente particular – porém com acesso franqueado a qualquer um do povo – não estão protegidos pelas garantias constitucionais de privacidade e intimidade (art. 5°, X, da CF/88), inexistindo resguardo de sigilo por parte de candidato que realiza reunião em sua própria casa com inúmeras pessoas. [...] 3. Relativiza-se a natureza privada da residência a depender da destinação que a ela se dá. Na espécie, a quantidade de pessoas que compareceram ao evento promovido pela recorrente permite concluir que se oportunizou livre ingresso a seu interior. [...] (TSE – REspe n° 54542/SP – *DJe* 18-10-2016, p. 85-86).

> [...] 3. Gravação ambiental realizada por um dos participantes. Licitude da prova. 3.1. Primeira gravação realizada no comitê eleitoral dos investigados, local de aproximação dos candidatos com os cidadãos do município, local público. Segunda gravação realizada em uma residência particular, mas com destinação pública, para fins de exposição das ideias do candidato aos cidadãos presentes naquele evento, sem limitação de acesso, nos termos da prova pericial indicada pelo acórdão regional. Os lugares franqueados a qualquer um do povo para fins eleitorais qualificam-se como lugares destinados ao público, onde o candidato buscava divulgar sua candidatura perante os cidadãos, sendo lícito, a qualquer do povo participante, registrar aquele evento, pois o referido evento não envolve a privacidade do candidato, mas justamente o contrário, buscava-se a ampla exposição da imagem e das ideias do candidato junto ao público em geral. Precedente do TSE. [...] (TSE – REspe n° 64036/MG – *DJe* 19-8-2016, p. 122-124).

> No mesmo sentido, *vide*: TSE – REspe n° 19090/BA – *DJe* 21-6-2016; TSE – REspe n° 63.761/MG – *DJe* t. 95, 21-5-2015, p. 65-66; TSE – AgR-REspe n° 14.189/PE – *DJe* 14-8-2015; REspe 8547/PI – j. 8-11-2016.

Por óbvio, deve-se igualmente admitir a licitude da gravação ambiental realizada em local privado com o consentimento (expresso ou tácito) dos presentes. Nessa situação não há que se falar em violação à privacidade ou intimidade, já que, cientes, todos concordaram expressa ou tacitamente com a realização da gravação.

Já agora na hipótese de *interceptação* ambiental, é sempre necessária autorização judicial. Sem esta, a obtenção da prova ocorre de forma clandestina, o que a torna ilícita.

Sendo ilícita a captação ambiental (como também qualquer outro elemento de prova), contaminadas ficarão as provas dela decorrentes ou dela derivadas, devendo todas elas ser banidas do processo. É nesse sentido que se tem orientado a jurisprudência, consoante mostram os seguintes julgados: TSE – HC n° 30808/PI – *DJe* 28-4-2016, p. 54; TSE – AgR-REspe n° 45307/TO – *DJe* 20-4-2016, p. 37.

Todavia, não há óbice ao uso de provas autônomas (*independent source doctrine*) ou cuja descoberta seja inevitável (*inevitable discovery doctrine*).

Sigilos bancário e fiscal – a quebra de sigilo bancário pode ser efetivada na AIJE. Nesse sentido: TSE – AgR-RMS n° 13514/BA – *DJe*, t. 165, 4-9-2014, p. 158-159.

O mesmo ocorre quanto à quebra de sigilo fiscal.

Para fins eleitorais, nos dois casos é preciso atentar para a reserva de jurisdição. Assim, se *não houver decisão judicial autorizando o acesso a dados bancários e fiscais, ilícitos serão os elementos de prova daí decorrente.*

18.5.16 Audiência de instrução probatória

Na sequência do quinquídio de defesa previsto no inciso I, *a*, art. 22, da LC n° 64/90, abre-se a fase de produção probatória.

Na audiência de instrução deve-se proceder à inquirição em uma só assentada das testemunhas arroladas pelas partes e pelo Ministério Público e admitidas pelo juiz (LC n° 64/90, art. 22, V). Não há, aí, julgamento de mérito, mas tão somente instrução.

Nesta fase, o procedimento a ser seguido é o do art. 358 e seguintes do CPC.

Pelo art. 361 do CPC, as provas devem ser produzidas em audiência preferencial-mente na seguinte ordem: I – o perito e os assistentes técnicos; II – o autor e, em seguida, o réu (caso seja admitido o depoimento pessoal); III – as testemunhas arroladas pelo autor, pelo réu e, por último pelo Ministério Público quando atuar no processo como *custos legis*.

Essa ordem é considerada ideal pelo legislador, de modo que sua inversão pode gerar prejuízo à parte. Mas para ensejar nulidade o prejuízo decorrente da inversão deve ser demonstrado pelo interessado.

O art. 22 da Res. TSE n° 23.478/2016 contempla a possibilidade de se realizarem atos instrutórios por *videoconferência*, ficando o uso dessa mídia a depender da "disponibilidade técnica de cada cartório ou Tribunal Eleitoral".

De todo conveniente que o juiz já na abertura da audiência, após ouvir as par-tes e o órgão do Ministério Púbico, delimite as questões de fato ou fixe os pontos controvertidos sobre que incidirá a atividade probatória. Essa providência previne a dispersão da audiência, evitando que descambe para o debate de fatos e circuns-tâncias alheios ao que realmente interessa demonstrar no processo.

Por encontrar-se em discussão matéria de interesse público e indisponível, não há espaço para a conciliação preconizada no art. 359 do CPC.

Na produção da prova testemunhal, acolhe o CPC o sistema *cross examination* de inquirição (tal qual o Código de Processo Penal). Nesse sistema, as partes perguntam diretamente às testemunhas, sem a intermediação do juiz. Note-se, porém, que – nos termos do art. 459 daquele Código – o juiz sempre poderá inquirir a testemunha, tanto antes quanto depois da inquirição feita pelas partes. Ademais, cabe ao juiz velar pela regularidade da atividade das partes, não admitindo perguntas "que puderem induzir a resposta, não tiverem relação com as questões de fato objeto da atividade probatória ou importarem repetição de outra já respondida". Caso a pergunta seja indeferida, poderá a parte requerer que ela seja transcrita no respectivo termo.

Encerrada a audiência de instrução, passa-se à fase de diligências.

300 DIREITO ELEITORAL ESSENCIAL – José Jairo Gomes

18.5.17 Diligências

Segundo o art. 22, VI, da LC nº 64/90, encerrada a audiência de instrução, nos três dias subsequentes serão ultimadas todas as diligências determinadas pelo juiz, de ofício ou a requerimento das partes.

Vê-se, pois, que o juiz pode determinar *ex officio* a produção das provas que entender úteis ou necessárias para a formação de seu convencimento. Essa permissão encontra fundamento nos poderes instrutórios que lhe são conferidos.

Entre outras provas úteis ao esclarecimento dos fatos, expõe o inciso VII do referido art. 22 que poderão ser ouvidos "terceiros, referidos pelas partes, ou testemunhas, como conhecedores dos fatos e circunstâncias que possam influir na decisão do feito".

Note-se não ser obrigatória a oitiva de testemunhas referidas. Consoante assentou o TSE, o art. 22, VII, da LC nº 64/90 estabeleceu "uma faculdade, e não uma obrigatoriedade ao julgador que, a seu critério, afere a necessidade ou não da produção dessa prova [...]" (TSE – REspe nº 25.215/RN – *DJ*, v. 1, p. 171). Mas, sendo necessário, a negativa de oitiva poderá significar cerceamento do direito de a parte provar amplamente sua tese e, pois, influir no conteúdo da decisão. Para evitar delongas (e nulidades), poderá o juiz solicitar à parte que esclareça a relevância do depoimento que pretende seja formalizado.

No tríduo legal, ainda poderão ser requisitadas cópias ou ordenado o depósito em juízo de quaisquer documentos necessários à formação da prova que se encontrarem em poder de terceiro, inclusive estabelecimento de crédito, oficial ou privado. Se o terceiro, sem justa causa, não exibir o documento, ou não comparecer a juízo, poderá o juiz expedir mandado de busca e apreensão, requisitando, se for preciso, força policial para o seu cumprimento; também poderá impor multa processual e determinar "outras medidas indutivas, coercitivas, mandamentais ou sub-rogatórias necessárias para assegurar a efetivação da decisão" (CPC, art. 403, parágrafo único). Isso sem prejuízo da responsabilização do terceiro por crime de desobediência (LC nº 64/90, art. 22, IX; CE, art. 347).

18.5.18 Alegações finais ou memoriais

Finda a instrução e as diligências determinadas pelo juiz, "as partes, inclusive o Ministério Público, poderão apresentar alegações no prazo comum de 02 (dois) dias" (LC nº 64/90, art. 22, X). Tratando-se de prazo comum, devem os autos ser mantidos acautelados na secretaria, de maneira a não haver empecilho a que todos os litigantes possam consultá-los.

Essa regra não sofre alteração se a ação tiver sido ajuizada pelo Ministério Público. Na qualidade de parte, o prazo para o órgão ministerial apresentar alegações finais ou memoriais é comum e corre em secretaria. No caso, o contexto das eleições e a celeridade imprimida aos ritos de processos eleitorais recomendam a prevalência do comando especial inscrito na Lei das Inelegibilidades.

No entanto, se o Ministério Público atuar no feito não como parte, mas como *fiscal da ordem jurídica,* seu prazo jamais poderá ser comum, senão sucessivo. E mais: quantitativamente, deve ser idêntico ao reservado às partes. O motivo é óbvio: intervindo no processo na qualidade de *custos legis*, o órgão ministerial deve manifestar-se necessariamente após serem deduzidas as alegações das partes. A esse respeito, o art. 179, I, do CPC é cristalino ao prescrever que, intervindo como fiscal da ordem jurídica, o Ministério Público "terá vista dos autos depois das partes, sendo intimado de todos os atos do processo".

18.5.19 Relatório do Corregedor

À exceção das eleições municipais, nas demais (estadual, federal e presidencial) o processo é presidido pelo Corregedor Regional ou Geral Eleitoral, sendo, porém, julgado pelo órgão colegiado dos respectivos tribunais eleitorais.

Assim, ultrapassada a fase de alegações finais das partes, os autos são conclusos ao Corregedor. Este, por seu turno, não julga monocraticamente a causa, senão produz *relatório conclusivo* sobre o que houver sido apurado. O relatório – que deve ser "assentado" em três dias contados da conclusão – deve ser encaminhado ao órgão competente, juntamente com os autos da representação, para fins de inclusão do feito na pauta e julgamento pelo Colegiado do Tribunal.

18.5.20 Julgamento

Sob o aspecto formal, o ato decisório deve obedecer ao padrão do art. 489 do CPC, contendo relatório, fundamentação e dispositivo. A fundamentação deve expor os motivos e as circunstâncias relevantes para a conclusão a que se chegar. Do contrário, não se poderia exercer qualquer controle sobre o *decisum*, de sorte a afastar a parcialidade e o arbítrio. Trata-se de exigência indeclinável, inscrita no art. 93, IX, da Lei Maior, cujo descumprimento enseja nulidade.

Incide aqui o princípio da persuasão racional do juiz, de sorte que, para formar sua convicção, o órgão judicial goza de liberdade para apreciar o acervo probatório constante dos autos, independentemente de quem tenha promovido a prova. Deve, porém, limitar-se aos fatos e às circunstâncias debatidas no processo sob pena de violar o contraditório. Vale lembrar que esse princípio é hoje concebido (*vide* CPC, art. 9º) como direito de a parte ser ouvida, participar e ter oportunidade de influenciar no conteúdo da decisão.

Por força do princípio da *congruência*, deve haver *correlação* entre os fatos imputados na petição inicial (= *causa petendi*) e a decisão de mérito. Ou seja: o conteúdo da decisão deve decorrer da delimitação fática posta naquela peça – e não do pedido formulado pelo autor. Nesse sentido, é pacífico na jurisprudência que a parte se defende dos fatos narrados pelo autor na petição inicial, de modo que, "uma vez apresentado, delimitado e reconhecido o abuso, cabe ao juiz aplicar a sanção mais adequada à circunstância" (TSE – REspe nº 52,183/RJ – *DJe*, t. 77, 24-4-2015, p. 102). Em igual sentido, reza a Súmula TSE nº 62: "Os limites do pedido são demarcados pelos fatos imputados na inicial, dos quais a parte se defende, e não pela capitulação legal atribuída pelo autor". Assim, desde que os fatos imputados estejam provados, as sanções cabíveis decorrem da lei, e não do pedido formulado pela parte autora, cabendo ao juiz aplicar as que entender pertinentes, dentre as previstas em lei.

Dispõe o art. 23 da LC nº 64/90: "O Tribunal formará sua convicção pela livre apreciação dos fatos públicos e notórios, dos indícios e presunções e prova produzida, atentando para circunstâncias ou fatos, ainda que não indicados ou alegados pelas partes, mas que preservem o interesse público de lisura eleitoral". Entretanto, se é mister haver correlação entre a imputação fática feita na peça exordial e o conteúdo da decisão judicial, ao juiz não é dado fundamentar sua decisão em fato não descrito naquela peça – ressalvada a possibilidade de posterior (e regular) aditamento da inicial para inclusão de novos fatos e, pois, ampliação da causa de pedir. Do contrário, violar--se-ia o *due process of law*, o processo justo, mormente por haver surpresa para o réu, o qual não poderia se defender de fatos não descritos, e, portanto, desconhecidos, não debatidos no processo. Nesse contexto, o citado art. 23 deve ser compreendido como uma exortação ao magistrado para imergir na realidade que circunda as eleições, vivendo-a com interesse, sendo imperdoáveis a omissão e a apatia. Só assim ser-lhe-á possível alcançar exata compreensão do contexto em que sua decisão se inserirá e, portanto, das consequências práticas que dela irradiarão. Deveras, aquele dispositivo não autoriza o juiz a julgar procedente o pedido do autor com base em fato não narrado na petição inicial.

Sendo o mérito da causa julgado procedente, poderá o juiz:

Nome da ação	Consequência da procedência do mérito da causa
ação de impugnação de mandato eletivo – AIME (CF, art. 14, §§ 10 e 11)	1) cassação de mandato.
ação por abuso de poder – AIJE (LC nº 64/90, arts. 19 e 22)	1) cassação de registro; 2) cassação de diploma; 3) inelegibilidade "para as eleições a se realizarem nos 8 (oito) anos subsequentes à eleição em que se verificou".
ação por captação ou uso ilícito de recurso para fins eleitorais (LE, art. 30-A)	1) negação de diploma; 2) cassação de diploma.
ação por captação ilícita de sufrágio (LE, art. 41-A)	1) cassação de registro de candidatura; 2) cassação de diploma; 3) multa pecuniária.
ação por conduta vedada (LE, arts. 73, 74, 75, 77)	1) cassação de registro de candidatura; 2) cassação de diploma; 3) multa pecuniária.

Fonte: elaborado pelo autor.

Note-se que em eleições municipais esses efeitos *não decorrem imediatamente da sentença judicial*. É que a competência para conhecer e julgar a causa é de juiz eleitoral, sendo a sentença impugnável mediante recurso eleitoral, o qual (por ter natureza ordinária) deve ser recebido no efeito suspensivo (CE, art. 257, § 3º).

Por igual, não são automáticos nas eleições gerais (federais e estaduais). Aqui, a competência para conhecer e julgar ações eleitorais é originária de TRE, sendo o acórdão impugnável mediante recurso ordinário (CF, art. 121, § 4º, III e IV). Recurso esse que, por ter natureza ordinária, deve ser recebido no efeito suspensivo, nos termos do art. 257, § 3º, do CE, de sorte que o só julgamento da causa pelo colegiado *não* fará nascer os aludidos efeitos.

Na hipótese de ocorrer trânsito em julgado antes do dia do pleito, ficará o candidato afastado definitivamente da disputa, além de sofrer a sanção de inelegibilidade.

Em se tratando de eleição majoritária, não se pode esquecer que a cassação do registro do titular afeta o vice – daí a necessidade de sua citação para integrar o processo como litisconsorte passivo.

Anulação da votação – a procedência das referidas ações eleitorais – e a consequente cassação do diploma e do mandato – implica a anulação dos votos dados aos réus.

18.5.21 Recurso

O procedimento traçado no art. 22 da LC n° 64/90 não dispõe acerca de recursos, sendo, pois, aplicável o sistema recursal do Código Eleitoral, complementado pelo Código de Processo Civil (CPC, art. 15). É inteiramente pertinente nessa seara a teoria dos recursos, os pressupostos recursais e demais temas inerentes à disciplina processual civil dessa matéria.

As decisões interlocutórias são, em regra, irrecorríveis de imediato. Caso haja interesse da parte, devem ser impugnadas nas razões ou contrarrazões recursais.

Já as decisões finais, que extinguem o processo ou a fase cognitiva do procedimento (julgando ou não o mérito da causa), são sempre recorríveis.

Consoante a natureza da eleição, a sistemática recursal pode ser sumariada na forma seguinte:

No pleito municipal – além de embargos declaratórios, para atacar a sentença é cabível recurso eleitoral para o TRE (CE, art. 265 e ss.). Esse recurso deve ser interposto perante o juiz eleitoral, que sobre ele *não* realiza juízo de admissibilidade. Uma vez recebido, o recorrido será intimado para oferecer suas contrarrazões. Em seguida, os autos são remetidos ao TRE para apreciação. Contra o acórdão do tribunal regional, pode-se ingressar com embargos de declaração (CE, art. 275) e recurso especial eleitoral (REspe), este de competência do TSE (CF, art. 121, § 4°, I e II; CE, art. 276, I). A interposição do recurso especial se faz perante a presidência do TRE. A esse órgão cumpre realizar o primeiro juízo de admissibilidade, admitindo ou não o recurso (CE, art. 278, § 1°). Se inadmitido o REspe, poderá o recorrente interpor agravo em recurso especial (CE, art. 279 c.c. CPC, art. 1.042, *caput*, TSE PA n° 144.683/DF, *DJe*, t. 93, 18-5-2012 e Res. TSE n° 23.478/2016, art. 19, § 2°), cuja remessa ao Tribunal Superior Eleitoral (juntamente com os autos do processo) é obrigatória.

Nas eleições gerais (federais e estaduais) – além de embargos declaratórios, contra o acórdão do TRE é cabível recurso ordinário (RO) para o TSE, eis que em jogo encontram-se causa de inelegibilidade, expedição ou anulação de diploma ou perda de mandato eletivo nas eleições federais ou estaduais (CF, art. 121, § 4°, III e IV; Súmula TSE n° 36). A interposição desse recurso se dá perante o presidente do TRE, que, na própria petição de interposição, poderá mandar abrir vista ao recorrido para que ofereça suas razões; juntadas estas, são os autos remetidos ao Tribunal Superior. Não há juízo de admissibilidade no tribunal *a quo, mas apenas no tribunal ad quem*.

Nas eleições presidenciais – contra o acórdão do órgão colegiado do TSE, é cabível embargos declaratórios para a própria Corte Superior.

Nas três situações expostas, contra o acórdão do TSE é cabível recurso extraordinário (RE) para o Supremo Tribunal Federal (CF, art. 121, § 3°). Caso o RE não seja admitido pela presidência do TSE, a decisão de inadmissão poderá ser impugnada mediante agravo em recurso extraordinário (CE, art. 282 c.c. art. 1.042, *caput*, do CPC), o qual deve ser endereçado ao Supremo Tribunal.

No tocante aos embargos declaratórios, vale registrar serem eles cabíveis sempre que no *decisum* houver obscuridade, contradição, omissão de ponto sobre que devia pronunciar-se o órgão judicial, ou necessidade de correção de erro material. Os embargos *interrompem* o prazo para a interposição de recurso. Sendo eles manifestamente protelatórios, poderá o embargante ser condenado "a pagar ao embargado multa não excedente a 2 (dois) salários mínimos", multa essa que será elevada até dez salários em caso de reiteração (CE, art. 275, I a III, §§ 5º, 6º e 7º, com a redação do art. 1.067 do CPC).

É de três dias o prazo para interposição de todos os recursos assinalados (*vide* arts. 258, 275, § 1º, 276, § 1º, e 281 do CE), bem como para apresentação de contrarrazões. O prazo é contado da intimação da parte.

18.5.22 Efeito imediato do acórdão que cassa diploma: afastamento do mandatário cassado

Por força do efeito imediato do acórdão que conclui pela cassação do registro de candidatura, perda de diploma ou mandato – confirmando ou reformando decisão de primeiro grau –, se o réu já tiver sido empossado no cargo e encontrar-se no exercício do mandato, deverá ser afastado.

No pleito majoritário, esse afastamento não é obstaculizado pelo § 3º do art. 224 do CE (introduzido pela Lei nº 13.165/2015), que requer o *trânsito em julgado* da decisão judicial para a realização de nova eleição.

Cumpre registrar que, no âmbito do controle incidental ou difuso de constitucionalidade, ao julgar o ED-REspe nº 13925/RS em 28-11-2016, o Tribunal Superior Eleitoral declarou a inconstitucionalidade da expressão "após o trânsito em julgado" prevista no referido § 3º, art. 224, CE. Afirmou-se a violação dos princípios da soberania popular, garantia fundamental da prestação jurisdicional célere, independência dos poderes e legitimidade exigida para o exercício da representação popular.

A despeito dessa decisão, tem-se que "afastamento do cargo" e "realização de novas" eleições são situações bem diferentes, que, inclusive, ocorrem em momentos espaço-temporais distintos. É óbvio que o mandatário cassado deverá ser afastado do cargo antes do início do processo atinente à eleição suplementar. Mas para se determinar seu afastamento, não seria preciso aguardar-se o trânsito em julgado da decisão da Justiça Eleitoral. Se o recurso cabível contra a decisão não tiver efeito suspensivo (como ocorre com os recursos excepcionais), poder-se-á determinar o afastamento, ainda que a realização do respectivo pleito suplementar tenha de aguardar o trânsito em julgado da decisão. Nesse caso, o mandatário ficaria afastado do exercício do cargo durante a tramitação do recurso excepcional interposto.

Para assumir provisoriamente o lugar do mandatário afastado, dever-se-á chamar o presidente do órgão legislativo ou quem a lei designar.

De qualquer modo, aconselha a prudência que se evitem sucessivas alterações no exercício do poder estatal. É que a instabilidade no governo pode afetar a gestão dos serviços prestados pela Administração Pública, prejudicando a população. Daí a conveniência de se manter no cargo até o fim do processo quem tiver sido provisoriamente investido.

Ao final, tornando-se estável ou transitando em julgado o ato judicial (acórdão ou sentença) que acolhe o pedido inicial e cassa o registro de candidatura, o diploma ou o mandato, nova eleição deverá ser convocada, conforme estabelece o art. 224, § 3º, do Código Eleitoral.

18.5.23 Juízo de retratação

Conforme prescreve o art. 267, § 7º, do Código Eleitoral, ao *juízo* eleitoral é dado se retratar *da* sentença recorrida, ainda que esta tenha julgado o mérito da causa. Tal ato pode ocorrer *ex officio*, independente de requerimento do recorrente.

Note-se que a retratação é realizada pelo juízo, ou seja, pelo órgão judicial. Se, após a publicação da sentença, houver mudança do juiz eleitoral, também o novo magistrado poderá se retratar, pois não há regra obrigando que o juiz que se retrate seja a mesma pessoa que proferiu a sentença; não tem cabimento, aqui, o princípio da identidade física do juiz.

Havendo retratação, à parte prejudicada é facultado requerer que o recurso suba ao Tribunal Regional. Por força do devido processo legal e do princípio da ampla defesa, também poderá agregar suas razões para a reforma do *decisum*.

18.6 PROCEDIMENTO DA AÇÃO DE IMPUGNAÇÃO DE MANDATO ELETIVO – AIME

A ação de impugnação de mandato eletivo (AIME) é prevista no art. 14, §§ 10 e 11, da Constituição Federal.

> Art. 14. [...]
>
> § 10. O mandato eletivo poderá ser impugnado ante a Justiça Eleitoral no prazo de quinze dias contados da diplomação, instruída a ação com provas de abuso do poder econômico, corrupção ou fraude.
>
> § 11. A ação de impugnação de mandato tramitará em segredo de justiça, respondendo o autor, na forma da lei, se temerária ou de manifesta má-fé.

Trata-se, pois, de ação de índole constitucional-eleitoral, com potencialidade desconstitutiva do mandato. Seu objetivo é tutelar a cidadania, a lisura e o equilíbrio do pleito, a legitimidade da representação política, enfim, o direito difuso de que os mandatos eletivos apenas sejam exercidos por quem os tenha alcançado de forma lícita, sem o emprego de práticas tão censuráveis quanto nocivas como são o abuso de poder, a corrupção e a fraude.

Os fundamentos possíveis para a ação em apreço são os ilícitos eleitorais consubstanciados em abuso de poder econômico, corrupção e fraude.

Não há expressa previsão legal quanto ao procedimento a ser seguido na ação de impugnação. Não obstante, assentou-se na jurisprudência que o procedimento a ser observado é aquele previsto nos arts. 3º a 16 da LC nº 64/90 (ou seja, o rito previsto para a ação de impugnação de registro de candidatura – AIRC), pois ele é considerado ordinário na seara eleitoral porque oferece prazo maior para a defesa.

A ação de impugnação de mandato eletivo observará o procedimento previsto na Lei Complementar nº 64/90 para o registro de candidaturas, com a aplicação subsidiária, conforme o caso, das disposições do Código de Processo Civil, e tramitará em segredo de justiça, respondendo o autor na forma da lei, se temerária ou de manifesta má-fé (Constituição Federal, art. 14, § 11) (TSE – Res. nº 23.456/2015, art. 173, § 1º; Res. nº 23.399/2013, art. 228, § 1º; Res. nº 23.372/2011, art. 170, § 1º).

Grosso modo, o rito da AIME pode ser assim sumariado:

protocolização da petição inicial (até 15 dias após a diplomação) → citação do impugnado → contestação (7 dias da intimação) → julgamento antecipado do mérito; extinção do processo sem julgamento do mérito → fase probatória (4 dias após a defesa) → diligências (5 dias após a audiência; aqui pode haver nova audiência) → alegações finais/memoriais e manifestação do Ministério Público (5 dias depois das diligências) → decisão (3 dias depois das diligências) → recurso ao TRE (3 dias) → recurso ao TSE (3 dias) → recurso ao STF (3 dias).

Note-se que o art. 14, § 11, da Constituição determina que a AIME tramite em segredo de justiça. Firmou-se o entendimento de que essa regra impõe segredo apenas à *tramitação* do feito, não, porém, quanto ao *julgamento, o qual deve ser* público (TSE – Ag nº 4318/RS – *DJ*, v. 1, 7-11-2013, p. 2017; TSE – Res. nº 21283/2002 – *DJ*, v. 1, 7-2-2003, p. 133). O fundamento para a publicidade do julgamento foi extraído do art. 93, IX, da CF, que, em sua primeira parte, determina sejam públicos todos os julgamentos dos órgãos do Poder Judiciário. Por outro lado, a violação do sigilo só por si não induz nulidade processual.

Observe-se, ainda, que no rito em apreço não é prevista uma fase especificamente voltada ao *saneamento* e *organização* do processo, tal como preconizado no art. 357 do CPC.

No mais, conforme anteriormente salientado, o procedimento da AIME é muito semelhante ao previsto no art. 22 da LC nº 64/90. Daí haver identidade de tratamento relativamente à maioria dos temas processuais que lhe são pertinentes.

18.7 PROCEDIMENTO DO RECURSO CONTRA EXPEDIÇÃO DE DIPLOMA – RCED

O recurso contra expedição do diploma – RCED – é previsto no art. 262 do Código Eleitoral, que dispõe:

Art. 262. O recurso contra expedição de diploma caberá somente nos casos de inelegibilidade superveniente ou de natureza constitucional e de falta de condição de elegibilidade.

Três, portanto, são os fundamentos possíveis para o RCED, a saber: inelegibilidade superveniente, inelegibilidade constitucional e falta de condição de elegibilidade. Esse rol é fechado, taxativo ou *numerus clausus*, não admitindo ampliação.

Apesar de, originariamente, ter sido concebido como *recurso* no Código Eleitoral, o instituto em exame evidentemente não possui natureza recursal, cuidando-se, antes, de ação. E ação de competência originária dos tribunais eleitorais (nesse sentido: TSE – Súmula nº 37; STF – ADPF nº 167 MC-REF/ DF – órgão Pleno, maioria – Rel. Min. Luiz Fux - j. 8-3-2018). É que, por definição, recurso constitui via impugnativa de decisão judicial, sendo manejado no interior de um processo estabelecido entre partes. Outrossim, em regra, é inviável a ampla produção de provas em procedimento recursal, e isso pode suceder no RCED. Ora, se não se questiona uma decisão desfavorável emanada do poder jurisdicional, se não há sucumbência e se existe uma fase probatória, não se pode falar propriamente em recurso, mas em outro instituto, no caso, em ação.

Procura-se estruturar o procedimento do RCED a partir de regras atinentes aos recursos eleitorais.

Assim, nas eleições municipais, o RCED deve ser endereçado ao juiz que presidir a Junta Eleitoral, observando-se o disposto nos arts. 266 e 267 do CE. Não há necessidade de preparo. Protocolada e recebida a petição, será o recorrido intimado (*rectius*: citado), abrindo-se-lhe vista dos autos para, em três dias, oferecer defesa. Em seguida, o juiz fará, dentro de dois dias, subir os autos ao TRE. Não é preciso abrir vista dos autos ao órgão do Ministério Público que atua perante o Juiz Eleitoral, pois funcionará no processo o Procurador Regional Eleitoral.

Nas eleições federais e estaduais, o RCED é interposto perante o presidente do TRE. Não há juízo de admissibilidade nessa instância, o qual é feito imediatamente pelo TSE. Juntadas as contrarrazões, serão os autos remetidos àquele sodalício. Também aqui não é preciso abrir vista dos autos ao Procurador Regional Eleitoral, já que atuará no processo o Procurador-Geral Eleitoral.

No que concerne às eleições presidenciais, a diplomação é realizada pelo TSE. De maneira que a impugnação à diplomação deve ser dirigida ao próprio TSE, nos termos do art. 22, I, *g*, do CE.

Em todos esses casos, nos tribunais, segue-se o trâmite traçado no art. 269 e ss. do Código Eleitoral em conjunto com as disposições do respectivo Regimento Interno.

A instrução processual é feita diretamente no tribunal, sendo presidida pelo relator.

18.8 QUESTÕES

1. **(2017 – MPE/RS – MPE/RS – PROMOTOR DE JUSTIÇA – REAPLICAÇÃO)** Relativamente à ação de investigação judicial eleitoral (AIJE), prevista no art. 22 da Lei Complementar n. 64/90, assinale a alternativa correta.

    a) O diretório municipal de um partido político não possui legitimidade ativa para a representação visando à abertura da AIJE de candidato a prefeito, quando não está participando da eleição.

b) Candidato a vereador possui legitimidade para ajuizar AIJE contra candidato a prefeito, desde que ambos pertençam à mesma circunscrição eleitoral.

c) Pessoas jurídicas podem figurar no polo passivo da demanda, nos casos em que tiverem contribuído para a prática do ato.

d) Na demanda em que se postula a cassação do registro ou diploma, não há litisconsórcio passivo necessário entre os integrantes da chapa majoritária, quando o ato ilícito foi praticado apenas pelo titular, sem a participação do candidato a vice.

e) O prazo final para ajuizamento da AIJE é de 15 (quinze) dias contados da diplomação do eleito, conforme jurisprudência majoritária do Tribunal Superior Eleitoral.

2. **(2017 – FGV – ALERJ – PROCURADOR)** Deputado estadual disputando reeleição descobre que um candidato de outro partido vem realizando em sua campanha atos que configuram, em tese, abuso de poder econômico. Desejando cassar seu registro ou eventual diploma por esse motivo, o deputado em questão poderá ajuizar:

a) Ação de Investigação Judicial Eleitoral, desde que o faça até a data da diplomação.

b) Ação de Impugnação de Mandato Eletivo, desde que o faça até 15 dias após a eleição.

c) Recurso contra Expedição de Diploma, desde que o faça até três dias depois da diplomação.

d) Ação de Impugnação de Registro de Candidatura, desde que o faça até a data da eleição.

e) Representação por conduta vedada, desde que o faça até 15 dias após a eleição.

3. **(2016 – VUNESP – TJ/RJ – JUIZ SUBSTITUTO)** Considere a seguinte situação hipotética. Candidato João obteve o segundo lugar na eleição para Prefeito no Município de Cantagalo e ajuizou Ação de Investigação Judicial Eleitoral em face dos vencedores do pleito, o candidato José, e Maria, que com ele compunha a chapa. Na ação, João alegou que os eleitos ofereceram empregos nas empresas de propriedade de terceiro, Antônio, irmão de Maria, eleita Vice-Prefeita, em troca de votos. A instrução processual comprovou os fatos, com robustas provas de que houve efetivamente a promessa de emprego em troca de votos. Diante desse caso, é correto afirmar que a Ação de Investigação Judicial Eleitoral

a) deve ser julgada improcedente, pois a oferta de emprego não pode ser considerada abuso de poder econômico, já que o pagamento eventualmente efetuado será uma contraprestação do trabalho, e, para caracterizar o abuso de poder econômico, é necessário que o valor ofertado esteja nas contas a serem prestadas pelo candidato.

b) deve ser julgada improcedente, pois embora tenha sido comprovada a oferta de empregos em troca de votos, como a empresa pertence a Antônio, terceiro estranho ao pleito, que não é candidato, não se caracteriza abuso de poder econômico.

c) pode ser julgada procedente, com a sanção de inelegibilidade para as eleições a se realizar nos 8 (oito) anos subsequentes à eleição em que se verificaram os fatos, não havendo, todavia, cassação dos diplomas de José e Maria, se já estiverem no exercício do mandato.

d) deve ser julgada procedente, pois restou comprovada a promessa de emprego em troca de voto, o que caracteriza abuso de poder econômico na eleição municipal, com a consequente cassação do diploma do Prefeito José e da Vice-Prefeita Maria.

e) deve ser extinta sem resolução de mérito, pois o candidato que foi eleito em segundo lugar não possui legitimidade para propor essa ação, que pode ser proposta somente por partido político, coligação, ou pelo Ministério Público Eleitoral.

4. **(2014 – FMP CONCURSOS – TJ/MT – JUIZ)** Tendo-se em conta que a Ação de Investigação Judicial Eleitoral – AIJE – é, a teor do disposto no art. 22 da Lei Complementar nº 64/90, a medida judicial apta a apurar as condutas abusivas eleitorais causadoras de desequilíbrio no curso do período eleitoral, informe qual o termo final para o seu ajuizamento bem como o Juízo competente para tal, levando-se em conta tratar de questão de apuração de ilícito praticado por candidatado a Prefeito Municipal.

a) dia da eleição e Justiça Eleitoral de 1º grau.

b) dia da eleição e Tribunal Regional Eleitoral.

c) dia da diplomação e Justiça Eleitoral de 1º grau.

d) dia da diplomação e Tribunal Regional Eleitoral.

e) 15 dias após a diplomação e Justiça Eleitoral de 1º grau.

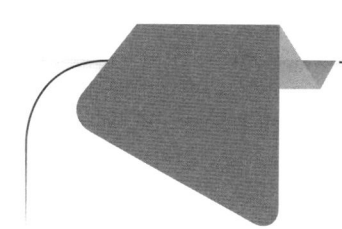

Gabarito

PARTE I – INSTITUTOS ELEITORAIS

Capítulo 1 – Introdução ao Direito Eleitoral
1 – C
2 – C
3 – B

Capítulo 2 – Instituições Eleitorais
1 – D
2 – B
3 – B
4 – A
5 – C

Capítulo 3 – Sistema eleitoral brasileiro
1 – C
2 – E
3 – E
4 – A
5 – D

Capítulo 4 – Alistamento eleitoral
1 – C
2 – B
3 – B
4 – B

Capítulo 5 – Condições de elegibilidade
1 – ERRADO
2 – C

3 – D
4 – D
5 – C

Capítulo 6 – Inelegibilidade

1 – C
2 – B
3 – B
4 – D
5 – A
6 – A

Capítulo 7 – Processo eleitoral

1 – A
2 – B
3 – C

Capítulo 8 – Registro de candidatura

1 – B
2 – D
3 – D
4 – C
5 – B

Capítulo 9 – Campanha eleitoral, financiamento de campanha e prestação de contas

1 – B
2 – C
3 – C
4 – E

Capítulo 10 – Pesquisa eleitoral

1 – C
2 – D

Capítulo 11 – Propaganda eleitoral

1 – C
2 – CERTO
3 – A
4 – E

Capítulo 12 – Eleições

1 – D
2 – A
3 – A
4 – B
5 – C

Capítulo 13 – Apuração dos votos e proclamação dos resultados

1 – A
2 – C
3 – B

Capítulo 14 – Diplomação

1 – D
2 – D
3 – E
4 – B
5 – B

Capítulo 15 – Ilícitos eleitorais

1 – ERRADO
2 – B
3 – D
4 – CERTO
5 – A

Capítulo 16 – Responsabilidade eleitoral

1 – CERTA
2 – C

Capítulo 17 – Perda de mandato e eleição suplementar

1 – CERTA
2 – C

PARTE II – PROCESSO JURISDICIONAL ELEITORAL

Capítulo 18 – Processo contencioso eleitoral

1 – B
2 – A
3 – D
4 – C

Pré-impressão, impressão e acabamento

GRÁFICA
SANTUÁRIO

grafica@editorasantuario.com.br
www.editorasantuario.com.br

Aparecida-SP

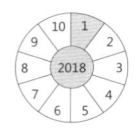